智能交通系统手册

John C.Miles
陈　干　　主编
王笑京　　译

人民交通出版社
China Communications Press

图书在版编目(CIP)数据

智能交通系统手册/(英)迈尔斯(Miles,J. C.),(美)陈干主编;王笑京译. —北京:人民交通出版社,2007.9

ISBN 978-7-114-06839-3

Ⅰ. 智… Ⅱ. ①迈…②陈…③王… Ⅲ. 交通运输—自动化系统—技术手册 Ⅳ. U495-62

中国版本图书馆 CIP 数据核字(2007)第 147203 号

著作权合同登记 图字:01-2007-1602 号

书　　名: 智能交通系统手册
著 作 者: John C. Miles
陈　干
译　　者: 王笑京
责任编辑: 刘永芬
出版发行: 人民交通出版社
地　　址: (100011)北京市朝阳区安定门外外馆斜街 3 号
网　　址: http://www.ccpress.com.cn
销售电话: (010)85285838,85285995
总 经 销: 北京中交盛世书刊有限公司
经　　销: 各地新华书店
印　　刷: 北京宝莲鸿图科技术有限公司
开　　本: 787×960　1/16
印　　张: 25.5
字　　数: 460 千
版　　次: 2007 年 9 月　第 1 版
印　　次: 2007 年 9 月　第 1 次印刷
书　　号: 978-7-114-06839-3
印　　数: 0001~2000 册
定　　价: 80.00 元

中译本序

智能交通系统(Intelligent Transport Systems,即ITS,有时也翻译成智能运输系统)的概念形成于1994年在巴黎召开的第一届智能交通世界大会,这个名词或概念是将许多科学家、技术专家、运输管理者和企业在交通信息和控制方面的工作进行总结和提炼,综合各个技术领域的观点、充分考虑将来的发展方向并且在各方面达成共识的基础上提出的。在随后的10多年间,世界各国在ITS领域进行了各种各样的研究、开发和应用工作,由于各国的具体情况不同,开发和应用的侧重点也不同,因此对ITS的看法各异,在世界上形成了五彩缤纷、百家争鸣的格局。但是大家对以下观点都是认同的,即通信、信息和控制技术在交通领域的应用与发展,为解决交通面临的问题发挥了巨大作用。ITS的快速发展与广泛应用,不仅能够有效地缓解交通的拥堵,而且在提高交通安全、加快交通事故的处理与救援、改善客货运输管埋、减少环境污染等方面都有巨人的影响。因此,智能交通系统作为21世纪交通运输系统的重要发展方向,已被世界各国所重视。

世界道路协会(PIARC)编辑的智能交通系统手册(Intelligent Transport Systems Handbook)是当前世界上最全面地论述智能交能系统的一本不可多得的好书。其最大的特点是没有过多地描述具体的技术,而是从如何建立更有效的系统出发,告诉我们如何规划系统、选择技术和评价效果。而且还分析和讨论了与交通有关的利益群体、管理制度、技术应用之间的关系以及如何协调这些关系,这是其他技术手册不涉及的话题。有来自世界各国和地区的几十位专家参与这本手册编写或提供资料,在两位主编 John C. Miles 博士和陈干博士的努力下,手册既反映了当前各国ITS的发展成果,又在科学概念上总结了ITS,因此它是从事ITS规划、设计、开发、应用和评估的一本必备的参考书。

通过10多年的发展,ITS的观念已被人们了解和接受,所倡导的系统目标和服务功能已在相关建设中开始得到考虑,从技术专家的角度看,它已经逐渐形成了一个专门的领域,按照这本手册的总结,就是"在过去的15年间作为以技术为基础的一个集合显现出来"。

实际上,在交通运输领域应用通信和控制技术早已有之,在中国也有将交通工程和规划领域的一些应用纳入ITS的观点,实际上那些仅仅是电子和计算机技术在交通方面的初级应用。但是通过10多年的发展,对ITS的认识逐渐清晰起来,它应该是建立在通信、信息和控制技术及系统高度发达和深度应用基础之上的土木工程基础设施和信息基础设施协调一体的新运输系统。除此之外还应该具备以下几个条件:第一,对道路上的交通信息以及与交通相关信息的采集应该是尽量完整和实时的；第二，交通参与者（包括驾驶员、乘客、行人等）、交通管理者、交通工具、道路设施之间的信息交换应做到实时和高效；第三，交通管理中心（包括城市、高速公路的监控中心、收费管理中心、运输管理中心等）和用户终端装备有功能强大的计算机系统，该计算机系统中的软件是按照智能化系统的思想开发的；第四，整个系统是按照智能化系统和面向知识信息处理而构成的。

今天在技术上要实现这些已经不困难了，其阻碍来自观念和制度，因此我们必须在观念和制度设计上有所创新。首先，信息和通信技术的高度发展，使得我们今天已经有可能在任何的时间和地点都方便地得到所需的信息；第二，今天的技术发展，使得信息的逻辑中心与物理中心分离，甚至物理中心已经不明显了，信息资源及其物质的载体分布在网络的各个节点上，单单看一个节点，它已经形不成中心了；第三，由此出发，应该重新考虑我们的交通系统，从运输系统的体制层和运输层出发，加上一个通信层，将信息及智能处理按照分布结构布置，甚至将信息的接收、处理和存储分散到每一个车辆或交通参与者可以使用的信息终端中，就有可能使得整个系统的运行比传统的集中式控制更符合人的本性，这时交通参与者在综合考虑交通基础设施和交通状况信息的基础上，按照利益最大的取向来决定自己的运动，在有足够资源的条件下，系统的运行可以向最优接近，这个最优就是交通基础设施（包括道路、车辆、服务设施等）资源得到充分利用，而交通参与者的总体平均旅行时间接近最小值。

该中译本是根据手册英文第二版翻译的，我十分有幸参加了手册第一版编辑过程中的几次讨论，并为第一版和第二版提供了部分材料。这本手册将给中国的工程技术人员和交通管理者提供有关 ITS 全面的介绍，特别是在有关 ITS 与通信和信息技术的关系，如何规划、启动、实施和评价 ITS，以及发展中国家应该如何实施 ITS 等方面都有精辟的阐述。为了给中国读者提供更多在中国实施 ITS 的实例，经 PIARC 同意，我们在手册附录的后面提供了“十五”国家科技攻关计划项目中实施的示范工程的几个材料。总之，该手册的出版将为中国智能交通系统的健康发展助一臂之力。

参与该书翻译的人员有（按姓氏笔画排列）：

王东柱、王春燕、王猛、孙宇星、李宏海、李平生、刘冬梅、宋向辉、汪林、陈希、沈鸿飞、张纪升、张春雨、张海林、张晓亮、赵丽、谌仪。

沈鸿飞帮助整理了全稿。

王笑京

2007 年 8 月于交通部公路科学研究院

前言

世界道路协会(PIARC——道路大会常设国际协会,本协会以前的名字),成立于1909年,是道路和道路运输相关领域促进国际合作的非盈利组织。通过其活动,PIARC对形成更好的全球道路网做出了重大贡献,进而促进了经济的增长和社会福利。在集成化可持续发展的交通运输背景下,PIARC是世界范围内道路、道路运输政策和实践经验方面知识交流的领导者。

到2004年10月,PIARC有来自全世界108个国家的政府会员,其中三分之二的会员来自发展中国家和转型国家;还有2000多其他会员,其中一半以上是个人会员。30个成员国的PIARC国家委员会为传播PIARC的成果和组织当地的活动做出了贡献,例如在各自的国家组织各种交流和会议等。

PIARC通过以下方式为其所有会员提供服务:

- 作为主要的国际论坛,分析和讨论整个运输领域内与道路和道路运输有关的问题;
- 识别、开发和传播最好的实际经验,并且更好地使用国际上的信息;
- 在其活动中全面考虑发展中国家和转型国家的需求;
- 发展和倡导有效的工具,用于道路和道路运输有关事务的决策。

PIARC的技术工作是由两次世界大会间执行的战略计划确定的,大会每4年一次。对于2004~2007这个周期,开展的工作由覆盖道路和道路运输巨大领域的18个技术委员会完成,路网运营管理技术委员会负责监督智能交通系统(ITS)手册的工作,现在是其第二版。发表于1999年的第一版,作为工作在ITS领域专家们基础的文字参考材料而受到欢迎。这本第二版包括了大量的修订和对广大业界具有价值的新材料,有英语和法语的版本和CD-ROM。

关于世界道路协会各种活动和产品更详细的信息可在其网站(www.piarc.org)上找到。

Jean-Francois Corté
Secretary General
Association mondiale de la route
(AIPCR)
World Road Association (PIARC)
La Grande Arche
92055 La Défense
Paris, France
October 2004

编辑审查委员会

在 ITS 手册第二版的准备期间，下列世界道路协会路网运营管理技术委员会的成员作为编辑小组：

Mrs Sandra Sultana
(PIARC Network Operations Technical Committee Chair 2000～2003)
Director，Office of Public Private Partnerships，Quebec Ministry of Transport，Quebec-Canada.

Dr John Miles
(PIARC Network Operations Technical Committee Chair 2004 -2007 and lead editor for the 2nd Edition)

Dr Kan Chen
(Co-editor for the 2nd Edition)

Mr Martial Chevreuil
(Advisor for the French Language edition)
Scientific & Technical Director ITS Centre Manager，ISIS Consultants，France

Assisted by：

Mr Michel Ray
Director for Scientific Affairs and Innovation，Group EGIS，France

Dr Dorin Dumitrescu
General Director，Intelligent Transportation Systems，Romania

Mr Hiroo Yamagata
Social Systems Consulting Department，Nomura Research Institute，Japan

Mr Martin Rowell
Vice-President，Industry Relations Europe，NAVTEQ Gmbh，Germany

Mr Eric Kenis
ITS Project Manager，Roads Directorate，Government of Flanders，Belgium

PIARC 智能交通系统手册第二版介绍

智能交通系统或 ITS* 在过去的 15 年间作为以技术为基础的一个集合显现出来，却是以友好的方法设计出更好的道路运输系统。ITS 包含信息技术、卫星和通信为基础的信息技术、控制和数字技术等宽广的内容，这些技术集成起来提供了解决地面运输的拥堵、交通事故、物流效率低以及环境影响等棘手问题的可能性。

在认可这些 ITS 领域的新发展和世界上各种国家近来实际经验效果的基础上，世界道路协会(PIARC)准备了这本第二版智能交通系统手册。这本手册将给运输专业人员和有意在城市、城间公路、长距离交通走廊和农村实施 ITS 的人员提供指导。

从 1999 年第一版手册出版至今的 5 年间，我们了解到更多的关于 ITS 的发展，这些发展是建立在现场试验和可行性研究基础上足够大的和宽范围内的完整项目。这本更新的手册记录了我们从新近 ITS 发展中了解到的东西和更多的如何去规划和评估 ITS 的内容，还有新的专为进行中长期规划的一章——以美国理想的自动公路和瑞典的零交通事故为例。

经验表明，智能交通系统领域具有一些独特的和挑战性的问题，手册指出了许多这方面的挑战并提供了一类如何解决和管理它们的建议。指导手册的 PIARC 技术委员会围绕着多数运输管理者问到的各种实际问题准备这一材料，最有可能按照如下顺序提问：

1. 什么是智能交通系统？
2. 智能交通系统是如何工作的？
3. ITS 体系框架和标准是什么？
4. ITS 的效益是什么？
5. 我怎样规划和资助 ITS？
6. 我如何启动 ITS？
7. 转型国家和发展中国家应该怎样？
8. ITS 的远期会怎样？

这些问题形成了手册中八章的标题，由于收集到的材料内容丰富且范围广，在正文部分不可能包括所有这些材料，因此在手册中安排了几个附录提供一些更加

* ：国内有时也翻译成智能运输系统，译者注。

详细的内容。每一章都是自成体系安排的，这样使得只对特定方面感兴趣的读者可以参考相应的章节。

❖ 第 1 章提供了智能交通系统的概览——定义 ITS，并解释了 ITS 工具集的主要特点和范围以及可为运输专业人员提供的服务，还有可被配制的方法——即现实的和越来越多的“非定制的”。

❖ 第 2 章介绍了 ITS 核心中用到的信息技术和控制技术，不仅仅是它们如何单独的工作，而且还有它们如何与使用者（开车者、商用车管理者和公共交通客户）相互作用以及如何将它们集成为一个完整的系统。

❖ 第 3 章解释了系统体系框架和标准的重要概念，包括为什么需要他们以及在世界各地是如何开发和应用的。

❖ 第 4 章研究 ITS 能为用户做什么样的评估，这里的评估不是关于技术性能的，而是效果的评估：这些 ITS 的投资将会变成什么？本章总结了用于评估的方法论，并根据世界各地实施的 ITS 项目效益的报告，在安全、效率、生产力、环境改善、机动性改善以及社会和使用者的反映等方面进行了讨论。

❖ 第 5 章提供了运输专业人员怎样才能够在集成 ITS 系统时对投资进行保护的指导，其主要着眼于以可选择的方法去克服实施时的制度障碍。本章讨论了 ITS 的规划和实施框架以及如何确定 ITS 投资的优先顺序，还讨论了公共部门与民营企业、规章制度与合同、融资与采购的各自不同角色。

❖ 第 6 章从程序和项目等级两个方面总结了对运输专业人员着手 ITS 项目的建议，这是从现在世界各地正在使用的所有 ITS 主要类型项目的实践者积累的经验中提炼出来的。

❖ 第 7 章讨论了 ITS 应用对于转型国家和发展中国家的挑战，记录了世界的三个不同地区——亚洲、中东欧和拉丁美洲的状况，并对所有国家的决策者和运输专业人员提供了实际的建议。

❖ 最后，第 8 章展望了 ITS 在接下来 10 到 20 年几个可能的发展方向，提供了愿景中有用之处的导向，这些可以用在周期为 5～10 年的规划上。本章还给出了几个愿景的例子。

ITS 的多样性意味着它将汇集许多不同学科知识和来自各种背景的人们。PIARC 资助这本手册的目的之一就是使人们能够相互学习，并且将知识和经验应用于我们共同的运输需求、目标、事务和问题。手册中展示的建议、指导和教训中的大多数是基于世界各地 ITS 项目的案例研究，这些都附录在一系列“国家概况”中，记录了 33 个国家 ITS 活动的状况，其中包括一些转型国家和发展中国家。

这本 ITS 手册补充了 2003 年出版的《PIARC 道路网运行手册》。由于建设传统基础设施的高成本和约束，运输网每周 7 天、每天 24 小时的有效运行变得日益重要，对于许多政府当局来说，既有系统的效率最大化，包括投资于 ITS 这样的新技术已经变成了一个新的焦点。在给定人口趋势和改进系统性能增长的需求条件下，道路部门正在改变规划和他们的路网运营管理习惯，并且在道路网络运营方面投入更多的努力。ITS 的应用使得对运输网运营制订新的战略或者改进已有的战略成为可能，ITS 还可提供更多数量和多样的信息，这样就让使用者可以在考虑诸如交通状况、服务可靠性、可能影响旅行时间的道路养护和建设工作以及影响道路网和安全的天气状况等因素基础上，做出基于信息的出行决定。

这一版 ITS 手册的准备得到了许多机构慷慨赞助：美国联邦运输部、英格兰公路局、澳大利亚 ITS 协会、丹麦道路管理局、瑞典国家道路局、日本道路协会、加拿大 ITS 协会、加拿大联邦政府（加拿大交通部）挪威公共道路局、捷克共和国、法国设施与交通部安全与交通管理局、魁北克交通部、比利时道路协会、瑞士联邦道路办公室、英国苏格兰行政当局、英国 ITS 协会等。它是参与其中的 PIARC 网络运行技术委员会会员共同努力的结果，这版手册经历了好几轮评审和讨论，许多会员在提炼材料、撰写、评审和编辑等方面贡献了自己大量的时间。本技术委员会对得到有关内容、覆盖范围和 ITS 介绍方面的意见和建议很感兴趣，因此将来手册的更新可能受益于我们读者对象的意见和反馈。

特别感谢 John Miles——他接替我担任 PIARC 路网运营管理技术委员会的主席，陈干——他担任第一版的主编而且现在仍然担任这一角色，在他们的工作中得到了 David Crawford, Elizabeth Gilliard, Stig Franzen and Janet Walker 的协助，对他们我们非常感谢。

我们还要衷心感谢许多来自世界各地的 ITS 专家，他们欣然地贡献了展示在这里的技术信息，我们特别感激他们在个案研究和国家概况所做的努力，所有这些做出贡献者将在下一节中致谢。

我们全体衷心地希望这本书对运输专业人员、高级管理人员以及包括政治家在内的决策者有所裨益，无论他们已经还是正在进入 ITS 领域。

Sandra Sultana

PIARC 路网运营管理技术委员会主席（2000～2003）

2004 年 10 月于加拿大蒙特利尔

参考资料

1. 路网运营管理技术委员会（C16）2000～2003 年工作项目.

2. PIARC 道路网运行手册. 2003.

致谢

技术内容编写者和评审者

Guillermo Atares
Lesley Atkinson
John Austin
Fritz Bolte
Richard Bossom
Ian Castledine
Jabour Chequer Chequer
David Clowes
James Costantino
David Crawford
Haruki Fujii
Chris Gibbard
Neil Hoose
Jean Hopkin
Rob Jaffe
Peter Jesty
William Johnson
Keith Keen
Masaki Koshi
Seung-Hwan Lee
John Lathrop
Bob McQueen
Gopinath Menon
Frans Op de Beek
Joe Peters
Amy Polk
Zvonimir Radic
Kunwar Rajendra
Santiago Rico
Paul Riley
Ismail Salleh
Eric Sampson
Gabriel Sanchez
Qixin Shi
Heinz Sodeikat
Barbara Staples
Alan Stevens
Chian-Hung Wei
Chelsea White
Ian Wilkinson

国家概况的编写者

Victor Avontuur, Netherlands
Baldo Bakalic, Croatia
Chequer Jabour Chequer, Brazil
Martial Chevreuil, France
Kian Keong Chin, Singapore
Tak-ki Choi, Hong Kong
David Clowes, UK
Roberto Ramon Cruz, Argentina
Haval Davoody, Sweden
Dorin Dumitrescu, Romania
Ivan Fencl, Czech Republic
Ernesto Barrera Gajardo, Chile
Santiago Rico Galindo, Mexico
George Giannopoulos, Greece
Hrvoje Gold, Croatia
Tore Hoven, Norway
Ralph D. Jones, Canada
Susanne Judmayr, Austria
Amir bin Md. Kassim, Malaysia
Miroslav Keller, Croatia
Eric Kenis, Belgium
Finn Krenk, Denmark
Juuso Kummala, Finland
Sang Hyup Lee, South Korea
Luc Lefebvre, Québec, Canada
Antonio Lemonde de Macedo, Portugal
Agnes Lindenbach, Hungary
Jeffrey A. Lindley, USA
Yvon Loyaerts, Belgium
Sami Luoma, Finland
Ivan Markezic, Croatia
Makoto Nakamura, Japan
Alex van Niekerk, South Africa
Gerhard Petersen, Switzerland
Pavel Pribyl, Czech Republic
Doug Quail, Australia
Zvonimir Radic, Croatia
António Manuel Rodrigues, Portugal
Maurizio Rotondo, Italy
Ismail bin Md. Salleh, Malaysia
Tibor Schlosser, Slovakia
Pierre Schmitz, Belgium
Xiao-jing Wang, China
Heinz Zackor, Germany

案例研究的编写者

Lesley Atkinson
Ian Castledine
Vivien Collins
David Crawford
Tom Delaney
Jean Hopkin
Eric Kenis
Tibor Schlosser
Catherine Soussan
Janet Walker

目录
MULU

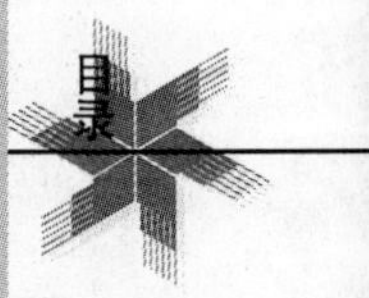
目录

第1章 什么是智能交通系统

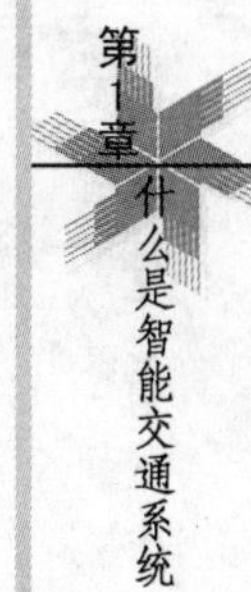

ITS(智能交通系统)仍然是一个比较年轻的学科,各国对其认同、接受和本地适用性的水平都是不同的。因此交通运输领域的专业人员需要清楚的理解 ITS 能力和如何最好的部署。本章将对智能交通系统即 ITS 进行总体概述和定义。对运输领域的专业人士适用的 ITS 工具和服务的主要性质和范围是以可能被部署的方式进行解释的——即常用的、现实的和非定制的,下面几页将提供目前世界范围内应用比较好的 ITS 应用范例。

1.1 ITS 的定义

ITS(智能交通系统)是对通信、控制和信息处理技术在运输系统中集成应用的通称,这种集成应用产生的综合效益主要体现在挽救生命,时间和金钱的节省,能耗的降低以及改善环境。ITS 是灵活的并且可以用广义和狭义的方式进行解释,在欧洲支撑 ITS 的技术群被定义为"运输的远程信息处理(Transport Telematics)"。

ITS 涵盖了所有的运输方式,并考虑运输系统动态的、相互作用的所有要素——汽车、基础设施、驾驶员或用户。ITS 的总体功能是通过改进(通常是实时地)交通网络的管理者和其他用户的决策,从而改善整个运输系统的运行。ITS 的这一定义包含一个技术和方法组成的宽阔的阵列,这些可以是通过独立的技术应用或是作为其他运输策略的增强因素来达到预期目的。

不论是静态或实时的交通数据或是地图数据,信息是 ITS 技术的核心。许多

ITS 工具是以信息的收集、处理、集成和提供为基础的。ITS 产生的数据可以通过网络提供当前状态的实时信息或为旅行规划服务的在线信息，使得公路管理部门和机构、道路运营商、公共交通和商业运输提供商以及个体出行者制订出有更好的信息支撑、更安全、更协调和更聪明的决策或更灵活的路网运营管理应用。

1.2 ITS 的背景

1.2.1 起源

许多现代 ITS 技术起源于为在道路上应用所开发的城市交通信号控制系统，诸如 SCOOT(split ,cycle and offset optimization technique)和 SCATS(Sydney coordinated adaptive traffic system 悉尼可协调自适应交通系统)等系统。而目前，ITS 的范围则涵盖包括公共交通系统在内的完整的交通运输系统。对实施通过拥堵收费(价值定价)能够阻止机动车驾驶员使用他们的车辆，与此同时需要使公共交通更便捷和更具吸引力这一类措施，ITS 能够提供更多的手段。

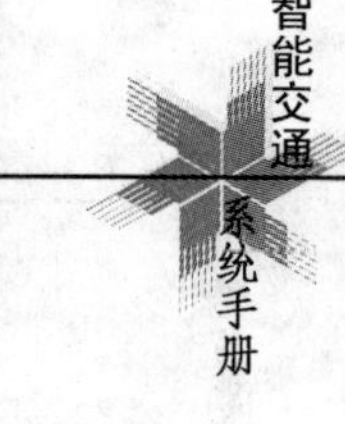

ITS 应用之间的界线十分模糊。实践中，许多应用存在交叉。例如：通过监控系统和基础设施收集的数据既可以用作出行者信息以显示旅行时间，也可以供交通管理计划或速度管理系统使用。

第 2 章将更详细地完整介绍单个或被集成于各种系统中的 ITS 技术与服务。第 3 章则介绍 ITS 系统框架和标准这两个对 ITS 的各种功能至关重要的概念。

1.2.2 ITS 的目的

投资 ITS 最重要的理由是通过提高生产力，拯救生命、节省时间、成本和能源来改善交通系统的运营。差不多 30 多年以来，世界很多地方以不同方式开发设计和部署了用来达到上述目的的各种 ITS 技术。经过 30 年的发展，公众、交通运输行业和世界各地的经济都已经越来越多的依赖于智能交通技术，尽管大多数时候人们还没有意识到这一点。ITS 有很多益处，并且惠及交通运输业的每一个方面。检验哪种 ITS 技术应用是最成功的，哪种不是很成功及决定成败的因素是可能的。第 4 章我们将根据安全、效率和环境改善等要素等来详细评估 ITS，同时探讨各种不同的 ITS 系统的典型成本。

目前，ITS 的应用包括如下方面：

帮助缓解拥堵：

❖ 交通管理工具可以保证道路网络的最大运行效率，包括：

➢ 检测当前的交通状态条件并进行预测；

➢ 通过动态的交通响应方式协调交通信号，将车辆延误和等待达到最小化；

➢ 通过交通信号灯提供“绿波带”，为公共汽车/有轨电车、紧急车辆提供优先服务，以提高他们运行的准时性和可靠性；

➢ 监测和管理高速公路网的事故；

➢ 拥堵热点的视频监测。

❖ 电子付费，入口控制和执法系统，例如：

➢ 道路收费，包括自动收费和拥堵收费；

➢ 车辆识别和限制；

➢ 闯红灯和超速执法的摄像系统。

安全和环境效益：

❖ 空气质量监测和管理，例如：

➢ 污染检测和预测；

➢ 减轻空气质量问题的执行策略。

❖ 安全系统包括：

➢ 自适应速度控制；

➢ 碰撞检测和预防；

➢ 车辆安全增强系统；

➢ 车路协调系统。

让公共交通更具吸引力：

❖ 通过为公共交通车辆提供优先来减少旅行时间，提高旅行可靠性和准时性；

❖ 提供公交车辆的实时运行信息；

❖ 电子付费节省乘客时间，包括：

➢ 智能卡和弹性售票方式；

➢ 无现金旅行。

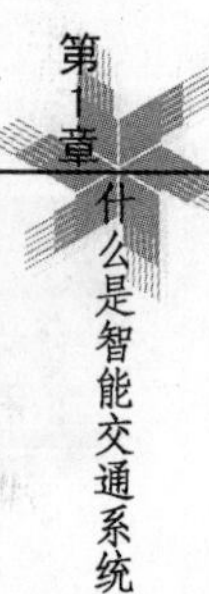

美国、欧盟及其成员国、日本已在城市和城际 ITS 的研究和技术发展上投入了大量公共基金。新一代的 ITS 职业人员已经大量涌现，世界范围内的地区和国家都已经建立了自己的智能交通组织来代表其产业，联络政府，分享 ITS 的经验和实践效果，这些实践经验会为转型中的国家发展 ITS 提供帮助。在手册中附录 C 中提供了智能交通发展的 33 个领先国家的 ITS 应用情况。

但是全面实施 ITS 的道路并不是一帆风顺的，在 ITS 实施过程中，人们已经认识到 ITS 的技术是经过验证的，而更多的困难是来自于社会、法规、政策等因素。ITS 还提出了诸如数据所有权的共享和控制系统失效后的责任等难点问题。再者，企业对于 ITS 市场预期过度乐观。不止一种技术在大量效仿后被认为是“杀手”应用。同样还有时机的问题，例如：ITS 的推广应用的时间比预期的要长；汽车和电子制造商对车载系统的部署遵循着不同的周期；道路收费和相关的公共交通改善需要进行协调。公众出行所关心的问题是出行信息的准确性和相关性，停车罚款和拥堵收费被理解变成另外一种税收；视频执法的强势联盟和隐私权的丧失（车辆定位技术的结果),以及对车载系统将剥夺驾驶员控制地位的恐惧等。

第 5 章为制订从项目的实施到推广应用、在推广应用中如何克服制度障碍的方法以及为制订连续的计划步骤均提供了详细的指南。第 6 章将为交通行业专业人士提供应用 ITS 的实践信息。

1.2.3 ITS 的部署

ITS 的部署能够使下列所有各类交通攸关者受益:

- ❖ 国家、地区、城市政府和公共部门;
- ❖ 交通网路(公共和私营领域)的所有者和运营者;
- ❖ 汽车制造商;
- ❖ 车队运营者(商业和公共运输);
- ❖ 企业和商业;
- ❖ 出行者个人。

各国和各国政府均将可持续的和高效率的交通放在政治上优先的地位。他们需要评估 ITS 的效益(国内和全球)作为长期投资的基础。ITS 方法可以是政策中立的,并且可以适用于广泛的需求。在国家范围内,政府可以通过立法(如道路使用者收费的法规)和为私营企业进入搭建平台(如通过公私合作)来为 ITS 铺平道路。在地区和城市范围内,政府可以实施需求管理、信息集成(交互模式和多模式)和付费系统鼓励多模式出行。

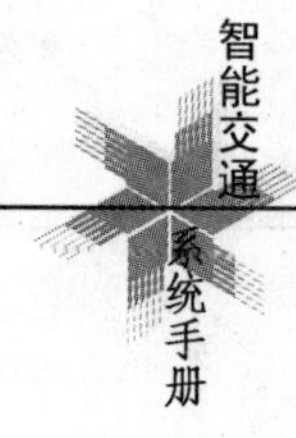

公路、铁路、有轨电车和水路网络以及协助交通换乘(从公路到铁路、机场、码头、渡轮及换乘点)的经营者可以通过更好的信息管理他们的业务,并为用户提供更安全或更可靠的出行条件。汽车制造商通过发展适合的车载产品能够实现更明显的产品差别和用户忠诚,运输公司所有者能够提供更低成本、节能的运营服务,工商业能够更加便捷地运输货物和提供服务。个人旅行者可以更好的计划行程,享受更安全的旅行,避免延误和在不同交通模式中进行选择。所有交通运输服务的提供者和用户都能够享受到更多的安全保障。

从市场观点来看,公共部门是应用的主要客户,诸如交通管理与控制以及公路使用者收费。他们也收集大量的交通信息,这些信息可以直接提供给道路使用者,或提供给私营的服务供应商以将此信息合并到为公众出行提供的商业增值服务中。此外,市场也会自然地趋向于为重要群体开发产品和提供服务,诸如道路和公众交通运营者、汽车制造商(OEM 采购者)、运输公司运营者和驾车族等。

最后,ITS 的许多好处对最终用户而言似乎是不可见的——ITS 改善了交通运输系统的安全、保障、效率及舒适性和环境,而公众却并没有意识到这是 ITS 作用的结果。因此对公众的宣传是一个重要的环节,它使交通用户知道他们如何才得以享受不断提高的安全和保安、更好的信息服务、更便捷的出行和出行时间的节省以及全体人民如何得以享受由可持续的机动性所创造的更健康的环境。

1.3 ITS的应用领域和用户

接下来的章节将提供实施ITS而获益的例子，第4章将给出更详细的ITS成本和效益的报道以及评估成本和效益的方法。

1.3.1 改善安全和可靠性

ITS服务能够使交通更安全更可靠，它们能最大限度地增大其能力去抑制和减少灾害的影响，包括自然和人为的。例如通过预先计划，能够缩短紧急服务响应的时间，并获得可靠的优先的灾害疏散路线。通过警告旅客危险的情况和处境和在必要时介入驾驶任务的ITS服务，能够使事故的数量和严重程度得以持续减少。ITS服务还可以执行安全规则，阻止危险驾驶，监测危险货物和拍摄有嫌疑的车辆和包装物。通过让驾驶员更易看得见弱势道路使用者，提供給行人和骑自行车的人交叉口控制权力或者车辆驶近时自动减速，给予驾驶员视野上的帮助或预警等方式，保护弱势道路使用者。

有关的服务包括：

- 智能型车速适应器；
- 为弱势道路使用者提供的援助；
- 天气和道路条件监测和信息；
- 事故预防和预警系统；
- 碰撞预警系统；
- 紧急车辆系统；
- 驾驶员监测系统；
- 超速和信号灯违章执法；
- 危险道路监测；
- 货物扫描；
- 驾驶员视力增强系统；
- 疏散路线信号和优先；
- 国土安全行动（如在美国部署的）；
- 残障人士可以从更好的信息视觉和音响表达中获益。

1.3.2 帮助缓解拥堵

拥堵对所有交通网络来说是一个主要问题，提高现有交通系统的有效性是世界范围内ITS计划的主要目标。通过网络手段改善他们的实时管理、引进控制系统、管理需求和鼓励非高峰期旅行或交通方式的改变可以减少拥堵。相应的ITS

服务包括：

网络效率：

❖ 区域交通控制；

❖ 远程交通管理；

❖ 变更路径指导；

❖ 可变速度控制；

❖ 匝道控制；

❖ 事件检测和管理；

❖ 驾驶员信息服务。

需求管理：

❖ 出入管制；

❖ 道路使用者收费；

❖ 拥挤收费。

鼓励交通方式转换：

❖ 旅行计划；

❖ 实时出行者信息系统；

❖ 公交车/有轨电车的交通优先。

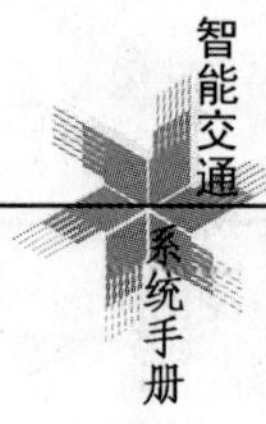

1.3.3 环境监测和防护

近年来公众增强了对交通系统的环境影响的关注，世界范围内仍然未见机动车辆使用下降的迹象而且道路交通量继续增长，由此产生的排放物和噪声对环境的影响日益严峻。为了改善环境，政府部门需要采取迫切的行动，特别是减少二氧化碳（CO_2）和氮氧化物（NO_X）的排放以及城市和城间交通的管理。

使交通系统运行更有效率能够为环境带来相应的益处，ITS 在此方面能够做得更多。例如：缓解交通拥堵或鼓励更多的人使用公共交通出行能够直接减少机动车尾气的排放，从而减少空气污染。为了量化政策和方案的效果，环境监测和评价的各种参数尤为重要。图 1.1 给出了一个日本环保管理系统结构的示例。

前面几节列出的大部分服务都与解决环境问题有关。在特殊的应用中，入口控制可以保护特别敏感和易受攻击的地区，而弹性电子收费能够在高污染风险时段内对驶入的驾驶员收费，基于距离的货车收费使得对造成基础设施损坏的车辆直接收费成为可能。

1.3.4 生产率和运营效率

ITS 能够使运输运营更有效率。车队管理系统可以减少管理和运营成本并且使配送生产率大为提高，如：可以计算可靠的行车时间并实现准时配送，利用定位和通信技术能够最有效的部署驾驶员和车辆，电子清算（包括跨边界）、一致性检查和动态称重主要是节省时间。更广泛的好处，包括更合理地使用高速公路基础设

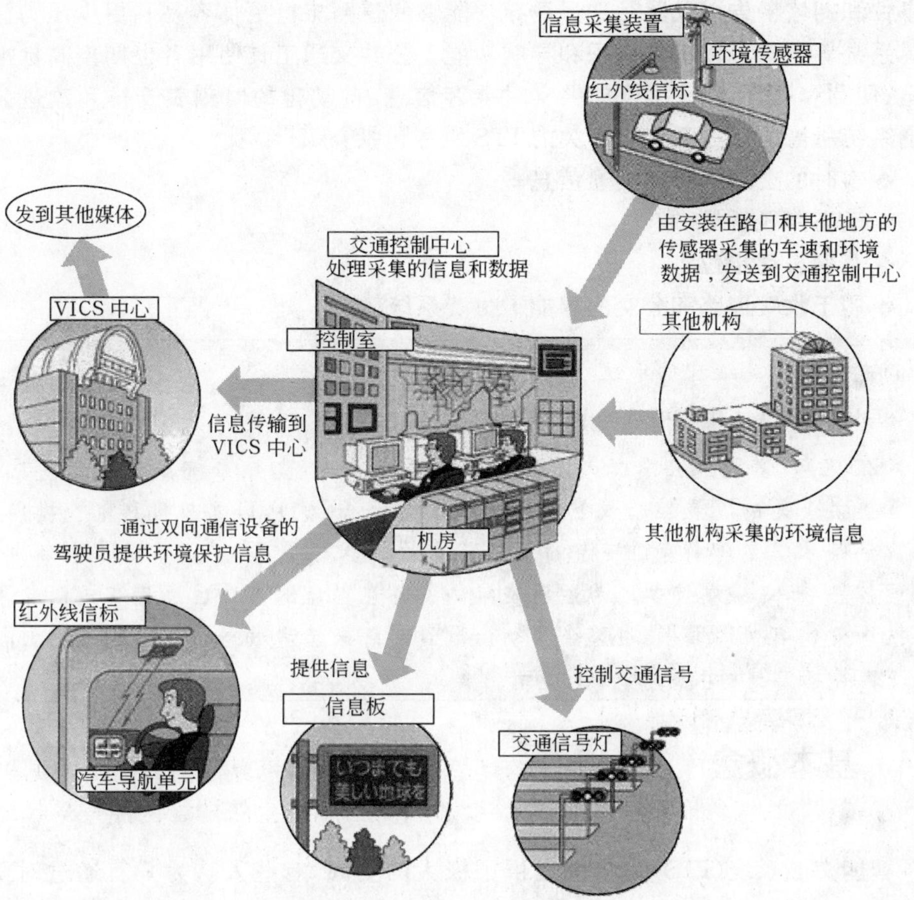

图 1.1　由日本警察厅开发的 ITS(来源:日本交通管理协会)

施,从而减少拥堵和污染，减少由于监测车辆和驾驶员状况而引发的事故风险,相关的 ITS 服务包括：

❖ 车队管理；
❖ 计算机辅助调度；
❖ 车辆自动定位；
❖ 货物自动跟踪；
❖ 电子预清关；
❖ 车辆一致性检查；
❖ 驾驶员监测。

1.3.5　舒适因素

任何交通系统的使用者都需要感到舒适、可靠和安全,路线确认、旅行时间预测以及有关换乘和连接的清晰建议都是起作用的部分。速度控制、匝道控制、先进

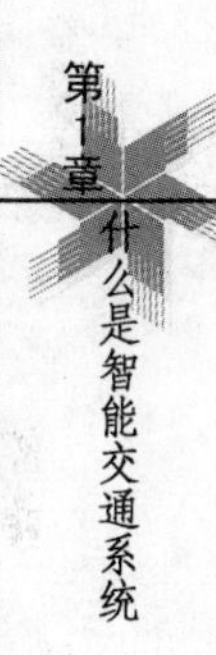

的事件和拥堵警告以及路径选择诱导均能够使道路旅行更加容易和更少压力。多媒体系统等设施可以提供娱乐和导航功能。公共交通工具使用者也期望高标准的舒适、便利和服务，ITS 可以提供实时乘客信息、自动化的时刻表安排和改进公共交通系统所需的优先系统。有关的 ITS 服务包括：

- 实时的交通和公共交通信息；
- 动态路径诱导；
- 车辆自动定位；
- 用于收费道路和公交的智能卡付费系统。

美洲虎阿尔派高级音响系统
"Jaguar Alpine Premium Sound System"

2003 年，美洲虎公司引入了可选配的多媒体系统，该系统能够给驾驶员和乘客提供个体的卫星导航服务和通过无线电台、CD/DVD 播放机和电视提供信息或者娱乐。为前端座位安装的系统装有触摸屏监视器，作为多媒体和车内功能的控制台，如温度控制。为后座安装的设备在前座的头枕后边装有视频屏幕，在扶手处装有控制面板，在整个车辆上通过光纤来传递数据。

■ 详细信息：www.jaguar.com

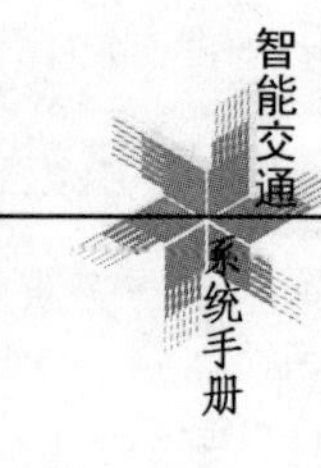

1.4 基本概念

智能交通系统(ITS)为集成提供了极大的空间，有些人认为只有通过对 ITS 组件的集成，ITS 才能发挥其完整的效果。关键要素是通过完整的计划、良好的交流和对参与者和利益主体的利益的有效协调。ITS 集成部署较好的先驱范例是意大利都灵的 5T 系统。

目前，许多已开展的 ITS 项目都是单独的应用，因为从短期看开展一个独立的应用而不考虑集成系统所需的所有的数据交换接口、通信链接和不同的硬件平台经常是更为经济的。尽管如此，对 ITS 而言，将来向前的下一步，依照系统集成观念去思考将对其效率和有效性论证非常重要。虽然这种集成使得系统更为复杂，但是可以期待在系统部署上产生规模经济和整个系统有效性的提高，例如，将先进的交通管理系统(ATMS)和先进的出行信息系统(ATIS)集成就是其中的一个例子。在极大程度上，这两种服务只是概念上的内联，而发展却是独立的。

系统集成的另外一个方面是互操作性，即确保 ITS 组件能够协同工作。可能该项功能最好的例子是来自一个地区的车辆收费标签能够连续地在另外一个地区使用。车辆和基础设施的电子连接必须使用系统架构原则和开放性标准来设计以实现互操作性。

1.4.1 技术

ITS 依赖于大量的能提供的技术和功能,这些技术在第 2 章详细进行描述。

通信:

❖ 微波、短程无线通讯和基于红外的专用短程通信(DSRC)—— 用于电子收费系统和商业车辆营运的预清关。

❖ 移动通信——用于实时出行信息、车队管理、紧急反应。

❖ 因特网——用于实时出行信息、短途旅行规划、交通视频和付费。

地理上的定位:

❖ 全球导航技术(GNSSCN)——用于基于卫星位置搜索的自动车辆定位、行驶轨迹和追踪、基于距离的电子收费系统。

地理信息系统:

❖ 用于基于地理位置的交通路网运营管理的数据库、地理位置服务和其他功能。

数据采集和交换:

❖ 用于实时交通管理和信息。

摄像系统和人工视觉:

❖ 用于执法和保安。

检测和分类:

❖ 用于交通管理、事件管理、执行、安全、保安。

车内系统

❖ 用于出行信息、车辆控制系统、事故预防

数字地图:

在数字媒体(如 CD-ROM)上都储存有道路和交通网络的数据库,这些数据库均使用了行业内的数据词典和标准化的区位描述。数字地图对于 ITS 来说是一个关键构件。如图 1.2 密西根交通部提供的交通管理中心就利用了数字地图。

图 1.2 交通管理中心(资料来源:密西根交通部)

❖ 用于交通管理、交通信息、路线诱导、停车管理和停车路线规划、货车路线监控、娱乐设施方位指示。

1.4.2 关键因素

对于一个城市或者地区来说,ITS 只是整个运输规划或者整套措施的一部分,没有一个单独的 ITS 服务自身是一个完整的解决方案。表 1.1 解释了能够

利用的ITS方法的广阔范围。需要一个部署框架，制定出沿着该框架的期望结果、关键阶段和障碍。正如在第5章和第6章所做的详细解释那样，该框架必须考虑已有的交通运输规划和运营操作，允许对当前的运输状况做全面的回顾，为ITS部署和将来运营各方达成一致意见奠定基础。

ITS部署中的关键因素类似于结构项目所涉及的因素，如：用户、专家顾问团、产品和服务提供商、承包商和专业分包商。客户可能是公共机构或私营运营商，但往往是在一个领导机构下的多部门组织。那些提供建议、对项目进行管理和部署的ITS专业人员是从土木、电子或运输工程以及运输规划等学科涌现出来的，他们的计划书定义了项目需求和预算，引导开发者和供应商，这其中包括电脑软件和硬件、检测器和传感器、通信网络、摄像机和基础设备、固定和移动装置。复杂的ITS项目可能需要系统集成专家或类似专业专家的服务支持。

包含在"ITS City Pioneers"工具箱中的ITS方法和应用 表1.1

主　题	ITS方法和应用	
交通管理	城市交通控制 交叉口控制 高速公路控制 匝道控制 动态速度调适 出入口控制	停车场管理 事故管理 易受伤害的道路使用者设施 监控管理 交通法规实施 环境交通管理
集成收费系统	公共交通收费 停车场收费	城市通行费 城市道路分级收费
综合交通运输管理	车队和资源管理 公共交通优先权	小汽车合伙/共乘管理 出租车管理 应招运输
交通和出行信息	公共交通信息 交通信息	出行前行程规划 路线引导和导航
货物运输管理	危险品管理 车队管理	货物运输管理 城市协同物流管理
安全和应急管理	紧急事件营救服务管理 紧急事件服务	公共交通安全

1.4.3 系统方法

ITS部署的完整系统方法，是指要同时关注技术概念和制度措施两个方面，它们对集成关键技术从而为用户提供有效的服务而言是必须的。那些启动ITS过程中即要在项目层面又要在计划层面负责的专业人士可能不熟悉技术也或不熟悉制度，对他们的建议详见第6章。

信息技术和控制技术在交通系统中的应用是ITS的核心。系统工程原理则是综合各种技术从而形成ITS的各种功能的基础。很多交通问题的产生在于缺乏实时、准确和易于使用的交通信息，或在于决策者间缺乏适当的协调。例如，处理在高速公路上发生的威胁生命安全的事件，需要交通管理系统、驾驶员信息系统以及紧急事件管理系统的密切配合。第 2 章介绍应用于 ITS 领域的各种既有技术。随着“高技术”解决方案能力的持续增强和成本的持续降低，ITS 的能力和成本也遵循着同样的趋势。同时，这些技术互为基础从而产生协同效应，例如由电子收费(EFC)系统获得的信息也可以为交通管理提供浮动车数据。但是，任何一个管理机构都没有必要在开始用 ITS 解决其最迫切的问题时，就投资于所有最新的高科技电子技术和设备。

1.4.4 协调

ITS 部署通常要协调许多在改善机动性和安全性方面具有共同利益的机构，如：在模式间接续(客运或货运)中的运输服务提供商和路网运营管理运营商；应急管理计划中的交通警察和援救服务部门；还有实时交通信息提供服务中的交通控制和各类信息中心等。因此，对 ITS 而言最重要的是征求尽可能广泛的利益相关方的意见，在本地形成能够联合行动和共同解决问题的伙伴关系。这些伙伴可能还包括一些“新角色”，如：金融机构、零售商、广播电台、通信运营商以及商业服务提供商等。对“ITS 会战”而言，通常有一个这样的角色，其任务是倡导立项、推动沟通和确保所有伙伴和参与者各尽其职。这部分内容将在第 5 章详细介绍。

1.4.5 ITS 体系框架

“体系框架”这个术语描述了一个结构化的架构，在此架构内，ITS 的各个组成部分被联系在一起，就像一个建筑物中的结构构件和服务一样以使整个系统有效地发挥功能。ITS 框架不仅明确性能需求和系统各部分的功能，而且还表明标准界面在哪些地方能带来大的好处。定义了各系统如何相互作用，并且确定了各参与者在整个实施过程中的作用。系统体系框架要建立在以满足用户需求为目的的系统功能和性能分析基础之上。

ITS 框架并没有设定确切的 ITS 应用、技术和组件。它容许系统的开发者可以灵活地选择他们认为最优的解决方案，同时满足合适的标准以及具备互操作性和未来系统扩展所需要的各类接口。如果设计提供了部件的可互换性，那么就会鼓励竞争和允许在成本、设计、功能和安全等方面的持续改善。第 3 章将详细介绍系统框架。

1.4.6 用户服务

ITS 覆盖了很多发展领域，并且现在是，将来也会是以各种不同的方式实施的。但是 ITS 应用领域是由用户服务确认的，这些用户服务表达了从用户角度看系统所应达到的功能。为解决现存问题并且满足用户需求，用户服务的概念使系统或项目定义是从建立系统将要提供的高层服务开始，这些高层服务涉及被确认的问题和用户需求。

建立 ITS 的很多国家就可能的用户服务范围已形成共识。例如，一些欧洲国家已经发展了一套通用的 ITS 用户需求集。表 1.2 给出了由“国际标准化组织”提出的用户服务分类，作为“交通信息和控制系统”(TICS)的主要研究内容。(TICS 与 ITS 同义)

与用户有关的 ITS 服务(附录 A)　　表 1.2

出行者信息	1.1	出行前信息
	1.2	在途信息
	1.3	出行服务信息
	1.4	路线引导和导航——出行前
	1.5	路线引导和导航——在途
	1.6	出行计划支持
交通管理和运营	2.1	交通管理和控制
	2.2	与交通相关的事故管理
	2.3	需求管理
	2.4	交通基础设施维护管理
	2.5	政策与执法
车辆服务——驾驶员辅助和车辆控制	3.1	视觉增强
	3.2	自动车辆运行
	3.3	避撞
	3.4	安全提醒
	3.5	碰撞前限制
货物运输和商用车辆运营	4.1	商用车辆预清关
	4.2	商用车辆管理进程
	4.3	自动路侧安全检查
	4.4	商用车辆车载安全监控
	4.5	货物运输车队管理
	4.6	联运信息管理
	4.7	联运中心管理和控制
	4.8	危险品运输管理
公共交通运营	5.1	公交运输交通管理
	5.2	需求响应和共享运输
紧急事件服务	6.1	交通相关紧急事件发布和人身保障
	6.2	被盗车辆寻找
	6.3	应急车辆管理
	6.4	危险品和事故发布
电子收费	7.1	交通相关的电子金融业务处理
	7.2	综合收费系统
个人安全	8.1	公众出行保障
	8.2	老弱病残者道路使用安全措施
	8.3	残疾人道路使用安全措施
	8.4	行人安全预防措施

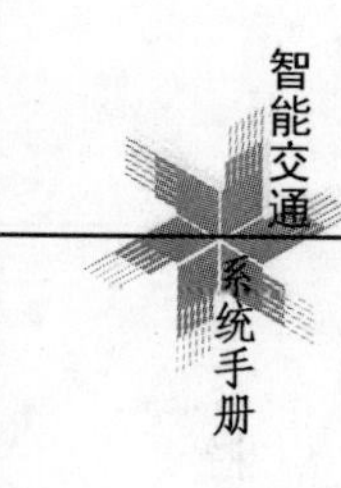

续上表

气候和环境状况监测	9.1 9.2	气候监测 环境状况监测
灾害响应管理和协调	10.1 10.2 10.3	灾害数据管理 灾害响应管理 各类应急机构协调
国家安全	11.1 11.2	可疑车辆的监测和控制 公共设施、结构物和管线监控

附录A给出了用户服务更详细的解释。每一项用户服务都是与技术无关的，可以使用多种技术手段实现。并且，他们不必互不包含。例如：作为用户服务的集成收费系统与用户服务需求管理有关。意外事件管理和商用车辆的预清关服务中包含了安全含义。为方便起见，基于ITS发展初期采用的名称，本章将用户服务分为7个部分来讨论。

❖ 先进的交通管理系统(ATMS)

❖ 先进的出行者信息系统(ATIS)

❖ 先进的车辆控制系统(AVCS)

❖ 商用车辆运营(CVO)

❖ 先进的公共交通系统(APTS)

❖ 电子支付系统——EPS，包括北美的电子收费(ETC)系统，欧洲的电子收费(EFC)系统和自动售检票系统(AFC)。

❖ 保安和安全系统 (SSS)

ITS所能提供的如此大量的服务，使交通决策者在制定合适的战略和选择解决问题的方案上更加自由。有效的ITS部署都取决于清晰的政策决策和承诺，并且确认和正确安排具有适当资格ITS专业人员。

在过去的10～15年里，欧洲、美国和亚太地区已经实施了几百项ITS的实验和应用部署。附录B的案例研究给出了很多应用范例；附录C给出了33个国家ITS发展概貌，体现了ITS实施方式的地域多样性。

1.5 先进的交通管理系统(ATMS)

ATMS的设计是保证城市内和城际间的道路网通行能力的合理、安全、高效的使用。其相关的功能包括：

❖ 城市交通控制；

❖ 协调交通信号以降低交通延误和控制交通排队；

❖ 特殊事件的交通管理；

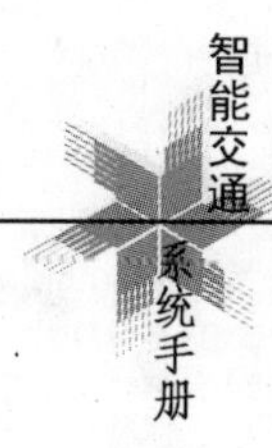

❖ 长途交通走廊的管理(包括跨界运输);

❖ 车流和需求管理;

❖ 重复路径导航;

❖ 事件检测和应急反应(例如,意外事故和车辆故障);

❖ 执法;

❖ 天气预警系统;

为了传送这些系统的管理信息,国家、地区和城市当局投资设立了现代化的、计算机化的交通管理中心(TMC)和交通控制中心(TCC)。这些中心是数据的重要来源,处理后的数据通过交通信息中心(TIC)通知乘车的人们,或给他们提出建议以及提供类似于柏林运输管理中心的增值服务(见案例研究 13)。

1.5.1 城市交通控制(UTC)

为了减少交通堵塞和交通事故而提出的 UTC 系统,如 SCOOT 和 SCATS 系统,是最早的 ITS 的应用之一。计算机化的城市交通控制正在成为世界范围内典型的、从单独的路口控制器到覆盖整个城市网络的复杂综合系统。它们都是依靠交通监视和车辆检测器来调节绿灯的时间长度、协调相邻路口信号周期相位差,以实时适应交通流的变化。UTC 系统有四种基本功能:

❖ 利用道路中的传感器、CCTV、自动牌照识别(ANPR)、浮动车等设备自动收集交通量和速度等数据;

❖ 依据以上数据,控制交通信号;

❖ 为出行信息服务提供数据,例如:VMS 和本地广播;

❖ 自动的事故报警,并通知有关部门,例如:警察和附近的相关部门。

现在,UTC 在减少污染、节约能源和保护环境等方面发挥了广泛作用。同时,它还为公共交通提供了实时的交通信号优先(参见 1.9.2)。最高水平协调的 ATMS 系统能够处理奥运会和类似大型活动期间遇到的复杂交通问题。例如,日本长野 1998 年冬奥会使用的通用交通管理系统(UTMS)和澳大利亚悉尼 2000 年奥运会使用的 SCATS 6 系统。

2000 年悉尼奥林匹克运动会

澳大利亚新南威尔士州的道路交通管理局(RTA),采用了 SCATS 系统的高级版本。基于分布式的 PC 结构,SCATS 6 分析车辆检测器的实时交通数据,产生适合主要交通状况的控制信号。RTA 人员通过 PC 机上的一套彩色图形窗口来控制交通,对应交通系统的四个水平相:

❖ 全部区域,显示 6 个商业聚集区的子系统的地区边界和交通状况;

❖ 被选择的区域，根据交通流量的不同堵塞状态从轻到重进行编码显示；

❖ 被选择的子系统，显示按战略布设的检测器监控的交通流及其密度；

❖ 交叉口区域，显示交叉口的平面布局和相位设计。

■ 进一步的信息参见：www.rta.nsw.gov.au 和悉尼奥林匹克运动会案例研究

Re-routeing in DENTRICO

为改善交通管理和提供信息，欧盟委员会在 7 500km 的泛欧道路网上建设了 DENTRICO，DENTRICO(管理)的区域(比利时、法国北部、德国西部、卢森堡、荷兰和英国东南部)交通量很大，为了帮助道路使用者避开交通堵塞和交通事故，在德国科隆到荷兰“埃因霍温”，佛兰德的安特卫普到荷兰鹿特丹的交界地段采用绕行路线，在做出换道决策地点的可变信息板上显示特殊的可交替变化的路线引导箭头。

■ 详细信息参见：www.centrico.ten-t.com (案例研究 17)

1.5.2 高速公路协调与管理

先进的管理系统能动态地监控道路和天气状况、交通流量及其速度、交通事故的影响。他们将得到的信息(基于历史数据可形成预测)用于：

❖ 道路运营者可以采取措施，例如提出建议信息或发布警告(通常是自动的，例如：通过 VMS)、可变速度限制、匝道控制、车道控制和紧急事件疏散路线的保证。

❖ 自动提示出行者前方的危险状况、到达立体交叉口的距离(和时间)、可选择的路径和可变的速度限制等。

在 CENTRICO 内可提供跨国境的选择路线服务，匝道控制使高速公路入口处的交通信号自动响应检测到的前方车流并控制驶入率，以保证合流并控制车流密度在饱和交通流以下。

可变速度限制已经被成功地应用在墨尔本(澳大利亚)和伦敦(M25 环城高速公路，英国)。根据检测到的大交通量，自动产生临时速度限制并显示在门架上，以一种可控方式降低车速，有效地增加道路通行能力。

日本 UTC 的使用效果

减少堵塞：通过将精确的交通信号控制器与占主导地位的交通状况相关联，以及通过交通信息发布和出行时间的显示为驾驶者提供交通信息，日本的 UTC 系统大大地减少了交通堵塞；

减少污染：通过减少堵塞引起的停车次数，减少燃油消耗和噪声，从而减轻了环境污染；

减少事故：通过可变信息情报板疏导车流，提供可靠的路况信息和到特定目的地的出行时间，减少了由于疲劳驾驶造成的交通事故。

节约能源：通过疏导车流和缩短到达目的地的出行时间，减少燃料消耗，节约能源。

■ 详细信息参见：www. mlit. go. jp

1.5.3 需求管理

减少交通堵塞的方法之一是交通需求管理，包括使用相对直接的进入控制技术或车辆分类（依据车牌）来约束进入特定区域（例如历史名城的市中心）的车流量。

更有效的交通需求管理措施包括在交通堵塞期间向道路使用者收费，或是设立特殊的高载客车辆的专用车道 HOV(high-occupancy vehicle)。主要城市道路拥堵收费计划(uraban congestion charging schemes)已经在新加坡（使用 EFC ）和伦敦（英国，"智能化"的摄像执法下的常规付款方式）实施。交通堵塞中使用的 EFC 系统和对道路使用者的征费将在 1.10.1 中介绍。

20 世纪 90 年代末，美国的很多地区为鼓励人们拼车出行以减少道路交通拥挤，为载客人数超过两人的车辆设立了 HOV 车道。然而，考虑到 IIOV 车道利用率，将其改为 HOT 车道，单个驾驶者付费可以使用。

西班牙巴塞罗纳（特定区域）准入控制

为了减少城市中心环境敏感区域的交通水平，巴塞罗纳已实施了多种需求的管理策略。准入地区实行路网入口控制，由可伸缩的柱子在物理上控制，让有授权的、配备智能卡或者车载应答器的车辆通过。同时，这样的系统给那些重要的道路使用者以优先，包括居民、行人和运送货物车辆。La Ribera 地区最初在 1995 年在建立了该系统，现在已经被扩展到其他 4 个区域。调查结果表明，这项措施使进入 La Ribera 地区的交通量减少了 78%，从而使穿越此地带的出行时间减少 18%，当地居民的满意程度超过 70%，同时也对当地的经济产生了积极的影响。然而证据也表明，该地带之内的商务正在向对车辆依赖较少的类型转变。

1.5.4 执法

政策和交通法规的执法与大量的 ATMS 服务相关联，但是有效的执法是

ITS服务的一个共同的主题。例如,有效的执法对于减少事故、鼓励遵守道路收费和交通法规尤为关键,新技术应用的增加,使得这些成为成功面对新挑战的重要因素。

在过去的20多年,自动执法主要应用在限速和闯红灯等方面。在美国,实施了红灯监控的交叉口,闯红灯的记录减少了50%,交通事故减少70%。数字摄像机的使用,图像处理技术以及车辆电子识别技术的广泛应用,为扩展违反交通法规行为的监管范围铺平了道路,并且使得执法过程更加有效,图1.3为Gatso的速度摄像机。自动执法技术正被应用到新的违法行为上,例如:跟车间距、车道保持、拥堵收费和电子收费。第2章将详细介绍这些技术。

图1.3 Gatso速度摄像机

1.6 先进的出行者信息服务系统(ATIS)

在本手册中,ATIS的定义覆盖了基于道路的私人和商务的多模式(multi-modal)出行。公共交通信息服务将在1.9.1节中进一步详细描述。

对于出行者和货物运输公司来说,行程和到达时间的不确定性是所面临的一个主要问题。"聪明"的出行者和运输车队管理者非常期望得到可靠信息,以帮助他们做出明智的决策。国家、地区和市政运输当局作为交通管理部门多年来一直监控车流和收集数据,但只有在最近才意识到与公共交通和运输运营商共享这些信息的价值。

出行者信息系统(TIS)用来给出行者和车队管理者提供关于交通状况的精确信息,以使他们能够调整时间、路线以及出行和送货的方式,驾驶者可以被提醒改变预定的行驶路径,以避免事故、交通堵塞和恶劣的天气(依据历史和当前的实时数据)。TIS还可以给出黄页式的信息。

ATIS能够大大促进多种出行方式间的转换,例如,鼓励出行者将车放在公园或者停车场(主要原因是前方交通堵塞或者高污染),使用公共交通工具继续出行。停车诱导信息系统为驾驶者提供行驶区域附近的车位信息,很好地减少了城市中心的交通堵塞和污染。

ATIS的应用有两个主要要求:

❖ 由ATMS产生的详尽的系统运行信息;

❖ 将这些信息传输给出行者的方式。

一般来讲，ATMS 服务由公共部门负责，而 ATIS 则通常由公共部门和私营部门合作开发。实际上，ATIS 数据是通向商务新时代的通道，而私营服务商的出现使得为出行者提供增值服务成为可能。

1.6.1 车载 ATIS

ATIS 的最简单形式包括：车载无线电交通广播，从一般的广播公司收听关于车辆排队和交通事故的信息；从高速公路路况广播（ HAR ）收听已知堵塞路段的状况。

最近的发展包括欧洲的 RDS/TMC 系统，交通信息频道（ TMC ）内包括一个无线数据广播（ RDS ）系统，而且现在可以在调频广播边带上传输。作为进一步的改进，欧洲的一些公司，包括 iTIS、Trafficmaster（英国）和 Mediamobile（法国）（案例研究 9、27 与 30 ）开发了交通堵塞监测和旅行时间信息服务，能将相关信息传输给车载单元。

发展最快的系统之一是日本的道路交通信息通信系统 VICS。一些国家正在投资建设作为 ITS 核心的交通控制中心和交通信息中心（ATMS 和 ATIS 功能有效的融合）。

VICS（道路交通信息通信）

1996 年日本实施了为车内提供交通信息的 VICS 系统。警察厅和道路运营者将数据提供给日本道路交通信息中心，该中心与 VICS 中心有高速专用数字线路连接。VICS 中心将处理后的信息传送给媒体中心和调频广播台转发至车载接收单元（ IVU ），在高速公路上主要是无线电（微波）信标，城市干路上主要通过红外信标，而本地电台的调频副载波广播则主要用于广域覆盖。此类交通信息对于驾驶者是免费的，可以以文本、简单的图形或者地图的形式提供给驾驶者。

■ 详细信息参见：www. vics. or. jp（见案例研究 14 ）

1.6.2 基于基础设施的 ATIS

可变情报板（ VMS ）能自动显示道路和交通状况警告信息以及前方的事故，增强路网的安全，使驾驶者有时间避免或至少能够降低速度。事故和车辆排队的自动检测加上 VMS 的自动设置，显著减少了安装了这种设施的公路的二次交通事故。VMS 还可以显示来自交通控制中心（TCC）预测模型的信息。其他的设施还包括设置在服务区或者交叉路口的电子信息亭等。

英国国家交通控制中心(TCC)

TCC 项目以政府和私营合作的模式发展,即由掌管着英国高速公路、公路网主干线以及信嘉集团联合开发。预定在 2004 年,在英国首次实现实时道路交通协调策略的信息发送(最终将与其他的交通信息发布方式相融合)。信息将被提供给基于因特网的高速公路出行信息平台(TIH),这将为交通信息的提供、交换、发送提供一个市场。增值服务提供商(VASP)将提供支撑服务,使服务信息更加顺畅地到达用户,并且还会提供增强服务,例如通过因特网,移动电话和数字音频广播(DAB)的方式为用户制定路径。

■ 详细信息参见:www.highways.gov.uk

511——"美国 ITS 面貌"

如 911(警局紧急事件呼叫电话)和 411(电话查询)一样易记的 511 已经晋升为全美范围内唯一的交通咨询电话。驾驶者可以拨打电话获得实时的道路、交通、天气状况,选择出行路线或方式。由美国联邦通讯委员会正式指定 511 由美国国家使用,地方司法机构和电信公司为了完成这个新系统,改变了与此有关的 300 个已存在的本地电话。在 2003 年中期,511 已经覆盖了 17 个联邦,为 4 500 万用户提供了服务,2005 年这项服务普及到大多数联邦州和大城市。

■ 详细信息参见:案例研究 37

1.6.3 独立于位置的 ATIS

传输给车载的交通信息,同样也可以传输给移动通信设备,比如手机和掌上电脑——图 1.4 为具有 Web 功能的触摸式电话。人们能在家里或办公室通过网络获得交通堵塞地图和视频镜头。最广泛使用的通讯方式——电话的潜能也被积极的挖掘,例如英国的 Traffic Wales 和美国的 511 电话(案例研究 29 与 37)。

图 1.4 具有 Web 功能的触摸式电话

1.6.4 路径引导和导航

在不熟悉的交通堵塞路段,驾驶者很难通过传统的道路地图发现正确的道路。SatNav 导航和路径引导系统使用卫星定位和存储在 CD-ROM(或高容量的 DVD)上的数字地图提供智能的路径选择方案。

主要的数字地图供应商可以提供更加详细的地图信息，例如，砂石道路以及铺装路面道路的范围、包括设置公交车车道、公共汽车和电车线网图在内的公共交通的改良措施等。有代表性的详细信息包括房屋编号、邮政编码、小桥、感兴趣的地点信息和最新的限速标志信息。自导航系统使用基于卫星的“差分 GPS”来定位，有时辅之以基于陀螺传感器、汽车里程表测距和地图匹配的位置估算。

通过数字音频广播(DAB)发布实时交通状况或者(在欧洲)结合 RDS/TMC 交通信息，先进的系统可以提供动态的路径导航以避免交通堵塞。移动电话与中心计算机的双向通信需要一个地点。系统要求驾驶者输入他们的目的地，然后计算出最佳路线，通过屏幕显示或者语音合成给出提示。当然，屏幕也可以显示驾驶者当前位置的交通状况，以便驾驶者自行选择路线，图 1.5 提供了用于显示旅行和交通信息的相关设备。

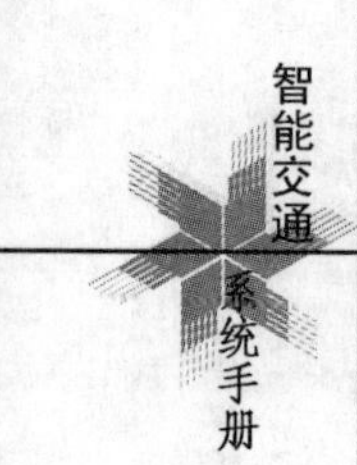

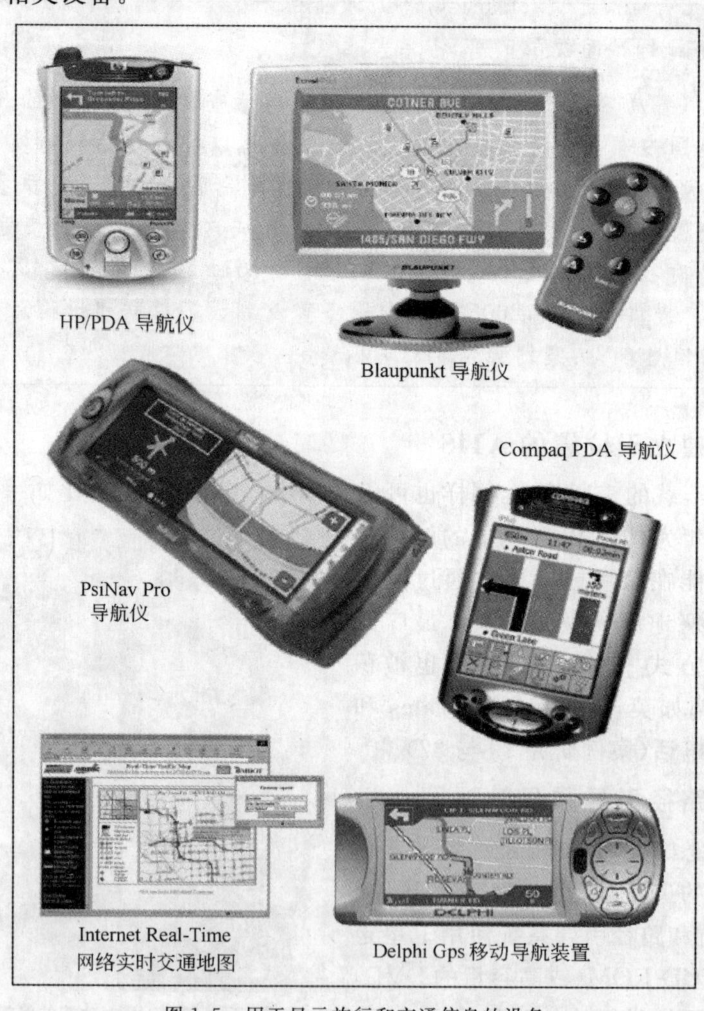

图 1.5　用于显示旅行和交通信息的设备

1.7 先进的车辆控制系统(AVCS)

AVCS包括智能车辆(IV)系统、智能车-路系统(IVHS)或者合作车辆公路系统(CVHS)。所有智能系统的设计都是用来辅助或改进驾驶工作或是驾驶环境的,并且影响驾驶者的行为。AVCS能主动地协助驾驶者驾驶,警告他们即将来临的危险状况或者操作状态(有意识的或无意识的)或在物理上防止他们继续危险驾驶(例如,车速超过安全范围)。

AVCS技术的发展由以下因素驱动:

❖ 国家政府部门,他们想要提高道路安全性、高速公路的通行能力和现有智能系统的性能;

❖ 汽车和汽车设备供应商,他们想为能满足驾驶者安全和更舒适驾驶的新产品和新系统寻找市场。

双方的分歧是技术将在多大程度上介入到控制驾驶工作上。

欧洲的eSafety是一个工业与公共部门的联合项目,其最初目的是通过利用新的信息和通信技术(ICT)来减少交通事故。

现已投入使用的AVCS技术包括:牵引控制;防抱死制动系统(ABS)(为用于制动恢复的电子稳定装置(ESP)的研制铺平了道路)以及配置在高级车辆上的自适应导航控制(ACC)技术。ACC使用雷达传感器保持与前车的车距,未来的AVCS技术的目的是为保证车辆的安全而确定其在道路上的位置。车载智能系统将在以下情况下辅助驾驶:无计划的车道变换,躲避横向和纵向的障碍物(包括其他车辆和行人),并自动起动碰撞保护装置(如气囊),减轻事故的伤害。同时,还可以自动触发紧急事件警报。

不适当的行车速度是引起事故的主要原因。智能速度适应(ISA)技术(案例研究3)已经引起了很多欧洲国家的兴趣,通过在法国、荷兰、瑞士、英国开展的以汽车为基础的试验(研究对超速者)进行警示或者干预系统。欧盟委员会(EC)现在已着手制定相关的政策,为可能的规则铺平道路。现已开发的其他AVC技术包括:

❖ 碰撞警告和躲避系统;

❖ 卡车侧翻警告和预防系统;

❖ 公共汽车事故预防系统;

❖ 远程车辆诊断;

❖ 驾驶者瞌睡检测器,通过提供听觉或触觉警告,减少由疲劳驾驶造成的事故;

❖ 夜晚和恶劣天气的视觉系统，在挡风玻璃上叠加增强的前方道路图像；

❖ 路口防撞系统，目前正在美国测试，例如警告驾驶者视觉死角处有车辆接近；

❖ 商用车辆的团体编队。

很多 AVCS 技术的一个重要特点是它们潜在的两个作用阶段，最初是警告，如果驾驶者不响应，就采取干预措施。基于电子驱动的车辆紧急控制系统将比以往的液压控制系统更容易对车辆进行控制。例如，如果驾驶者漫不经心地更换车道，或者超速行驶，并置警告于不顾，AVCS 电子系统能够直接控制方向盘，引导车辆回归车道或者减速。

利用 CHAUFFEUR 的车辆编队

预计到 2010 年，欧洲道路的货运将比 1995 年翻一番。没有相应的补救措施，将会有更长距离的行程(无论是私人车辆还是商用车辆)，增加车辆行驶成本，加剧环境污染。CHAUFFEUR 项目由德国戴姆勒—克莱斯勒牵头，开发“团体编队”系统，在不损害运输安全的前提下提高货物运输车辆行驶的密度。它包括只用一个引导车，用“电子拖杆”将两辆或者更多辆卡车连接组成车队，使车辆近距离行驶以节省道路空间。原型样车已经在奥地利中 Brenner 公路上做过测试。

■ 详细信息参见：www. cordis. lu/telematics/tap_transport/research/projects/chauffeur. html

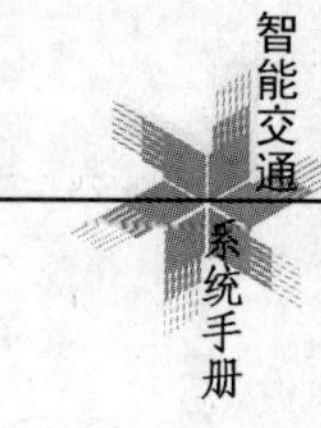

当然，为了使这些可能变成现实，还有很多有关社会、文化、法律等问题需要解决。这其中的一些问题将在第 8 章“展望 ITS 未来发展趋势”中进一步研究。如，驾驶者能够接受何种程度的车辆自动控制；为了运输利润，国家总车辆的百分之多少需要安装 AVCS 技术装置；在哪个阶段是强制性的；如系统失灵，谁将承担事故负责。如果以上问题全部解决，那么 AVCS 技术将是近期可实现的，或是以渐进的步骤向实现车辆的完全自动驾驶这个遥远的目标发展，即运用 IVHS 和 CVHS 技术使车辆变成高速公路的一部分。

1.7.1 安全系统

先进信息和通信技术(ICT)在保证道路安全方面有显著贡献，复杂安全系统能提高道路使用者躲避事故和从事故中逃生的几率。车辆控制技术的发展目标是使驾驶更加安全和如上所述的影响驾驶者的驾驶行为。天气和路面的状况也能够引发事故，先进的天气预警可以：

❖ 使驾驶者避免危险区域；

❖ 使道路运营者对自然危害作出反应，例如冬天结冰区域和洪水区域，直接配备诸如扫雪车等设备给受灾最大的区域，并优先疏散和紧急营救进入受灾区域的车辆。

骑车者和行人也能够从 ITS 中受益。行人在路口特别容易受到伤害，ITS 能够使老人、带小孩的人们、行动不便和有其他残疾的人的生命更加安全。通过手持的小型通信设备，可以给交通灯控制器发送编码信号，延长路口信号时间。信号还可以被这个区域的驾驶者所接收，并且警告驾驶者前方有易受伤害的行人，甚至自动地控制车辆的制动装置。

1.8 商用车辆运营系统

由于牌照、运营许可证、载重控制和道路使用付费等法规的需求，运行线路中的检查使得货运车辆延误，因而增加了运营成本。电子预结算使合格的商用车辆能自动与路上检查的要求和保安控制相一致：动态称重系统（WIM）自动检测车辆的合法重量；电子标签和跟踪能够监控危险和不正常的货物。受益的不仅仅是商用车辆，监管部门可以集中力量对可疑车辆进行监管。图 1.6 和 1.7 所示，分别为自行车检测和利用数字视频技术的行人检测。

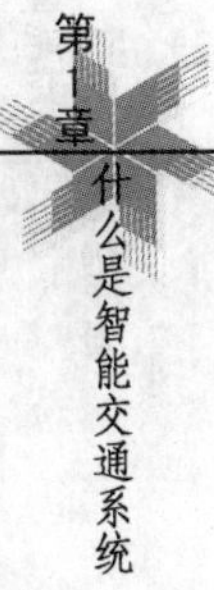

图 1.6 自行车检测

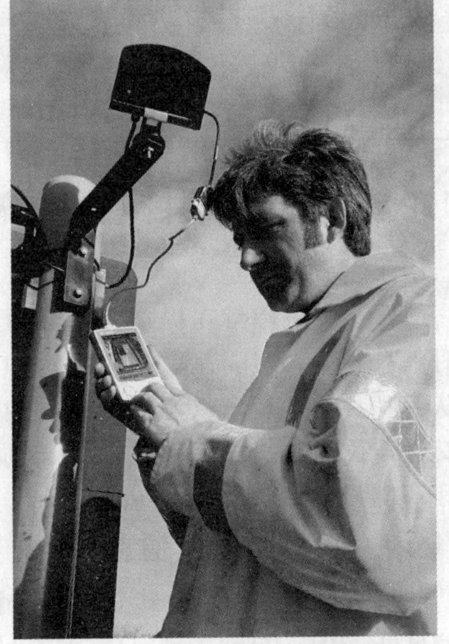

图 1.7 行人检测：数字视频技术

超重车辆之所以受到特别的监管，是因为它们不但有损路面，而且增加了事故发生的风险。ITS 能够进行远程的载货状况监督：如果车辆和货物处在危险状态，驾驶者和控制中心都会被警告以采取正确的措施。对货物的有效监控，尤其是对集装箱的监控，仍是一个重要的安全性因素。

自动车辆定位（AVL）技术是现代车队管理的核心。它能更加有效地帮助运营商管理车队和货物，在物流管理和经济上都获得收益。由于消费者按时交货以减少库存的需求，货物配送正日益演变为集约化，并对时间敏感。一旦车辆接近仓库和发送目的地，可预先安排下一个可供使用的货仓并给予引导，以节省等待时间。随着纸上作业的电子化处理，以及对行车线路的许可或者申请信息的便利访问和监控，这些发展趋势增强了智能检查，调度和路线选择系统的价值。

以 ITS 技术为基础的车辆和货物追踪系统，鼓励集装箱货物运输向多模式发展，通过在长途运输中综合利用公路、铁路和海运（短程海运和内海运输）等方式，使集装箱货物运输更加简便和更有优势。

虚拟动态称重（WIM）站

超重车辆尝试避开设置在美国州际高速公路 75（I75）的传统固定称重站，通常会选择一条人迹罕至的公路，但这样的行为目前已经被虚拟称重站粉碎。WIM 包括一个压力动态称重系统，车道控制器和高分辨率的数字相机。当载货汽车通过时，系统捕捉车辆的图像，获得车辆的重量、速度（通过计算卡车经过特定距离的时间得到）、长度和分类的数据。具有日期和时间的结果文件被传递给实际的称重站，以便在需要时采取措施。

■ 详细信息参见：www. ktc. uky. edu

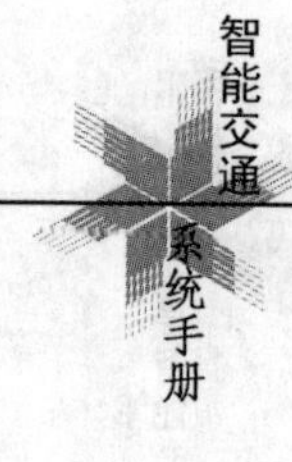

1.9 先进的公共交通系统（APTS）

APTS 应用旨在提高公共交通的效率和用户友好性。APTS 的应用包括：实时信息系统；费用提示、提前预定和行程设计；需求—响应运输、拼车；为更好的车队管理和增加行车安全性而自动地制定时刻表。以上所有措施，将有助于将公共交通定位为集成的多模式系统，鼓励人们更少的依赖私人小汽车，以减少交通堵塞和环境污染。

1.9.1 公共交通信息

推进更多的利用公共交通的一个方法就是提供可靠的、可方便访问的实时乘客信息（RTPI）。自动车辆定位（AVL）使得实时信息系统能够为在车内、车站、家里、工作地点、街道上以及使用其他交通模式的人们提供运行和换乘时刻和路线建议等信息。这些信息可以通过多种媒介来提供，包括：因特网、交互式信息亭，手机短信、语音电话查询服务和掌上电脑（PDA）等。增强的服务包括：行程设计、付费提示、预订服务、达到的位置以及旅行者信息等，图 1.8 给出了泛印度地区的车辆跟踪服务示意图。

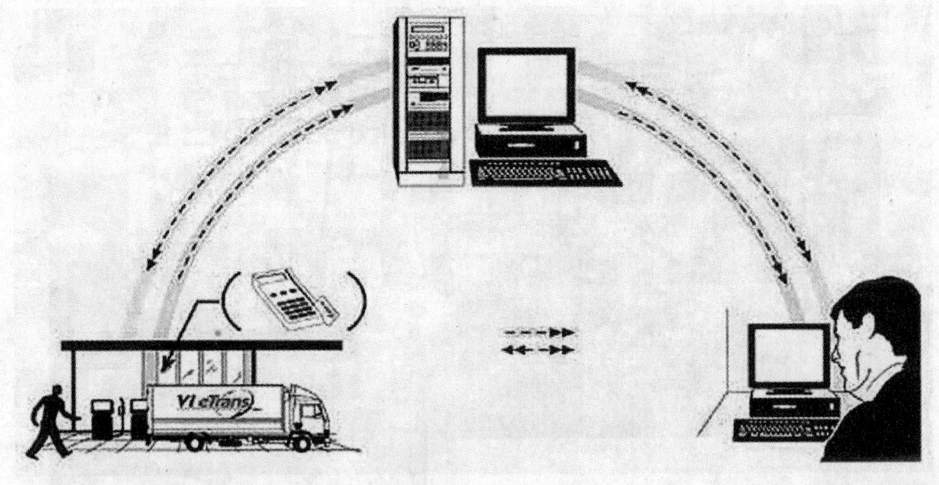

图 1.8 泛印度地区的车辆跟踪服务

加拿大和美国之间的商用车辆过关通道

近年来，加拿大和美国之间通关的机动性已经两次受到影响。第一，北美自由贸易协定(NAFTA)鼓励载重更大商用车队，致使满载车辆通关延迟增加到1个小时。第二，2001年9月11日的恐怖袭击，增加了这个世界上最长的未布防的边境线上保安缺口的风险。这两个国家已经就自由而安全的运输(FAST)计划展开合作，为安装射频识别(RFID)装置的车辆设置了专用车道。射频识别装置给管理部门发送电子数据，以核查车辆的预结关信息。

■ 详细信息参见：www. customs. ustreas. gov

保证提供所需的信息和质量，需要在ITS基础设施上的大量投资，这已经被英国伦敦、法国巴黎(案例研究9)、新加坡和香港等很多城市所认同。公共交通信息服务最终的发展目标是一种真正的多模式信息服务，英国政府已经从运输的演化认识到这些(见案例研究32)，依据需求和一天的时间来利用私人和公共交通。要达到这个目的，就需要一种公共和私人、政府和运营商的高水平的合作。图1.9为提供了公交站信息的可变情报板。图1.10为列车车厢内旅客信息显示图。

图 1.9 公交站可变情报板

图 1.10　列车车厢内旅客信息显示

重型车辆电子牌照(HELP)

PrePass 是美国的一项电子预结关计划。它是美国货运运营商和政府机构合作的非盈利的重车电子许可牌照联合组织。预检合格的卡车装配有应答器,它能够在公路行驶速度下实现应答。HELP 联合了美国东海岸电子收费财团的 E-Zpass 收费联盟的力量,在预清关和电子收费中都使用相同的收发机,范围扩大到了通关边境。

■ 详细信息参见:www.prepass.com

1.9.2　公共交通优先

通过在城市交通控制(UTC)系统中集成指令,公共交通车辆可以被赋予高于一般车辆的优先权。AVL 使公交车和有轨电车可以在接近有信号控制器的路口被自动识别,在这里,可以请求交通信号控制器延长或者再次请求绿灯相位,使绿灯时间足够长,让公共交通车辆通行。对公共交通车辆的检测,可以通过埋设在道路表面以下的环形线圈、路侧装置或者卫星定位系统实现。

另一个已经在德国、澳大利亚和英国实施的优先系统是公共汽车导驶路。在传统公交车道上安装特殊设计的设施,分隔常规交通并且使公交车辆快速通过已知的堵塞地段。在机械系统方面,在前侧轮架设的侧轮引导公共汽车沿着路缘石行驶(将驾驶员从驾驶中解脱出来),基于电缆的电子系统被埋设在公交车道的中间,车载的诱导检测(装置)不间断地转动车轮,保持车辆的中轴在(埋设的)电缆之上。在公交车道的末端,交通信号的优先保证车辆驶入常规车道。

车道变换区域(美国俄勒冈)

美国俄勒冈州的县级车道,位于尤金和斯普林菲尔德两个社区的中心。人口的增长表明了对新公共交通的投资需求,县政府倾向于采用具有交通信号优先权的快速公交(BRT)系统,基于卫星定位的AVL、自动停车报站以及(最终)实时乘客信息。区域信号控制双向的单车道,节省土地和成本。县政府将对快速公交系统(BRT)路权的保护看成是对未来可能兴建的高科技轻轨的路权的保证。

■ 详细信息参见:www. ltd. org

1.9.3 公共交通车队管理和物流服务

ITS支持对公共交通车队的有效运营和管理。车载的AVL不断发送数据,使控制中心能够监督单个车辆按时刻表行驶,并调整服务间隔弥补过早或者过迟运行。车队的自动监控还能对车辆的保养需求提早发出警告,降低车辆故障的风险。

车门开/关自动检测系统和自动售检票系统(AFC)向运营者提供有价值的乘客数据,包括:乘载人数、旅行里程和旅行时间等信息,这些数据被用来评价路线的使用情况,优化服务满足乘客的需求以及值班车辆和驾驶员的效率,改善财务管理。

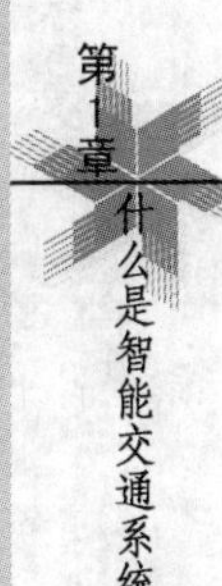

1.9.4 灵活共享的交通服务

以ITS为基础的共享和需求响应交通系统是沟通私人和公共交通鸿沟的桥梁。潜在乘客致电交通控制中心,告知其出行目的地、预期的出行时间以及任何特殊要求。中心利用AVL确认和调遣位置最便利的车辆,车辆上搭乘路线一致的其他乘客。费用自动在使用者的账户上扣除。车队由公共交通车辆和出租车组成。出现在欧洲和南美一些城市的"车辆共享"是相似的概念,出行者可以预定与个人出行需求相一致的车辆。它同时也对城市规划有益,建筑开发商可被要求在城市中少设置停车场,以节约土地和节省成本。

1.10 电子支付系统

现代EP系统为运输、高速公路运营商、乘客和消费者提供了优于现金支付的付费方式。现在ETC与EFC系统已经在世界范围内的高速公路、桥梁和隧道上被广泛应用。AFC系统中的智能卡不仅为公共交通运营商提供了更灵活的收费方式、更低的管理成本以及更好的管理和市场信息;同时为乘客节省时间并体会到非现金支付旅行的方便性和安全性。EPS系统还提供了互操作性的前景,使得在跨运输模式和系统之间使用单一的智能卡介质。

1.10.1 ETC与EFC系统

ETC与EFC系统能够实现在收费广场不停车自动支付通行费和其他道路使用费(例如城市拥堵收费等)。基本系统取代现金收费系统,它主要利用红外或者以微波为基础的专用短程无线通信(DSRC)技术,在收费站自动读取车载可识别电子标签(transponder)。目前这种系统在世界各国很普遍,包括传统的系统。付款可以是对已注册的电子标签所有者记账,也可以从插入车载单元(IVU)的智能卡中扣除。先进系统可以在高速公路行驶速度下实现交易,加拿大多伦多的407全电子高速公路和通往澳大利亚墨尔本的高速公路上采用的就是这样的系统(见案例研究1与5),图1.11为特隆赫姆市不停车收费图,图1.12为日本收费技术示意图。

图1.11 特隆赫姆市的不停车收费

图1.12 收费技术示意图(日本)

建设以DSRC技术为基础的EFC系统,要在收费车道上架设安装天线的门架,因此需要充足的基础设施投资。最近出现的虚拟定位系统(VPS)使用"虚拟"门架,利用卫星技术来定位,配备了特殊车载单元(IVU)的车辆——在技术上被称为GNSS-CN,即全球卫星导航系统—蜂窝网,这种系统在香港已经进行过广泛试验。在收费路网和收费点,虚拟定位系统(VPS)测量(配备车载单元(IVU))车辆的行驶距离,然后通过无线蜂窝网将收费数据传送到控制中心,或是从车载单元的储值智能卡中扣除费用。除不需要安装门架外,虚拟定位系统(VPS)的优势还在于它为道路经营者在变换收费边界和付费价格等方面提供了广阔的灵活性(例如针对交通流和一天内或一周内的时段设定收费标准)。另外,对精确的行驶距离的收费,可以让道路使用者与其他可选择模式的收费费用相比较,促进多模式的前景。

虚拟定位系统(VPS)是德国货车道路使用者收费(LRUC)方案的基础,并有可能作为英国将来的收费方案。欧盟把设计的用来保证互操作性的虚拟定位系统(VPS)作为在欧洲范围内实现对货车收费方案的基础。这个过程将最终推动为所有道路使用者的收费方案的互操作性的实现。

墨尔本的 City Link

连接澳大利亚第二大城市墨尔本与机场、海关和工业区的城际通道是私营的、全电子化的、22km 长的高速公路。它采用 DSRC 技术收费。使用者可以预先开设费用账户,或者购买一天的通行权(如果使用者愿意,也可以使用因特网购买)。账户的持有者收到一个有电子标签的收发机,配置天线的读卡器在车辆通过任何一个收费区域时都自动在账户上借记。对逃避的监管是通过门架上架设的相机抓拍车辆的车牌实现的。

■ 详细信息参见:www. citylink. vic. gov. au(见案例研究 1)

除了减少道路使用者的延误外,EFC 系统还降低了道路经营者的劳动力成本,并通过防止漏缴,提高了安全性。自动车牌识别技术巩固了收费管理。另外,其双向通信信道可以被用来进行其他交易和服务(例如停车收费和交通信息)。ETC 与 EFC 系统还在解决收费站排队这个主要拥堵问题方面具有应用价值。

1.10.2 公共运输费用和票务

城市公共运输经营者日益意识到了 ITS 发展的潜力。智能卡售票和自动缴费为电子支付提供了乘客友好的基础,可以消除现金交易和欺诈。同时,非接触式售票方式还结合了智能卡(保护交易)和短程射频无线传输(快速验证)的特点。现在,这项技术已经在包括香港、伦敦(英国)、巴黎(法国)和首尔(韩国)等城市得到了应用。

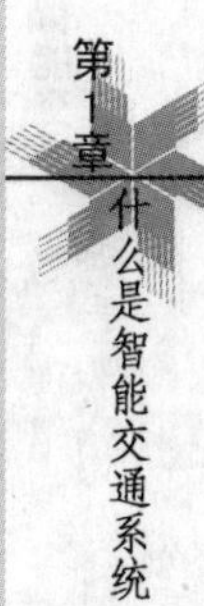

智能卡微芯片的记忆和处理能力允许为付费和与交通有关的付费(例如道路通行费、拥堵和停车付费——对停车和使用车辆的人收取特许费用)发展灵活的和创新的产品。这项技术还能够扩展成为“电子钱包”,在报亭和便利店用于小额现金支付,公共交通中的大量现金交易使这项技术特别适合实现这个概念。对于运营者,对交易的分析为服务的制定和修正提供了一个有价值的分析工具。

1.11 安全和紧急事件应急系统

美国 2001 年 9 月 11 日的恐怖袭击,在保安、紧急事件管理和安全应用的所有范围改变了交通运输的面貌。这突出了货物、乘客和基础设施在把交通作为武器使用的恐怖袭击中的易受攻击性。在人为和自然灾害发生时,紧急事件管理作为挽救生命的手段有突出的前景。交通管理者引进了新的高科技保安控制,在逮捕恐怖主义者和其他罪犯时这些措施和跟踪系统的作用被日益认可。出行者安全的整个提案已经被欧洲欧盟电子安全计划(European eSaferty enitiative)作为范例,成为核心。

"安全第一"成为每一个交通的提供者、管理者和使用者的准则:公路和公共交通的权威机构和运营者、车队的管理者、单个驾驶者以及使用各种模式的出行者(包括行人和其他易受伤害的道路使用者)。

多伦多(加拿大)公共交通系统

多伦多(加拿大)公共交通运营商 GO Transit 的智能卡 AFC 系统,日益在 7 个轨道交通和广大公交网络中得到应用,为在多伦多广大地区的五百万人服务。智能卡有接触式的和非接触式的双重接口,通过一个集中的公共教育节目介绍之后,智能卡开始使用。为了乘客的方便,乘客可以在售票口和零售店购买智能卡和为智能卡充值,并且还可以在专用读卡器上检测余额。

■ 详细信息参见:www.gotransit.com

1.11.1 国土安全

在 911 之后,美国建立了白宫国土安全办公室、专门的国家基础设施安全委员会和运输安全委员会。并且还在 ITS 联邦投资标准上添加了新的目标,声明"ITS 将建立依赖于实时信息收集和共享的保安系统,用于提高对国家紧急事件和自然灾害的检测和响应"。其他国家也纷纷跟随美国的引导。早期的优先项是:

- 确认"高价值,高产出"的运输资产的保护策略,并发展相关标准。
- 对高速公路、桥梁和隧道的危险评估。
- 增加主要人口聚居地实时交通信息基础设施。
- 增加监控技术的使用范围。
- 强化紧急事件通信能力。
- 预先制定大规模疏散策略。
- 车辆和货物的电子追踪。

1.11.2 紧急事件管理系统(EMS)

EMS 必须处理的事件范围从恐怖袭击、由恶劣气候条件或特殊道路状况造成的自然灾害到单一车辆的交通事故等。EMS 共同的要点是:自动通报、路线引导、优先紧急车辆和疏散的人员、为出行者提供信息和为救援工作提供支持。世界范围 ATMS 的运行已经得到了优化,能够对大规模紧急事件的新危险做出更加有效的响应,并且与政府和警卫保安部门的合作更加紧密。AVL、路线引导、交通优先、可变情报板陈列和车队管理技术都对减少响应时间和保证最优的性能做出了贡献。ATIS 服务发送即时警报和建议的能力,已经在实际中得到验证。

在交通网络中,通过紧急事件呼叫(e-Call)服务自动通报紧急事件,对于挽救生命是十分关键的,尤其是在偏远地区和郊区。通报有手工的(驾驶者按下急救按钮)和自动的(检测到气囊的弹出),然后,通过 AVL 技术和无线链接请求快速救援。在偏远地区,急救医生可以监控病人的状况,并在到达医院之前采取急救措施。得到熟练救助的速度对于挽救严重受伤病人的性命尤为关键。在欧洲,区域性的 ITS 团体 ERTICO,现已计划建立陆地范围的紧急事件呼叫(e-Call)系统。

1.11.3 在运输管理中的保安

对保安和安全关注的增加,使得对危险货物和车辆或者可能装有武器的集装箱的安全隐患问题也得到重视。监控危险货物是关键的,不仅因为事故的潜在破坏非常严重,还因为恐怖分子能够把他们作为目标或者武器。在港口和机场设置的新型传感器,可以自动检测集装箱内的货物。这里重要的问题是如何在不影响贸易和商业流程的前提下,进行高效的安检。1.8 节介绍的货物预先通关和边界控制系统可以提供帮助。

对于公共交通的用户和工作人员来讲,最优先考虑的是人身安全。人们使用汽车的原因之一,也是因为在汽车里人们感到更安全。公共交通要显著提高共享,就必须提供足够和可见的安全保障。在任何事故中都有很多人面临危险,他们需要知道一旦发生危险,救援就在附近。AVL、站点或者车载的监控设备以及移动通信的联合使用、检测紧急事件发生点,可以提升个人安全感,增强信心,同时降低犯罪活动,因为以 PA 系统为后台的 CCTV 的摄像装置时刻提醒犯罪分子"我们能够看到你"。

2001 年 9 月 11 日——纽约市

TRANSCOM(运输操作协调委员会)的 ITS 管理中心,整合了纽约与新泽西康涅狄格地区的大约 100 条高速公路、公共交通、警察和安全机构,双子大厦遭到袭击以后,共同致力使交通避开受冲击的曼哈顿南部区域。道路上的 VMS 显示"避开曼哈顿"。遍及美国东北部的 VMS 和 HAR 也动员旅客从纽约地区转移。在华盛顿地区,新设计的交通和事件管理系统,在南方和西方的道路上使用了 100 多个协调工作的照相机,清晨被激活,并在网上公布,通过本地广播发布其网站信息。同时,临近的弗吉尼亚地区,运输部改变了双向可逆的多乘客车道(high-occupancy lanes),以帮助大规模的紧急疏散。

■ 详细信息参见:www. xcm. org; www. trafficland. com; www. vdot. state. va. us(案例研究 39)

1.12 结论

本章主要讲述了 ITS 能够对当今交通运输管理方面产生的实际影响,并且指出,在更广泛的范围内发展 ITS 是一个迫切的问题。道路基础设施需要公平地分配，出行者和消费者迫切需要更为完善的交通信息和服务体系。

未来ITS部署在本质上需要得到第4章描述的复杂的成本收益评估过程的帮助。同时也迫切需要对那些认为ITS不重要的公众进行咨询和宣传。

交通专家应该具有ITS系统发展和应用所需的技能。他们需要：

❖ 充分理解利益相关方的需要，包括：公共机构（受选举制约）、交通运营商、商业和金融合作伙伴以及道路使用者（不仅是道路使用的弱者）；

❖ 正确评价新技术的影响和局限性以及其运营和潜在利益；

❖ 能够应对与大范围的利益相关方和合作伙伴共同建设和工作的挑战；

❖ 能够认识到多构框架下系统方法的重要性；

❖ 能够与在ITS部署上投资的金融机构合作；

❖ 能够根据现有特定的技术应用水平、文化背景和经济发展阶段，实现可行的ITS系统和服务；

❖ 能够切合实际地描绘阶段性的ITS蓝图，脚踏实地地逐步实现预定计划；

❖ 能够有效地与终端用户沟通。

以上内容将在本手册的其他部分详细介绍。

参考文献和注释

1. Robertson D I and PB Hunt. A Method of Estimating the Benefit of Coordinating Signals by TRANSYT and SCOOT. Traffic Engineering and Contol 23 1982.
2. Robertson D I and R D Bretherton. Optimising networks of Traffic Signals in Real-Time-the SCOOT Method. IEEE Transactions on Vehicular Technology 40. 1991.
3. Sims A G et al. SCATS-Application and Field Comparison with a TRANSYT Optimised Fixed Time System.
4. Lowrie P R. The Sydney Coordinate Adaptive Traffic System-Principles, Methodology, Algorithms. Proceedings of the IEE International Conference on Road Traffic Signalling, London, 1982.
5. Chen K and J E Pedersen. ITS Functions and Technical Concepts. Proceedings of the 4th World Congress on ITS, Brussels, 1997.
6. "Infostructure" relates to the information structure required to manage and operate the entire transport system. Data is needed on the structure, status, use, and behaviour of the transport system. Thus the "infostructure" serves the needs of the people and organisations that operate and use the system.
7. For a summary of the Turin 5T project, please visit. http://www. rec. org/REC/Programs/Telematics/CAPE/goodpractice/trnsprt/doc/TURIN-en. doc.
8. ITS Toolbox. ITS City Pioneers Consortium. ERTICO (ITS Europe), Brussels, Belgium, 1998.
9. "E-safety" is considered further in Chapter 8. It forms part of the European Commission's

Road Safety Action Programme which aims to reach the ambitious target of halving road fatalities by 2010.

10. http://europa.eu.int/information_society/programmes/esafety/doc/madrid_2003/esafety_forum_summary_report_2003_final_v3.pdf .

11. European Commission: COM (2003) 542 final. Information and Communications Technologies for Safe and Intelligent Vehicles (SEC (2003) 963) , Brussels 2003.

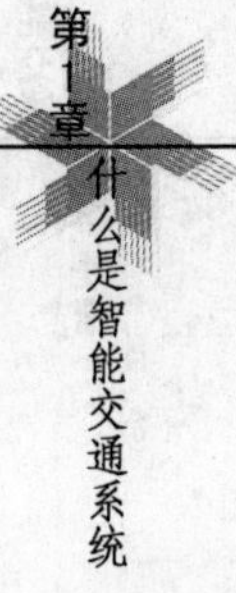

第2章 ITS是如何工作的

ITS是与信息技术、控制技术协同工作的，它们提供ITS功能的核心。其中的一些技术，如线圈检测器，是运输专业人员非常熟悉的，然而，有许多大家不熟悉的技术概念和系统概念却恰恰是ITS功能的关键。虽说ITS技术的核心是信息技术和控制技术，但是人的因素对于ITS也是至关重要且非常复杂的。本章介绍ITS主要可使用的技术，并阐述为什么在ITS设备和设施设计的早期运输专业人员应该包括人因学专家。

2.1 ITS技术

2.1.1 ITS部件的功能

ITS是最具数字时代特点的信息技术和通信技术革命的产物，它支撑着综合路网运营管理的运转、网络中车辆运行的控制以及使用这些车辆运行(包括个人出行计划和物流车队)的高效率计划。ITS包括了很宽的用户支持功能，从简单的信息提示到非常复杂的控制系统。

从本质上说，这些ITS服务可视为一个信息链，如图2.1所示。该信息链包括信息采集(从运输系统中)、通信、数据处理、信息发布及信息使用(ITS用户决策和控制的支持)。注意，那些特殊的外部因素比如气象预报也进入了信息链。

信息链的概念对于那些管理过综合交通系统的人来讲不是新概念，在ITS中，相对新的是与下列内容相关的技术概念和系统概念：

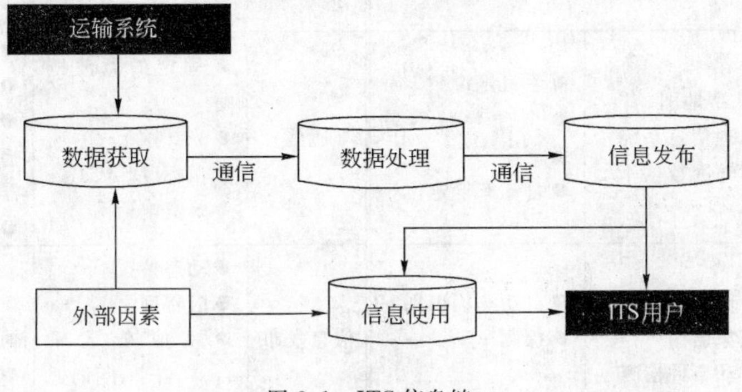

图 2.1　ITS信息链

❖ 多个中心间的信息交换与决策协调（比如：为多式联运服务的交通管理中心和运输管理中心间）。

❖ 车与道路基础设施间的信息获取和集成（诸如动态路径引导）。

❖ 与新型的民营组织的信息交换（比如：信息服务商通过便携式电话或因特网发布交通信息）。

❖ 与非运输组织的信息交换（如电子支付系统涉及财政机构以及跨界服务涉及海关及移民局）。

2.1.2　ITS使用的技术

表2.1列举了ITS能够使用的技术及其一种分类方法。表的各行表示上述信息链的子功能，表的右侧两列分别给出基础设施侧和车载所使用的技术。这样划分的目的是为了便于讨论，实际上完全不应该对这些技术作这样的划分，因为其中一些技术需要基础设施和车辆两边紧密配合相互作用才能有效地发挥作用（如在电子收费中）。图2.2示意了部分交通和车辆检测器。另外，出行者所使用的技术（比如便携式电话显示交通信息）可以用在基础设施侧或是车侧，这取决与出行者是在家使用还是在车上使用该技术。严格地说，这类技术应归入另一个称作“人侧”的列，这将在“ITS中人的因素”一节（见2.7）进行描述，并在附录D中“运输与物流中人的因素”里进行补充说明。

注意，这些技术中的一些，诸如公路路况广播（HAR）和城市交通控制（UTC），对许多运输专业人士而言已经是很熟悉的了，而另一些技术在运输行业就相对较新，包括那些在过去十年里从国防工业转移过来的技术，比如GNSS和因特网，不过，这些技术实际已经是公开的市场上现成的。本章的下一节将在功能层面上对这些可使用技术和其他相关技术作简单的描述。

ITS 使用的技术 表 2.1

ITS 使用的技术	基础设施侧	车载	ITS 使用的技术	基础设施侧	车载
位置提供	● 数字地图 ● 地理信息系统 ● 运输网数据库	● 手机定位 ● 全球导航卫星系统 ● 自动车辆定位	通信	● 固定的微波链路 ● 光纤网 ● 信标(DSRC) ● 蜂窝电话网	● DAB 接收器 ● 蜂窝电话接收机 ● 高速路咨询广播,RDS-TMC 接收器 ● 无线电应答器
数据获取	● 交通检测器 ● 气象监测 ● 自动事件检测	● 自动车辆识别 ● 探测车	信息发布	● 动态情报板 ● 因特网 ● 书报摊,音乐台,广告亭,问询处等	● 手持和个人数字辅助设备 ● 车载单元
数据处理	● 数据词典 ● 数据融合 ● 数据交换	● 车载计算机 ● 数字地图匹配	信息使用	● 事件检测 ● 管理决策 ● 拥堵监测	● 路径引导 ● 先进的驾驶辅助系统
ADAS=先进的驾驶辅助系统 AID=自动事件检测 AVI=自动车辆识别 AVL=自动车辆定位 DAB=数字音频广播 DATEX=数据交换协议			DMS=动态情报板 DSRC=专用短程通信 GIS=地理信息系统 GNSS=全球导航卫星系统 HAR=公路路况广播 UTC=城市交通控制		

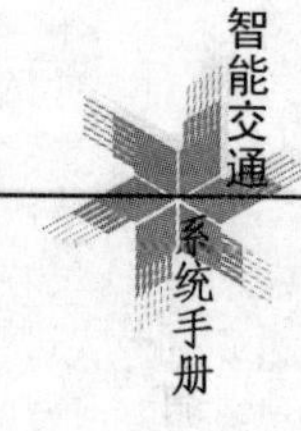

2.2 数据获取

2.2.1 基于道路的数据源

许多 ITS 服务的一个先决条件就是及时、准确、可靠地收集交通流和路况信息。交通数据分为三类:点交通流数据(如平均车速)、单个车辆数据(如车辆类型)和路段交通数据(如平均旅行时间)。

多年来,交通监视是由感应线圈检测器实现的,这种技术可以检测到车辆的存在。车道路面下埋设单个线圈可以完成车辆计数,同一条车道内按照固定距离布设双线圈可以测量车速,当车速低于一定阈值时,线圈检测器可以指示交通拥堵。

其他类型的交通传感器,如超声波传感器,雷达传感器和红外传感器都是安装在龙门架上(见图 2.2 中的(1)、(2)和(3)),这样就使得其安装和维护对交通流的干扰比线圈检测器要少,但是在恶劣气候中,这些传感器却没有感应线圈的可靠性好,另外,这些传感器和线圈检测器一样,只能作为单点交通检测器使用。

基于图像处理的视频图像检测器(VID)是近年来应用于交通检测的许多技术之一(见图 2.2 中的(4))。通过 VID 中的摄像机获取的图像被处理后可以获得车

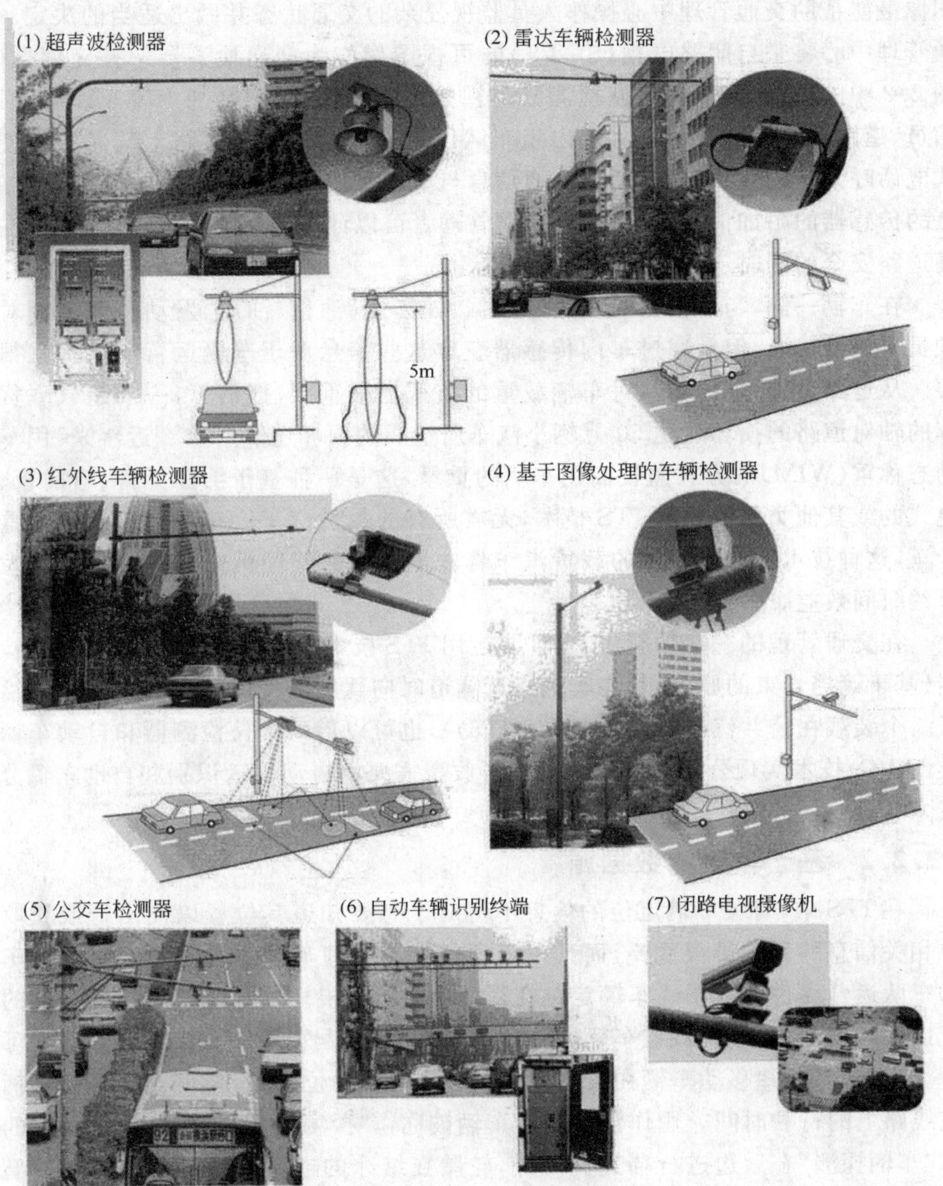

图 2.2 交通和车辆检测器

辆的存在、车速、车道占有率、车道流率等信息。在视频摄像机的拍摄区域内可以定义多个检测区域，这样一个摄像机就可以覆盖多个车道，多个摄像机可以同时连接到一个处理单元上以便覆盖更广阔的区域，而且通过计算机软件的处理，便可减少由阴影、遮挡以及阳光直射在摄像机上等原因所造成的问题。

虽然交通检测器可以直接或间接地提供许多交通流特征，但比不上动态视频图像最能帮助交通管理中心操作人员监视复杂的交通状态并做出适当的决定。交通管理中心将来自闭路电视(CCTV)的可视图像作为交通检测器的补充信息(见图 2.2 中的(7)),甚至将交通检测器与视频交通监视相结合,加上警车、直升机通信员、道路维护部门、气象部门、出租车队以及日益增长的来自路上驾驶员的便携式电话呼入等输入信息,运用于交通信息与管理。例如,来自于测量道路表面结冰点的传感器的附加信息,可以使得路网管理者可以计算出所需溶冰剂的数量,在提高道路安全的同时还可以节约巨大成本。

在车辆一侧,与车辆状况相关的数据,如车速、油位、油压、发动机温度等对驾驶员来讲很普通,但是通过车内传感器获取这些信息对于车辆运营和维护就很重要。从道路养护角度来看,对车辆载重的监视也很重要,据估算,一个超载载货汽车的轴对道路的损坏度比 50 万辆小汽车所造成的损坏还要严重。近年来,用车辆动态称重(WIM)的方式监视商用车辆的重量,这是一种基于测压元件、弯曲板、压电式的或其他类似原理的 ITS 技术,无需所有的载货汽车停车便可以发现超重的卡车,这种技术为许多国家的载货汽车驾驶员和道路管理机构双方带来了巨大的节约时间效益。

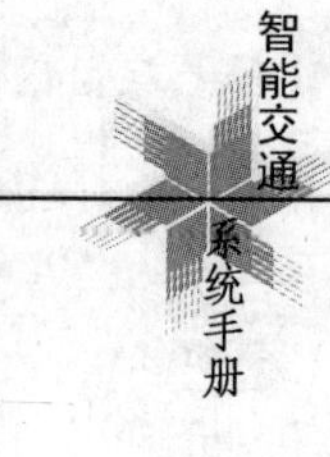

在交通管理的一些功能中,也需要运用 ITS 技术测量车辆尺寸,比如超高检测器(基于遮挡光束的原理)可在车辆接近隧道时向驾驶员发出预告。图 2.2 也给出了一个装载在公共汽车的收发装置(见(5)),也可以借助车长检测器和自动车辆分类(AVC)技术实现公共汽车检测。电子收费需要将自动车辆识别和自动车辆分类技术结合使用。

2.2.2 基于车辆的数据源

在 ITS 中,有关车辆定位的信息不但对于想要知道其位置以便出行或获取定位相关信息的驾驶员很重要,而且对于那些处于管理车辆的目的而想要跟踪车队的车队运营商也很重要。车辆定位在帮助公共行政机构确定遇到麻烦的车辆的位置以便实施营救、寻找被盗车辆或寻找运输危险物品车辆方面的价值更是无可衡量。此外,当获知移动车辆在线路上两个不同时间的位置时,就可直接测得车辆在该线路上的行驶时间。用作该目的的车辆被称作“探测车”或“浮动车”。相应的技术“车辆探测”在后边进行描述。另外,轮胎在结冰的道路上打滑以及挡风玻璃的湿气,也可检测后随着车辆定位信息由车辆一同发往交通中心。此时这种车辆便可服务于交通和道路气候条件“检测”。在韩国,警察使用全国自动车牌号识别系统来执行交通法并阻止车辆犯罪(参见案例研究 20)。

AVI 包括安装在基础设施上的设备,基于 AVI 的车辆检测需要在基础设施上安装合适的设备(可以是路侧信标,识别装有电子标签或无线收发装置的过往车辆,也可以是以图像处理技术为基础的基于摄像机的牌照抓拍与识别)。相互协作的探测车辆可以执行同样的功能,用无线通信方式直接将旅行时间提供给交通中心。车辆检测技术这一概念也可应用于无路侧设备的情况，基于全球导航卫星系统(GNSS)的自动车辆定位(AVL)在世界各地都是可以应用的。

就功能而言，利用探测车辆来测量旅行时间面临三个挑战：(1)滞后：车辆需要时间到达B点后，才能测量A点到B点的旅行时间，(2)遗漏：许多车辆根本就没到达B点；(3)采样量：线路上的车辆太少。因而，用探测车辆可靠地测量旅行时间依赖采样量和成功的匹配。随着更多的车队装备AVI和AVL，这些问题正在得以解决。

自动车辆识别(AVI)

自动车辆识别(AVI)是一种用于跟踪车辆的计时验证技术，见图2.2中的(6)。在已知位置的龙门架上的安装AVI终端(或信标)，车辆经过该AVI终端(或信标)时发射出一组编码了的射频信号，这样就能表明在某一特殊时间车辆的位置，一段时间后在另一个AVI终端再检测到该车辆时，就可向交通中心提供车辆在路网上真实的旅行时间了。车牌抓拍与识别是车辆识别的 个可选方法，它运用字符识别技术从路侧摄像机抓拍的图像中读取车牌号码。当车辆闯红灯、违反安全检查或付费失败时，AVI可以提供可信的单个车辆的监视，所以该技术已经用于执行交通法方面。

浮动车数据(FVD)

由于公共行政机构意识到在广泛开展的ITS应用中，道路基础设施使用传统的交通传感器的成本相当高，所以车辆检测就变得更重要了。一个好的的例子就是在英国和横跨欧洲的高速路网上，iTIS公司使用安装AVL的载货车车队和长途汽车，将浮动车辆数据(FVD)系统用于实时交通数据采集(见案例研究30)。iTIS营运着世界上最大的FVD网络，其探测车数超过30 000辆。

2.2.3 运输网络数据源

除了来自交通和车辆的数据外，与路网运营管理本身相关的数据也需要相当大的投资。许多情况下，ITS的基础是路网运营管理链路详细和可靠的、交互的以及具备其他特性的数据库，这些是由一个完善的位置参照系统支持的。

在路网运营管理上捕获数据是一个劳动密集的工作，包括详细地查阅地图和平面图，航空摄影及定点测量。为了大量减少在现场的时间，经常从移动的车辆上给路网进行录像。观察这些视频图像是一种基于桌面的地图数据捕捉的有效形式。如果需要详细信息，则可以一帧一帧地研究这些图像，对于那些不重要的部分，可以用快进控制跳过。由于在将来的某些情况下要解释这些数据，所以在数据捕捉的同时，必须关注数据库的使用方式。数据编码、网格坐标以及经纬度坐标本身并不代表任何意义，网络特征需要使用用户易于理解的术语来描述，包括地名、地界标和其他描述。

随着手持GNSS接收机和装配AVL车辆的出现，准确确定诸如十字路口、高速公路合流和分流点、桥梁、隧道、出入口特性、换乘站等路网特征就变的非常容易了。比如说，没有车站位置清册，就不可能为公共交通提供点到点的出行计划。道路信息也是如此，应急反应、事件报告及其他基于位置的服务都需要对路网运营管理进行可靠的编码。位置参数的准确程度尤其重要，紧急事件中路网位置特征的错误是再糟糕不过的事情，例如一个错误将使车辆驶入不正确道路。

自动数据捕获和人为错误消除都是有可能的，但是其处理过程比较耗时。路网运营管理数据库和路网运营管理本身一样，需要持续维护以保持其实时更新。仔细检查是避免数据库错误的基础，数据库错误会导致路网位置特征不正确，有时还会出现大量的错误位置。长期以来建立的RIRO(rubbish in，rubbish out)的最大化原理应用于其他信息技术分科，也应用于ITS。

2.3 获取智能：数据处理

2.3.1 交通与旅行信息

同一时间，交通信息获取的方式和信息来源很多，因此需要交通或运输管理中心对这些数据进行处理，核实数据的正确性，调和有矛盾的信息，使信息格式相互兼容，同时将这些信息与来自其他行政机构的数据相结合(如运输管理中心、高速公路养护机构、警察部门等)，该数据处理过程称为数据融合。

数据处理的主要应用之一就是提供当前用户交通信息和预测旅行时间(PTT)的服务。这涉及到来自公共或私营机构等相关信息源的旅行信息的融合，如“Trafficmaster”案例所示(案例研究27)。对于预测信息，数据融合还要包含时间的可变性，时间的可变性取决于出发、道路工程、天气、活动、事件报告的时间。PTT中要考虑的其他附加因素包括车辆类型(小汽车、公共汽车、卡车)，驾驶员性格特点(中性的、消极的、积极的)以及具体时间(当前或是未来48小时内的某一时刻)。从很多文献资料可以发现PTT实现方法的多样性，从分析算法的使用、人工神经元网络到交通仿真，或是对这些方法进行选择性的组合。预测的旅行时间不仅可以显示在动态情报板上(DMS)(见图2.3)，也可通过媒体、车载单元(IVU)或手持设备显示。通过

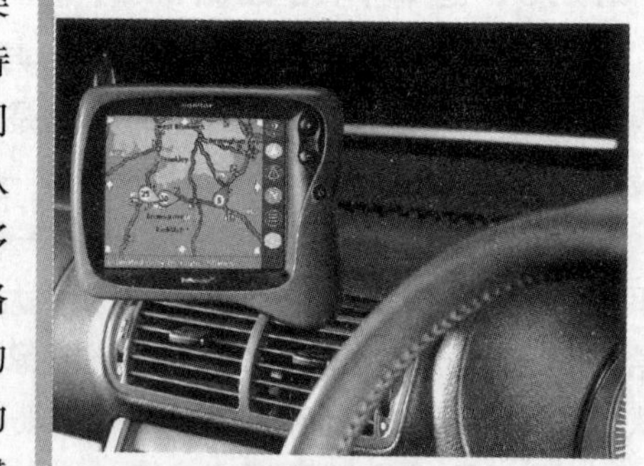

图2.3 trafficmaster的车内单元

后一种方法使用 PTT 可以帮助出行者决定旅行计划中的出发时间和出行形式（自驾车还是乘坐公共交通工具）。

自动事件检测（AID）

自动事件检测已被证实在减少事件检测时间、加速营救实施、事件地点交通分流方面都是有益的。AID 还有其他的应用，比如 AID 已被用于评估交通状况和交通拥堵程度（缓慢移动、拥堵、自由流）。由于沿摄像机拍摄区域所覆盖的路段上，AID 可以测定每一小段路程上平均车速，所以 AID 摄像机也已被用于旅行时间评估。该方法也已用于在 DMS 上自动显示驾驶员警示信息并触发强制限速。

2.3.2 自动事件检测

自动事件检测（AID）是另一个重要的、基础设施一侧的数据处理技术，它是通过计算机对来自各种检测器的数据进行复杂的算法处理来完成的，这里所说的检测器包括图 2.2 所示的各种检测器以及地下、地上检测器，来自检测系统的输入数据经算法检验后，便可判定是否有事件发生。这些已经成熟了的验证算法包含了大量的方法论，比如交通行为的比较、统计预测及其他方法。在这些方法中，对线圈的占用超过了某设定时间间隔就表示车辆静止或缓慢移动。一般而言，AID 设计目的并非要替代交通中心操作人员，但它可以提醒操作员注意那些与某交通事件模式相似的交通模式，实际还是需要通过 CCTV 或现场考察来人为证实。在公路工作区域和其他临时事件高风险地带使用便携式 AID 和 CCTV 设备具有特别的价值。

事件发生后明确地证实事件和在事件早期检测事件一样重要。必须可靠地识别事件发生的开始和结束，这样我们就不会给驾驶员错误的通知，从而避免影响驾驶员对 ITS 系统的信心。需要 DMS 警示信息时应立即显示，且在不需要时应及时取消。同样，临时限速应在危险事件一出现就执行，且应在事故现场清理后就马上取消限速。用探测车检测现场车速和测量点到点旅行时间对于确定事态是否恢复到常态是一个有用的方法，就好像用 CCTV 远端观察交通状况一样。

2.3.3 车辆定位与导航

导航需要在车辆端进行数据处理。用于确定车辆位置的基本技术和确定船舶、飞机位置的技术一样，在过去的 15 年，导航技术最主要的发展就是全球定位系统（GPS）已经民用化且定位精度有所提高。GPS 是由美国国防部发展并维护的一个系统，这个基于卫星的无线电导航系统从 20 世纪 90 年代早期就已全面部署，由 24 颗在距地面 12 600 英里的轨道运行的卫星组成。当车载接收器可以捕捉到 4 颗或 4 颗以上个卫星时，便可通过时间差（TOA）原理在车内进行数据处理，从而确定出接收器的三维坐标（经度、纬度和高度）。之后车辆定位信息被发往交通中心、调度中心或公交车站（见图 2.4）等需要这些定位信息的地方。

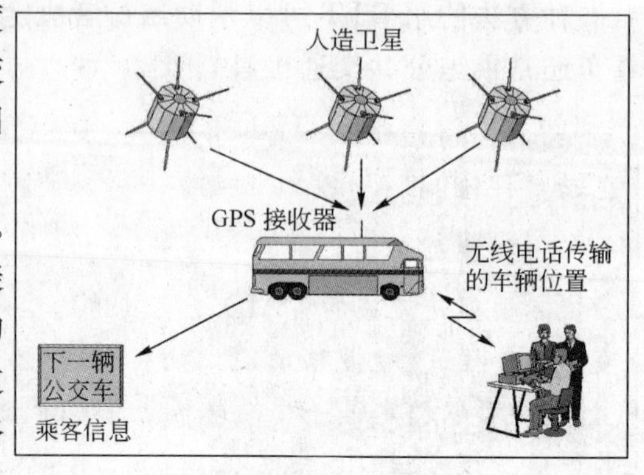

图 2.4　卫星定位系统（GPS）

美国未能完全垄断卫星导航系统。在过去的十年里，俄国启动了一个与美国 GPS 相似的 GLONASS，而且欧洲的伽利略卫星系统也已有所计划。由于这些系统的可靠性得以提高，而且伽利略卫星系统提供有保证的服务水平，所以人们期望这些系统能相互补充相互增强。因此，“全球导航卫星系统（GNSS）”一词就是泛指这三个系统以及在将来可能发射的相类似的卫星系统。使用差分 GNSS 和来自车辆周边已经准确知道其位置的地面设施的信号，比如来自 AVI 摄像机的信号（见图 2.2 中的(6)），可以进一步提高定位精度。差分 GNSS 的定位误差可在 1.5m。

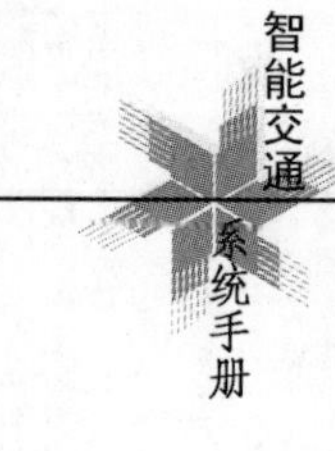

由于所有的卫星导航系统都需要至少 4 颗卫星的观测来发挥作用，所以当车辆在隧道、树下或有高的建筑物遮挡的城区行驶时，进行车辆定位还需要其他可继续工作的定位补偿系统。卫星信号覆盖盲区可以用地图匹配的方法将它们衔接起来，地图匹配是流行的车载导航系统的基本组成。车辆只有行驶在路网上时才能体现出车辆定位的优势（车辆停泊或车辆运送等情况除外）。顾名思义，地图匹配就是利用一个车载的精确数字地图和启发式算法来推算出车辆在地图上的位置。另一种导航方法是推算定位，用陀螺仪或惯性制导系统根据车辆的起始位置推算出车辆当前位置。然而，推算定位不能单独工作，因为它需要时不时地、最好是自动地校正积累误差。

对于许多先进的旅行者信息和路径引导系统来讲，数字地图是首要的。为了制作数字地图，需要从数字化了的地图、纸质地图、航拍图及其他信息源来收集原始的路网数据。将这些信息与导航专有属性相结合，然后由专门的计算机软件将其数字化。

数字地图数据由导航硬件提供商进行编辑，并有专人依据路网的变化对这些数据进行更新。路网运营管理总在发展变化，路网的一些变化是永久性的，比如一段高速公路的新开通；而一些变化则是临时的，比如由于修桥而暂时关闭一条关键线路。路网变化时，用户可购买或预订 CD-ROM 进行正式地图更新。当然，有些车辆装配路线“学习”功能，该功能可以采用 CD-ROM 自学当前安装的地图版本中所没有的路线。还有一种用户地图更新方法，即通过一个数字数据信道广播最新地图，从而可以写入并存储新的路网信息，甚至包括那些临时关闭的道路信息。

运用先进的数据压缩和存储技术，目前已经能将可以显示美国所有主要路网的数字地图存储在一张 DVD 上。城市区域的数字地图可以存储在一个 PCMCIA 卡上(也称作 PC 卡),用于提供本地路径引导需要信息。数字地图同样也是位置感知和基于位置服务的关键因素,这种位置感知和基于位置服务依赖于交通拥堵的准确位置和车辆定位,通常应用于交通信息和事件管理。如上所述,不应低估数字地图更新的必要性和所需的成本。斯洛伐克 Terra－s 道路数据库的开发(案例研究 19)显示了私营和公共部门如何合作,为 ITS 发展提供综合道路数据库基础。

还有其他确定车辆位置的方法,尤其是利用蜂窝电话的定位,这些方法对于移动电话紧急呼叫(USA 提供的 911 或 E911)很重要,紧急呼叫的同时可以向救援队伍自动告知呼叫者的位置,使得与位置相关的 ITS 服务成为可能。

2.3.4 基于定位的服务

在基于定位的潜在和可用的服务中,许多消费者(终端用户)把安全放在了第一位,这使得救援服务成为 ITS 市场最早提供的服务之一。遇险信号可以手动或自动地发往救援中心(如由于气囊打开而触发的遇难信号)。遇险车辆的位置可以自动准确地通过 GNSS 发往救援中心。这种救援服务通常和其他 ITS 服务(诸如被盗车辆的跟踪和行驶方向)相结合发挥作用。

2.4 通信和数据交换

2.4.1 基于基础设施的通信

通常,ITS 通信成本是整个 ITS 成本的重要部分(15％～50％)。比较可供选择的通信技术时,要考虑其安装和作业成本。一般,固定或有线通信的安装成本相对较高,主要是由于劳务费高。然而,广域移动或无线通信由于受频段限制,运行(空间时间)成本较高。专用短程通信没有系统作业成本,但是设备(路侧信标)安装费用相对较高。通信工业已经发展了许多先进的技术,并且 ITS 专业人员迅速掌握了这些高速率、低延迟、多路复用和交换网络上的进展。

ITS 通信选择

考虑 ITS 应用的通信准则包括带宽(频带宽度或位速率)、通信距离(可稳定传送信号的最大距离)、覆盖区域(可稳定传输信号的最大区域)、延时(信息传输时间,包括链路协议建立时间)、方向性(单向和双向)及移动性的需求等参数。所有已有或待建的基础通信设施(固定或移动)都应该可以一定程度地服务于 ITS,这样要求的目的是降低成本并且使 ITS 能利用通信工业的持续性技术发展。例如:即便是从造价和经营各方面考虑目前 ITS 使用 2G 和 2.5G 更合适,我们也应该还要时刻关注未来的无线通信技术(3G 或 4G)。

光纤

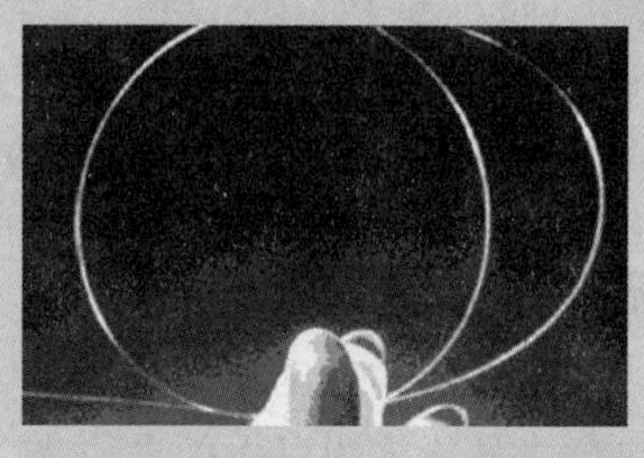

光纤是信号传输光波或脉冲的介质，通过非常纤细的光学纤维把信息从一个点传导到另一个点，如图所示。它们具有一些很吸引人的特点，包括抗干扰、相对低的衰减以及很宽的带宽或很高的波特率，从而可以在单位时间内传输大量信息。然而光纤本身的成本非常低，以致于主要的资金成本在于它们的安装费用（线路使用权及劳动力成本），而不是材料费用。

数据采集和数据发布都需要数据通信。在基础设施端，多用固定通信，像铜或光纤电缆。从固定来源，比如线圈检测器或者 CCTV 获得的数据，通过固定或无线通信（取决于站点条件）传输到运行中心（然后再由从运行中心对数据进行分配）。车辆需要无线通信，来自于类似巡逻直升机这样的移动源的信息以及车载数据处理器的输出信息（如 GNSS 的坐标），必须通过无线通信传输到运行中心。

ITS 数据通信成本通常随带宽增长而增长，带宽决定了某个时刻可以传输的数据数量。稀疏的数据，比如从交通传感器得到的交通数据，只需带宽相对较低的有线（如电话线）或无线（如无线分组）通信，因为它们在单位时间只包含相对较少的数据位。相比之下，动态视频图像在单位时间包含大量的信息比特，需要带宽大的通信介质（如同轴电缆和光纤）进行传输。

很多交通部门已经发现与电信部门共享线路使用权以及在道路建设的时候沿路铺设光纤是很值得的，这样要比日后重新铺设通信线路要好。这样，交通部门就可以以低价的或零成本或者通过其他交换补偿的方式来使用部分通信系统（尽管这种交换不像开始想象的那样普及）。

无线发展历史

第 3 代（3G）无线技术已经可用，它允许无线设备具备更高的传输速率（超过 2Mbps），从而可以提供更多有用的服务及更好的用户体验。与此同时，无线手持设备变得更加复杂，它们带有显示屏和其他一些特色，包括掌上电脑甚至摄像头。但是，3G 对频段的意外高的要求以及高级手持设备不断发展带来的问题阻碍了 3G 的推广应用。因此，现在许多无线技术应用采用 2.5G，包括通用无线分组服务（GPRS），GPRS 是在 GSM 网络基础之上的高速数据传输技术。对于 ITS 应用，3G 最近有望在传输数字地图更新，促使汽车公司应用客户/车辆关系管理及其他诸如在线旅游预订等交互服务方面超过 2G 和 2.5G。

无线局域网

一种近几年迅速发展起来的短距离无线通信技术是基于 IEEE802.11b 无线网络协议标准(被称为 Wi-Fi, Wireless fildelity 的缩写)的高速(2.4GHz)的无线局域网技术。而且,更高速的无线局域网协议也已面世,其中包括 802.11g (2.4GHz)和 802.11a(5.2～5.8GHz)。更短距离所使用的协议,蓝牙(Bluetooth)是一种有效通信距离在 10m 以内的个人局域无线网络协议,通过这种协议,使得电脑、手机和很多设备(包括 ITS 设备)能够实现信息共享和应用共享,不必使用复杂的有线连接,从而节约成本;另一种协议,无线应用协议(WAP),允许手机用户利用现有的无线网络浏览信息,并且能够实现和数据服务设施的相互交互,其中包括允许 WAP 的 Internet 网页。所有这些技术的发展,不仅极大影响了家庭和商业计算机市场,而且也影响了车载远程信息服务系统,这种技术能够为驾驶员和乘客提供信息和娱乐,这在几年前几乎是不可想像的。

2.4.2 移动通信

在车辆侧,无线通信在各种 ITS 功能中起着至关重要的作用。例如,在公路上驾驶员可以使用蜂窝电话直接报告交通事故。一直到最近,车载电话都是使用模拟设备(具有第一代无线通信特征),这种设备不适合数据通信。移动通信终端(MDT, Mobile Digital terminals)在警车、卡车和其他特种车辆上用于数据通信已经有若干年了。现在,移动电话和其他个人通信系统(PCS,比如寻呼机)也采用了数字设备(具备第二代无线通信特征),这就为数据传输的新的可能性打开了大门。基于分时复用(TDMA)、分码复用(CDMA)和广泛应用的全球移动通信系统(GSM)标准的数字蜂窝电话服务在全球范围内广泛使用。

上面提到的所有三代无线通信都属于广域通信范畴(即发送和接收装置距离较远,通常以公里计)。在广域通信范畴内,通常情况下,ITS 数据或信息和其他信息通信(比如声音和数据)由电信业通过公用载体统一管理。ITS 中的专用短程通信技术(DSRC)则属于短程通信范畴,通信距离很短(100m 以内),只用于某些特定用途。在 DSRC 发送装置(信标)基础设施建设方面的投资者通常不会来自电信行业,而是致力于使用 DSRC 开发特定应用的私营或公共组织,这就意味着电信行业将不能为 DSRC 制定标准。

主要基于 DSRC 的 ITS 服务包括电子收费(ETC)、营运车辆管理(CVO)、停车管理、交通信号优先权、车载信息显示、车载旅行信息、基于信标的 AVI、AVL 和路径引导系统。由于电子收费应用的信标既可以沿着道路基础设施安装,也可以安装在收费广场,因此也就可以获得用于交通管理目的的单个车辆(或探测车)旅行时间。

2.4.3 数据发布

交通及其与之相关的信息(路况、停车场空闲车位、停车换乘等)通常有两个来源,一个是来自于以提高交通的效率、安全和环境质量为目的的政府部门,另一个是来自于靠收取广告和终端用户费用来运营的民营服务提供商。服务提供商依据特定的用户群需求定制相应的交通信息来提供增值服务,或为了营销目的把交通信息和其他信息绑定(如新闻、体育、股票和天气)。

图 2.5 动态情报板

固定设备和移动终端是两个主要发布交通信息和其他相关信息的基本方式。基础设施一侧的固定设备包括电话、通用无线接收机、电视、台式计算机、传真机、信息亭和动态情报板(DMS)见图 2.5。移动终端包括车载无线电设备、便携无线电设备、移动电话、笔记本电脑和掌上电脑、传呼机以及其他的“移动”多媒体设备。其他划分数据发布的方式包括单向、双向通信以及广播、交互系统。

正如所建议的名称,动态情报板(DMS)是情报可实时变化的道路标志。附近的交通和道路传感器可以自动触发动态情报板(DMS)显示信息告知驾驶人前方的危险情况,或者是停车场信息,显示空闲停车位的数量。更常用的方式,信息由交通管理中心在预先计划的基础上进行远程控制,同时连续监视信息显示能够保证信息的准确性。需要记住的是,DMS 信息对所有道路上的驾驶人是免费提供的。

另一个常用的媒体是因特网,它的名称来源于“inter-network”,本意是一组电脑由路由器连接在一起。作为在 1960 年由 US-DOT 支持的一个科研-学院内部的网络,它发展得非常迅速,在 1990 年已经成为全球互联的计算机网络——万维网(www)。很多配有动态情报板的区域和城市在它们的网站上不但有实时交通流地图、照片、天气和路况,还有静态信息,例如交通法规和相关的新闻。

车辆内,多年来驾车人依靠汽车收音机(AM 和 FM)来收听与交通有关的广播。然而,因为受其他节目播出的影响,交通信息广播通常在一天内有一定的时间限制。此外,信息覆盖了广大的区域,常常与驾车人所在路线关系不大。为了克服这些缺点,在路段沿线安装低功耗公路路况广播(HAR),其无线通讯仅限制在局部地区(即 localcast),例如安装位置紧靠一个繁忙的飞机场,告知乘车人停车场的信息。在另一种解决方式中,采用高质量的声音识别技术来处理关于出行的电话查询,提供针对于用户特定得出行路线和位置的交通信息。这个服务可以达到很高的自动化,就像美国“511” 服务所描述的那样,其服务对公众是免费的(案例研究 37),图 2.6 为 Artemis 的 511 标志。

更高频率或连续播送交通信息的一个方法，是在FM无线信号副载波上复用的相对低比特率的交通数据与导航单元相连接得到地图显示、字符显示或驱动语音信息。这种方式与电视上的文字交通信息报告类似。欧洲的副载波交通信息频道(RDS-TMC)就是由此发展起来的，数据以每秒1K比特的速率传输，通过接收机内置的处理软件转换成驾车者自己语言的语音信息、地图或字符显示信息。因为欧洲的RDS/TMC使用现有的国家和民营FM无线电台，因而它具有显著的优势，包括跨边界工作、不受语言制约和尽可能高的覆盖率。TMC论坛在布鲁塞尔举行，目的是更好的推广TMC在其成员国中的应用服务。日本利用本国更宽的FM信道间隔的优势，开发了传输更高比特率的类似系统，其中使用了更加复杂的信号调制技术。

图2.6　511标志(Artemis)

数字音频广播(DAB)的出现为车载终端的数据发布提供了另一种诱人的选择。使用DBA，驾驶人员能够在车内接收到类似CD质量的无线节目，由于它能自动选择该地区最强发射源，所以没有干扰和信号失真情况。再者，DAB有可能完全通过无线信号提供音频、文字、图片、数据、甚至图像等信息，将RDS-TMC服务移植到数字音频无线(DAB)的有较好的发展前景。将来DAB能够提供更为详尽的信息，如道路交通、停车、酒店宾馆等信息。

2.5 信息利用

ITS中信息的利用服务于很多基本功能，这些功能并不相互排斥。首先是帮助用户作一个明智和协调的决策；第二，支持道路设施端的交通控制；第三，车辆端的车辆驾驶辅助；最后，车辆和道路设施间协调功能。

2.5.1 决策支持和交通控制

在基础设施一侧，通过入口匝道信号灯短的绿灯时间周期限制通过车辆的数量，匝道控制器控制进入高速公路的车流量，其目的是保持车辆密度在饱和交通流以下，同时保证有足够的车辆间距的能够平稳的合流和行驶。绿灯信号的周期是由匝道和支路的交通流上行和下行、慢车道的交通间隙、排队长度等信息通过计算机算法计算得到的。

图 2.7　交通管理中心

大城市或区域内的协调交通控制由交通管理中心负责，交通信息通常投影在一个大的显示板上，可在区域内摄像机间进行任意切换的多路 CCTV 屏幕作为补充（如图 2.7所示）。用不同的颜色在交通显示板上表示拥堵程度或交通事件的发生。操作者监视所有的信息，并且通过图形用户界面操作动态情报板（DMS）、交通灯等等。这些界面中，路网、控制单元（如 DMS）、监视器等显示在具有多级缩放功能的二维地图上。同时操作者与交通巡警和其他中心的操作者保持语音通信，实现及时的、准确的、交互式的信息获取，这些对于协调的救援工作是必须的。

为了交通中心（公共和私营）间的信息集成和控制协调，需要建立一个数据网络将交通管理中心与其他机构和组织建立的中心连接起来：即邻近区域的控制中心、不同类型中心如警察和应急服务、信息提供者、汽车合乘和出租车队运营、公共交通和商业车控制中心。车队调度员和各个车辆驾驶员保持语音和数据通信，指示方向和下达行驶路线指令，临时增加提货和运送，所有这些运行靠特殊交通逻辑软件的辅助来提高效率降低费用。柏林的交通管理中心——沃克管理中心是一个很好的完全的公共—私营交通管理中心例子（案例研究 13）。

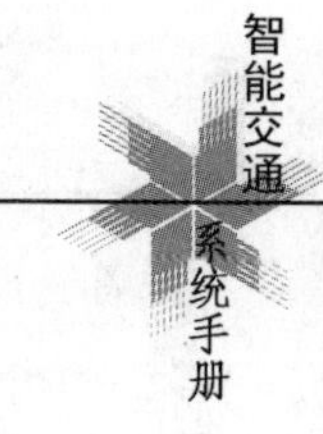

车载部分，交通信息终端提供给驾驶员路径引导或辅助信息来支持例如交通车辆控制，或提供速度建议信息。

最新的导航和路径引导终端不仅显示车辆的位置而且要在数字地图以图标的形式显示来自控制中心的当前交通状况的数据。数字地图数据库包括各个路径或路段的属性信息，如长度、转向限制、道路等级类别、根据速度限制和不同时段得到的需要的行驶时间等。已知起点和终点，基于动态设计规则的软件计算出最优的路径。路径优化计算中可以选择不同的条件，如最短路、不走收费路段、旅游者选择走景观好的路径等。

动态路径引导

动态路径引导是在实时的交通条件下进行的。当前车辆位置为起点，导航系统反复计算到达终点的最优路径。这个计算可以在车载系统或者在交通中心实现（或由信息服务提供商提供）。选择依据主要考虑硬件、计算量和通信费用，还有其他的问题如数字地图的更新，用户优化还是系统优化的交通控制的倾向性。后台路径引导的一个优点是最新的地图数据和交通条件。

2.5.2 车辆控制

今天ITS中的信息技术帮助驾驶者通过交通信息进行出行决策，时间精确到分钟的导航和路径引导、未来的控制和传感器融合技术可以一定程度地应用于纵向和横向车辆控制来实现辅助驾驶。现在最常用于纵向控制的传感器是雷达和激光装置，通过测量与前车的距离、车辆间的接近速度和检测路面上的障碍物来保持车辆前面留有适当的空隙。声波和超声波传感器应用于盲点和倒车警告。

随着近年来硬件和软件的发展，将实现自适应巡航控制(ACC)。驾驶员通过巡航控制设置，当距前车过近时，系统会自动降低车辆行驶速度和前面车辆保持一个安全的车距，当与前车距离过长时，再恢复到设置速度。

横向控制最基本的需要是保持车辆沿车道行驶，就是保持车辆在车道中心线上行驶。车道监测和车道保持最通常的方法是通过对车道标线或路边缘的图像处理。低功耗成品摄像机正在应用于车道监测中，使用GNSS和高精度数字地图的车道保持系统目前正在测试中。录像和GNSS在车道保持系统中的使用都不需要对现有的道路设施进行改造，但是要求对车道标示有良好的维护。

全自动纵向和横向车辆控制发展到一定程度就形成了全自动公路系统(AHS)，其定义是手和脚全不用的驾驶。AHS近期的发展侧重于防撞应用而不是全自动驾驶。从AHS的长远发展来看，现在辅助驾驶的发展注重协调的路车系统(CVHS)，支持车辆和道路设施的交互功能，早期应用的例子是伦敦环路控制，如图2.8所示。每个车道可变的限速显示由交通管理中心根据交通拥堵的程度进行控制更新，照相机抓拍超速车辆的车牌。这种方式对缓解交通拥堵、减少事故、空气污染和驾驶员压力的效果非常明显。

图2.8 受控制的高速公路

其他很多交互的车路系统(CVHS)的设想正在许多国家研制和测试。一个智能交叉口的例子是根据安装在交叉口的传感设备传来的信号，在驾驶员观察不到交叉口的交通情况下，为驾驶人提供车载和路侧提醒警告。欧洲测试的智能速度调节系统(ISA)，设备安装在车上和道路上，当车辆行驶超速或有危险时，及时提醒驾驶员，一些系统还有动态校正功能。在美国，国家计划的一个重要部分是交通信息集成网络(INTI)，它集成了智能车辆的优势和智能道路设施的优势。图2.9为西班牙交通信息系统图。

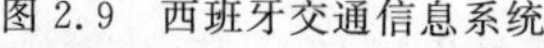

图 2.9　西班牙交通信息系统

自适应巡航控制(ACC)

ACC 中减速过程可通过自动关闭节气门、换减速挡和制动来完成。在非正常状态下，仍然需要驾驶员的干预，如避免碰撞。需要强调的是，在所有当前和将要使用的辅助系统中，驾驶员必须能够控制车辆。ACC 的广泛使用和低速“停车和启动”ACC 应用，依赖于在某些市场领域中适当的解决法律和规范。

2.6　电子付费

本章对电子付费进行了深层次的描述。电子付费应用在图 2.2 中描述的车辆及基础设施两侧的技术，它的功能超越了在交通领域中传统的理解，它的成功实施要求对人的因素进行全方位的考虑(见 2.7 节)。

2.6.1　电子付费功能

电子付费系统(Electronic payment systems，EPS) 可以让出行者对交通服务进行电子付费，因此该系统提供了诸如电子票务、电子通行收费、电子停车收费的主要功能。EPS 的主要目的是降低交通部门的成本及提高收益，同时提高消费者对交通服务的满意度。

成本降低及收益的增加不仅来自于现金收取及处理过程中劳动力成本的降低，还来自于盗取及欺诈行为的减少以及媒介成本（如代币、纸质通行证等）的降低，同时还有因资金收取及财务时间的缩短带来的运营效率的提高，以及用于运营规划的交易数量的提高和更好的数据收集。基于特殊的管理体制，电子付费通过从用户预付金的利息收益或智能卡上冠名也能使收益得到提高。

用户的收益不仅在于减少了在收费点付款时的等待时间，还可以比其他付款方式（如现金收费、中转票等）更加便利，从而降低油耗减少收费处的污染，对经常性的出行者及行动不便的出行者提供更灵活的付费方法，更有利于调整费率结构及便于实施补贴性停车收费及公交收费。

从用户的角度而言，取得通用的电子付款媒介（如智能卡），他们可能将其用于其他与交通相关服务的付费，如加油站，甚至快餐及电话等零售服务付费。另外，同样的智能卡不仅可用于付款还可具有其他功能，如用于医疗记录、图书馆借记、机动补贴及社会福利的身份鉴别。

2.6.2 电子付费技术

电子付费系统将电子通信、数据处理、数据存储及微计算机技术集成于费用的收取和随后的记录保存及资金转移的过程中。总过程可分为可被终端用户看到的前端行为和通常包括付费媒介、财务管理、交易处理、资金管理及安排、客户服务、报告及审计的管理的后台（也称为结算中心）行为。因为客户预付费带来的资金流动，不管是谁进行清算，通常都会得到由此带来的利息收益。

EPS 前台最普遍的硬件选择是智能卡（图 2.10），电子标签及蜂窝通信，具体描述如下：

智能卡是理想付费方法，可替代传统的现金付费方式如：电话费、停车费、公交票、网上购买及道路收费。由于此类交易带来很高的低价值交易量，通常对信用卡或银行卡公司没有吸引力。由于有金额储存在卡里，信用卡或银行卡用户会遇到对拥有者身份进行辨识引起的延迟及是否有足够的信用及资金的问题。智能卡与传统的信用卡大小及形状类似，里面有一个内嵌的集成电路芯片，可以比传统的磁卡多储存几百倍的数据。在微处理芯片上进行编程可让一个人与其他人进行电子交易及其他个人活动。有两类智能卡，接触式智能卡要求在交易中与读卡器进行物理接触以确保卡与读卡器之间数据的

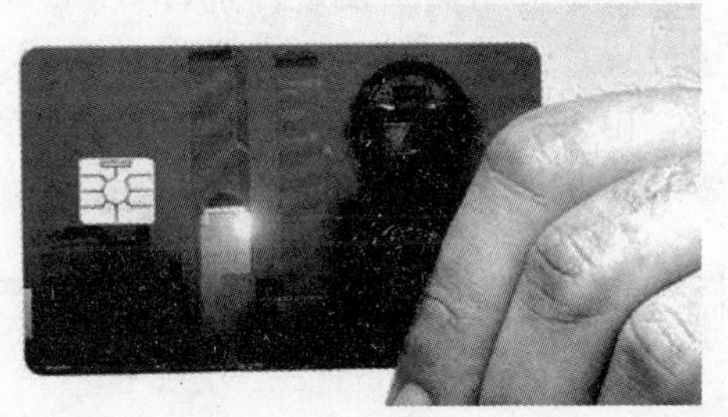

图 2.10 智能卡

可靠交换,非接触式智能卡仅要求在交易中智能卡距读卡器一定距离内,因为便于交易量增加,官方交通运营者一般倾向于非接触式智能卡。

无线应答器(一般称为电子标签)是EPS系统三个主要组成中的一部分。三个主要组成包括无线应答器、读取器及用于数据处理及储存的计算机系统。无线应答器比卡稍大,通常装在车里并依赖无线射频识别(RFID)技术用于道路收费,当车辆通过读取区(在有读取信号的区域)时,它检测到信号并向读取器发送回识别信息,进而读取器向计算机系统发送信息进行处理。主动式的电子标签有电池向其核心电路和发射提供能源,被动式的电子标签从读取器发出的无线射频(RF)波中接受能源,被动式电子标签有无限次生命周期,价格低廉,但作用范围较短,传输数据较少。大多数的电子标签依赖读取器发送数据到后台进行财务分析。然而一些新型的电子标签具有内置式智能卡插口通过智能卡媒介进行即时的电子付费。

蜂窝式电话有成为21世纪电子商务主要的电子收费成员的可能性,目前已通过互联网在个人电脑上得以广泛应用。这是因为蜂窝式电话也像智能卡一样有集成电路芯片,因此具有同样的功能。有些蜂窝式电话用智能卡作为授权设备。芯片及(或)智能卡可内置在电话中,包含有用户的相关信息,如身份、电话簿、收费单等。蜂窝电话因此也可用于电子付费媒介。它们还可作为中介向个人电脑一样通过互联网进行购物及服务交易。

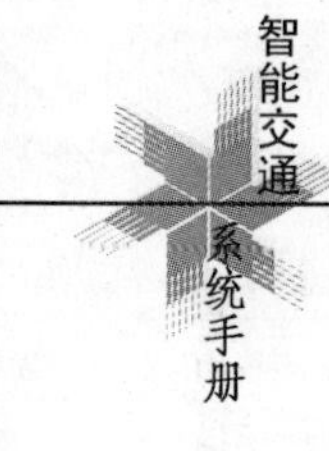

另一个EPS的组成部分是通信子系统。后台功能将通过以下工作实现:主计算机和计算机网络的协作、整个EPS数据库维护,不同的在线系统交易处理及准许、EPS各组成部分的状态监控、收集并处理历史数据、调节账户、推动其他客户服务功能的实现。

根据应用类别及硬件选择,EPS还需许多辅助技术。比如在公交及停车设施中设置可以发行电子介质或为智能卡充值的设备,在收费广场安装摄像机识别车牌号用于收费稽查也是有必要的,这在多伦多的407不停车电子收费道路及墨尔本城际联络线中都有所体现。(见案例研究1及5)

实现EPS存在的障碍

制度对EPS的影响常常比技术的限制对其的影响要大得多。因为没有非接触智能卡的标准以及交通和金融部门之间适用范围和运作方式的不同,加之跨越交通和非交通的应用,交通领域内EPS的集成在实现中依然有困难。另外,因为有着共同的利益和保持其市场占有率,EPS会在一个唯一的交易清算中心之下的集成公共交通、收费、停车场费用支付和税务征收为一体的系统(例如:奥兰多,佛罗里达的ORANGES项目案例——案例研究38)。

2.6.3 位置因素

由于成本的减低及技术的提高，基于时间及位置的 EPS 带给我们新的选择。如 2.1.2 节提到的车辆检测器，一个车辆的准确定位可由 GNSS（全球定位系统）、蜂窝式手机、车牌读取器自动确定。如果车辆可被准确的检测出其时间及位置，则可以确定应从一个车辆（理论上来讲是从一个人身上）收取多少费用。与移动称重技术（WIM）相结合，可以自动实现出行距离相关的重型车辆收费或一些重量－距离收费。几种电子收费系统都考虑了全球定位系统。欧盟在 2003 年底提出利用伽利略全球定位技术及 GSM 技术建设泛欧电子收费系统。伦敦成功实施的拥挤收费制度也采取了车牌识别方法。目前已有许多关于 P-商务及 M-商务会带来新的市场机会的讨论，P 指的是定位（position），M 指的是移动（mobile），而市场机会主要指对车辆拥有者在其出行的可达范围进行商业广告及销售。比如基于定位的消费者服务包括自动轨迹跟踪、道路支持、附近餐饮及车站、加油站等信息提供，天气信息及交通信息提供、个性化信息服务、市区导航及碰撞提醒等。

2.6.4 用户的经验及制度问题

用户的接受度是 EPS 成功实施的重要因素。在 EPS 替换现有付费方式的地方，当地的用户对它的认可程度都是肯定的。比如，芝加哥公交公司 2000 年发起的智能卡的用户计划，在该计划结束时进行的评估调查表明用户十分拥护进一步扩大该计划，尤其是残障人士更是欢迎此计划。

另一方面，在 EPS 作为道路收费的组成部分或与新增加的交通服务收费的地方，用户反映基本是正面和理解的，值得指出的是用电子收费（ETC）来代替现金收费，对非电子收费的用户影响是积极的，因为 ETC 用户能快速通过收费广场使他们交费时间缩短。

2.7 人的因素

很多 ITS 重要的技术涉及到人机接口（HMI）——用户和技术的交互。“鼠标”能通过计算机进行关于交通的操作，浏览器能通过互联网得到出行信息，数字地图显示能通过 GNSS 为车辆导航和辅助车队管理。为使 ITS 充分发挥功能，我们必须考虑人（与表 2.1 中车辆一侧和 ITS 道路设施一侧的交互）。人类参与 ITS，不仅是作为驾驶者，而且还是出行规划者、多模式出行者、交通中心操作者、车队调度人员、应急响应人员等等。这个部分讨论人的因素实际的作用，在交通和物流中人的因素的一般原理将在附录 D 中讨论。

2.7.1 车辆方面人的因素

人和车辆的交互在交通服务领域中显得尤为重要，因为行驶中的错误和误判与安全息息相关。手机的使用导致的事故是一些地区禁止在开车时使用手机的依据(甚至语音拨号手机)。一些导航单元要求驾驶者在导航设备上输入目的地时停车,尽管一些人认为这种做法欠妥,因为驾驶者同样也会被音乐和与乘客的谈话等影响。对车载设备的 HMI 的关注,意味着驾驶者在新车或租用的车以及在阴暗环境下能使用或不需要费劲读懂操作手册的情况下很快学会使用它们。

在欧洲的研究中对未来新信息和通信技术引入造成的影响已经进行评估,对运输和物流系统中的参与者作用的变化也进行了确定和评价。一个结论就是由ITS引入的功能支持越多,驾驶者失去控制车辆能力和盲目依靠 ITS 功能危险就越大。

人机交互和随之而来的人机接口(HMI)在赋予 ITS 应用功能和用户认可上发挥了重要的作用。很多不同种类的支持系统和显示结果的接口必须依据"传统"的人的因素和人体工程学的指导方针以及在 HMI 设计中的"框架法则"进行认真设计,当车辆驾驶者的决定和行动直接影响到道路交通的安全时要格外注意。人类作为驾驶者的潜力和限度早在 1994 的欧洲 PROMETHEUS 计划中得到阐述,该计划指出驾驶者偶然出错时是不可靠,获取的辅助驾驶的信息是有限的,且并不能及时获得,总之驾驶者获取的信息有限、处理能力欠缺,也许注意力分散和信息过载。进一步来说,由于驾驶者不能对道路交通及时做出反应,意识不到他们的策略是正确或是错误,从而反应较慢。也有由公路上驾驶者多样性带来的安全问题——年轻驾驶者和年老驾驶者,熟悉当地情况的本地驾驶者和对地方和方向感到陌生的外地驾驶者等等,在和没有在 ITS 中也会引起类似的问题。对非驾驶的出行者和对仅仅初学的驾驶者,我们需要将其作为能力缺陷因素来考虑——就像视力不佳、听力差,反应迟缓和老年人那样。这也应用于网站和仪表板设计。

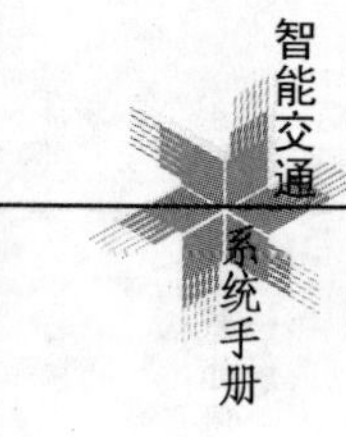

为了这个目的,这里描述了涉及显示、信息、控制和辅助驾驶系统基本的人类工程设计标准,确定了一些基本的适于 HMI 系统概念的指导方针:

❖ 面向用户——即系统应该避免使驾驶者压力过大或压力不足,这样他/她就不会过于忙碌或过于无聊;

❖ 22 面向任务——即应该通过确定对驾驶者和设备最佳的任务来有效地进行任务和资源分配;

❖ 面向技术——即开发驾驶者易于操作的系统应该是目的;

❖ 面向过程——即生物工程学者和心理学者需要在设计过程的开始参与进来。

道路交通是一个多人员、多设备过程,由内在和外在的规则组织起来,关键的系统元素、人(驾驶者)和设备(车辆)进行交互。这些元素之间通过驾驶员与车辆接口和驾驶员与道路设施接的接口实现交互。驾驶者—车辆交互的设计不仅是显示和控制的问题,设计必须和整个人—机系统的目标相关,也就是系统运行应满足用户和技术系统之间信息流的传递。附录D对这个问题作进一步讨论。

2.7.2 道路设施方面人的因素

人的因素需要考虑所有的用户，不仅仅是驾驶者。例如，一些现代交通控制中心在一面墙上有超过100个闭路电视（CCTV）监控器，操作者难以观察和注意重要的场景；类似有很多显示屏的核工厂使操作者在出现事故时难以抓住重要的场景。录像和人工视觉在交通中心得到了广泛的使用，但是带给操作者过多的信息和过多的微不足道的警告（这里操作者不是最终用户），这样会加大操作者的工作负荷。如果有过多的非重要警告信息，可以关闭自动事件报警系统。

通常期望车载方面人的因素的基本原理在道路设施方面也有效。虽然这是正确的，但由于系统的规模较大和多组织参与，道路设施方面通常很复杂。而且，为了加强ITS的安全和得到用户的认可，交通专业人员有更多的责任在道路设施方面比在车载方面做得更好。

图2.11 Mont Blanc隧道——疏散通道的可视指示标志

ITS关心的根本点在终端用户，人的因素主要在于得到用户的认可。如在美国"511"出行信息服务的案例研究中（案例研究37），在选择使用语音识别和有效分级查询结构，使查询者快速得到需要的信息方面，人的因素起了很大的作用。1999年，造成很多人死亡的Mont Blanc隧道着火以后，新的隧道管理系统包含更完善的指示标记（如图2.11所示）在类似的事故中引导用户安全离开。特别是可视标志将用户引导到最近的疏散通道，动态VMS使指示标志更有效（案例研究24），（如图2.12为路径选择地图可变情报板）。

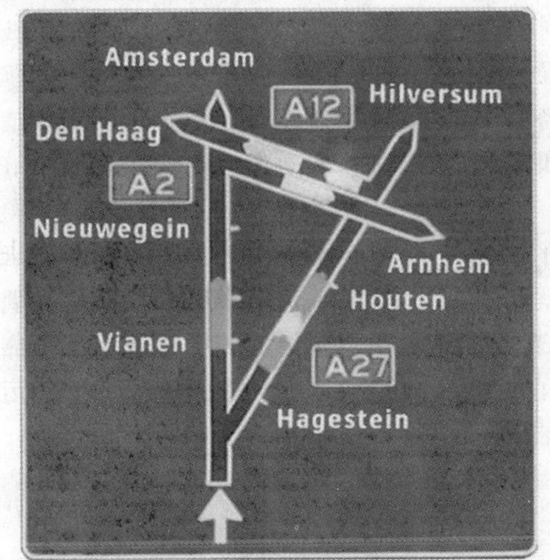

图2.12 提供路径选择的图形化可变信息板（阿姆斯特丹）

2.7.3 整体分析

关注用户的认可度可以揭示所有分歧产生的原因，由此将要或应该影响我们的设计方法。如果期望的性能高于花费（用加权标准/费用函数），方案就会被采纳、购买和使用。企业和社会在工业和经济方面的现状及其对成功的评价必须集成在设计的过程中。市场参与者，如终端用户、顾客和消费者必须参与设计的过程。新产品或方案的开发不可能完全解决新的问题或满

足需要，通常将现有方案做的更优是目标。很明显，老的解决方案和产品应该与新的一起存在。

对相当比例的交通用户有技术上的挑战性，对学习新事物慢的老年人和对以计算机为基础的技术不熟悉、不喜欢的人来说，使用设计欠佳的 ITS 系统的 HMI 会有困难。类似地，身体残疾的交通用户需要广泛的、详细的以及大量与身体损伤有关的信息。像 TELAID 这样的欧盟委员会项目突出了很多和 HMI 相关的问题。

总之，ITS 中人的因素既重要又具有潜在的复杂性。这一部分的内容是探讨对人的因素中的意识和敏感问题并指出相关的参考。有了适当的敏感性，ITS 专家在测试新的 ITS 设备时应该考虑未来用户的需求(不仅仅是最终用户)——工作站、应急操作和培训设施等。用户友好的 ITS 是由“可用性、有用性和似然性”指标来评定。当需要时，交通专家应邀请人因学专家参与到前期的 ITS 设备和设施的设计中。如果在开始就牢记人的因素，是可以做出令人满意的产品的。

2.8 结论

ITS 是数字革命的重要部分。信息和通信技术的数字化变革推动了诸如基于卫星的导航、数字广播、第三代和第四代移动通信网、电子支付和智能卡等领域的进步。在欧洲，所有这些数字技术结合在一起应用于交通，出现一个专用术语“Transport Telematics”。如果没有这些先进技术的支持，ITS 就不可能存在。

为这些新技术和通用产品(如手机和个人数字助手)的副产品而建设的基础设施将服务于比交通更大的市场，但是构成智能交通系统的专用的系统和服务需求很多，在考虑环境的前提下，ITS 必须支持人和货物安全、有效的流动，因此采用技术去创造成本效益和可靠性高的用户服务既是一个大的机遇又是一个严峻的挑战。为了取得成功，交通工作者需要具备系统分析、数据建模、通信、生物工程和信息技术等知识，还包括系统维护和计算机编程，所有这些共同作用才能实现一个好的 ITS 产品。

交通用户的期望值很高，性能不好的交通服务会招致批评。交通网常常要求一天 24 小时运行、一星期连续 7 天，这就要求 ITS 达到同样的要求，当然极少和偶尔的差错也是允许的。所以本手册的读者要为交通用户和相关的操作者实现可靠和可信赖的系统和服务。任何阶段出现的失误或质量问题都会带来低于标准的运行和不可靠的服务。

参考文献和注释

1. For further discussion on ITS information chain. Rupprecht S. et al ATLANTIC Practioners Handbook for ITS Service Implementation in European Cites and Regions. Europen Commis-

sion, Atlantic project, DG INFSO 2003.

2. Source:Japanese National Police Agency.
3. Also known under other names such as Video Inage Processor.
4. Bin Ran, "Using Traffic Prediction Models for Providing Predictive Traveller Information," International Journal of Technology Management, (special issue on The Impact of Information Systems Technology on Operations Management), 2000.
5. ITS America. "Shared Resource Projects: An Action Guide for Telecommunications Infrastructure in Transportation Right-of-Way". Washington DC, 1997.
6. DMS are also called changeable message signs (CMS) and variable message signs (VMS).
7. Huddart K W. "Traffic Control" in J Walker (ed.). Advances in Mobile Information Systems. Boston: Artech House, 1999.
8. ACC is also known as intelligent cruise control (ICC).
9. Note that the term of ITS was originally IVHS (Intelligent Vehicle Highway Systems) until 1994 when a multi-modal coverage of the field was emphasised. CVHS was an early vision of the IVHS movement.
10. Demonstrated by the Japanese Public Work Research Institute in the late 1990s.
11. Much of the material in this subsection was taken from the primer, "Introduction to Electronic Payment and Transportation" prepared by the ITS America Task Force on Electronic Payment Systems chaired by Bob McQueen in April 2001.
12. The use of cellular-based services offers an additional major advantage: the back office functions described in the next paragraph already exist in this domain. This could speed up further developments.
13. Salvendy G. (ed.) "Handbook in human Factors and Ergonomics (2nd edition)", John Wiley & Sons,New York. 1997.
14. Norman, D. "The Design of Everyday Things", Basic, New York 2002.
15. Kramer, U. , Preston, N. (eds.) "Man-Machine Interface - Black Book", Report to the PROMETHEUS Steering Committee, PRO-CAR 1, PROMETHEUS Office, Stuttgart. 1987.
16. The "TELAID Design Guidelines Handbook: for usability of in-vehicle systems by drivers with special needs" http://hermes. civil. auth. gr/guide. html (Aristotle University of Thessaloniki).

第3章

ITS 体系框架和标准

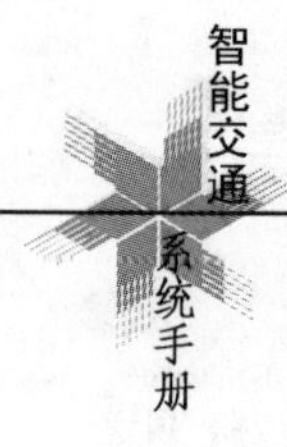

在部署 ITS 过程中，需要一种让 ITS 使用的各种技术像一个系统那样共同工作的评价方法，其重要性不仅在于可保证各独立的单元系统必需的性能指标，而且还要确保它们之间的接口的有效性，以及将它们集成为一个完整的系统。本章将对此进行解释与说明，本章将介绍体系框架和标准的重要概念，包括为什么需要它们及其在世界范围内的发展和应用的情况。

3.1 ITS 体系框架

3.1.1 为什么 ITS 体系框架是重要的

以前，道路交通控制系统作为分离的子系统通常被设置成独立的工作，仅提供一两种服务，相比之下，ITS 可同时提供复杂的管理、控制和数据聚集等服务。尽管存在许多子系统间冲突的风险，但也存在这些子系统协同增效工作的巨大空间。体系框架以用户对 ITS 系统规划、定义以及集成等方面的需求为基础，提供了系统的逻辑结构。

国家或地区体系框架是对本国家或地区实现 ITS 途径的正式表述，也是产生详细设计道路上的第一步。另外，ITS 体系框架的构建和使用对在不同途径中的 ITS 整体发展过程增加了可观的价值。

共享观点

通常，ITS 体系框架的开发起始于被各类利益相关者一致认可的建设进程，这样，合成的体系框架表达了用户、服务提供者、交通部门等在共同术语、定义、边界界定、优先权和期望等表达上的一致，尽管各主体将会相互独立建设，但现在是他们一致的、相互支持的决定。

ITS 体系框架定义了：

- ❖ ITS 功能需求（如收集交通信息或路线请求）；
- ❖ 物理实体或子系统（如道路或交通工具），它们是 ITS 功能宿主；
- ❖ 连接各项功能或物理子系统形成集成系统的信息流和数据流；

ITS 体系框架的分析为 ITS 发展的规划和实施提供了另外一些帮助，包括部署计划、机构的观点、成本效益和风险分析的研究等。

利益相关方驱动

ITS 体系框架，是在通过咨询用户和利益相关方得到的 ITS 用户需求和用户服务的基础上，由构建功能需求集合发展得到的。因此，体系框架确保了实施的 ITS 是对所有 ITS 利益相关方需求的响应，而不要为了追求技术而应用技术。

促进 ITS 标准发展

ITS 体系框架还明确表明需要标准化接口的关键过程，尤其是关于通信和数据交换的过程。通过定义不同的子系统和子系统间必须流动的数据，体系框架提供了发展的标准环境。基于对交互界面、实施需要、用户要求和硬件/软件规格的分析，体系框架可有助于区别各种标准是否可成为区域、地区、国家或国际等标准。

提供商业利益

与 ITS 体系框架保持一致的、标准化的 ITS 子系统和各组成部分的设计与应用，将刺激设备和软件供应市场的开放，发展规模经济，确保数据和信息的一致性，鼓励投资，有助于保证互操作性。

风险管理

优秀的 ITS 体系框架应考虑故障的状况，并支持在非正常情况下实现系统性能水平有条件降级的逻辑步骤。ITS 体系框架的开发，还需要了解交通政策和责任，以明确谁发挥什么作用。这可以促使参与者之间联合达成一致决定，减少一方对其他方要做什么做出错误猜测的风险。通过推动 ITS 标准的发展，体系框架还降低了占市场主要份额的制造商的已有或专有的标准可能面临的风险。

ITS 与交通规划程序相连接

ITS 需要与地方或地区的交通规划相结合。ITS 体系框架通过识别各项 ITS 内容和传统交通规划及解决方案的潜在对应关系来支持这种结合。它还可以从需要什么内容提供哪些服务和他们的实施顺序等方面为规划提供支持。

为系统开发提供基础

物理框架和描述运行理论的文档（如果在框架中已经建立），将为定义特定数据处理模块的功能、识别应从何处执行数据处理、数据处理单元间需要共享什么信息等提供严格的基础。因此，体系框架为系统(和软件)提供了一流的开发平台，可作为系统(和软件)开发的起点。

为未来扩展提供框架

ITS体系框架为系统扩展和技术升级提供框架。以基础广泛的体系框架为起点，便具有了变化与扩展的基础。如果在体系框架的功能参数要求范围内进行现有系统扩展，那么对已有系统则不需昂贵的工程反复或翻新即可添加新服务、新系统或扩大地域范围。全新的功能需求则很可能要求对该框架进行重新的改进和更新。

3.1.2 ITS体系框架的层面

ITS体系框架和房屋框架类似。房屋框架须以各种形式呈现出来以满足观众需求。对房屋主人来说，框架展示的是外观草图和房屋使用规划。对建筑工人来说，框架展示的是梁和柱子的结构图及细部尺寸。与此相似，一个特定ITS的系统框架可采用相互一致的各种方式来表现。表现方式的选择依赖于现有的需求和观众。这个多样化表现系统框架的思想与IEEE标准1471—2000“软件系统的框架描述方法建议”中多角度观点相一致。

如图3.1描述的多层模型，ITS体系框架主要关注的是系统间抽象出的各层的信息交换和控制。CONVERGE项目把层面定义为采用各种模型、从不同角度来表达体系框架的一种解释方式。交通与运输管理者把高层特性或政策放置在第3层和第2层，框架结构的第1层被设计成适应这些特性。第0层不是严格的体系框架的组成部分，虽然它经常参考框架，并且它代表了供应方设计系统或组成部分以符合体系框架的阶段。

第3层	多机构互操作性的特性
第2层	单一机构的系统特性
第1层	系统结构
第0层	子系统/组成部分设计

图3.1 ITS体系框架分析的多层模型

第3层需要反映交通运输管理部门运转中的真实约束，并反映出系统特性需求，如各参与部门间协作需求和各部门间的信息控制能力。这样就可能会发现现有的组织机构哪里必须修改或变化——或许这是为了提供ITS服务根本性的问题。譬如，某交通控制中心(TCC)可能需要跨越国界或语种与另一交通控制中心(TCC)或出行者信息中心(TIC)进行信息传输，定义此传输的基本的、最小的各种性能的规格说明会很费事，在某些情况下，一根简单传递声音的电话线就足够了。但有些情况下，可能需要高速的、安全的专用数据链路传输闭路电视图片。尽管具体技术的选择应该留给系统设计者处理，但关于互通性、互操作性需求的水平必须在框架分析中给予充分的说明。

第3层框架设定了架构，在此架构下可进行第2层框架的定义。第2层框架定义了在单一机构中运行的各系统的特性，它可以把现有系统和规划系统的特性统一纳入考虑。在第 2 层、第 3 层处理的问题是类似的。CONVERGE 项目把它们分开，是因为它们可能会分别在不同时间、由不同的部门进行处理。

第 1 层框架对系统工程师来说最为关注。在这一层，定义系统框架，这样 ITS 功能可根据实施中的成本—效益情况进行组合，同时，信息系统可按照一定的逻辑分解成需要在第 0 层设计的子系统。注意具体技术的选择只在第 0 层进行。因此第 1 层到第 3 层的体系框架是独立于技术的，有稳定的 ITS 服务和功能，不受技术发展的影响。

对复杂系统来说，不存在单一视角，能以易懂的方式传递关于系统的所有信息。对于 ITS 体系框架也不例外。因此，从多视角来描述不同层面的细节和不同类型的信息是必要的。这些视角可能包括描述各种信息如何流动和如何处理的逻辑框架；分配逻辑功能到子系统的物理框架；分配功能和责任到选定的 ITS 服务的提供者和接受者的组织结构框架。

下面的章节则用通用的术语，描述开发 ITS 体系框架的一系列步骤以及在各个开发阶段的表现形式。全世界 ITS 体系框架开发的步骤基本一致，如下面展现的那样，地区间也存在一些差异。

3.1.3 用户需求、功能要求和操作概念

建立 ITS 体系框架的第一步是选择和确定重点的用户服务。在该过程中涉及到的所有的利益相关方和参与人员，这为建立一致的 ITS 创造了机会，并对 ITS 的成功实施与操作具有重要意义。一致的看法可促进功能需求的确定、描述谁提供和谁接受哪项 ITS 服务、提供方应如何合作以保证服务的提供等操作概念的达成。

在任何一个国家或地区，对大城市和对乡村地区有用的 ITS 服务集之间可能有很大差异。在一些领域（如高速公路网，中等城市和乡村地区的交通控制）和在具有竞争或责任的领域（如道路安全，公共运输，货运物流等）周围聚集了相当重要的参与方和明显的利益相关方。除了提高安全性、效率、环境质量等大目标外，每个利益集团都有自己的政策目标。遵循图 3.2 所示原则，每个利益集团均从各自狭隘政策目标出发，考虑哪些 ITS 服务可支持各自目标的实现。

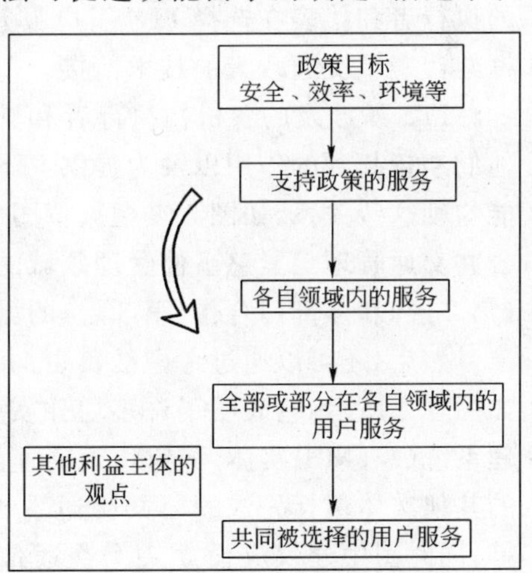

图 3.2 政策影响 ITS 服务的选择

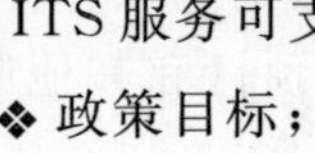

❖ 政策目标；

❖ 安全、效率、环境等；

❖ 支持政策的服务；

❖ 各自领域内的服务；

❖ 全部或部分在各自领域内的用户服务；

❖ 衔接被选择的用户服务；

❖ 其他利益主体的观点。

一旦选定了这些服务，提供这些服务的功能需求必须被确定下来。此时，可识别出领域间的公共部分。比如，高速公路网运营者可能计划实施ITS实现电子收费和事故自动检测，这项功能适应于提供点对点旅行时间的高质量的交通和出行者信息。因此，高速公路网运营者和信息服务提供商需要在ITS基础设施的共用、信息交换协议、集成应用的ITS体系框架等可满足两方需求的方面形成联盟。

再例如，公路网运营者考虑采用匝道控制保证道路网络交通畅通，但其附带的影响是会造成周边道路上车辆排队。因此就有呼吁要求采取措施确保周围道路不会发生"网锁"情形，同时迫于压力需要对进入匝道的公共汽车及多人共乘车辆提供一定帮助。经过一番互谅互让的讨论后，主要利益集团可能会就利用ITS技术升级运输服务质量，进而促进出行模式转变的需求管理方式达成一致。所以，尽管单一利益集团开始只考虑自己领域内的服务，而在最后设计中很可能会与其他利益集团合作。注意，在ITS发展的这一阶段，系统的改变可能需要比较低廉的费用，因为还没开始建设和购买相关系统或设备。

上面的例子展现了如何通过谈判和建立共识，采用分组处理促使一系列的ITS服务和相应的功能需求可共同开发与提供。从某种意义上讲，各利益相关方的执行者和代表在选择ITS用户服务时受他们政策目标的支配，由此产生的体系框架代表了交通政策的技术衔接。

ITS所涉及的各机构执行者和其他投资方必须了解系统中会发生什么活动、他们期望起到的作用以及为提供ITS服务而需要合作的工作内容等。操作概念图能勾勒这些关系，如图3.3框架草图中所示，该图描述三个管理中心和交通警察在公共交通管理与紧急事件管理领域的交互关系。该图表明了考虑单一部门各系统(第2层)和多部门合作(第3层)的需要。

然后，还可以通过考虑谁负责向谁提供服务以更加细化操作概念。详细例子如图3.4所示，它表明了许多协作实体间的互联联系。图中给出两组先进交通管理系统(ATMS)实体，一组负责高速路或公路，另一组负责城市区域；基础设施类的其他实体包括先进的公共交通系统(APTS)、商用车辆运营(CVO)和应急服务等；同时图中建议应设立一个交通信息中心(TIC)，它通过两个信息服务提供商(ISP1和ISP2)来满足终端用户对多模式交通信息的需要。其中，信息服务提供商可能是民营组织，并且可向终端用户提供旅游和天气信息，提供预订和其他服务。还有一个车载功能组，连接了ITS世界的外面。

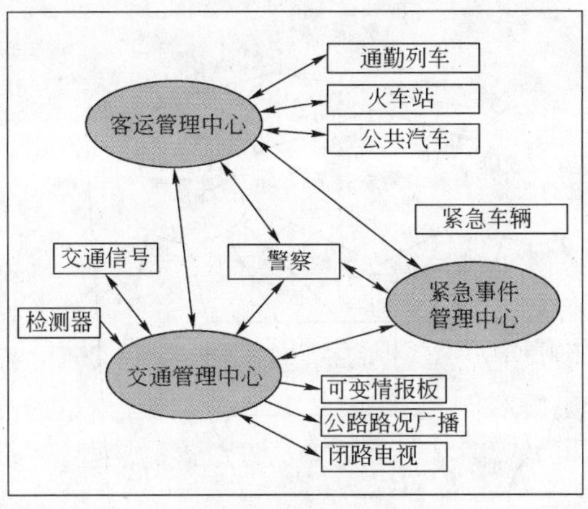

图 3.3　框架草图

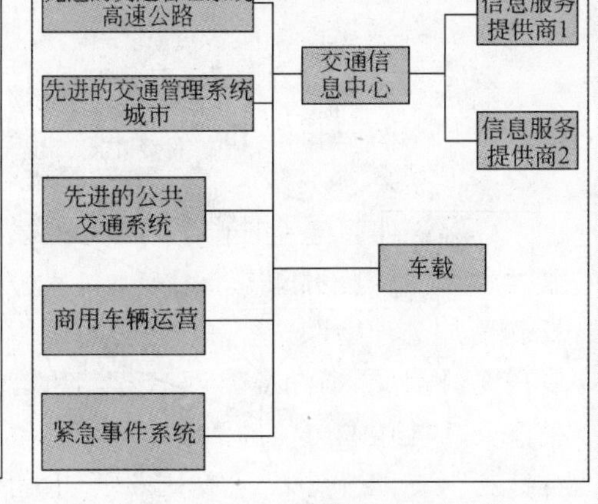

图 3.4　ITS　服务传输概念关系图

3.1.4　逻辑或功能框架

逻辑或功能框架属于图 3.1 中第 1 层。该框架描述了为满足已确定了的功能需求所必须的功能模块和模块间的数据流。在逻辑框架的构建过程时，考虑了各种用户需求和 ITS 服务的共性内容，因此共享的功能和共性的需求可组合在同一功能模块集中。

图 3.5 以数据流图的形式给出了简化的美国国家逻辑框架顶层图。箭头表示完成所选定服务所必需的信息流动方向。圆圈表示了可在更低逻辑框架层面上进一步细分的功能模块。在最底层面上，圆圈表示必需的数据处理过程，如事故自动检测运算。在世界其他地区也有类似的 ITS 框架图。（参见本章末参考文献和案例研究 7）。

逻辑框架中的圆圈，并不表示与具体组织机构的职责相对应。比如，标注“交通管理”的圆圈不代表交通管理中心，但确实显示需要交通管理的功能。另外，这一交通管理功能需要与公共交通管理、车辆监测与控制、紧急事件管理以及出行者信息服务等进行互动。而且，一些信息流是单向的，如“交通管理”可为“规划”提供有用信息，而后者不再将运行信息反馈给交通管理。

逻辑框架中重要的一部分在于描述系统如何处理异常状况。对于可能的安全隐患，一切故障模式都应被考虑在内，并需要就异常状况下采用怎样的逻辑步骤进行描述，要与作为操作概念中的较高层概念保持一致。

3.1.5　物理框架

在系统工程中，物理框架将逻辑框架定义的功能模块分配到以硬件和软件体现的物理子系统中。物理子系统的设计基于功能性需求、功能模块的描述、功能间的相互依赖关系以及受到是否在一个或多个地点实现这些功能的影响。因此，物理框架将具体的功能模块分配到物理子系统时需要考虑制度因素。图 3.6 给出了

美国国家物理框架顶层图。

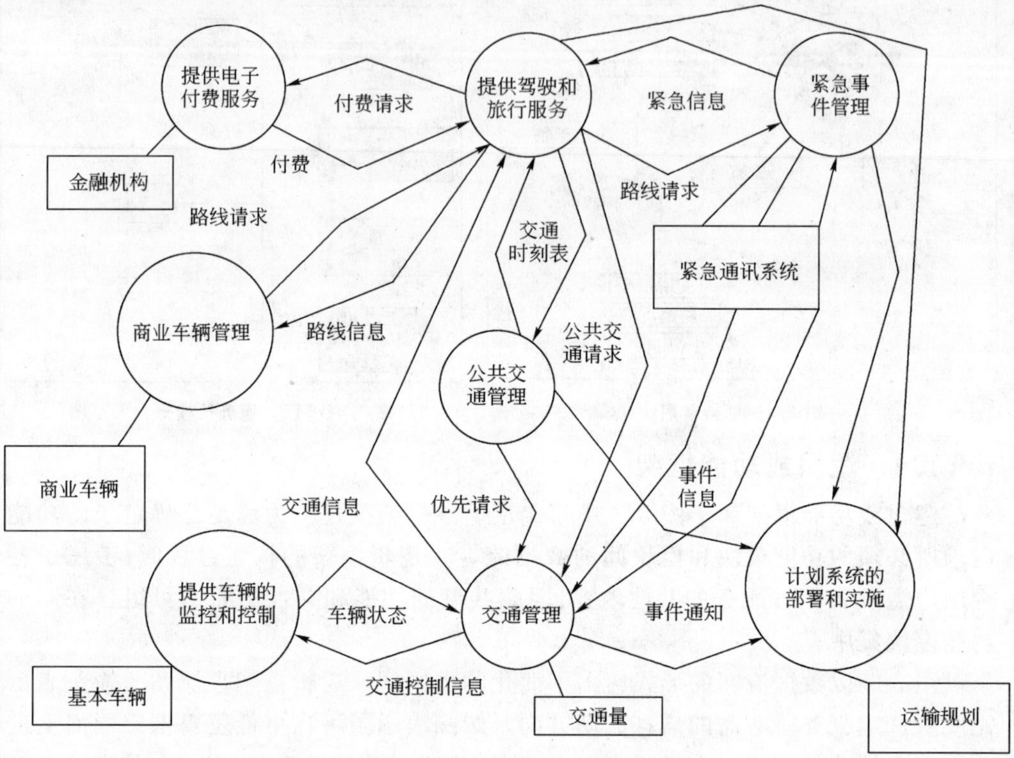

图 3.5　美国国家逻辑框架顶层图

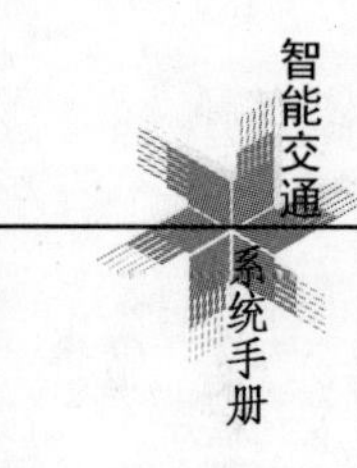

以美国为例，图 3.6 清晰的描绘了四个主要子系统(出行者、中心、车辆、路侧)的交互界面。子系统间的数据流通过四种常规的通信媒介实现。正如第 2 章 2.4.1所述，在可能的地方要尽量使用已有的通信基础设施，这样可有效利用通信行业变化快的优势，这些变化部分源于技术的进步，部分源于规则的突破。

3.1.6　其他体系框架的发展

前两节给出的逻辑框架和物理框架是美国运输部(USDOT)在 1993 至 1996 年间投资研究的成果，其目的在于开发美国国家 ITS 体系框架。这个开创性的项目形成了一个相关文件的图书馆——从 ITS 蓝图、操作理论方法、通信、成本效益、风险分析、标准需求，到实施战略、逻辑框架和物理框架等。自从 1996 年以来，美国国家 ITS 体系框架已更新多次，到 2003 年末已经发布了第五版。

美国体系框架促进了欧洲、日本和其他一些国家进行类似的或选择性的体系框架开发。各国家或地区必须以建立自己的用户需要或需求集作为本国或本地区 ITS 体系框架开发的起点。一些地方需求与美国国家体系框架所基于的用户需求有一定差异，例如，一项需求是为步行者和非机动车提供 ITS 服务，而美国体系框

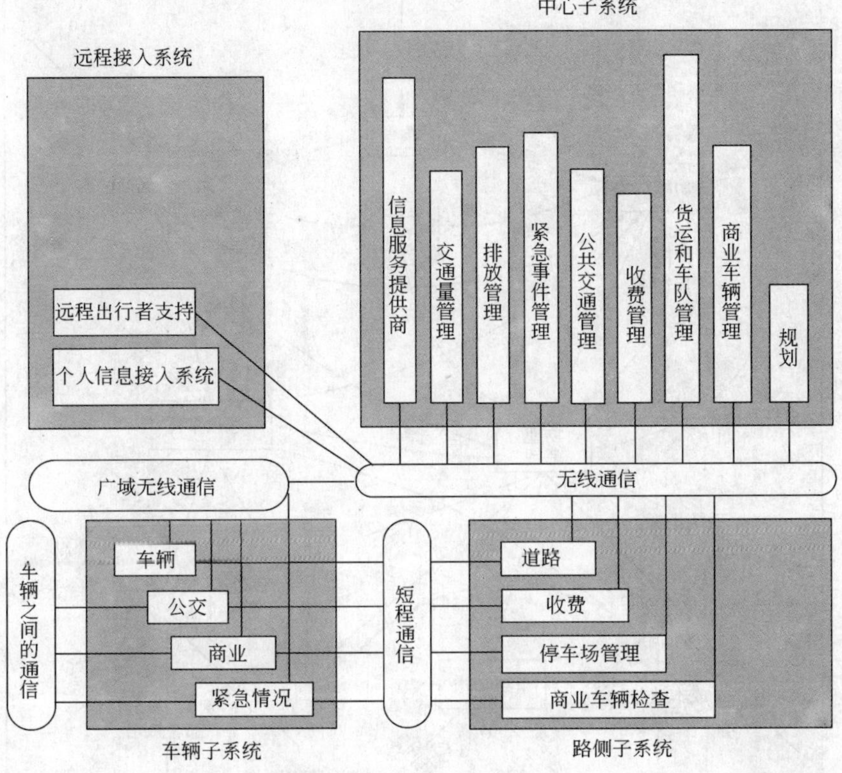

图 3.6 美国国家物理框架顶层图

架并不包括。尽管特定的用户服务和术语不同有所差异，但所选择的体系框架开发的一般方法却基本相似。

加拿大 ITS 体系框架的开发就是例证(案例研究 7)。加拿大 ITS 体系框架包含了美国国家 ITS 体系框架的所有内容，并将其扩展和改进以提供新服务，覆盖范围更大，并反映出国家间以及新的和不同的利益相关方之间存在的差异。欧盟委员会于 1997 年投资 KAREN 项目，开发欧盟 ITS 体系框架指导方针，给出了到 2010 年及以更远的、在欧共体内正在实施和可能实施的 ITS 内容，最后经 FRAME 项目对其进行修改与提炼得到欧洲 ITS 体系框架。欧洲 ITS 体系框架的开发步骤如图 3.7 所示，其方法明显相似于美国方法，但通过阐述组织机构框架而超越了美国方法。另外，美国 ITS 体系框架从物理角度进行定义，而欧洲 ITS 体系框架则仅从用户需求和功能的角度进行定义。

日本国家 ITS 体系框架于 1999 年由 ITS 所涉及的五个相关政府机构合作完成。其基本方法与美国和欧洲的方法类似，但有一个重要例外：没有使用美国 ITS 体系框架开发所采取的结构分析法，日本采用了面向对象的开发方法，该方法优点在于变更和扩展体系框架会相对简单。由于这点不同，美国 ITS 体系框架与日本

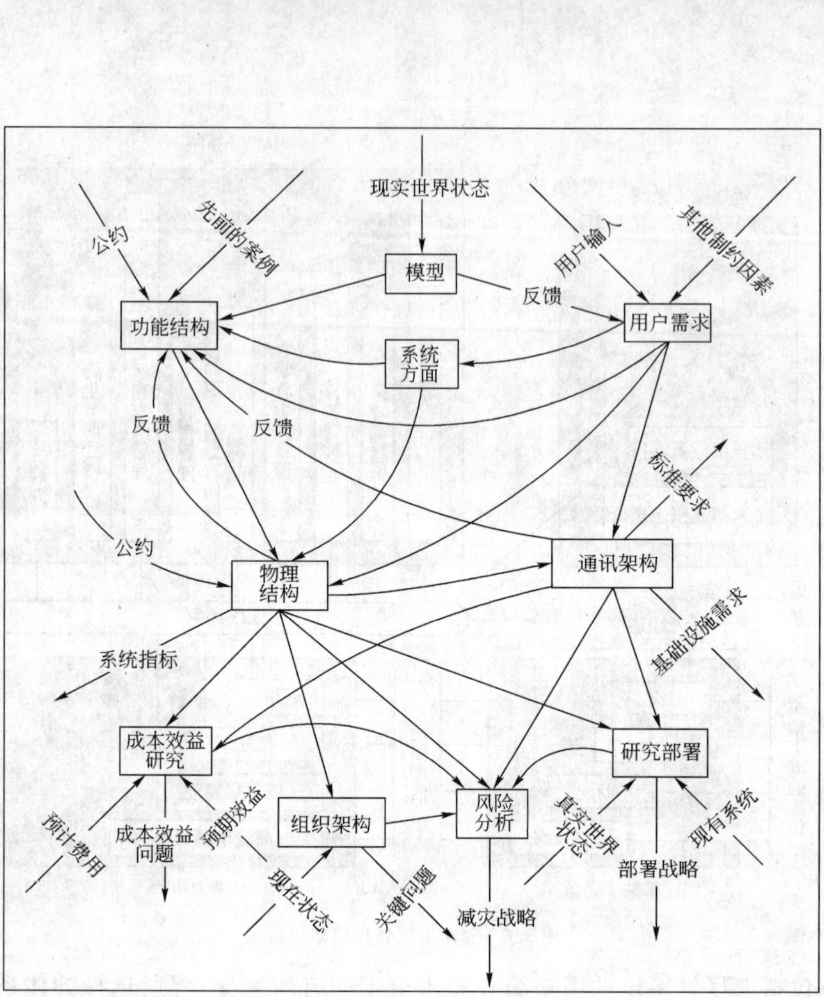

图 3.7　欧洲体系框架进程表(来源:KAREN 项目)

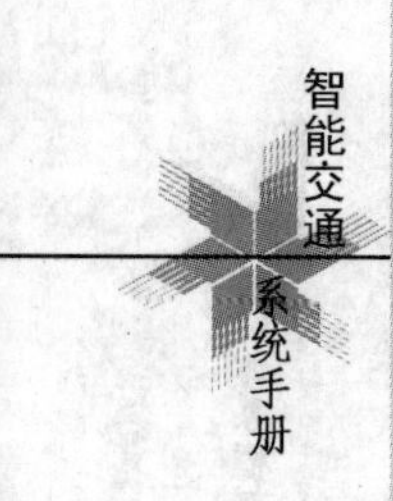

ITS 体系框架间不存在一一对应关系。

3.1.7　区域体系框架和 Turbo 体系框架

前面三节所讨论的高层 ITS 体系框架是为较低层 ITS 系统提供一个稳固、开放的构架,使得低层 ITS 系统间相互协调、一致、具有互操作性并且尽量实用。因此,欧洲 ITS 体系框架为包括奥地利、法国、意大利、荷兰、英国和覆盖从德国北部到芬兰地区交通走廊的 VIKING 工程等在内的许多国家或区域体系框架提供了参考点。

同样,美国国家 ITS 体系框架也为美国许多地区 ITS 体系框架的开发提供了参考或框架。2001 年 1 月,美国联邦运输部(USDOT)发布一项规定,旨在鼓励地区系统间兼容,其内容是要求由公路信用基金投资的所有 ITS 项目需与国家 ITS 体系框架及相关标准保持一致。"与国家 ITS 体系框架保持一致"被定义为使用国家 ITS 体系框架开发地方 ITS 体系框架,通过裁减来强调地方特点和 ITS 投资需求以及 ITS 项目遵守地方 ITS 体系框架。美国联邦运输部编写的地区体系框架开发指导包括如何开始、数据收集、交互界面定义、应用以及如何使用维护地方ITS体系框架，特别是如何处理与州级交通规划的关系。

总之，各机构在开发各自ITS体系框架时，必须决定创建的体系框架的形式。该形式可能是以下三种中的一种。

❖ 结构框架，如从用户需求和功能角度分析组成的体系框架。利用该体系框架可创建以下两种体系框架，并且只适用于国家级体系框架。

❖ 批准制定的框架，包括物理、通信、其他角度的框架以及其他输出内容。该体系框架可在国家，地区和地方层面上使用，它可说明在ITS实施中需要什么。物理框架的内容可能是固定的，或可能有选择范围的限制。

❖ 专门框架，与批准制定的框架类似，但只支持一项特定的服务，如出行者信息、公共交通管理等。

上面所提及的一些ITS体系框架，提供了一些工具来帮助基于自身的特定框架的开发。比如，Turbo工具可帮助使用美国国家ITS体系框架，Selection工具可帮助使用欧洲ITS体系框架。以上两种工具可通过本章前文提及的体系框架网站(US和FRAME)获得。法国ITS体系框架(ACTIF)也开发了自己的工具(OSCAR)，其他国家毫无疑问也将会开发各自的类似工具。图3.8给出了体系框架间的关系图。

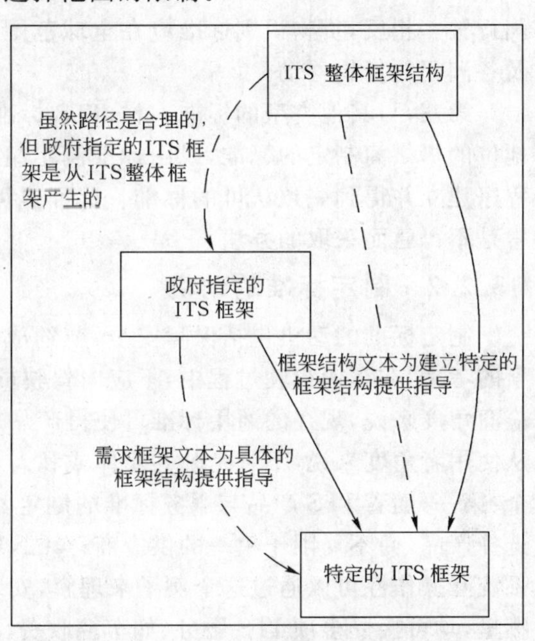

图3.8　体系框架间的关系

3.2　ITS标准

体系框架是一个解析的架构，它从概念上和一些细节上描绘不同的系统组成如何形成一个可相互配合的ITS系统。从另一方面，标准是保证各硬件、软件配合工作的严格规范，即使它们来自不同的竞争性供应商。制定严谨的ITS发展战略，需要对不同类型的ITS标准及标准的重要性有深入的理解，还需要了解目前ITS标准发展状况等。

3.2.1　ITS标准的类型

ITS标准有多种分类方式。首先，协议和信息集需要标准，以保证各子系统间数据和信息的有效传输。协议，如因特网的TCP/IP协议，给出了信息传递规则，明确了信息详细格式，并描述了如何处理错误状况。各子系统间的有效信息传输，也需要标准信息集，通常在数据字典中定义。例如，紧急事件管理相关的信息交互，需要相当规模数量的事件相关信息的编码标准，包括位置的准确描述（如路段编号）和事件类型（如火灾、人身伤害等）。若需要无线通信，还需要频率、调制技术等相关标准。ITS 可使用在开放系统互联（OSI）七层模型中较低层的已有标准，重点对应用层（OSI 最高层）中 ITS 数据内容进行标准化。

第二，ITS 标准可在地方、区域、国家、国际、全球范围内建立。有些标准仅需要达到一定范围即可。比如，对众多商用车辆运营商而言，仅需要在特定洲（如欧洲和北美洲）范围内制定标准，而不需在全球范围内制定，因为货车不会在各大洲间行驶。相反，货物识别标准应在全球范围内制定，以促进货物辨识、安全检查以及各洲间的货物移动。

第三，与其他类型的标准一样，ITS 标准可以是已有的标准，如由占市场主导地位的提供商制定的标准，或由标准制定组织（主要有专业协会和商会）通过一定程序建立并得到一致认可的标准。标准也可由政府制定（遵循一定的规则），但通常是不得已而采取的办法。

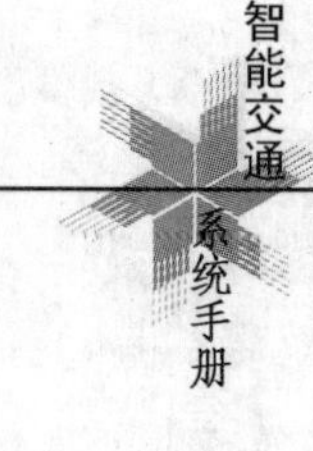

3.2.2 制定标准的动机

制定标准的动机包括保障安全、节约成本、扩大市场等。比如，基于对人的因素的考虑，在车辆行驶过程中，不应向驾驶员提供复杂的车载路线导航功能。从供应商角度来说，现存的通用标准可使得产品规模效益和产品销售市场均有所扩大；从使用者角度来说，不管是公共团体或私人，愿意开发和采用标准的动机主要有两个：第一，随着 ITS 产品与服务标准的制定，用户可在具有一定竞争的供应商之间选择产品，而不局限于单一的供应商；第二，ITS 标准支持互操作性以及系统集成。系统互操作性可以通过这个例子来理解，安装一个无线应答器的车辆，无论行驶在哪里，均可接受多项 ITS 服务（如车辆收费、车辆识别、国际通关等）。

由于私人公司对自身市场的定位，它们或许缺少足够的动机参与制定通用的标准。可以理解，在市场上占有主导地位的公司，不愿意抛弃他们自己产品的已有标准，除非一个统一的新标准的制定对每个人都意味着将拥有更大的市场。一般来说，私人公司特别是面向全球的公司，他们感兴趣的不仅是公认的标准，而且是全球的协调，以更好得发挥其市场和生产的规模效益。有这些标准，公司能够减少他们投资开发市场潜力有限，或者更糟糕是可能很快就过时的新产品与新服务的风险。

3.2.3 现状

在国际标准组织（ISO）、欧盟标准化委员会（CEN）等机构的推动下，ITS 标准已经成为国际讨论与合作中一项活跃的主题。在过去的十几年里，全世界的 ITS 标准项目逐渐走向成熟，从最初的开发活动到实施和支持各种活动——试验、案例研究、提供标准信息资源、用户技术支持、评价标准应用的可行度等。许多工业化国家已经着手于对本国ITS标准与国际标准化行动的协调。

就交通部门而言,他们感兴趣的是美国的国家ITS交通通信协议(NTCIP),它从1997年开发持续更新至今。还有欧盟的DATEX-Net标准,它是与交通数据、位置表、转换协议等相关的数据交换标准。这些标准集的目标是促进中心与路侧设备间(比如交通控制中心与动态信息显示屏)以及控制中心间的信息传输。汽车工业则注重车辆相关ITS标准的开发,主要通过车辆工程ITS标准分会制定。主要标准领域有出行者信息、车辆中的ITS数据总线以及与安全和人的因素有关的各个方面。

由于专有标准问题或者主导市场地位的企业不想去更改产品等问题,标准的制定经常会陷入困境。已投资了特定系统的用户,在认识到有相当的投资回报之前,他们不愿意更换新的标准,超前设置的标准也可能会限制创新。由于ITS领域发展迅速,因此标准的时效性比较重要。即使在标准制定以后,还需要就一定合理时间内现有系统向新标准转化的可接受途径给予实际的考虑。因此,公共团体和私人组织必须齐心协力推动标准的应用,以便能够向用户提供更多的、更廉价的ITS产品和服务,向出行者展现出一个无缝衔接的交通系统。

3.2.4 ITS标准应用规划

如上节所述,ITS标准开发的基本现状意味着有一些重要的ITS标准是否会存在下去仍是不确定的目标。因此要谨慎地编制ITS标准的采用和应用规划。问题出现了,例如:当有众多不同的提供商提供不同标准的产品,却没有任何一个产品被广泛接受的时候,我应该如何开展ITS应用?是否应该推迟ITS应用计划直到制定了统一的、严格的标准?如果是这样,那么是否会错过ITS早期应用所带来的效益?然而这些问题是没有固定答案的,下面就对这些问题有疑问的人给出以下建议:

❖ 作一个计划,不要任之发生——制定计划有助于争取主动,并利于制定出关于新标准的、基于可靠消息的决定。

❖ 评估ITS标准发展现状——评估所有层次的ITS标准的制定情况,如果你要在相互冲突的标准中选择的话,要了解冲突的背景。

❖ 利用ITS体系框架识别标准需求——识别体系框架中的关键接口有助于对标准按照重要性进行排序。

❖ 考虑应用已有ITS标准的相关问题——评估为达到你的目标所需产品和服务的成本与可行性。

❖ 就对你具有重要意义的标准,制定一个开发或更新的行动计划——考虑的因素包括你投入到标准开发过程中。

❖ 如果不存在标准,那么开发你自己的地区性的技术协议——考虑与相关部门联合开发你所在地区的技术协议，启动服务。

❖ 根据需要，建立起某些特定标准转化为地区、国家或国际标准的推进机制——在开发和统一一个更广范围内可接受标准的过程中，可采用与其他应用者合作的方式推进机制。

❖ 定义并建立起规则和试验程序——在采购文件中加入通常的试验和验证程序，以保证供应商能理解产品是如何符合标准要求的。

3.3 结论

系统工程可描述为应用在“解决问题（或任务）和系统生命周期的相应阶段”相关的“一种面向过程的方法”。然而，与其他方法一样，仅靠系统工程的思想并不能解决问题。其他一些因素，如经验、创造力、知识背景等也起到一定的作用。系统工程只是有助于提高这些因素效用的发挥，有助于优化系统性能。系统工程的方法必须与人的因素相协调，并要从分析问题的开始入手（见附件 D）。ITS 用户需求分析、功能需求和面向用户的实施操作等均有助于问题解决。

ITS 系统框架是把 ITS 各组成部分配合形成一个整体架构，以保证各部分相互协作来提供所需的用户服务。

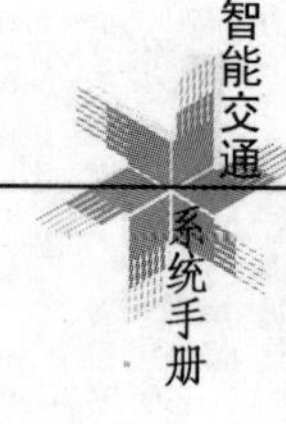

一个详细的体系框架可以用多种形式来描述。对于决策者来说，理解和认可 ITS 操作和组织机构框架是非常重要的。对于系统工程师来说，他们应该在逻辑、物理和通信框架下开展工作，以传达在操作和功能方面的需求。

基于系统框架，ITS 标准保证所有的硬件和软件可配合工作，以提供各项用户服务。

随着技术发展，ITS 标准不断更新，只要交通专家用前瞻的战略去处理新标准，他们就可高效的推进 ITS 实施。

参考文献和注释

1. http://www. its. dot. gov/arch/arch. htm.
2. http://www. frame-online. net/Brochures/.
3. http://www. enterprise-architecture. info/.
4. CONVERGE. “Guidelines for the Development and Assessment of Intelligent Transport System Architectures”. TR1101 (P H Jesty, J F Gaillet, J Giezen, G Franco, I Leighton, and H J Schultz). European Commission DGXIII, Brussels, 1998.
5. For US architecture, see http://itsarch. iteris. com/itsarch/; for Japanese architecture, see http://www. itsjp. org/english/arch_e/docs/summary. pdf.
6. The co-editors are indebted to Professor Mohammed Hadi of Florida International University for providing reports on comparison of US, European, and Japanese ITS architectures.

7. Copies of the European Framework Architecture and its documentation can be obtained at http://www.frame-online.net/home.htm.
8. Jesty P H and R A P Bossom. "Involving Stakeholders in ITS Architecture Creation". ITS World Congress, Madrid, November 2003. See also Bossom R. "Two Architectures. One Goal". TTI International Apr/May 2004.
9. For more detailed comparison, see the report by Xuemei Liu, "Comparison between US National ITS Architecture and Japanese ITS Architecture," Florida International University, 2003. The report may be viewed at www.eng.fiu.edu/lctr/ITS_Class_Project_Reports/.
10. http://www.its-actif.org/english/default_new1.htm.
11. OSI is Open Systems Integration, a 7-layer model developed for digital communications in the early 1980s by several standards organisations, including the International Standards Organisation (ISO).
12. http://www.its-standards.net/Documents/dms_advisory.pdf.
13. http://www.omg.org/docs/transprt/00-05-03.pdf.
14. http://www.sae.org/technicalcommittees/gits.htm.
15. McQueen B and J McQueen. "Intelligent Transport System s Architectures". Artech House, Boston 1999.
16. Sage, A. P., Systems Engineering, John Wiley & Sons, New York, USA, 1992.

第4章 ITS的效益是什么

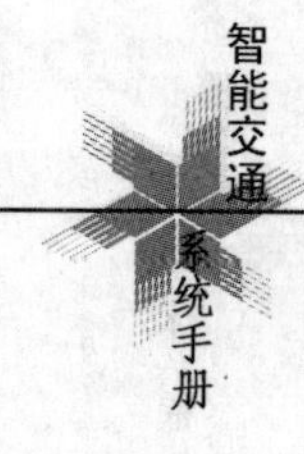

部署于世界各地的大大小小的ITS项目和计划的数量正在迅速的增加。许多计划已经进行了仔细的评价,因此出现了大量和持续增长的关于ITS成本和效益的文献。本章总结了许多已经报道的效益——安全、效率、生产率、环境改善、机动性改善以及社会和用户的反应。这里也描述了一些关于ITS项目评价的主要考虑和建议。

本章涉及了评价ITS能够做什么——投资ITS的效果。这里的评价不是关于技术性能的评价,而是关于影响的评价:ITS的投资将带来什么改变?有关ITS解决方案的可行性和需要评价的其他主题将在其他章节予以考虑,尤其是:

- ❖ 选择的技术能否满足建设的目标。
- ❖ 是否有制度上的能力来规划、建设和运营ITS。
- ❖ 如何优化ITS的运营。

4.1 谁能从ITS中获益?

4.1.1 道路使用者和其他出行者

首先,能够从ITS中获益的是道路使用者和其他出行者(通常称为终端用户)。小轿车用户、载货汽车驾驶员都能够从ITS中获益,例如,更加安全、增加行程的确定性、缩短行程时间、更直接的路线和更容易实现停车。行人和其他弱势群体能够感到更安全以及他们喜欢的各种优先通行的平衡。公共交通用户能够获得更短的行程时间并依赖于更可靠的信息。通过减少交通基础设施对极端事件的脆弱性,每个人都可以获益。因而，当事情变得糟糕的时候(恶劣的天气和洪水，公共安全警报，严重的事故和事件等)，ITS 能够预防事件的发生和实现快速的恢复。通过更好的综合服务，ITS 可以提高执法的反应速度和效率，也可以给紧急事件服务和为出行的公众提供服务的其他部门带来效益。例如紧急呼救的精确定位能够缩短事件的响应时间，反过来又可以减少道路网络的中断时间。

ITS 的一些优势在于给用户可感受得到的成本，这其中有一个权衡。例如，安全、公共安全和可预测的旅行时间可能来自于对车辆跟踪定位或控制驾驶员车速，有人会认为这会侵犯隐私权或造成不必要的干扰。类似的感觉也会发生在车载 ITS 上，驾驶员辅助系统可以使老年人安全的驾驶，但许多人不希望自己被看作是年老的。一个普遍的观点是驾驶员辅助系统对于需要他们的人们是非常有用的，但同时也暗含着“这并不能代替自己”。尽管如此，如果能够获取更多价值和方便，很多人愿意放弃一些隐私或匿名。其他一些人则乐于牺牲控制来换取改善的安全或行程时间。无论成本是金钱、时间还是控制，对于个人和社会的基本问题是“从 ITS 中获取的价值是否值得投入成本?”这个问题将在第 5 章商务规划一节进行深入的讨论。

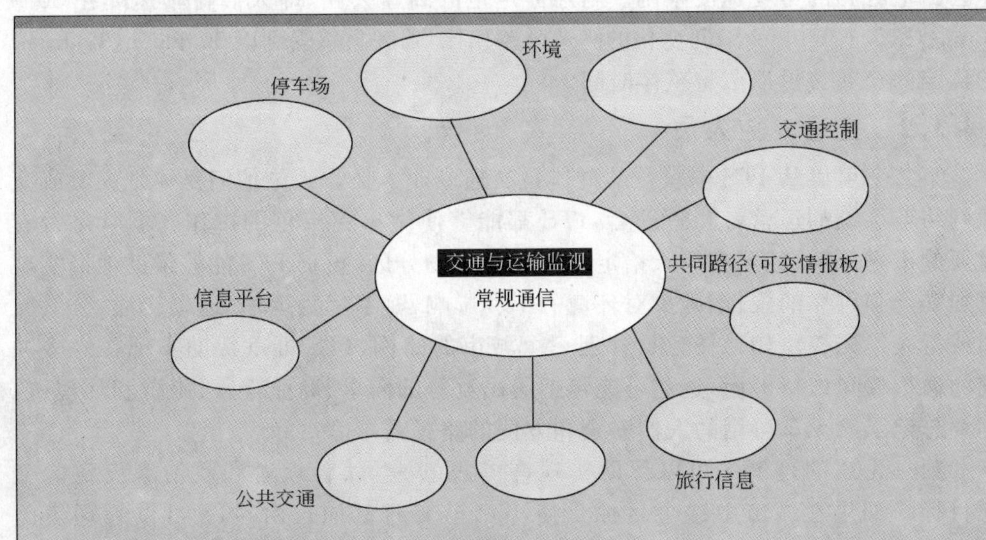

在“交通与运输监视者”系统下，都灵的 5T(都灵用于交通和运输的远程控制(Telematic)技术)集成了 9 个 ITS 子系统(包括交通控制、出行者信息服务、公共交通管理和停车管理)，效益来自于共享通信、数据交换和功能的紧密集成。

■更进一步信息：www. 5t. torino. it/5t_eng. htm

对于公共交通用户和希望使用多种方式出行的用户，ITS 是一个明智的选择。他们能够改善信息、行车时间、频率和可靠性，使换乘更加容易。对于公共交通用户，让他们选择是在他们的线路上新增一辆崭新的巴士来增加发车频率还是添加实时信息系统来改善出行确定性时，更多时候会选择添加实时信息系统。

多数发达和发展中的地区，未来一些年的交通增长将超过从 ITS 获得的效益，除非 ITS 作为应对这种变化的计划中的一部分。这个计划可能包括车辆限制、收费或公共交通优先。这就需要论证 ITS 在拥挤交通中的角色——这里的系统能够确保更少的延误、更加顺畅的交通流、更加安全的环境、更少的噪声、污染和其他交通干扰。历史上，交通信号控制系统旨在改善行程时间，但今天，ITS 希望能够产生其他效益。交通流顺畅的地方就会产生更快的行程，驾驶员应该作为讨论运营 ITS 的一部分。

也就是说，当交通拥挤产生新的道路建设需求，而公众的观点是反对建设道路的地方，ITS 可以“购买”一些年的交通增长。ITS 通过平滑交通流和改善行车时间，可以推迟公路建设的需求。只要政府人员、驾驶员和居民能够理解它仅是短期内吸收交通增长的一种现象，这将是一个非常有效的应用。

当环境适当的时候，主要 ITS 效益如路线规划、导航和可变情报板标志通常是非常受欢迎的。其中一个例子是 2002～2003 年在英格兰进行的公众对多模式交通反应的研究：许多人写信要求“受控制的高速公路”，这是指他们在伦敦 M25 高速公路上看到的可变速度限制。与停停走走的高速公路，即人们行车速度在 30～90mile/h(50～140km/h)间变化的高速公路相比，驾驶员感受到以 50mile/h(80km/h)的稳定的交通流可以节省整体时间。

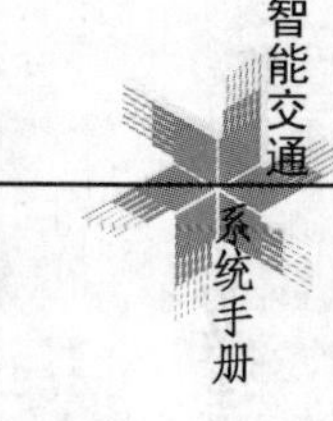

4.1.2 交通专业人员

第二个可以从 ITS 中获益的群体是交通专业人员。无论他们是规划人员或交通网络与系统的运营者和管理者，ITS 都能够使做出更出色的工作。不管是否有重要的市场分区，甚至在一天给定时间上的市场分区，投资 ITS 能够帮助他们实现更加安全和可靠的旅行，减少对环境的不利影响，赋予货物运输、通勤交通、公共交通或行人优先权。如果任务是管理一个城市的路网，ITS 可以帮助实现在许多冲突的通行权间维持平衡，这些可能包括居民竞争的需求、商业零售、旅游和环境，也不要忘记了给无车可用的人们安全和方便的路径需求。

独一无二的是 ITS 可以帮助实现许多规划人员、管理者和政治家设定的交通目标。如果在城市中这个目标是使小汽车交通更加自由，ITS 可以管理道路空间使通行能力最大化。如果目标相反，是限制交通，ITS 可以向出行者发布关于可选择的交通方式信息，以及可以帮助关闭进重要地区的通道和收取通行费用，并对违反规则的行为罚款。进一步，许多 ITS 的服务能够收集和处理大量的数据和信息，这些数据和信息可以用于将来的规划和系统管理。ITS 可以使交通专业人员完成的任务，无论在短期内还是随着时间的推移都很有效，能够使他们变得更加见多识广。

4.1.3 当地居民和企业

第三组能够从 ITS 中获益的是部署了 ITS 地方的居民和企业。靠近交通运

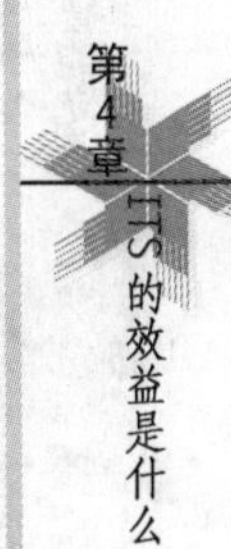

行的地方，小轿车、载货汽车、公共汽车和火车对人们的生活、工作、走路或娱乐和社交活动都有影响。ITS 能够实现驶入控制方案、停车管理、货运路线和道路使用者收费，所有这些都有着重要的影响。街道变得更加安静和安全，居民区孩子们能够安全的玩耍。由于平滑了交通流，可以减少噪声和排放。但是 ITS 的效益仍然是一个权衡：对一些人产生效益可能给其他人带来不可接受的成本和不方便性。

当地企业能够从 ITS 中获益，是因为智能交通可以为配送的商品提供更加可靠的运送条件和行程时间。当地商店能够从 ITS 中获益，是因为 ITS 可以为访问者和购物者提供更多的愉悦。在更广泛的背景下，商业界可以从 ITS 中获益，因为 ITS 可以提供更加便宜、更加安全和管理到位的货物配送。

CENTRICO 的安全影响

在德国，国家评价指南主要关注于 ITS 的安全影响。CENTRICO 项目已经监视莱茵兰受控制的高速公路的一段路程多年了，将其事故记录与相邻高速公路控制段比较。监视期间，在不同的地点引入速度控制和禁止货运超载措施。事故的前后对比监视表明，在减少的事故类型中有 30%～40%是由速度控制措施影响的，但事故总数没有明显减少。（案例研究 16）

4.2 具体的效益是什么？

4.2.1 量化的问题

ITS 的效益变化范围很大，而且通常难以直接计算。例如，公共交通上的实时信息系统通常与新车同时引入作为优先措施来提供更快和更加可靠的服务。因此很难将改进服务和增加优惠的感觉的原因分开。相反的情况，公共交通上的实时信息系统可能对优惠没有影响：如果非用户没有意识到改进，它将不会影响他们的选择。尽管如此，有许多例子已经体现了 ITS 的效益。本节接下来将讨论一些普遍的效益。

同时考虑整体和非整体的效益是非常有用的－即不仅考虑 ITS 投资整体产生的影响，也考虑 ITS 投资效益产生在哪里。一些效益是具体应用的目的领域，如安全性，其他效益则是针对具体的人群组成，如比例不断增加的老年人和残疾人。

4.2.2 安全效益

用于度量安全改善的两个最普遍的指标是碰撞百分比的减少和救援响应时间百分比的减少。前者是安全的直接指标，但是由于实际中事故是偶发性的，因此很难从实际的运营测试中获取。智能车辆、车路协作系统（CVHS）和主动安全系统的安全效益可以间接从远离公共道路的测试结果中获得。尽管如此，多年的跟踪研究已经提供了一些可靠的关于 ITS 对事故率影响的前后对比的数据，例如对莱茵兰的一段受控制的高速公路事故率长期监视的结果表明，ITS 对事故的减少有着重大的作用。在华盛顿，出口匝道翻车预警使货车翻车事故从安装前 5 年的 10 起减少到安装后 4 年的 0 起。挪威主要道路的速度执法抓拍系统有效减少受伤事故 26%。

降低车辆速度的 ITS 也具备减少事故结果的潜力，相关例子包括超速执法（案例研究 8，15 和 22）。瑞典关于智能化速度自适应（ISA）的研究表明，在城市地区可以潜在的减少受伤事故 20%，降低速度 3%～4%。

减少救援响应时间百分比并不是安全性的直接指标，但已经修订为在运营测试中的直接指标。明显地，减少救援响应时间可以减少事件后死亡人员的数量和受伤的范围。但响应时间对死亡的最终影响混淆了其他因素，如事故的严重性。

从 ITS 获得的安全效益要比能够度量的事故范围更广。例如高速公路上的危险预警系统已经表明能够提高驾驶员对安全的感知，从而改善旅行的质量。个人安全的感知也是非常重要的，出行是安全的这种信心不仅仅来自于减少事故或碰撞以及它们的后果。许多国家已经有了关于个人安全感知的政策重点，无论是交通紧张、犯罪、单独的或更大范围社区安全性的感知。许多人害怕交通，尽管他从来没有卷入到交通事故和碰撞中，这些担心是有社会成本的。ITS 能够管理系统和交通间的交互，使区域更加安全和舒适。入口控制和区域管理计划已经成功的改善了城市中心的质量，例如伦敦市的保安措施显著地减少了涉及行人交通事故的次数。

HELP 系统

HELP 系统通过车辆将地点信息发送给控制中心，在东京的 HELP 系统的测试发现控制中心从车载系统接收到信息在 59s 以内，与其对比的是移动电话为 101s。

英国伦敦的入口控制

伦敦使用大量的交通管理措施来实施入口控制以减少入口点的数量，在剩余的 8 个入口点使用数字图像识别技术。这个计划称为“钢圈”，因为它是在两个恐怖炸弹袭击该地区后实施的。进入控制区的车辆减少了 25%，循环交通下降 30%，排放降低 15%和行人事故减少 39%。

4.2.3 效率的效益

改善效率是全世界所有 ITS 项目的主要目的之一。ITS 能够在行程时间和确定性方面实现效率。尽管如此,对于出行者来说实际效率的收益依赖于背景条件。直到拥挤严重的影响旅行时间之前,提供给驾驶员的车载或路侧交通信息的优势是非常小的:当道路前方是空的时候,转换路线信息是不需要的。另一个极端,在一个非常拥挤的网络,转移路线的价值也是非常低的。旅行时间的节省将依赖于拥挤水平和可利用的转移的机会。使用了不合适的道路也可能不会带来效益,尤其是重载货物的车辆。方向和路线查询信息对于拥挤会产生价值。从智能信号控制可以减少通过街道的浪费的等待时间的角度来看,行人也能从中获益。

改进的车辆控制系统(碰撞避免系统)可以通过减少车头间距提高通行能力,它们也能减少碰撞的数量而进一步提高通过量,编队车辆运营可能提高 3 倍的通行能力。在普通车辆上使用车辆追尾碰撞预警,不完整的自动公路系统可以提高 30%的通过量,在具有不同制动能力的车上使用碰撞避免系统可以提高 60%的通过量。

出行前信息可以帮助获取出行预算和旅行时间节省的效益,这也是 ITS 的一个主要卖点。从改善确定性中可以获得很多效益,无论是路线、交通模式间换乘或整个行程时间。通过对实时信息系统影响的比较分析,表明较好的信息能够使出行者选择路线、模式、转移到公共交通并节省时间。

4.2.4 生产率和节省成本的效益

在公路管理中,有很多 ITS 的供给方效益。车道管理已经成为 ITS 中一个杰出的成功案例,车道管理包括高占有率车道(HOV 车道)、可逆车道、可变速度限制和执法系统。这些系统可以最大化基础设施的使用效率,节省或推迟路网扩建的大量成本。在巴塞罗那,两个车道管理系统的引入成功地提高了道路网的通行能力,在一天不同的时段内管理需求的变化:一个可逆车道以及一个用于送货和通行的共用车道(案例研究 21)。在英国,在"受控制的高速公路" M25 上的强制性可变速度限制和变换车道的减少在没有增加车道数的条件下成功的改善了高速公路的通行能力,见图 4.1。

图 4.1 匝道控制(英国高速公路机构)

虽然节约成本是所有道路使用者感兴趣的,但对于车队和公路基础设施的运营者来说,综合的效益是最实际的。ITS 生产率的效益是从车队管理者、公交负责人和收费部门的角度进行评估的。ITS 的选项中包括自动车辆定位、通过在调度人员和驾驶员中使用复杂的物流软件和紧密通信的计算机辅助调度,每一个单独的干预似乎是边际的,但是在行程时间可靠性和时间节省方面的整体作用,就能够体现出在恰当时机的使用它和放弃它的差别。在美国,在时间敏感的运输路线上,先进的路线和决策支持软件能够使每个驾驶员运输时间减少 24%。

效益:成本降低

❖ 特隆赫姆收费系统的自动支付系统减少的运营成本为收入的 10%不到(案例研究 17)。

❖ 堪萨斯城市使用 AVL/CAD 系统使得一些公交路线上对车辆需求减少了 10%,而没有降低对顾客的服务。

在货物运输中,有两个单独的效益流可以从 ITS 获得。首先是内部的,通过从车辆控制系统到装载监视范围内的信息和通信技术而改进供应链的流。智能交通系统能够有助于装载、港口和海关的人员预清关,与顾客交流装船的进程。ITS 也能监视驾驶员的驾驶时间、机警程度和驾驶技能。虽然由于 ITS 辅助配送的一些政策给承运人施加物流约束,使每天进入特定区域的时间缩短,但是城市交通管理系统可以减少承运人的通过成本(案例研究 21)。

效益:货运

在科隆,一系列服务来支持货运供应链的管理,包括多模式信息服务、电子数据交换和智能卡预清关,通过节省时间和更快的托运处理,有 60%的 SME 货运公司提高了效率。

美国卡车协会一项两年的研究发现,电子数据交换改进了对商用车辆管理过程并减少了承运人 9%~12%的成本。

4.2.5 环境效益

规划人员越来越关心气候的变化和温室效应,交通已经成为排放的主要来源之一。ITS 可以通过平滑交通流等手段帮助减少排放。一些案例研究表明平滑交通流能够减少排放(案例研究 1 和 15)。大部分情况下,需要当地的分析和仿真来估算给定项目的环境效益。由于大量的外部变量的存在,如天气、非机动车源的贡献和臭氧污染时间变化特性,

图 4.2 可变情况板上的臭氧信息(德克萨斯州)

使得量化整个区域空气质量的影响是非常困难的。例如当交通控制系统将重新配置交通排队作为一项排队管理策略时，噪声和振动也是一个问题。需要龙门架标志的地方，视觉干扰就成为了一个问题。在所有的情况中，需要对位置和设计的细节给予注意。某些情况下，环境影响的直接测量可以关注一个局部性指标，如一个特定的混乱交叉口的影响或其他感兴趣的地点。但是这种评价的结果往往依赖当地的地形及道路几何状况，因而不具有普遍性。图 4.2 所示美国德克萨斯州用于环境显示的可变情况板。

效益：环境

ENTRANCE 项目评价了汉普郡一系列智能交通设施的环境影响。通过使用不同类型车辆速度和排放间的关系的数据，估计了道路上不同车辆速度和不同车辆交通流类型的改变对排放的影响，估计了环境影响。相似的方法用于估计燃料消耗的影响。

效益：环境

莱斯特城清洁区使用空气质量监视和预测与可变信息标志、无线广播和因特网组合警告人们污染可能比正常水平高的日子。患有呼吸道疾病的人可以避开这些地方，而交通管制系统可以使影响减至最低。

环境区域可以通过 ITS 进行管理和监视。ITS 可以用于警示这个区域，尤其可以将不同的规则应用在不同的时间。ITS 能够用于空气质量监测，并将空气质量结果传达给居民。一个很好的例子就是澳大利亚的昆士兰州，昆士兰州东南部的空气质量模型应用于 GIS，不仅可以绘制当地的空气质量地图，而且可以预测空气质量与土地利用的冲突以及交通规划决策。GIS 地图也作为一种通信工具，通告人们空气质量，促进他们改进空气质量的需求。在意大利都灵，响应污染预测的交通管理和公共交通的部署被用来减轻不佳空气质量事件的敏感性。

4.2.6 对行动不便的人的效益

智能交通对行动不便的人有着明显的效益，例如，可以通过改善公共交通的可达性以及使驾驶更加容易和安全。

在公共交通中，ITS 可以为行动不便的旅客提供许多效益。首先，信息可以以多种方式提供——可以给视力有问题的人提供声音，给听力有问题的人提供文本信息。在捷克共和国的布拉格，为残疾人配备了能够给他们提供关于驶近的公共汽车信息服务的设备，能够使他们告知驾驶员他们想上车的意图。

日本发明了一种专门用来帮助视障人士的ITS工具。它为行人提供导航辅助，这种工具使用了专用的红外信标与个人接收器进行沟通。通过信标传输的声音指令用来帮助用户步行和跟随复杂的行人路线。给用户的指令包括道路安全预警，例如在繁忙的街道交叉口。ITS也能通过简化支付系统使出行变得更加容易。许多行动不便的残疾人有一些形式的优惠票价，智能卡系统可以方便地使用一种支付方式乘坐各种形式的公共交通工具，并自动给予适当的折扣。如果这些系统能够扩展到出租车，对于坐轮椅的人和其他行动不便的人将有着实际的效益。对行动有一点不便的人没有优惠(例如，有关节炎但其他是健康的人)，但简单的支付系统仍然有效益，因为它可以使旅行更加顺畅。非接触式智能卡可以使人们不必在包中和口袋中寻找车票。

4.2.7 对当地社会群体的效益

ITS一个重要的受益群体是社会团体。在解释这些效益之前，我们应该界定什么叫做社会团体。在任何地区，有许多社会团体或受益群体。确定这些社会团体是确定谁能从ITS中获益的关键。例如，更好的货运管理对于一些社会团体是非常有意义的。

- ❖ 零售业能更有效的获得商品，降低运输成本，并能为顾客提供更舒适愉快的环境；
- ❖ 制造业能够降低成本，给用户提供更可靠的服务；
- ❖ 居民能够获得更好的环境和改善的道路安全；
- ❖ 道路使用者(小汽车驾驶员、公共交通驾驶员、骑自行车的人、行人)可以有更少的延误，降低风险和担心的水平。

对于城市间的道路，能够从ITS中获益的社会群体或利益相关团体分布是相当广的，即使住在离主要高速公路很远的人也可能受到噪声污染。

能够从ITS中获益的社会群体中，最明显的是通过交通管理和需求管理带给城市社会群体的效益。最简单的例子，引导驾驶员寻找空位置的电子停车标志，能够减少排队，因此可以减少循环交通的排放和其他环境的影响。例如，在英国南安普顿，寻找空位和排队的时间减半，减少了燃料消耗和排放。管理私人交通的ITS和管理公共交通的智能公共交通系统能够组合在一起使行人更加安全。法国巴黎引进的城市交通控制系统，包括减少行人通过信号的等待时间、延长通过时间和调整适合于骑自行车人的信号时间。系统能够使该地区行人和骑自行车的人更加安全，同时减少车辆在交通中花费的时间达15%。与此同时还具备更广泛的社会效益，包括给一些无法单独出行的人(尤其是小孩)一些自由。在挪威的特隆赫姆，收费环和交通管理手段减少了市中心的交通，一些路段混合交通的改变可减少事故60%～70%(案例研究17)。

更为广泛的计划，如在巴塞罗那使用的智能交通系统，能够给社会群体不同的部分带来不同的效益。在购物时间，购物者和观光者能够安全和快速的通过城市中心，商业部门可以从使顾客更容易到达中获益。在商店营业前，ITS用来给货物和运送车辆提供路径（案例研究 21）。这些社会群体的效益形成于 ITS 整个系统的应用，这些应用的主要目标是管理宽阔高速公路和道路网中的交通流，管理和减少事件以及紧急事件对拥挤的影响。在巴塞罗那，每一个应用对社会群体本身都有效益，减少交通、延误、污染和交通中断，而且对充满活力中心区域也有贡献。

ITS 能够用于实现社区推动政策。例如，在都灵通过更好的交通控制，可以实现通行能力的增加，这对于公共交通、行人或路侧生命都有用。ITS 可以极大的提高使用道路空间的机会。在奇瓦瓦、墨西哥、巴西（案例研究 4），贫穷的人获得了通向劳动力市场的机会。

4.3 对道路网运营的效益

4.3.1 路网运营中 ITS 的应用

从道路拥有者和运营者的角度，许多 ITS 的产品和服务通过优化现有交通设施和路权来改进效率。通过这些改进，能够满足机动性和商业需求的改进，减少新建和扩建基础设施的需求。ITS 通过增加通行能力（单位时间内移动的人的数量、车的数量和货物的数量的度量）来维持和提高服务水平。ITS 也能通过向运营者和用户提供高性能的实时信息，支持非常事件（例如，洪水、风暴）时期基础设施的管理。

结冰道路道预警系统（丹麦）

这个系统在冰形成之前提醒结冰的驾驶情况，这能在道路结冰前使用预防性的盐。例如，在丹麦，有 290 个记录站点沿着 11 000km 的丹麦高速公路和普通道路以及 60 000km 的地方道路的很少部分布设。道路和空气温度、湿度、道路摩擦阻力和冰点信息可以通过传感器测量，并通过电话网络和调制解调器传送到 14 个冬季中心。DMI（丹麦气象研究所）提供气象信息。信息通过处理，然后 VINTERMAN 辅助决策制订撒盐行动。这个系统提供了以下效益：

- 实施预防性撒盐的时机；
- 避免在不必要的时间撒盐；
- 现有结冰道路条件的监视。

401 公路：事件和拥堵检测

加拿大多伦多的高速公路管理中心监视 401 公路路段的交通情况。这个项目证明了交通事件和拥堵检测可以将事件发生到清除的持续时间从 86 分钟减少到 30 分钟。每个事件的平均减少延误 537 车小时。事件信息的显示每年预防近 200 起碰撞，节省资源 1 000 万美元。

举个例子，从都灵 5T 项目收集的测试结果发现：在城市区域的 ITS 应用能够产生 20％的附加通行能力。在悉尼奥运会，大量 ITS 的组合和改进的公共交通能够应对城市急剧增长的交通出行需求。高峰时间，所有路线交通都没有增加，而且在高峰时间大部分主干线交通减少(案例研究 2)。在加利福尼亚 SMART 走廊，响应地震的协同交通管理和组合的交通监视，调整交通信号和可变情报板能够使相当于主要线路上 20 条车道的交通量转移到周围的街道而不会发生瘫痪(案例研究 36)。

ITS 相关的道路网运营的主要功能是：路网监视，维持道路的服务水平和安全、交通控制、出行帮助和用户信息服务以及需求管理。

在第 2 章描述的路网监视(交通监视和检测包括交通检测设备、浮动车、传感器、闭路电视等)在收集主要道路信息和为其他路网运营活动提供支持方面起着重要的作用。因此，尽管监视是任何 ITS 服务不可分割的一部分，但它通常不会给自己提供任何服务。

为了提高道路的服务能力和安全性，可以运用主动和被动措施。主动措施关注于事件和拥堵的预防，而被动措施关注于事件、不安全道路条件、响应和清除以及恢复到正常运营的检测和证实。

出行者信息服务(ATIS)是一种辅助性预防措施。及时的不安全道路条件和拥堵的警示能够减少碰撞的发生。像碰撞、车辆故障和不安全的道路条件等，在拥挤的路网上每年可引起多达 60％道路拥堵，因这些事件引起的交通拥挤能够导致额外的碰撞并延误对紧急情况的响应。根据一项研究，事件在道路上每停留一分钟，就能导致额外 5 分钟的延误。其他解决办法包括优化道路工作计划、行车限制、道路条件警报和自动刹车系统。

安全不能仅仅通过预防措施来实现。不断的监视道路本身和交通状况以及对下面引用的案例情况的响应是非常重要的。关于如何实施路网运营策略和系统的进一步建议在 PIARC 关于道路网运营的报告中阐述。

4.3.2 交通控制的效益

交通控制对于路网运营者来说扮演着重要的角色。先进的系统使用宽带通信和实时软件技术来提高安全性和改进交通流。解决办法包括匝道控制、速度控制和潮汐流系统、自适应信号控制、群体和个人路线导航以及货运通道控制。

美国匝道控制的效益	
提高高速公路通行能力	17%～25%
提高速度	16%～62%
减少事故	所有事故:24%～50% 受伤事故:71%
减少空气污染	15%(CO和HC排放)
(来源:P1ARC道路网运管手册.2003)	

匝道控制在美国已经证明是非常有效的,已经成为最受欢迎的交通控制形式。但在欧洲和日本很少使用,上面的数字是根据美国取得的成果。图片4.3是Fast-Trac运营中心。

速度控制系统在欧洲比在美国和日本更受欢迎,它的主要效益是提高安全性。显示的速度(一般是强制性的)旨在减少非拥挤情况下个人速度的变化范围,预防拥挤时排队的长度。速度控制系统的效益包括:平滑交通流、增加通行能力,推迟中断时间、减少交通事故的数量尤其是追尾事故。这些效益是通过有效的降低车速和增加驾驶员注意力获得的。图4.4为用于速度控制的可变情况板。

图4.3　Fast-Trac运营中心

图4.4　速度控制可变情况板

在一些系统中(例如,伦敦附近的M25高速公路),可变速度显示与自动执法系统(用摄像机记录车牌号码)进行联合控制,处理那些速度超过了预先设定阈值的驾驶员。评价结果表明:

❖ 减少事故24%(荷兰的高速公路控制与信令系统)到28%(英国的M25高速公路)和35%(德国的Aichelberg);

❖ 增加平均旅行时间(M25)；

❖ 提高通行能力 2%(MCSS)到 5%(斯特拉斯堡附近使用建议速度的 A4 高速公路)。

世界上许多大城市都安装了交通信号控制系统(ATCS)，它的技术细节已经包含在第二章中。ITS 是使他们适应实际的交通措施和情况，或通过在线选取预先设定的控制计划，或在线计算合适的控制计划(和两者之间的组合)的系统。能够实现的典型的效益如上面所示(与以前定时信号控制相比)。

这些系统通常包括公共交通和紧急车辆优先管理系统以及越来越多的驾驶员和用户信息(换乘、停车位、下一辆车的到达时间等)系统。随着交通控制效益达到它的极限，进一步的效益将大部分来自于需求管理政策的制定，包括多式联运和挫时(控制进入城市地区、远程办公等)。图 4.5 和图 4.6 分别为显示拥堵收费信号和隧道的可变情况板。

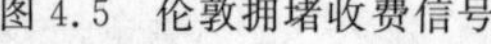

图 4.5　伦敦拥堵收费信号

图 4.6　隧道里的可变情况板

许多遭遇了严重交通拥挤的城市和地区实施了需求管理。使用的方法有电子收费(ETC)、匝道控制、多人共乘车车道(主要在美国)和驶入限制。ETC 在第 2 章进行了详细的考虑。ETC 的来临使得网络运营者在不同时期实施不同收费和实施不同的需求价格更加容易。尽管技术上可行，但目前还有广泛采用，ETC 仅仅作为一个系统用于减少收费亭的停车。

巴黎附近高速路交通信息

❖ SIRIUS——为用户提供的可理解路网的信息系统，是法兰西岛地区一种创新的信息和交通管理系统。这个项目的设计是用于实现平滑巴黎附近的交通流，通过减少交通阻塞尾部的交通事故数改进交通安全性，通过使他们更好的被告知改善驾驶的舒适性和优化网络的通行能力。交通管理包括实时信号控制、有限的匝道控制、事件识别和协调响应，州和地方运营者间的信息交换。SIRIUS 通过可变信息标志向所有的路网并通过因特网提供实时的交通信息（包括事件警告以及在立交和匝道处的可选择路线的路段旅行时间估计）。评价影响是非常困难的。用户调查表明有较好的用户感觉和接受性，尤其是关于旅行时间。用户似乎听从改道的建议。网站使用的也很好。

❖ 进一步信息：案例研究 11

自适应信号控制系统的效益

旅行时间较少	7%～8%（密西根州奥克兰郡，SCATS） 8%（多伦多，SCOOT）
停车次数减少	22%（多伦多，SCOOT）
CO 和 HC 减少	4%～5%（多伦多，SCOOT）
燃料消耗减少	6%（多伦多，SCOOT）

（来源：PIARC 道路网运营手册，2003）

4.3.3 出行者信息的效益

出行者信息服务是路网运营的交通控制功能的一项补充。它们旨在提供关于交通系统运营条件包括天气在内的更高质量、实时和详细的信息，以使出行者做出关于是否出行、什么时间出行、采用什么方式出现、走哪条路线的明智决策。

出行者信息可以以很多种方式提供，因特网是一种十分流行的传达出行前信息的方法。商业广播媒体，包括广播、电视、商业电视、图文电视服务，也是流行的发布方法。可变信息标志（CMS）也被用于发布途中出行信息。

通过车载导航系统提供途中出行信息应用多了起来。日本的 VICS 系统（案例研究 14）能够使驾驶员选择最短和最方便的路线和确保交通合理的分布，进而改善道路安全和交通流。

OVR：门到门出行计划

OVR 是一个提供荷兰全国公共交通信息服务的私营部门公司。所有的公共交通运营者都有义务为 OVR 提供他们服务的详细信息。在公共交通运营的资助下，通过电话咨询服务和广泛使用的因特网服务，OVR 为整个行程提供高质量的精确信息。

Eurotel：门到门的出行计划

Eurotel，捷克共和国的一个移动电话公司，已经开发了多模式间出行信息服务，可以提供用于门到门的公共交通和出行信息的高质量服务，作为“移动指南”套餐的一部分，包括零售和休闲信息。

路线导航是ATIS的另一种形式，它能够使交通控制获益。应用这种技术的可变信息标志有三种不同方法，图4.7为香港青马大桥的可变情况板。

图4.7 香港青马大桥上的可变情报

❖ “强制”的办法，使用可变指示牌；

❖ “劝告”的办法，使用信息建议驾驶员使用某一路线；

❖ 给出竞争路线的旅行时间信息（某一指定的目的地），但不给任何建议。

4.3.4 交通模式间和交通模式内的整合

ITS可以通过改进私人交通与其他交通模式间的整合产生效益。交通模式间整合是指不同交通方式间的转换。它主要应用于小轿车、自行车、步行、公共交通、铁路、巴士、电车等，或从地面到空中或海上运输。所有的小轿车驾驶员都转换了交通方式，因为当停车后走出小轿车并到达他们目的地的时候，他们就成为了行人。交通模式内的整合是指人们从一辆车转移到另一辆车，但是是在同一种方式之内，从公共汽车到公共汽车间的换乘或停车后加入合乘车。

大部分旅行都是通过道路完成的，因此如果要整合有效果，公路和运输的规划者和管理者必须主动。公路规划者要清楚道路在集成、使旅行更安全、更有效率和减少对环境的负担中所起的作用。其中一个例子是悉尼交通战略给公路性能带来了显著的改善。这种战略是基于道路的，但包括了多人共乘车车道、客车的改进、信息服务的增强以及轮渡和火车票务的创新。

关于交通模式内和模式间转换的一些重要影响来自于信息系统。在公共汽车、火车和地铁线以及路网中的实时信息等价于“每次出行节约3分钟的时间”。逐渐地，实时信息也可以通过离线系统获取，比如在北威尔士可以通过电话和手机获取实时的公交信息（案例研究28）。ITS也能够为不同网络提供整合的信息。相关的例子包括美国的511全国出行系统（案例研究37）、MATTISSE（案例研究26）和形成于英国的交通直接服务。

保证连通性能够帮助用户有信心使用公共交通系统。在美国，对“连通性保护”项目进行了测试——这可以确保不同公共交通方式间的顺畅连通的完成，例如公共汽车等待附加的 3 分钟接载从晚点运行的铁路上过来的乘客。还有一个有很小的系统应用，例如在康沃尔郡的英国县中，Corlink 能够保证铁路到公共汽车间的换乘。Corlink 是一种用于偏远地区的需求响应服务，它可以将乘客送到与铁路系统连接的主要公共汽车线路上。Corlink 驾驶员被给予了一些关于主要公共汽车服务和铁路服务的实时信息。如果主要公共汽车线路运行晚点，Corlink 将改变它的线路，将乘客带到火车站，以保持连通性。ITS 也为多模式出行提供了门到门的计划，可以通过车载系统和因特网，比如 OVR 和 Eurotel。

不同模式间的整合通过电子支付变得越来越方便（案例研究 10 和 17）。应该指出，城市和城市间的应用是不同的。城市地区的接口管理是非常复杂的，而同时城市间的路网上的收费系统的范围是非常大的。除了收费外，ITS 能够帮助实现减少在道路上的出行支付系统（案例研究 23）。ITS 也可以使税收流的应用更加方便。在巴西，收取通行费的收入已纳入社区发展工作（案例研究 4）。

特隆赫姆：交通改善

❖ 在特隆赫姆，来自于收费的收入已经用于投资城市的交通和环境的改善，帮助提高小汽车替代方案的吸引力、实现方式转移和改善生活质量（案例研究 17）。

这里一个重要的信息是 ITS 不仅仅是为了道路，它不仅仅在公路管理和发展中有价值，在公共交通系统中的使用，也对公路的管理有价值。改进公共交通的结果就是鼓励人们从小汽车模式转移到公共交通模式上，也包括削减未来汽车交通增长或减少现有的交通水平。

4.3.5 协同效益

ITS 的长期优势之一是一个系统能够支持另一个系统。一旦载货汽车、公共汽车和旅行车安装了自动车辆定位系统，以此作为行车时间、拥挤和实时地方天气的数据来源就成为可能。一旦交通监视用于道路交通网络实时数据采集，这些数据可以用于车队管理者使用的物流决策支持系统，协助运行时刻和服务的可靠性。ITS 的存档数据可以支持规划人员的工作。ITS 能够提高其他投资的影响，提高通行能力或增加公共交通系统的投资。ITS 也可以适度的减少其他不利的影响——它们能够减少增加的交通带来的环境影响，也能给货物运输和其他重要的交通提供机会。

ITS 能够促进综合运输和空间规划。应用 ITS 使管理创新变得非常容易，如选择性时间分配和基础设施的多重使用。ITS 可以在不同时间提供有效的法规信息，能够监视时间分配的作用，如在巴塞罗那通过智能交通管理的潮汐交通流管理系统,以及可变信息标志告知驾驶员共享车道上送货和交通的现状(案例研究21)。

在ITS中功能协同是非常有价值的。共同的数据字典的效益是巨大的而且应用广泛。在都灵,各机构共享信息:从公共交通车辆获取的旅行时间信息增强了UTC检测器数据、交通数据提供给环境部门用于预测产生污染模型;反过来,当预计空气质量很低时,这些预测用来给交通管理策略提供信息。这里还有更大范围的应用,如用于欧洲广播数据系统的公共字典。一般数字化的道路和街道信息系统(如芬兰的DIGIROAD系统)和地图也支持信息服务。通过电子政府,国家层面的应用可以帮助实施整合的信息系统,如马来西亚。

ITS也能与非交通服务协同。其中一个例子就是在美国亚利桑那州用于高速公路救护车服务的应用。救护车装备有车载摄像机,它可以向医院的医务人员传输图像,以便于在救护车抵达医院之前,给予车上的员工正确指导来细致入微地照顾病患。另一个例子是使用动态信息标志帮助寻找被绑架的儿童。AMBER警报系统在加利福尼亚已被证明是行之有效的,目前正逐渐被美国其他地区采用。

4.4 如何进行ITS效益评价?

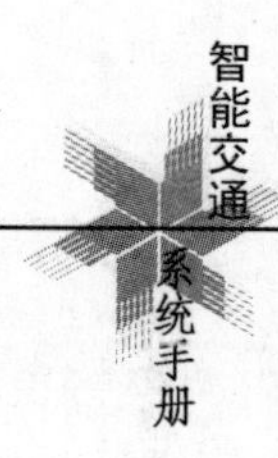

4.4.1 为什么要评价?

评价对于决策未来的投资和核对现有系统的成本效益很重要。评价不仅仅是一个简单的"判断"投资的问题。ITS必须是一种需求的反应,而不是我们为了顺应趋势的需要。由此得出结论,所有的评价必须从问题或机会的界定开始。完整的评价范围,不仅包括ITS,而且还应考虑:ITS在寻求满足需求过程中的一切问题和投资机遇。ITS将是所有可能响应中的一种,是单独的或与其他措施和政策相组合的。

同样的基础系统可以服务于不同的政策目标,提供不同的ITS产品和服务。因此,设计能够满足需求的系统是必要的。用于要解决问题的评估和选择方案的评价的适当的结构化方法,可以确保ITS能够以最佳方式被使用。对关键因素的分析有助于确定ITS服务于哪些商业目标和政策目标以及如何量化输出。许多方法可以量化影响,其付出的努力依赖于ITS计划的范围、位置和目标。当没有关于选择系统的成本和利益的公开数据的时候,全面的评价要以科学为依据,并且要适合于新的ITS。

有时,ITS投资在有的地方可以产生效益而在别的地方却不能产生效益。比如,电子收费系统可以明显的减少车辆在收费点的延误,但是同样的应用在佛罗里达州,由于驾驶员对电子收费广场的拥堵的不确定,导致事故增加了48%。很明显,确保评价能够识别出所有的主要影响,选择方法能够平衡不同类型的影响以及实现对投资的综合评价是非常重要的。

在评价过程中:公众咨询将有助于确定什么是所需的和什么将是可接受的,这还有助于改变人们的看法。专业的需求分析和预测或反向评估技术将明确当前发生了什么、谁被从当前发生的事中被忽略和是什么影响每一次投资及可能对现在或未来的预测决策。

4.4.2 评价周期

评价的过程是周期性的:如果是正面的结果就继续,如果是负面的结果则需加以分析以确定什么地方出了错,可采取何种补救措施,从而改进将来的相似应用的效果。评价周期如图 4.8 所示。评价周期包括两个阶段。第一阶段是在部署前的前瞻性分析,其目的是划定 ITS 的投资范围,选择需要的系统和确定用户需求。第二阶段是在部署后,其目的是评估安装和运营的系统是否实现了预期的性能和满足用户的需求,他们本身可能会随着时间发生变化。实施后阶段的评价可以用于改进和优化 ITS 运营,为接下来的 ITS 部署提供反馈。因此,一个精心构建的评价规划是任何开发中 ITS 项目的必要组成部分。

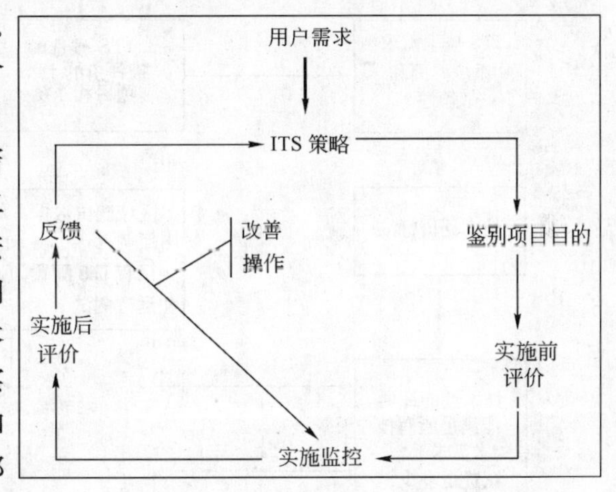

图 4.8 实施 ITS 项目前评价流程图

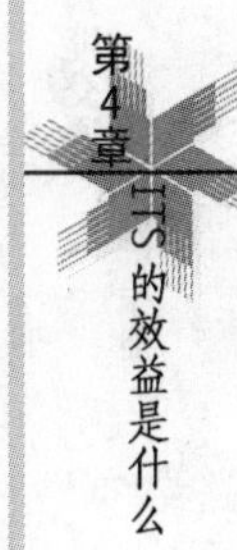

注意"用户需求"不一定就是车辆驾驶员的需求。它可能是公路管理部门为实现更安全或提高通行能力的需求,环境的需求,更大范围内整合路网的需求,受其他出行人影响的社区的需求等等。

4.4.3 实施前分析:做出明智的选择

为了回答"效益是什么?",就需要将所提出的 ITS 的潜在影响与系统的建设、运营和维护成本进行比较。因为总要在方案间进行选择,所以考虑不同方案相对优点和成本是很重要的。这就需要有系统的方法和谨慎的判断力,包括政治判断力。图 4.9 给出了一个推荐程序。

❖ 将交通政策目标牢记在心中。

❖ 为了决策或商讨,选择与主要议题相关的评价指标,并且这些指标要易被决策者理解。

❖ 评价"什么也不做","做最少的事"、任何非 ITS 的可选方案和正被考虑的 ITS 方案。

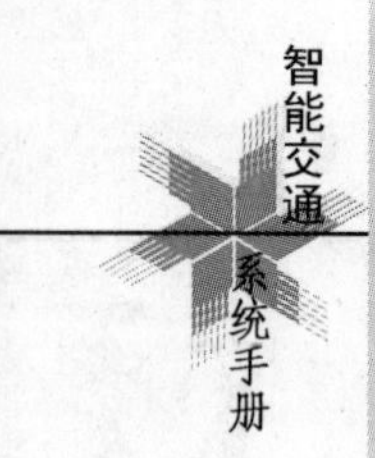

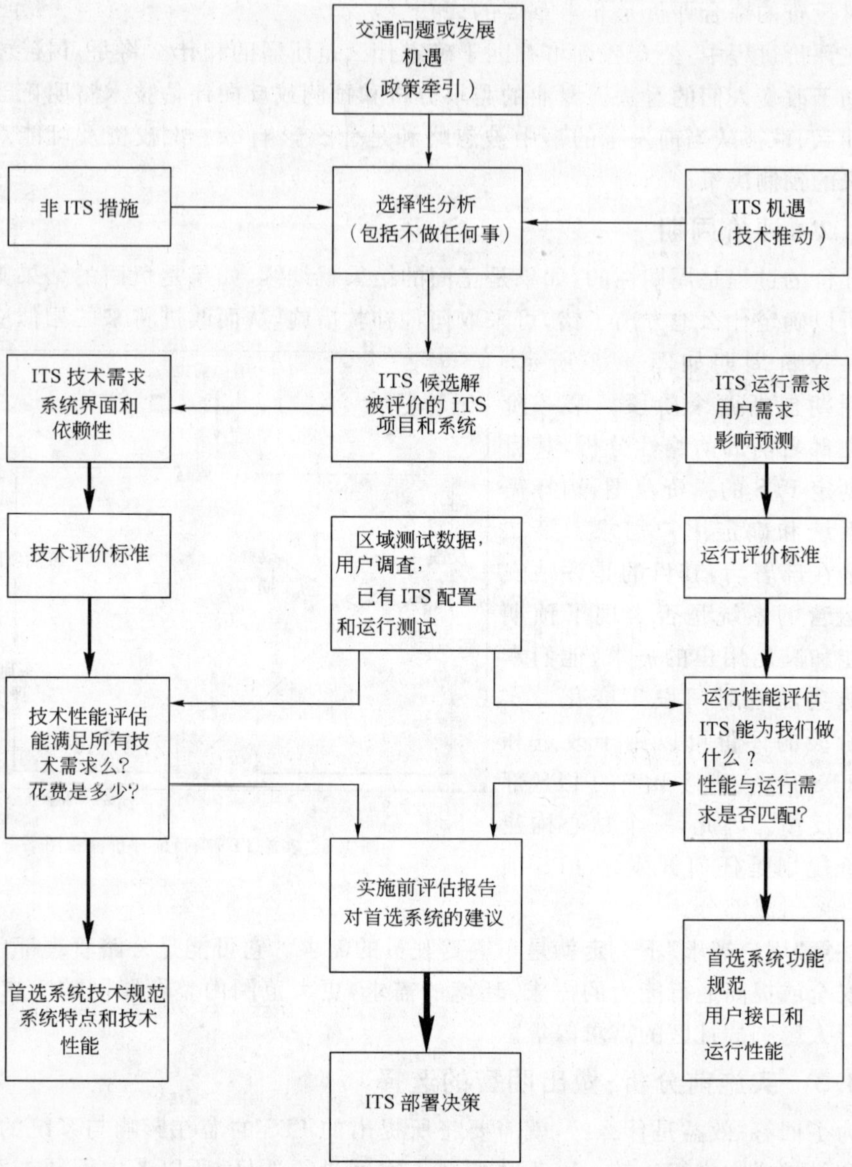

交通问题或发展机遇
（政策牵引）

非 ITS 措施

选择性分析
（包括不做任何事）

ITS 机遇
（技术推动）

ITS 技术需求
系统界面和
依赖性

ITS 候选解
被评价的 ITS
项目和系统

ITS 运行需求
用户需求
影响预测

技术评价标准

区域测试数据，
用户调查，
已有 ITS 配置
和运行测试

运行评价标准

技术性能评估
能满足所有技术需求么？
花费是多少？

运行性能评估
ITS 能为我们做什么？
性能与运行需求是否匹配？

实施前评估报告
对首选系统的建议

首选系统技术规范
系统特点和技术
性能

首选系统功能
规范
用户接口和
运行性能

ITS 部署决策

图 4.9　ITS 项目实施前评估的流程

❖ 考虑 ITS 可能的副作用和次要作用或意外的影响，如公共交通优先或为满足需求而增加的公共交通供给对于私人交通的影响。

❖ 成本一效益计算应该尽可能的基于经验数据。

❖ 如果仅有有限的数据或资源，意味着从一次试验得到的结果可能被放大或缩小构成为一个新的评价基础，只使用正确的经验数据并要十分的小心。一旦范围变化许多，效益也会发生变化，意外的结果可能会很不同。

每一种 ITS 解决措施的所有影响都应该被记录下来并与其他解决措施相比较，其中包括基于 ITS 的措施和传统的措施。不能忽略没有货币价值的影响。投资不利的效果和每个投资项目实现目标的程度都应该被列出。

ITS 能够做的是以系统的方式去处理需要解决的问题和机遇。ITS 的先驱，计算机—控制的交通系统，是按照用户指定的设计方案进行建设的。在完全投资前将会对可用的产品进行技术评价，可能会通过实地试验和性能评估进行评价。在今天的世界，该系统越来越复杂。需要对用户的需求和详细功能说明（ITS 将做什么）的开发给予密切关注。在实际中，分开的或并行的技术性能和影响评价反馈到实际的选择中，以确定是否使用 ITS 解决方案或其他的解决方案，或什么都不做。详细的技术说明往往留给承包商，他们再根据成本和性能指标做出决定。这些将在第 5 章中进一步讨论。

4.4.4 实施之后的分析：监测和改进性能

在 ITS 解决方案实施之后，监测和评价可以用于将来经验教训的学习和系统性能的改进。这种方案是否满足目标？产生的效果是否是最初设想的？监测影响可以确定获得效益的范围，并且可以由内部检测数据定量化。仔细的成本监测可以使特定服务的运营和维护成本被识别出来，并从广泛的组织成本中区分出来（附录 F）。

正如实施前的分析情况一样，一个系统的方法需要确保有不同类型的影响（包括有益的和无益的）被识别，并在这种情况下被量化。前面列出的用于做出明智选择的应用原则，修改后可以用于实施后分析：

❖ 建立一个用于进行效果对比的基础场景（通常是“事前”情形和现状外推的情形）。

❖ 选择与交通政策目标相关的评价指标。

❖ 应该考虑实验设计原则，比如对实验组（实验 ITS）和控制组（相似的所有可能的相关的但不进行 ITS 实验）的性能进行比较。

❖ 确保实验设计将够识别发生的意想不到的副作用。

❖ 如果是可行的，应该用多种方法测试得出的结论。

❖ 如果是可行的，应该用多个测试点来比较测试结果。

❖ 不论正面或负面的结果都应作为有用的经验数据记录在报告中。

❖ 确保评价持续足够长的时间，以便使所有对方案的影响被识别出来。

❖ 给出含正面和负面的结果报告。

实施后的分析结果应该被纳入评价周期之内，改善运行和监测以及影响将来的 ITS 战略。

目前数据库和其他方法已经以系统的方式收集了实施后分析的结果，以使其他人能够从中学到经验教训。可能被引用最多的是美国运输部的成本效益数据库,附录F的数据就来源于其中。在欧洲,欧盟委员会的TEMPO项目已经建立了一个评价专家组,他们负责发布好的经验和评价结果。

4.4.5 公众咨询的作用

在许多方面,ITS是“光环”产品和服务系统:它们新颖,它们有吸引力,而且它们为使用者承诺很多。这些使得人们对它们有着不同寻常的期望和反应。一些团体已经认可这种所谓的“聪明”的交通控制系统,但同时担心被导向不适宜的路段,对所产生的后果产生了很大的怀疑。交通专家正逐渐意识到公众咨询作为评价工作一部分的价值,这依赖于对用户和投资者的成功咨询。这对ITS是特别真实的。

公众调查咨询有很多不同的作用。第一个作用,确定需要什么——有市场么?第二个作用,在很多涉及公共政策的地方很重要,因为它对人们的思想和行为的改变有所影响。举例说明,道路使用者收费(道路定价)和需求管理可能通过ITS来实现,如果人们接受这些,那么真正的问题就是关于增加旅行之间换乘,减少拥挤,安全空间和良好环境的需求。公众的信息和媒体活动是ITS在特隆赫姆实施成功的关键,在媒体和宣传上的大量投资被视为公众接受电子收费方案和电子标签补助费率的关键,并且这些有益于将运营成本降低到最少(案例研究17)。在巴塞罗那,公众的信息同样对成功分配道路和驶入控制方案起了重要作用(案例研究21)。另外一个调查询问应用是公民参与,在ITS中这是唯一有可能被用于决策程序上的依据,当地的社团不喜欢以引导学校出行和其他当地问题一样的方式来控制ITS。

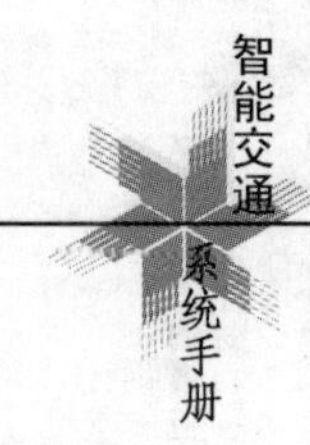

有许多调查询问的技术手段。英国社会研究委员会为英国公路部门研究划分了社区地点,做市场调查询问并给予指导。如下:

❖ 告知——广告传单,新闻,录像,媒体,宣传活动,销售行动。

❖ 询问——驾驶员教育,态度调查,社区工作室/圆桌会议室,希腊古都式会议,结合现有的调查询问,市民平台,讨论组,秘密购物者,将反馈意见排序。

❖ 讨论——旅行展览品,“经过公众参与地点”,公众的会议,可视途径,网站,旅行日记,旅程综合研究,接受能力培养,小区调查,利益相关方的参与。

❖ 决定——监督和观察,投票,“实际的计划”,临时的设施,市民的陪审团,性能的说明者,目标和社区的说明人,可视化的练习,扩展到社会上的其他团体,评价的管理。

工作的任务是使技术手段和调查的目的相匹配。在评定需求中,我们依赖“询问”和“讨论”的手段。因为这种方法的结果可以被用于模型也可以单独应用。而当调查询问要影响和试图改变人们的行为和态度时,则有必要把“生动有效的"和"讨论"的手段与在事前和事后"询问"问题观察态度两个阶段联合。这种说服手段的结果经常反作用于需求模型，如果交换意见成功那么需求应该有相应的变化。

在公众参与中有一些主要注意事项。首先，在 ITS 应用中得到一些可靠性意见是困难的。"光环作用"意思是人们将会说他们想得到它而不是他们去实现。当试图预测可能使用的一个系统或应用时，新 ITS 产品和服务的光环效果导致过于乐观的估计。这不是说这种反应不可靠，而是说一个有策略的咨询应该关注结果(目标区域)或关注实现目标的途径，而不是为了得到它(一个机械设备)。与 10 年前相比，ITS 现在问题少了。ITS 的应用有更普遍的理解，如在人们将其引入家中很久以前，就将 ITS 应用于度假旅行和商业出行上面了。

值得注意的是"公众调查询问"不一定指"公众一致同意"，无论如何，听一下公众的意见并且做出合理的应对，这也可以确保方案设计者做出改变以缓和最不利的局面。没有比 75%的人们都同意我们应该去做这些再好不过了，所以我们将继续。如果 25%的人坚决认为这样做不利，那么通常也应该进行一些缓和。调查询问只是识别出问题:解决问题需要的是政策行动。

4.4.6 计算成本

获得 ITS 设施的安装和运营成本数据通常是很难的。估计 ITS 成本必须是在当地从上到下的对工程的支持工作中进行。ITS 成本数据是各种不同标准的数据集合。在规划中考虑的成本有资本成本，单元成本，整个系统成本和系统生命周期成本。

美国的 ITS 成本和效益数据库，以及从中摘录的附录 F 记录了为规划目标服务的复杂的单元成本数据。然而，这些单元成本和安装成本各国之间不同，在应用每一项 ITS 产品和服务的成本数字时应该特别谨慎。单元成本分为资本成本、运营成本和维护成本三部分。准确的运营和维护成本众所周知是难于获得的，因为它来源于一般的经营组织成本中。一些产品，特别是电子产品在世界范围内的价格是不同的，经济的规模意味着在大量采购产品和进行团体购买是将得到很大的折扣。安装成本各地不同，依据地方不同，工作可达到的技术水平不同以及对于工程的管理不同。软件的开发、测试和安装的成本很大，同时也很难预算。我们共同的任务是建立 ITS 数据库和数据词典，而此项工作是需要付出相当劳动的。已有的数据词典和数据库将会节省开发成本，但是只有在数据质量符合实验目的的情况下，即数据是精确的、最新的和有足够详细编码的。修改一个在陈旧的、不准确的和不可靠的数据上建立的数据库比重新建立一个数据库所需的成本还要昂贵。

通过对 ITS 部件的整合而减少的成本是可观的。应用任何单元成本数据时都应认真谨慎，没有考虑可能通过系统整合和改良设计节省成本的情况而把单元成本盲目累加是错误的。许多参考资料中都给出 ITS 全部一系统成本。这些资料将给那些规划中的或实施 ITS 的负责人关于某个特定的 ITS 部署的总体成本以指导。

ITS 生命—周期成本包括维护成本、运营成本、周期更新和重置成本。认真监测整个过程成本需要得到实际的 ITS 维护和运营成本信息。与道路和桥梁的维护成本相比，ITS 维护成本相当高，因为设备时常是暴露在外的而且是敏感的。更新和重置成本应该写在最初的预算中。在网站 www. benefitcost. its. dot. gov 中，对每种系统的寿命都进行了评估。这里存在重要的成本连带。如果某一设备需要每 5 年更新一次，那么就要考虑附加的成本要从获益中去掉。技术的进步、ITS 硬件和软件的迅速淘汰，意味着我们需要更快的更新和更高的成本。

4.4.7 效益和成本小结

不同地方的某种特定设备的成本效益有很大的不同，这个背景对费用和效益的确定也是关键的。用于专门项目的仿真技术可能会对评价类似项目是有用的，比如，美国联邦公路局已经开发的 ITS 评价软件 IDAS，该系统可以应用于 ITS 部署规划。州、地方和当地的规划者可以应用 IDAS 评估 ITS 投资的效益成本，此投资可以代替或改善传统公路设施和交通内部结构。

以下是一些可能影响成本的因素。第一，方案的规模：购买 500 台 CCTV 摄像机的单元成本低于购买 5 台摄像机的单元成本。第二，位置：地形条件可优可劣，通信线路可能已经安置好或者有特殊的需求。现有的 ITS 投资可能也是一个因素：在现有交通控制系统上加新的装置比重新安装完整的新系统可能要便宜。合适的软、硬件的实用性和必须安装新系统的技术也是不同的。尤其在转型和发展中国家成本是不断变化的。此外，任何在迅速发展的领域里引用的成本数字，像 ITS 的成本一样将很快变成过去时。

也就是说，仅仅从刚刚接到合同书就简单地说费用，或者设备刚安装好就说效益是没有用的。在 ITS 规划过程中，尤其是成本效益分析，公众调查咨询和决策实施阶段，有必要保持一些成本效益思想。一本有实用价值的关于当今的效益成本参考文献给出了美国大部分 ITS 的详细单元成本和效益，同时还有对整个系统应用的案例研究。这些数据具有指导性作用，但是不能不假思索的使用，要适合于当地实情和环境。类似的效益数据也不能转移到不同环境中去。

表 4.1 给出一些主要 ITS 应用中关于效益成本数据的衡量标准和特点的描述信息。当然，实际的成本和效益数据可以通过与其他当地的公路、交通部门信息的共享，实现更好的估算。

效的”和“讨论”的手段与在事前和事后“询问”问题观察态度两个阶段联合。这种说服手段的结果经常反作用于需求模型，如果交换意见成功那么需求应该有相应的变化。

在公众参与中有一些主要注意事项。首先，在ITS应用中得到一些可靠性意见是困难的。“光环作用”意思是人们将会说他们想得到它而不是他们去实现。当试图预测可能使用的一个系统或应用时，新ITS产品和服务的光环效果导致过于乐观的估计。这不是说这种反应不可靠，而是说一个有策略的咨询应该关注结果（目标区域）或关注实现目标的途径，而不是为了得到它（一个机械设备）。与10年前相比，ITS现在问题少了。ITS的应用有更普遍的理解，如在人们将其引入家中很久以前，就将ITS应用于度假旅行和商业出行上面了。

值得注意的是“公众调查询问”不一定指“公众一致同意”，无论如何，听一下公众的意见并且做出合理的应对，这也可以确保方案设计者做出改变以缓和最不利的局面。没有比75%的人们都同意我们应该去做这些再好不过了，所以我们将继续。如果25%的人坚决认为这样做不利，那么通常也应该进行一些缓和。调查询问只是识别出问题：解决问题需要的是政策行动。

4.4.6 计算成本

获得ITS设施的安装和运营成本数据通常是很难的。估计ITS成本必须是在当地从上到下的对工程的支持工作中进行。ITS成本数据是各种不同标准的数据集合。在规划中考虑的成本有资本成本，单元成本，整个系统成本和系统生命周期成本。

美国的ITS成本和效益数据库，以及从中摘录的附录F记录了为规划目标服务的复杂的单元成本数据。然而，这些单元成本和安装成本各国之间不同，在应用每一项ITS产品和服务的成本数字时应该特别谨慎。单元成本分为资本成本、运营成本和维护成本三部分。准确的运营和维护成本众所周知是难于获得的，因为它来源于一般的经营组织成本中。一些产品，特别是电子产品在世界范围内的价格是不同的，经济的规模意味着在大量采购产品和进行团体购买是将得到很大的折扣。安装成本各地不同，依据地方不同，工作可达到的技术水平不同以及对于工程的管理不同。软件的开发、测试和安装的成本很大，同时也很难预算。我们共同的任务是建立ITS数据库和数据词典，而此项工作是需要付出相当劳动的。已有的数据词典和数据库将会节省开发成本，但是只有在数据质量符合实验目的的情况下，即数据是精确的、最新的和有足够详细编码的。修改一个在陈旧的、不准确的和不可靠的数据上建立的数据库比重新建立一个数据库所需的成本还要昂贵。

通过对ITS部件的整合而减少的成本是可观的。应用任何单元成本数据时都应认真谨慎,没有考虑可能通过系统整合和改良设计节省成本的情况而把单元成本盲目累加是错误的。许多参考资料中都给出ITS全部一系统成本。这些资料将给那些规划中的或实施ITS的负责人关于某个特定的ITS部署的总体成本以指导。

ITS生命—周期成本包括维护成本、运营成本、周期更新和重置成本。认真监测整个过程成本需要得到实际的ITS维护和运营成本信息。与道路和桥梁的维护成本相比,ITS维护成本相当高,因为设备时常是暴露在外的而且是敏感的。更新和重置成本应该写在最初的预算中。在网站 www. benefitcost. its. dot. gov 中,对每种系统的寿命都进行了评估。这里存在重要的成本连带。如果某一设备需要每5年更新一次,那么就要考虑附加的成本要从获益中去掉。技术的进步、ITS硬件和软件的迅速淘汰,意味着我们需要更快的更新和更高的成本。

4.4.7 效益和成本小结

不同地方的某种特定设备的成本效益有很大的不同,这个背景对费用和效益的确定也是关键的。用于专门项目的仿真技术可能会对评价类似项目是有用的,比如,美国联邦公路局已经开发的ITS评价软件IDAS,该系统可以应用于ITS部署规划。州、地方和当地的规划者可以应用IDAS评估ITS投资的效益成本,此投资可以代替或改善传统公路设施和交通内部结构。

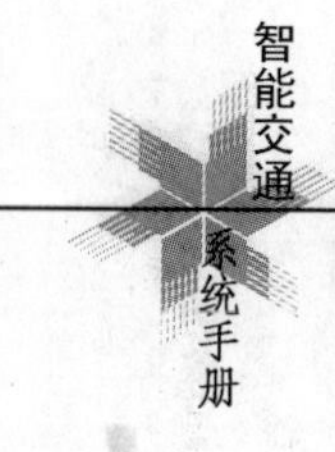

以下是一些可能影响成本的因素。第一,方案的规模:购买500台CCTV摄像机的单元成本低于购买5台摄像机的单元成本。第二,位置:地形条件可优可劣,通信线路可能已经安置好或者有特殊的需求。现有的ITS投资可能也是一个因素:在现有交通控制系统上加新的装置比重新安装完整的新系统可能要便宜。合适的软、硬件的实用性和必须安装新系统的技术也是不同的。尤其在转型和发展中国家成本是不断变化的。此外,任何在迅速发展的领域里引用的成本数字,像ITS的成本一样将很快变成过去时。

也就是说,仅仅从刚刚接到合同书就简单地说费用,或者设备刚安装好就说效益是没有用的。在ITS规划过程中,尤其是成本效益分析,公众调查咨询和决策实施阶段,有必要保持一些成本效益思想。一本有实用价值的关于当今的效益成本参考文献给出了美国大部分ITS的详细单元成本和效益,同时还有对整个系统应用的案例研究。这些数据具有指导性作用,但是不能不假思索的使用,要适合于当地实情和环境。类似的效益数据也不能转移到不同环境中去。

表4.1给出一些主要ITS应用中关于效益成本数据的衡量标准和特点的描述信息。当然,实际的成本和效益数据可以通过与其他当地的公路、交通部门信息的共享,实现更好的估算。

一些主要 ITS 应用的成本和效益总结　　表 4.1

ITS 应用	资本成本	运营成本	效益	备注
交叉口公共交通信号优先	路侧设备、信号需要的系统和公共交通车队需要的系统	需要持续的维护成本，但是只有少量管理成本	节省公交、电车的时间。 改善运营时刻表的可靠性	最大的影响是当公交车穿越主路车流时，通常其他车辆会经历更长的延误。 同样，也会对信号协调不好的道路产生很大的影响。 有些系统只有当公共汽车运行晚点的时候才会给优先信号，以使信号在其他时间以最优的方式运行
车道管理	变化的范围从简单的可变信息标志和 HOV 车道控制口到道路中连接每一车道控制信号的传感器	运营成本将会随着资本成本投入呈现相反的变化。如果只应用可变信息标志或摄像机，那么控制中心就必须监测交通。如果使用道路传感器进行监测，则职员的费用就会比较低。通常将会有执法成本	提供一些 ITS 中的最大效益。平滑交通流，控制高峰期间路况，改善紧急事件响应和优先路径	已经建立很多为人接受的 ITS。 包括 HOV 车道，可逆行驶车道和可变速度限制。也可以用于为道路使用者收费（定价）
停车管理	这些系统通常在市区应用。这使设备相对的便宜（监测器，VMS，入口控制栅栏），并且免费安装	车位自动计数提供原始数据； 通信，系统运营和维护成本	数据在可变信息牌上显示，可以更有效利用停车空间。因减少寻找停车位的时间，也会带来减少拥挤和环境污染的效益	能成为一比较广泛的 ITS 基础设施的基础。如果 ITS 在一个国家或州是新的，那么从应用停车管理开始就会使公路管理者和使用者增加学习的时间

续上表

ITS 应用	资本成本	运营成本	效益	备注
出行者信息服务系统	通常是基于电话、网络或车载系统。成本包括整合信息系统的数据源,用于信息发布的硬件和软件的费用	信息要不断的更新。与自动系统相比,人工方式需要大量劳动力而且成本相对较高	个体出行者获得较大的效益,因此这些可以用于商业。给路网带来的安全效益和缓解拥挤的效益	出行前信息,出行中信息,观光和事件信息的提供可以节省时间和减少旅客的焦虑 ITS 提供服务范围在逐渐增加。你的移动电话可以告诉你在电影院正在放映什么,帮你找到离你最近的出租车带你回家,当你到家的时候,把比萨饼送给你。所有的这些都与出行相关
私人或商业交通的实时信息发布	可变信息标志可以提供前方道路交通条件的信息,对于某一具体地点来说是相对便宜的,但是对于整个网络是昂贵的,但是有很长的生命周期(20 年)。 车载系统主要是使用者的成本	不论是通过人工还是 ITS 系统,保持信息最新都需要持续的监测。对于短生命周期设备的投资也是有意义的投资	取决于各个管理者及时发布信息使人们做出反应。还取决于个人的反应能力。驾驶员做出适当的反应,完成有效改道至邻近可通行的道路上,取决于他们对系统的信赖	信息管理系统经常受到指责。驾驶员抱怨他们排队等了半个小时然后经过一个警告他们前方出现的问题的标志。另外,问题已经清除,驾驶员却被警告而减速行驶很长时间。驾驶员对系统的信心来自于信息管理系统和它提供信息的可靠性
公共交通实时信息系统	包括车站设备,车载设备,控制中心设备和传输数据的通信成本。 成本最低的是铁路信号——连接信息系统	如果信息是自动的,管理成本就相对低的。然而,设备安置在公共场所可能有很高的磨损率	使用公共交通的主要决定因素之一是对该系统的信心。实时信息给乘客提供了可靠感,减少了候车的焦虑而且带来安全感	实时公共交通信息系统作为一个不用经济分析的明智的投资正逐步被应用。 效益已被证明而且现在被充分的接受

续上表

ITS 应用	资本成本	运营成本	效益	备注
				系统的价值主要依赖于信息的准确性。用户会宽容早期的失误，但是如果标志重复误报到达时间，那么该 ITS 系统将破坏可信度而不是改善
执法	路侧设备，备份设备和通信线路的支持型号必须具有很高的标准。如果罚款和处罚的征收依赖于强大的 ITS 系统，那么系统必须是稳定的	执法后仍需要行政管理。设备设在公共场所有很高的磨损率	常规的执法有速度控制，车道划分，停车标志或信号，安全带的使用，对道路使用者收费和征税。可以带来广泛的安全效益，也能带来一些改善拥堵和环境的效益	通过 ITS 执法是昂贵的——但是它代替了其他形式的执法。成本节约是非常显著的。这些节约体现在执法的改善和违法行为改变的效益之上
交通监管	这可能是在一个入口结合点的监视系统，或覆盖整个机动车道/高速公路网络的系统。包括通信线路	连接自动信号的自动监控成本低。操作中心控制的持续监控成本高	交通流的中断经常与道路黑点和事故响应有关。交通监控系统可以减少由于拥堵和事故引起的追尾事故	交通监控的范围从匝道监测和匝道封闭到车道管理，速度控制和紧急事件响应。该系统中的部分也包含在这个表中的其他领域，所以它扮演着多重角色
公共交通/过境/出租车/联合乘车/特种运输的需求管理	合乘搭配可以通过网络或电话服务，汽车俱乐部，或地方信息网络实现。 在用户终端，该系统提供动态路径和排程及线路协调信息，但是当车辆安装实时监控传感器时，系统只有“媒体”范围的成本。交通广播做了大量贡献	大多数的出租车公司和特种运输公司使用在一到二个操作员控制下的需求管理系统。对于整个网络，可能更需要直接的通信和维护的 ITS 线路	个体车辆从改良的线路协调服务中获得很大的利益。ITS 使大多数人们不用通过其他方式就可以完成行程。其社会价值很高。它不可能完美，但是，将在很大程度上减少交通和拥堵问题。在用户终端，系统可能增加公交的班次和可靠度的信息，这能带来增加公交运力和减少拥堵的效益	最初实施联合乘车和需求管理服务的趋势很慢。 然而，它被希望在未来几十年里，逐渐跻身为混合公共交通中的一部分

续上表

ITS 应用	资本成本	运营成本	效益	备注
电子收费系统	服务范围从单个桥的收费到整条道路和整个路网运营管理。 为公共交通或综合交通网络开发和实施收费系统的成本是很高的。收费结构趋于复杂化，因为有数以千计的潜在点到点的出行。高峰时期和非高峰时期的收费也使交易量翻倍	维护和管理简单的系统成本很低。对于公共交通和综合交通系统，存在更多的信息采集点，但是更新的技术成本不高并且使用寿命相对较长	电子收费减少了：职员成本，欺骗行为和收费失败的情形。还增加了用户对系统的信心。 综合交通收费系统被期望使人们在拥堵道路和时段从驾驶私家车转到使用公共交通上来。 系统可以与加油站连接，为了鼓励出行者优化方式选择	ITS 能够进行通行费收取，过境收费，和综合用途收费。人们对允许小汽车和公交车通过的收费系统的兴趣正在增加。 几乎没有运行开发和实施都复杂的系统。更多是正在开发的和一些已经被检测过的简单系统。 人们期望在未来的几十年，电子收费在交通可持续发展中扮演重要角色
入口控制	路侧设备，备份设备和通信线路。 如果执法系统是自动的，那么设备的支持型号必须具有很高的标准	执法需要行政管理。设备安置在公共场所有很高的磨损率	在敏感的地区，给弱势群体和环境带来效益	入口控制系统逐渐地被应用于改进市中心部分区域——范围的一部分，用来提高居民、企业和城市中心劳动者的生活质量

4.5 关于 ITS 评价的建议

4.5.1 评价方法

无论进行 ITS 评价工作的动机是什么，如果想取得有用的成果，都应该彻底考虑并确定适当的目标。评价方法需要考虑 ITS 方案的目标、用户需求和利益相关方对项目的期望。应该使用定量和定性的手段为决策者各种各样的不同需求服务。附录 E 介绍了一些广泛用于交通评价的主要技术。

执行评价工作的人需要明确评价的前提，即清楚评价的原因以及评价的结果为谁所用。在建立评价小组的基础上来判断项目的成功或失败，以及有依据的去计划评价工作是非常重要的。仅仅因为需要评价而进行评价是不够的，可能需要一个法定的程序指出必须做这项工作。一个没有计划好的评价工作，将会伴随着观测到并不是我们认为重要的信息风险——甚至不能检测出由 ITS 带来的改变。

评价的水平受许多因素影响，包括方案的规模、投资想要实现的具体政策目标和交通发展目标。不同方案的目标的平衡可能差别很大。另一个因素是技术和服务的类型对于用户来说是否是新的，一个新的或创新的ITS的应用与已经充分证实有效的ITS技术相比需要在评价中付出更多的努力。新的ITS可能需要不同于类似技术的评价方法，作为一个发展迅速的行业，这种情况可能会存在于许多ITS系统和服务中。

4.5.2 评价列表

以下是为需要在项目层次进行全面ITS评价的专业人员和研究人员准备的列表。当计划评价工作时，这十二项应牢记在心。

- 社会经济评价和技术评价的重要性。
- 影响的详细细分和复合影响的广度。
- 大范围(全面实施)需求与小范围(先导试验)评价需求。
- 影响与期望值的差额和影响的期望值。
- 间接的影响和直接的影响。
- 意料之外的作用和意料之中的作用。
- 长期和近期的结果。
- 人的行为的逐渐适应与人的行为的立即反应。
- 复合影响和单个(最重要的)影响。
- 私营部门和公共部门的考虑。
- 第三方利益和主要利益相关方的利益。
- 分项的成本和效益以及整体的成本和效益(例如，谁是获益者和谁是失去者)。

4.5.3 实际的考虑

在评价开始之前，需要进行一些实际的考虑。在规划一项主要的ITS投资中，应该包括用于前后对比评价的预算，以确保将来项目成本的评估为将来的项目提供反馈。评价工作将需要什么预算？它来源于哪里？什么时候能够确定费用？谁要求的评价？评价的原因是什么？

负担能力经常将成为一个问题。无论使用什么评价方法，通常没有足够的预算回答关于投资的所有问题。因此有必要对问题进行排序。图4.10将有助于我们确定评价预算关注的问题。评价的主要目的是衡量你试图改变的事情，而不是挑一些一般的统计或与ITS作用没什么关系的“感觉好”的指标。

目标区域	指　　标
安全	碰撞/死亡
效率	通过量/旅行时间节省/可靠性
机动性	可达性/模式间的连接
生产力	成本节约
能源和环境	排放和燃料消耗
用户满意度是底线	

图4.10　重要因素分析模板

如果有可能，系统本身应能够提供用于监视他们能产生的影响的数据。例如：公交车站的实时信息能够提供关于公共汽车车头间距的信息，储存这些信息提供了服务间隔的记录，该记录是乘客能感觉到的服务可靠性一个重要的方面。

评价是专业的工作。但这并不意味着评价有多复杂，也不意味着一定要由专家执行。数据能够收集到的地方，假使使用客观和合理的方法能够确保评价是可信的，评价工作就能够成为一项内务工作。对于大部分评价工作来说，使用专家执行第一次的任务是个很好的主意，那样内部的职员就可以学习如何进行评价，正规的培训将强化这一学习过程。除了引进专家进行第一次工作外，经常雇用专家以确保不断引进最新的方法也是非常值得的。

4.5.4 一些有用的指标

评价的关键任务是决定什么是重要的。ITS 可实现许多目标：

- 现存路网使用效率最大化；
- 减少运营成本；
- 改善效率和安全性；
- 有利于保护和改善环境；
- 推迟在新的通行能力中的投资；
- 减少需要增加的通行能力的数量；
- 在一年或一天中的不同时段，重新给主要的用户分配空间；
- 促使人们使用轨道交通等无干扰的交通模式；
- 使公共交通使用更方便；
- 使公共交通更可靠（使人们感觉到更可靠，鼓励人们转到使用公共交通上）；
- 改善最终用户的满意度。

有很多用于关键因素分析的模板，图 4.10 中显示的模板采用的是 1999 年 Peter 给出的方法。

这个模板为表述产生明显的结果或期望得到 ITS 设计效果的手段，提供了良好的基础。“目标区域”/“指标”的分类方法可以应用于整个 ITS 的目标范围。这个范围非常广泛，安全性改善可能包括个人安全的感觉；环境效益时常包括噪声的减少，也可能包括社区效益，如令人更加愉快的邻里；效率收益已经超越了供给方吞吐量这个指标，已经扩展到产业增益，如获取信息、知识以及对车队运动的控制。这其中的每种情况，都可以定义一个“目标区域”或“结果”，并且同意使用这个“指标”来监测取得的进步。

“我们使用什么来衡量成功?”的答案等同于“你想实现什么”的答案。ITS 投资像其他任何投资一样，应该规划使其能够解决一种问题或实现一种愿景。对成功的衡量就是在可利用的预算范围内，问题被解决的程度或愿景实现的程度。

4.5.5 评价方法小结

在欧洲，由欧盟第四框架研发计划开发的 CONVERGE 指南列出了系统对于规划 ITS 评价和报道结果的系统指导。这个方法后来逐渐成为了其他国家和欧洲的指南的基础,例如,TEMPO 计划。有些国家的指南是以英语方式提供的,比较著名的有 VIKING/芬兰的指南、荷兰的指南和 STREETWISE/CENTRICO 指南。

在美国,ITS 联合计划办公室提供了关于 ITS 事前和事后评价的评价指南,而且 IDAS 提供了用于成本效益分析的软件。

"政治"的观点

考虑到用户和他们需求反映出的多元化特点,ITS 可以服务于更为广泛的不同的目标。政府官员喜欢自己被认为是积极主动的,愿意投资容易产生看得见效果的 ITS, 而不管该系统是否是真正合适的。下面的五个检验指标能够说明所提出的 ITS 对于决策者来说是否是一个好的投资。这种"政治"观点可能会给交通专业人员带来另一个负担,实际中,政治因素是始终存在的。下面 5 个检验指标代表了一种政府考虑的形式,并不是一个新的任务。

在政治背景条件下,(如,关于公众、媒体和当地官员如何看待 ITS 项目)任何方案必须应体现出:

- 可实施的;
- 可接受的;
- 可负担的;
- 可测量的;
- 可选择的。

项目评价能够为每一个测试提供答案。部分基于第 2 章各种 ITS 技术的功能描述之上的技术评价部分将指出 ITS 是否是可实施的。对居民和可能的系统用户的调查咨询将会给出 ITS 在什么条件是可以接受的,成本—效益分析将度量可负担性,重要因素的分析将可以识别可见的结果,这些可见的结果能够被度量用于表明 ITS 实现预期成果的程度。如果 ITS 能够在可负担得起的预算情况下给服务于出行者和居民的需求带来改变,ITS 就也能够服务于公众和政府。

4.6 结论

ITS 投资能够产生各种各样的效益:减少事故,减少受伤的严重性,改善行程时间,降低拥挤程度,提高运输操作人员的生产率,改善环境质量和一些新命名的效益。这些效益对于出行的公众、专业人员、社会、商业和服务提供者都有价值。

政府官员、规划者、预算控制者和其他决策者需要充分了解 ITS 的成本和效益,以使他们能够判断 ITS 的投资是否值得。精心计划和系统的评价能帮助证明 ITS 在哪里可以产生经济效益和可量化的收益。结构化的评价会带给决策者信心,首先,计划的是理性的;第二,有清楚的理由来实施计划。

评价是ITS部署过程中的一个重要组成部分，它既不是可选择的附加测试，也不是通过或不通过的测试，它的目的是确保部署的系统是最合适的，确保投资是针对地区和应用的，并且能够带来最大的效益。评价还可以使得参与部署的人们学习过去成功或失败的经验。更进一步说，ITS可以带来意想不到的结果，包括好的和不好的。如果评价有一个好的结构，它可以给出用于评估任何新观点或在咨询后或项目进展过程中遇到的问题的条理分明的框架。

总之，评价能够使参与投资和部署ITS的人们：

❖ 理解所提出的ITS系统或服务的影响；
❖ 建立对计划方案的信心；
❖ 量化效益和判断费用的合理性；
❖ 帮助制定将来的投资决策；
❖ 为了将来，学习经验教训。

在计划和项目投资决策做出之前，每一个备选方案的效益、局限性以及成本都应被考虑。每一个道路管理者都必须做出明智的决策。

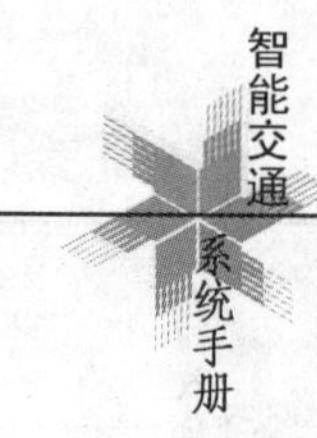

参考文献和注释

1. Transept Consulting UK. “Design and Evaluation of Information Systems for Public Transport in Reading”. Report for Reading Borough Council, 2000.
2. “M60 JETTS: Survey of Local Opinion”. Unpublished report for UK Government Office of the North West, 2002. (some highlights are at http://www. go－nw. gov. uk/transport/m60jJet1. pdf).
3. Schuster, IBEC 2003 proceedings, www. ibec－its. org.
4. Guido Schuster. Evaluation of a Motorway Control System — CENTRICO. Proceedings of IBEC workshop, Madrid, 2003 — see http://www. ibec－its. org/ and Session 1. 5, Proceedings of Euro－ Regional Conference, Dusseldorf June 2003 — see www. centrico. ten－t. com/.
5. “IRD uses WIM Info in Suite of Truck Safety Advisory Systems. Inside ITS 15 December 1997 p8－9 and www. benefitcost. its. dot. gov.
6. Elvik R. “Effects on Accidents of Automatic Speed Enforcement in Norway”Transportation Research Record no 1595, 1997 and www. benefitcost. its. dot. gov.
7. www. verkeerscentrum. be.
8. TABASCO & Scottish Executive. UK M90 COMPANION Hazard Warning System. TEMPO Secretariat and STREETWISE, 2003 http://www. tempo－sec. org/.
9. See ITS Developed by Japanese Police, Japan Traffic Management Technology Association Institute of Urban Traffic Research.
10. http://www. clearzones. org. uk/.
11. Wunderlich K, J Bunch & J Larkin. “ITS Impacts for Seattle MMDI Evaluation: Modeling Methodology and Results”. US DOT, ITS Joint Program Office, Sept 1999.

12. Black I G & J G Towriss. "Demand Effects of Travel Time Reliability". Centre for Logistics & Transportation, Cranfield Institute of Technology, 1993.

13. CONVERGE, 2000. Real time travel information; results of cross-project collaborative study. Deliverable D3. 3. 1 part D. http://cordis. lu. telematics/tap_transport/research/10. html.

14. Jones. ITS Technologies in Public Transit: Deployment and Benefits. Prepared for US DOT Joint Program Office, November 1995. http://www. benefitcost. its. dot. gov/.

15. Doyle et al, 1998. Final Report: Commercial Fleet Management Project. George Mason University Transportation Policy Program. http://www. benefitcost. its. dot. gov/.

16. EUROSCOPE Project Deliverable D19. Evaluation Results and Comparative Assessment. http://cordis. lu. telematics/tap_ transport/research/projects/euroscope. html.

17. American Trucking Associations Foundation, Study Explores Benefit/Cost if ITS/CVO User Services. ITS America CVO Update, 1996. http://www. benefitcost. its. dot. gov/.

18. Cloke, Hopkin et al (2000). Monitoring and Evaluation of the ENTRANCE project in Hampshire, Summary Report. TRL Report 415. Transport Research Laboratory, Crowthorne.

19. Leicester Air Quality and Traffic Monitoring. Clear Zones Case Study. http://www. clearzones. org. uk/.

20. www. eltis. org.

21. Cloke, Hopkin et al (2000). Monitoring and evaluation of the ENTRANCE project in Hampshire, TRL Report 413. Transport Research Laboratory, Crowthorne.

22. www. dfki. de/fluids/docs/apr99/ Barcelona_ Traffic_Management_Application. html.

23. www. trg. soton. ac. uk/prime/barcelona/ descr5. htm.

24. Hernan G O. "ITS, Economic Development and Social Impact in Chihuahua (Mexico). Presented at 10th World Congress on ITS, Madrid, 2003.

25. Transport NSW Annual Report 2002. http://www. transport. nsw. gov. au/pubs_legal/annual_ reports/ar2002-editorial. pdf.

26. http://www. atlan-tic. net/AtDocs/JAustin_ 18-08-02_16-55-43. doc.

27. Balcombe R & R MacKett, N Paulley, J Preston, J Shires, H Titheridge, M Wardman, P White. "The Demand for Public Transport: A Practical Guide". TRL Report 593, 2004. http://www. demandforpublictransport. co. uk.

28. Sampson, E. Testing whether better transport information modifies traveler behaviour. Proceedings of IBEC workshops, Chicago, 2002. www. ibec-its. org.

29. www. cornwall. gov. uk.

30. www. mampu. gov. my/.

31. http://www. aztech. org/.

32. http://www. amberalertnow. org/.

33. Ayman. "Safety considerations in designing electronic toll plazas: case study". ITE Journal, March 2001, p20.

34. www. benefitcost. its. dot. gov.
35. Public Consultation in Transport Decision making. E Gilliard & K Beuret, SRA. ITS World Congress 2001. http://www. atlantic. net/ATDocs/Management/132_4_GilliardE_ UK_Public_ consultation. pdf.
36. http://idas. camsys. com/.
37. www. worldcarshare. com/general/ridesharing. htm.
38. see http://informationr. net/ir/6—3/paper108. html.
39. Peters 1999 op. cit.
40. Hensher D A and E J Button (eds). "Handbook of Transport Modelling", Pergamon 2000.
41. http://www. vtpi. org/tca.
42. http://cordis. lu. telematics/tap_transport/ research/projects/converge. html.
43. Risto Kulmala. Towards a single European approach to Evaluation. In proceedings of IBEC workshops at ITS world congress in Madrid 2003, http://www. ibec—its. org.
44. VIKING— FITS 2002. Guidelines for the evaluation of ITS projects. FITS publications 4/2002. http://www. vtt. fi/rte/projects/fits/julkaisut/hanke2/FITS_4_2002_Guidelines_for_evaluation. pdf.
45. Taale, 2002. Evaluation of ITS in The Netherlands. AVV Transport Research Centre.
46. STREETWISE Evaluation Guidelines Working Paper 2. http://www. centrico. ten—t. com.

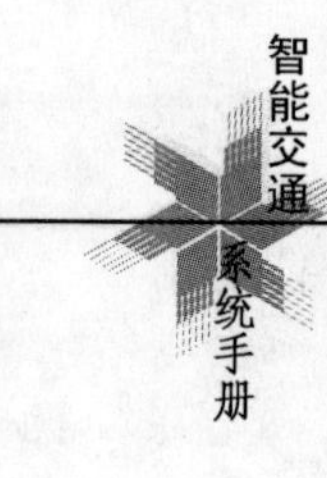

第5章 如何进行ITS的规划和筹资

通过研究、评价、制定详细规格来规划ITS，以及通过全面部署和运营执行ITS，这一过程是连续的。因为部署和执行时会引发新的要求，在实践中这一过程是互动的。第4～6章涵盖了这一点。本章中，我们提供用于规划ITS部署的指南和交通专家能为集成ITS系统所提供的可靠保障。我们关注于各种可选择的方式，以克服部署的体制性障碍。本章论述了ITS规划和部署的框架、如何确定投资次序，并讨论了公共部门和私营部门在制定制度和合同方面以及融资和采购方面各自的角色。

5.1 ITS实施背景

5.1.1 政策背景

因为某些原因，全球范围内ITS的实施都有些滞后于预期，这不是因为技术上的限制，更多的是因为非技术因素，如制度上的问题和商业化的顾虑。虽然ITS所扮演的角色可能已经很清楚，但实际中的实施过程却常常问题众多。比如ITS可能会需要一些组织来开发以前不需要的运行能力，ITS也会需要在“硬的”和“软的”ITS基础设施及使用快速发展的技术的“信息基础设施”上进行重大投资。这些可能主要需要增加公共政策方面的考虑相当重要的是公共财政的适当水平，或者是私营部门的ITS开发者的项目和条件。

ITS需要在整个运输服务的背景下进行考虑，因此必须对交通运输的政策目标有所贡献。成功的ITS实施需要系统化的规划和响应用户需要的设计过程，需要与国内及国际上对系统及设备互操作性的要求相一致，需要认识市场机遇、技术发展、系统规范与标准，尤其重要的是能与任何以前安装的"既有"系统相集成。

目前的观点是，ITS应该被看作是由服务驱动的，ITS系统的各个方面是重要的，但仅仅在他们所提供的服务背景下才是这样，但ITS的服务并不能独自存在，他们要与其他基础设施相连接，如移动通信、智能卡、自动支付结算系统及车载电子设备等，这些支撑设施的可用性和稳定性对ITS服务和产品的成本及风险有重大影响，一个必须在主要基础设施上投资的ITS服务有可能因为资金障碍和技术风险而失败。如果成本构成或者支持服务的持续时间不确定，投资也会被断定风险较大，对于任何企业而言，开发者都会寻找有把握的途径去获得成功和利润。图5.1给出了ITS部署的主要因素。

成功的关键可以概括为以下四个简单原则：

❖ ITS应与主流交通规划和循环投资周期体系合为一体；

❖ 在公共部门使用创新性的采购方法，采取多重评价准则以确保最大利益（例如，去掉仅基于最低成本原则奖励性约定）；

❖ 项目投资要基于全寿命周期，既包括初始的投资，也要包括维护和运营成本；

❖ 机会适宜时，私营部门能被吸纳为ITS基础设施投资、运营和提供ITS服务的合作伙伴及外包商。

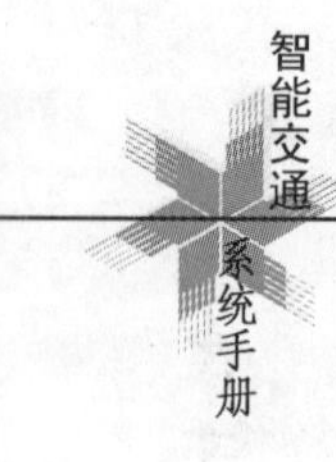

图5.1描述了城市和地区着手进行ITS实施计划时需要考虑的不同因素。在下面几段中我们依次考虑每个因素。

5.1.2 公共政策问题

在本地范围内，政策与以下这些有关：区域、都市和农村的行政控制，以及其他非中央的政府实体——如本地道路和公共交通网管理、停车、环境和出行信息服务等，公共机构需要建立能分析和评估ITS服务的框架，包括从单个ITS服务的角度以及在更普遍意义上从城市或地区的城市规划和交通管理部门的角度。日本政府曾颁布1995年度先进信息与通信的社会基本推进计划，日本ITS政策包含其中，这就是一个很好的例子。

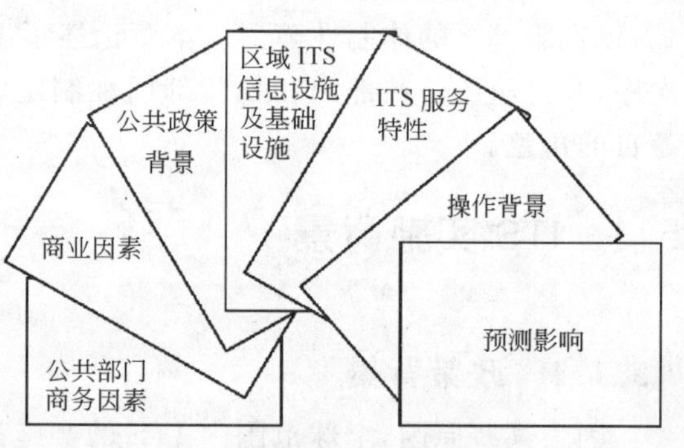

图5.1 ITS实施的主要因素

现在ITS各项技术已发展到了这样的地步，他们可以提供广泛的应用，这些应用是可裁剪的，以便提供支持地方运输政策的服务项目。由于ITS是信息和通信技术（ICT）开发和应用的重要组成部分，因此交通目标和对象已经不是唯一考虑的因素，所以ITS有可能受到ICT政策目标和优先项目的影响。

公共部门通过阐明制度背景和部署 ITS 的条件(市场条件、规章条例的要求)同样能够帮助建立正确的商务框架,这点对经济正发生根本性改变的转型国家(更多讨论参见第 7 章)尤为重要。例如,通过授权给私营部门安装数据采集设施,并进行私营化投资和管理,来提高商业运营者的数据采集能力。

5.1.3 区域 ITS 基础设施和信息设施

ITS 的基础设施特征各异,数量众多。系统想要正常运作,需要 ITS 服务的基础组件全部就位并可靠运行。例如,一旦某个影响到信息供应链的基础设施缺乏,就会导致信息服务的质量低下。这些技术要求摘要如下(ITS 体系框架分析的全面阐述参见第 3 章,图 5.3 给出了支持这些功能的商务模型):

❖ 可靠的广播和移动通信链路,包括互联网。用于使用者和车辆间的双向数据和信息的传输;

❖ 智能化基础设施和车辆定位技术(带有交互性车载设备的固定信标或者卫星导航);

❖ 由定位系统、数据字典、数字地图和数据交换协议组成的成熟的信息基础设施;

❖ 用于类似闭路电视图像传输等高带宽应用的专用无线和光纤链路;

❖ 实时数据获取:交通监视、环境监视、天气监视等;

❖ 提供 ITS 服务的人员和建筑:交通控制中心,车队控制者和调度员,出行信息中心;

❖ 普遍的支撑服务,如电子付费系统,车辆追踪、货物跟踪、驾驶员身份识别、执法和安保系统。

5.1.4 ITS 服务特征

本节关注于被选定的 ITS 服务的特性,他们是已经规划的或希望提供的,可以提供这些服务的概貌和层次。这里有许多选择,例如交通覆盖网络中的程度和细节,不论是单出行模式还是覆盖多模式出行,或者是一般应用还是特殊应用。需注意的事项包括:

❖ 承载什么样的附加值服务(例如旅游者的特殊服务,紧急呼叫,基于定位的黄页查询)?

❖ ITS 服务是静态低刷新率的还是动态实时更新的?

❖ ITS 容许任何形式的用户交互吗?

❖ 是狭义的集中于某一点的服务(特殊领域)还是广泛的基于公众的服务?

❖ 这一服务是每次使用时付费还是预付费的,还是免费,或者由赞助者提供资金?

❖ 用户界面和设备的何种选择将被支持?

5.1.5 运营背景

运营背景部分阐明了用于部署和服务结构的基本组织形式、规章和制度框架。

这是形成满足服务要求且切实可行的应用系统的关键。例如,规章或行政性的惯性会使数据采集困难重重,而缺乏标准化和质量控制程序会使得数据流的质量不可靠,或者获得数据时支出过多而使得运营支出膨胀,导致服务不可行。太高的费用,如果转嫁给用户,会影响到市场占有率,从而影响到服务本身。这些因素转过来也许会损害政策目标的所有效果,直至损害公共和私营部门的投资效果。适当的服务结构将通过分散风险、分担成本、服务定价和高质量的服务,改善商业和公共部门的投资效果。

5.1.6 预期影响

这里讨论的是已确定的ITS服务对交通系统和用户的预期效果,如第4章讨论的那样。这些应和交通、公共政策目标及商务对象关联起来。个人可能获得的益处有减少旅行时间,对整体交通服务有可靠感等。与政策相关的益处也会存在,如提高图像质量,或通过更好的事件警告来预防事故。个体感受的便利之处也应包括个性化或优先服务的信息。

5.1.7 公共部门的业务问题

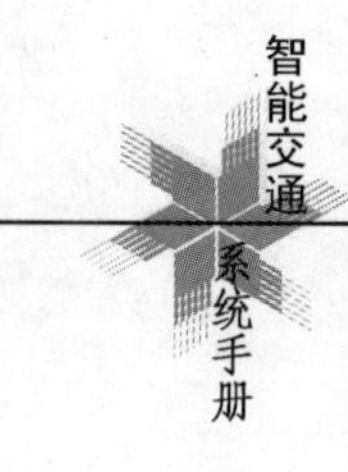

从政府部门的观点来看,服务应具有预期目标和可用性。来自公共资源,如本地、地区或全国的税收方面的投资必须正确使用。公共部门的项目展示了公共政策目标和服务的预期效果之间的联系。社会经济效益也可能在其中占优势,但其他实际因素也逐渐出现,包括承担能力、政治因素,比如对城市或地区应能从特殊的服务中获利的信心。正如第4章讨论的那样,ITS的投资决策应把运营维护成本和资本投资需求置于同等重要地位。

5.1.8 商业项目

商业项目依赖于投资的回报,以及整体运营的盈利能力,包括所有补贴和捐赠的资金收入。资本回报和收回运营支出对任何商业上可行的计划都是至关重要的。是否投资项目取决于对所有不确定因素的风险评估,例如:

- ❖ 市场潜力;
- ❖ 数据源的成本和稳定性;
- ❖ 政府政策的清晰和稳定;
- ❖ 制度的影响;
- ❖ 是否有可能阻止项目的制度性障碍;
- ❖ 竞争和技术退化的风险;
- ❖ 超时收入流的预期利润;
- ❖ ITS软硬件基础设施的可用性,尤其是制造和维护这些设施的成本;
- ❖ 政府部门对于计划中的ITS服务的态度。

5.2 ITS 框架规划

5.2.1 高层次的实施战略

一个成熟的、集成的 ITS 系统只能是一个时期内逐步形成的，城市及地区可以通过开发一个战略框架和一个 ITS 体系框架为地区的 ITS 发展提供方向，并为此打下基础。国家、地区或本地的 ITS 政策框架是分析 ITS 实施需求、确定角色和责任、制定预算及发展次序的大好机会，它应该反映出需要做的那些满足本地交通政策目标和其他需求，原则上这一计划应包含图 5.1 所有的因素，也应包括 5.1.1 和 5.1.8 小节中详细阐述的内容。

政策和协调框架是建立在对将来认识一致基础上的领导部门的协调活动，这样，为了保证让所有的利益团体均买进，计划制定过程就必须包括这些团体的代表。例如在美国，1992 年《国家 ITS 战略规划》和 2002 年《国家 ITS 项目规划：十年愿景》都由美国运输部和 ITS 协会共同完成，包括了公共机构、私人团体、非盈利性的和学术性组织的代表。而日本 ITS 整体计划是由本国 5 个和 ITS 相关的部门和机构（现为 4 个）合作制定的。欧盟正着手制定 ITS 的战略规划，这得益于泛欧交通网络的发展，另外欧洲也有不少国家级交通运输规划，包括英国 2000 年的十年交通规划，这一规划非常强调 ITS。

发展成熟的 ITS 政策框架将会提供细化 ITS 体系框架的基础，并考虑独立的 ITS 系统能实施并被集成的方式。和实施全新系统一样，实施过程类似于一系列的升级或者对已有系统的改善。谨慎的 ITS 实施应建立在渐进战略之上，初期小步向前，同时保持未来的远大目标。选择“早回报”项目，相对投资较小，早期成功机率高，就可以显示其投资的效率和效益，也能得到持续投资和主要出资人的支持。

该规划也应考虑 ITS 的“增值”服务，像公共部门的服务一样，私营部门提供商业基础。对机构间利益和跨辖区的协商、谈判与协议也应加以分析。

在开发战略和政策框架时，最好是确定一下当前的发展程度，作为今后一个量化评价基准。要使得框架有意义，进度计划就应定期评估——英国十年交通规划被评估了两次。ITS 实施的优先发展项目要基于研究开发项目成果，更要基于评价结果（见第 4 章）。

5.2.2 政策框架分析中的步骤

框架规划的制定过程将把主要参与者和实施未来 ITS 的有关机构结合起来，争取到他们的支持，有助于明确 ITS 的发展远景，而这一远景需要技术和政治的支持。面对日新月异变化的科技能力，支持实现这一远景的任何人都要保证支持那些用来实现智能化、信息化的客户角色的建议。

步骤 1　建立区域交通运输需求

开始就应确定 ITS 能起作用的那些主要交通问题，最理想的情况下，可以从调查使用者的需求起步：船主、运输公司、分销公司、客车和货车经营者，商业机构，私营机构、国家和区域政府机构。框架需要反映当前政策主题，例如环境可持续性、经济发展、安全和安保，例如欧洲的 e-Safety 初期规划和美国 Homeland Security 规划(也可参看案例研究 35)。

需求驱动的框架的目标应保证 ITS 的基本配套设施，可能的情况下利用现有的项目和基础设施作为跳板。应查明现有的使用了 ITS 技术的项目，并将其纳入规划范围。这个框架可以由规划者通过主要利益团体讨论和协商来列出，在适当时候可与主要决策者和政治家商议。这项工作可以利用交通问题与第 1 章描述的 ITS 用户服务之间的匹配关系来进行。与区域性需求相关的 ITS 功能和用户服务应被明确，并成为重点。

步骤 2　整理已有 ITS

对 ITS 框架规划而言，其中一项重要的来源是清理现有的 ITS 系统和服务，包括已经运营或正在开发的。这一步骤自然应服从于对利益团体的分析。例如，有些机构可能已经在运营高速公路，进行事件检测和管理，或者负责交通信号控制。这样就应增加公共交通管理、应急管理、先进的信息系统等项目。在 ITS 框架规划中，这些“已有系统”的将来必须给予特别的强调，需要决定是保留和升级这些项目，还是投资新系统以改善系统能力和业绩。

步骤 3　审查关键参与者的规划

很可能有若干不同的团体会需要参与到 ITS 的总体愿景中，在实施过程中使愿景成为现实。协调各个主要参与者的地位，也可能是实施和运营 ITS 最重要的方面。如果他们单独的动机和利益能够纳入，则新服务的开发成功的将容易得多。关键参与者之间的紧密联系是整个规划和实施过程中所必需的。

名单上涉及到的组织可能很广泛，但只有少数能起带头作用。几乎可以肯定，名单将包括主要公路的经营机构、负责主要干线公路和地方道路的地方当局、交警和其他交通管理部门。具体到 ITS 应用时，运营性商用车辆、公共交通工具、驾驶协会，私人驾驶员代表也需要参与。

经验表明，涉及的团体越多，新技术的全部潜力越能实现。图 5.2 ITS 项目的利益团体示例说明了这一点，在 ITS 的更一般性投资对象上，给出了不同程度的复杂性和利益团体。这些公共机构的高级官员和私营公司的总裁往往被纳入 ITS 框架规划的说明中，因为要使规划落实，必须得到较高等级的承诺。

战略目标	利益团体	可选的ITS应用
改进城市交通管理	●当地交通管理机构 ●区域运输管理部门 ●私营运输运营者 ●警察/执法机构 ●紧急服务 ●货运运营者 ●其他道路使用者(行人,自行车优先等) ●本地商业 ●受计划影响的所有人和财产占用者 ●(通路、停车站、装载) ●本地居民	●实时自适应交通信号控制 ●城市主干道和快速路交通管理系统集成 ●主动公交优先方案的引进
引进新的自动付费系统和进出控制系统	以上所列的大部分,再加上: ●收费道路运营者和电子支付管理者	●不停车电子交费 ●拥挤收费和价格相关的进出控制系统
城市间交通战略和具体层面的管理	以上所列的大部分,再加上 ●高速公路、收费道路、快速路的运营管理者, ●交通警察和路侧应急服务	●区域交通控制中心 ●更好的事件检测 ●应急响应 ●可变情报板和驾驶员信息支持
更好的运输模式集成	以上所列的大部分,再加上: ●铁路运营者,内陆水运码头、海港、空港	●ITS及停车换乘计划 ●多模式出行信息系统无纸多模式联运转载
面向私人机动车和车队运营者的附加增值服务	●私人驾驶员信息服务提供商 ●这些服务的使用者	●货运物流 ●驾驶员信息系统 ●动态(可响应交通的)车载导航

图5.2 ITS项目的利益团体示例

在决策过程中还有更多的利益团体需要咨询(见5.2.4节)。要知道,随着ITS的发展,对可能涉及的事务,在整个时间里能够意识到并保持敏感是极其重要的,即使是极少出现的利益团体的事务也必须考虑和处理。通常来说,最好是早在规划阶段就找出问题,并可适当调整。与利益团体的有效沟通策略提供了发展可能的选择的机会。图5.2包括那些需要参与设计、投资或管理的主要参与者。

步骤4 在优先项和需求上建立共识

ITS框架规划的咨询和准备工作做好了,所有参与者都会鼎力支持。要着手实施规划,参与者必须让自身期望和对ITS的认识相一致。ITS服务应着重于确定服务和建立应用系统,使之内容广泛,并能从战略框架得到支撑。ITS架构或许需要在ITS使用的公共基础设施方面支持本地服务,例如通讯网络、数据交换协议、电子支付服务,这些地区已形成了规模经济,而经济的发展需要标准。

多个组织、数据和信息的交换需要从心理上和制度上给予解决。在日常运营中,如何保证管辖机构职责执行,是地区一体化交通控制时最常见的问题之一。不同文化的冲突时,需要解决公私合作关系和公共部门之间的合作关系问题。涉及到每个机构都有自己的不同历史、文化与标准操作程序,使得建立必要的合作关系时困难重重。而群体决策理论(基于双赢的方法理念)可以很好的应对这种情况,博弈论(基于极大极小原则 ,在最差情况下的评价策略)可能与把握更新的ITS应用程序更相关,如国家如何应对或减轻恐怖袭击的影响。ITS项目发起人必须考虑以下几点:

❖ 应该达到什么水平的服务——从覆盖率、质量、产品开发及用户的互动的角度?

❖ 实施这种服务中预期的冲突是什么?从公共政策角度将需要澄清ITS相关的不同目标,同时也应为用户利益(企业或个人)明确这一点。

❖ 需要为这些规划、基础设施和运营投资的理由是什么?在这里公共部门须证明有预期公益收入,虽然主要参与者实际上会考虑私人赢利前景和市场战略远景。

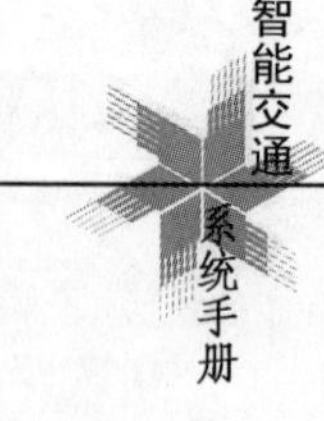

❖ 实际实施起来应是什么样子?这就需要考虑到总体框架条件(机构、规章、"信息氛围"、市场开发度、可用的服务等),这与进行服务时的具体选择相同(合作伙伴、技术、分销模式等)。

步骤5 分析承担的角色及责任

经验表明,它有助于关键参与者的认同:

❖ 将产生的各种活动——ITS项目的范围将被确定,服务将被开发,并相互依存;

❖ 人们需要承担各个角色,要细心的从次要或顾问性角色中分辨出那个有控制责任的主要角色;

❖ 必须在机构、系统和ITS发展的环境中进行交互。

这种方法称为"企业"模式。所有这些因素汇集成参考文件,如美国国家体系框架而开发的"操作原理"。这将给出ITS体系框架分析的相应步骤,也是提供进一步详细系统分析工作的基础。

步骤6 文档

除了刚才描述的参考文件之外,建议出版一整套文件,说明目标,提供所有参与者之间协议的准则。以这些文件为基础,在以后ITS实施的阶段逐步完善,建立共识。他们将共同提供一个全面的、正在实现的ITS政策解释和优先目标选择。例如:

❖ 确定任务,概括ITS关键对象和优先投资项目的综述文件;

❖ 提供给外界和政客的通俗化"远景描述",说明对ITS投资时会获得什么好处;

❖ 更实际的内容说明,提出ITS的实施战略,概括了所有主要利益主体所承担的角色。

5.2.3 ITS 体系框架

遵循美国国家 ITS 体系框架所给出的指导，一些国家正在开发自己的国家 ITS 体系框架。这样做时，必须找出本土的优先项和制度结构，这些都和美国截然不同。加拿大体系框架的开发是一个很好的例子（案例研究 7）。加拿大努力包含所有美国国家体系框架所具有的功能，并延伸和修改这一框架，使其能提供新的服务和覆盖领域，这反映了两国的不同之处，体现了新的不同利益团体。界定 ITS 运营所需的理论，并使政策框架适合当地情况、本土的交通网络管理标准和运营需要将是主要因素。

第 3 章描述的正式分析方法提供了一个 ITS 体系框架发展的平台。发展过程中要探求一体化机遇，定义 ITS 需求和要求。ITS 体系框架应详尽的本地化，以便建立本地的需求。这将表达在功能需求、逻辑框架、物理框架和组织结构中（详见 3.1 节）。

体系框架的各个方面都在执行 ITS 实施规划，可以帮助准确标定是确定联合运营协议重要还是使用一般的地区性标准重要（见 3.2 节）。正确的执行并做好通俗的介绍工作，ITS 体系框架结构分析显示了程度不同的业务之间需要相互提供有效的 ITS 服务。举例而言：

❖ 新的或现代化的交通管理系统和在规划中的出行者信息服务之间的互操作性。

❖ 数据传输的范围与区域中已有或需要的通信系统。

❖ 新增或改善的数据采集和交通监控手段，能实时传递信息所提供的机遇。

ITS 体系框架不能抽象的开发。必须依据国家的情况，尤其是本地的环境。例如，有些机构可能在旧系统中已经有庞大的投资。这可能是在 ITS 结构分析中的主要因素，既是机遇，也是区域框架的制约因素。制定者应特别注意，必须实现某些系统全国性的互通。挪威的国家电子支付标准就是一个好例子（见案例研究 17）。

5.2.4 商务规划

ITS 涵盖了一个较大范围的系统和服务。由于牵涉的参与者不同，利益团体角色和态度以及法律和体制问题对每个部门都不尽相同。尽管不同的应用和个体机构差异较大，投资于 ITS 的三大利益团体可以区分如下：

❖ ITS 的用户和消费者（企业或个人）需要系统及服务符合他们的实际需要。他们对服务质量、可靠性和可用性（传播渠道）有很高的期望。为 ITS 系统和服务付钱的意愿主要依靠于服务实际及预期的效果，以及自身形象。然而，可接受的价格未必符合生产和销售的服务实际成本。

❖ 公共部门将通过 ITS 提供各种公共服务、目标和战略。如第 4 章所提倡的，这些都明确表明了 ITS 服务发展中的公共利益，常常被证明对交通管理模式转变、经济的发展，商业本地化，形象和社会包容性上均有积极影响。公共机构则寻找私营部门参与，可以弘扬企业文化，节省公共开支和提高效率。

❖ 私营部门参与者通过销售产品/服务来分享他们的目标。通过 ITS，进入正在成长的市场，同时也可以开发新的有利可图的业务领域。在这里私营部门参与者强烈依赖公共部门建立的体系框架条件，而他们常常认为那是自由市场的障碍。另一方面，确定重点 ITS 服务销售模式时，区别各种不同的私营部门意味着新的方向。这将需要不同的战略协议。

因为下面的团体在考虑是否分配他们的预算给 ITS，有三个截然不同的评估系统正在运作。

❖ 公共部门考虑他们的投资，通常基于公共服务准则准或社会利益基准，包括初始资本支出、所有的维修负担和长期经营成本。第四章论述了现有的评价的替代方法。

❖ 私营部门关心投资回报预测，需要使 ITS 的设备、产品和服务推向市场，以及任何回报来源的范围和可靠性。

❖ 消费者(即任何个人或组织，它是一个 ITS 或服务的最终用户)评价 ITS 的效用时，常和购买成本、任何再发生的费用以及必须付费联系起来。

这些截然不同的需求之间的相互作用显示如图 5.3。ITS 项目往往需要至少两个相对应的理由，如果不是这样，则包括所有的三个基本的商业模式。不符合一个或其他的投资测试，将产生经典“鸡和蛋困境”：谁先行，是供应商或买方，做出系统或产品的承诺？有趣的是，在ITS 技术和服务的早期，开发者们关注过这一悖论。他们担心，如果没有任何私人使用公营部门就不会投资于基础设施，而 ITS 的基础设施不存在的话，私人也不会投资 ITS 产品。实践表明，在公共和私营部门共同制定一个战略规划，包括 ITS 体系框架和制度化责任的美国和日本等国家，已经解决了这种悖论。

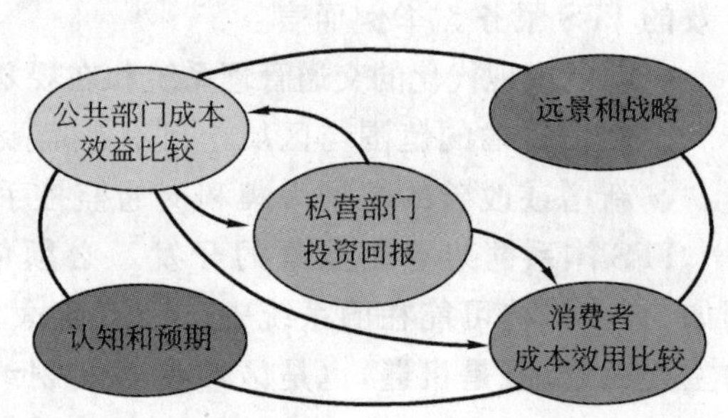

图 5.3 公共部门、私营部门和消费者之间的相互依存关系

5.3 战略执行

5.3.1 制度性挑战

ITS框架规划和体系框架是高等级参考文件，其内容明确了如何实施 ITS。保持 ITS 项目开发和服务的持续进行，需要对法律和体制问题、业务经费及其他利

害问题多加关注。例如，信息供应链中不同参与者的角色往往是不清晰的并可能需要界定。

即使是利益巨大的高度优先项目，项目的开始时间往往受制于预算。有时项目会因缺少能提供必要技能的人才而延迟。其他在规划时间进度时考虑的因素是政治因素，包括知名度、公共工程投资对用户的潜在影响。公众的反对或误解也可以结束某些 ITS 项目。例如，道路收费或拥堵收费，因为各种政策原因而不为公众所接受。早在 20 世纪 80 年代，香港推出道路收费时，因使用自动车辆识别(AVZ)而招致公众质疑为“老大哥监视”* 当确定时间表时，也宜优先考虑最低风险最高收益的投资，或能给多数利益主体收益的投资。

提供适当层面上的协调并且形成不同参与者之间的共同效益而无官僚成本，这是一个真正的挑战。行政程序的惯性或许是真正的障碍，例如毗邻行政区域的不同行政程序就必须进行协调。诸如安装和维修检测路边设备或细化本地经营协议，如果有新的安全需求或操作程序的需要，也要为之付出相应的时间。ITS 的运营需求往往侧重某个业务或者作为 ITS 服务枢纽的控制中心，例如：

- 先进的交通管理系统(ATMS)：地区性和地方交通管理中心；
- 先进的出行者信息系统(ATIS)：多出行方式的出行者信息中心；
- 先进公共交通系统(APTS)：公共交通管理中心。

ITS 的许多具体项目，都需要有一个领导机构，负责紧密组织和联系，推动计划好的 ITS 投资或提供新的 ITS 服务。但由于 ITS 技术为集成实施和机构间合作提供了新的和更大的机遇，往往需要创造一个新的业务单位，来跨越传统的部门之间的职责。数据交换会需要供应合同，实际代码及其他需求。可用的公共数据和分销渠道需要合法的框架加以规范，来确定目标和公共、私营部门的责任。数据发布、分配政策和具体做法也需要解决(部分免费使用，增值服务，联运/机构间的数据交换)。可能还有其他的法律问题有待解决，包括数据保密。

5.3.2 ITS 实施的路线图

解决体制问题需要同步进行技术方面的 ITS 项目规划。无论是从技术和非技术观点上，具体化的 ITS 发展必须检查其在本地的可行性和需求状况。通常有一个以上的途径来进行 ITS 实施；例如快速或逐步引进，采用国产或进口的系统，从公共或私营部门来着手等。这些可选的实施方式将受多种因素所左右。一些重点投入如图 5.4 所列。

* 老大哥为科幻小说《1984》中的人物，代表无所不在的监视——译者注。

ITS 的实施分析框架

1. 利益主体分析

❖ 谁是这个领域的主要利益主体？

❖ 预定发展的 ITS 哪些可能影响到每一个利益主体？

❖ 什么 ITS 系统是每个利益主体现在都有的，如法律系统？

❖ 每个利益主体使用什么计划来发展长期和短期的 ITS？

❖ 已计划的 ITS 系统哪些方面能让每个利益主体看好并（或）作为重点项目？

❖ 已计划的 ITS 系统哪些方面能让每个利益主体不看好并（或）不作为重点项目？

❖ ITS 功能能否让所有的关键利益主体都愿意支付？

2. 制度分析

❖ 哪个组织单位在本领域发展 ITS 中承担领导地位？

❖ 什么组织模式适合本领域的 ITS 运营？

❖ 如何让现存的制度布置很好的匹配这些模式？

❖ 有没有可见的组织性隔阂和脆弱点？如何进行调整？

❖ 机构间需要哪些合法、和约性的布置？如何引进最好？

❖ 在利益主体间建立对已计划的 ITS 系统的共识，有效方式是什么？

3. 技术分析

❖ 哪些“已有的”ITS 系统已被本区域的机构运用？

❖ 现在和短/中期内互操作性的需求是什么？

❖ 哪里需要达到兼容？哪里是可选？

❖ 哪些通信基础设施是 ITS 可用的？

❖ 哪里的机构之间需要交换数据或信息？

❖ 数字地图和定位参考系统就位了吗？

❖ 采用了哪些数据字典和数据交换标准？

图 5.4 勾画 ITS 实施路线图所用列表

ITS 的路线图是一种将规划和观念变为现实的方式，它确定角色和责任人，并指明如何才能使利益主体自我组织来落实框架规划。以下是清单中必须确认的主题。

人力资源

❖ 确认和保障私营和公共部门的作用，明确各自的控制领域和影响；

❖ 确定谁是领导和拥护者；

❖ 发展所需的组织和机构的能力；

❖ 保证协调关键参与者之间的手段到位，或采用已有的协调方式；

❖ 引进专业化开发，培训 ITS 项目规划和相关技能。

合同及法律需求

❖ 取得必要的 ITS 通信设施及支持服务；

❖ 制定共同的定位参照系，建立本地定位“信息基础设施”和定位参照数据库、地理信息；

❖ 解决数据所有权，定位参照、质量控制和交换的问题；

❖ 地址隐私与安全问题。

5.3.3 有效的协调机制

关键参与者之间的有效对话是将概念转化为现实的组织性行为手段。任务组的主要参与者能帮助起草自愿协议和谅解备忘录(MOU)，体现参与者之间的共同关注之处。例如在欧洲，有两个论坛提供涉及跨境数据交换和提供在调频电台中发布的独立于语言的数字广播系统/交通信息频道(RDS/TMC)的基础性的备忘录。这些论坛创造机会让所有相关的各方展开讨论，并探寻实际问题解决方法。这一实体随着高级 ITS 发展的协调而改变时，一定要有足够的级别，能够促成主要参与者就 ITS 体系框架、数据交换格式、标准使用等达成一致。首次推向市场的 ITS 服务需要自愿合作协议。例如：主题为交通运输通讯的国家经济论坛在德国联邦召开，由联邦运输部长主持。它作为一项战略公共/私营合作关系(见图 5.5)运作，并一直极力促成在该国的先进的驾驶员信息服务的业务架构。

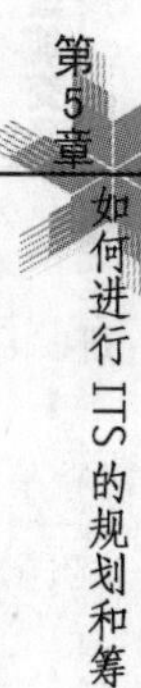

德国关于“运输的远程信息处理”的经济论坛

1. 公共／私营参与的成员

❖ 管理机构（盟国，联帮，城市）
❖ 公共运输公司
❖ 私营运输公司
❖ 服务提供者
❖ 汽车产业
❖ 电子产业

2. 基本的协议

❖ 技术和服务的竞争
❖ 私营服务的重点项目
❖ 应用系统的互操作性
❖ 多式联运应用的设施
❖ 没有新的法律规则
❖ 公共／私营参与者对交通数据的管理

3. 基础性经验

❖ 给合伙人讨论机会的论坛
❖ 私营ITS服务必须提前完成的框架
❖ 公共部门当前实施的ITS
❖ 私营运营者提供的个人交通信息和导航服务
❖ 运输部门需要的民用全球卫星导航定位系统
❖ 服务和系统应具有互操作性

图 5.5　ITS 德国实施协调图

一个有高层政治背景的国家或区域执行委员会，可以非常有效地召集所有主要参与者集中实现一个共同的目标。这需要一个专门的在各支持单位间进行协调的组织或由某种参加机构成联合成立的技术组织。国际的、国家的、区域性和公共/私营合伙组织，像美国 ITS 协会、加拿大 ITS 协会、欧洲 ITS 协会(ERTICO)、英国 ITS 协会、澳洲 ITS 协会、日本 ITS 协会(VERTIS)，在建立这一协商机制时可以发挥自己的作用。

与此同时，在国家或区域性范围，建立一个 ITS 主要参与者的咨询组织也很有用处，为了达到咨询和顾问目的，应包括重要的私营部门参与者。在美国的明尼苏达的 Guidestar 项目遵循了这一方式。在巴黎成立了道路信息广播服务提供商的协商委员会。在日本，VICS 协调理事会负责规划 VICS 出行者信息系统(案例研究 14)。

5.3.4 运行协议

机构之间和公司之间的合作应要求正式化。公共/公共、公共/私营、私营/私营的合作协议和合同往往是很有需要的。这些协议可包括诸如当事人之间的非正式协议、合作的日常业务工作以及涉及共同系统分享的更为目标远大的正式合同和谅解备忘录(MOU)。介于二者之间的是数据交换协议，包括具体商定的数据格式、数据质量最低要求(例如准确性、及时性、数据整理或合并的程度)。涉及到以 ITS 为基础所提供的信息服务的协议关系和信息流会相当复杂。例如，一个私人服务提供商可能需要取得 5 个级别的协议：

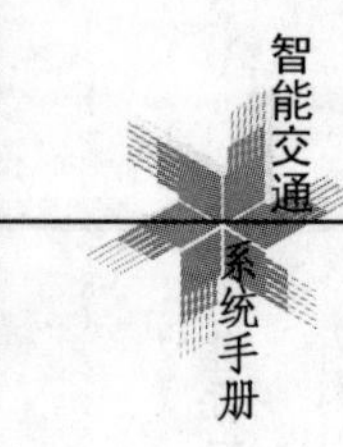

❖ 与公共数据提供商；
❖ 与不同的交通网络管理者和服务运营商；
❖ 与另一私营数据供应商，如果有的话；
❖ 与电信运营商，其数据和资料直接传送给用户；
❖ 与向用户提供信息的终端用户或中介，如汽车协会。

大部分基础工作应在框架规划阶段就已完成。如果 ITS 框架分析已经完善，数据的交流与传递、信息、机构之间的电子交易等需求均可以相当精确。建议采取这种做法，以确保各方的业务需求获得满足。主要措施如下：

❖ 确定战略联系和提供所需 ITS 服务的合作具体性质；
❖ 找出差距，制订方案，整顿机构；
❖ 跟踪可能会有需求的数据交换、信息流、业务环节；
❖ 降低互有需求组织之间的会见规格；
❖ 在关键参与者中发展业务协议或谅解备忘录(MOU)。

正是由于个性化的需要和资源，任何两个参与者的要求都可能会有不同，如果条件适宜，可以细化合同或正式协议，这样接收部分就能保证从发送端提出的最低性能规格，如果没有达到最低要求，还有补救的方法。

5.3.5 通信规划

良好的沟通和公共信息战略，以及随后的项目管理中保持关注是非常重要的。

疏忽在合适的时候采取沟通策略，是某些项目失败的根源之一，而关注这一点的项目获得了成功。特隆赫姆收费环路（案例研究 17）赢得公众的支持，部分是因为它的正面宣传。同样原加州智能走廊（案例研究 36）更是一个充分沟通后获得成功的案例。由于所考虑的实体的数量和层次不同，故事也不尽相同，但各方在共同的使命下联合起来。

如有可能，应任命一个项目经理来促进沟通，注重细节，克服体制问题。项目经理可以从项目开始到实施，给项目提供驱动力并相互协调。

5.4 投融资与合同

5.4.1 预算规划

预算环境、融资需求、运行费用等困难是在 ITS 项目实施过程中经常遇到的。政府部门和公路运营管理者常受到资金限制是一件众所周知的事情。从不止一家机构获得稳定资金相当重要。对于多家机构共同负责开发的项目，细致的调整预算和其他资金投入是最基本的要求。

ITS 服务对当局达到其公众政策目标的有利程度，是影响公共部分投资多少的首要因素。例如，假设当局可能会列“推动 ITS 应用”为一项重要条款，因为当局拟“通过在换乘处提供交通信息促进综合运输发展”。资金的优先顺序与提供等问题经常会拖延项目。有些项目最终是自筹资金，但它仍然需要启动资金支持。例如：挪威 Trondheim 收费环线、澳大利亚 Melbourne 城市联络线、加拿大 Toronto 407 高速公路、英国伦敦拥堵收费项目等（案例研究 1，5，17，31）。

当大量的中小投资方共同分担责任时，可能会加重资金滞后的情况。反过来，这样的情形又导致投资方不愿意推进一些项目，这些项目覆盖更广的地域范围或者包括了当局并不直接负责的交通运输方式。在一个放松管制、多方运营的环境下，（如许多国家的货运物流业，也有部分国家的公共交通业等）则会有部分私人愿意投资于共享的交通信息控制系统，此系统有助于提高企业竞争力。

为避免资金问题成为拖延的根本原因，应采用一种能尽早见到收益的新的项目融资方式。透明的成本花销也能够增强人们投资的愿望。要特别就技术选择给予关注，以保证技术合理性，并把投资风险降至最低，同时要考虑资金限制，还要考虑通过提高道路通行能力或者改善环境等措施以尽早获益。

5.4.2 合同形式的变革

现在已有一些新型合同形式，它们能把项目失败的风险降至最小、有效控制开发成本，并确保有效的风险管理。下面给出 6 个可选方案，每一个均在融资和资金获取等方面有所创新，并举例给予了说明。上述方案并不是完全确定不能改动的，可存在多种方案并存的情况。

(1) 建设、运营、移交

在这个方案中，城市或地区采用与私人签订合同的方式进行 ITS 项目的设计、建设、运营与维护。项目由委托方的代理机构进行管理，但由相关行业管理部门进行主持，其中行业管理部门也参与合同操作。合同期限一般最少为 10 年，有些情况下可以为 25 年。这为收回成本提供了充足的时间，最终系统要移交给公共管理机构。如果系统性能并没有达到预期指标，则要单独区别其接续成本，以延后移交时间，比如说四年。要求承包方在项目建设期有资金合同，并提供系统性能合同或其他形式的关于合同年度完成情况的证明。

建设运营移交方式是平衡承包方风险和公共财力合同的基础形式。建设运营移交的更高发展是在进行 ITS 服务时使用私人资金。为了吸引私人投资，相比市政基础设施项目而言，ITS 项目或许需要一个更短的回收期，因为技术面临着过时的风险(可能是 10 年而不是 25 年)。

更进一步的合同形式是，把技术选择、系统设计完全向承包方开放，由委托方机构设定严格的系统性能指标。比如，被指定运营交通控制中心、并安装交通监控设备的承包方，即可放手去选择交通监测系统以满足系统性能和输出的需要。

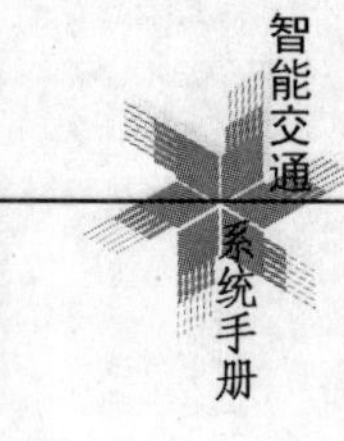

建设—拥有—运营—移交(BOOT)方式的一个例子是 Melbourne 城市联络线，这是一条个人投资 20 亿澳元、全电子收费的长约 22km 的高速公路。Melbourne 城市联络线管理部门考察并推动这个项目采用 BOOT 方式。维多利亚州和私人的 Transurban 城市联络线公司签署了一个 34 年的合同，其中 Transurban 城市联络线公司要设计、建设、投资、运营、收费和维护这条城市联络线(案例研究 1)。

例子：区域高速路管理系统。

(2)成本设计

在这个方案中考虑两种方式。方式一采用一个两步骤的方法。组织机构向已选出的多个候选承包方(如每个承包方已经通过机构的审核，他们具备项目所需的技能和能力)提出一定要求。同时，项目的总投入是确定的。第一步，要求每个候选承包方递交一份详细的建议书，应包括满足合同需求所采用的各种方法、相关供应商，以及工作计划提纲等内容。可基于各候选承包方所共同的需求来修改组织机构的要求以更好地满足系统需求。获准的候选承包方将在第二阶段就成本和其他一些标准进行竞争。在合同签订之前未开展详细的设计工作。

方式二是基于第一步提交的材料进行确定。合同应要求在系统实施之前，需提供双方认同的详细设计文件。基于双方共识，这些文件即是最终的合同。如果未达成共识，合同终止，同时费用基于在详细设计开发中发生的费用核算。

例子:中等规模的高速公路和交通信号管理系统。

(3)特许经营权

就特许经营的项目,城市或地区交通主管部门会综合考虑项目的目标、承包方的能力、目前可用资源、需要公共机构提供的资金等因素,向候选承包方征集项目建议书。特许经营者的选择,将考虑其提供公众信息服务情况、其将来自主运营的商业计划、提供信息免费程度的保证情况、对公共资金的使用与计划等因素。资历与经验也将列入评价因素。自主运营的最长期限(一般5年)和特许经营的最长期限(比如10年)会特别注明。ITS特许经营可能对国家税收服务的变革赋予了新的内容。然而,如果特许经营的商业假设并不足够强壮,那么此项商业行为即会在特许经营年限内以失败告终。

例子:区域出行者信息服务。

(4) 系统租赁

当公共机构重点关注跨年度系统的技术老化程度、人员安置、年度投资限制等状况时,租赁方式是有用的。租赁将包括运营与维护。对各候选项目建议书的评价是基于最大价值分析。经过一个特定的时间段(比如10年)各机构将拥有主要的基础设施,并且有权去购买电子设备。基于技术变化和电器设备的期望使用周期,政府部门应该有权利延长租赁期或者签署新的租赁合同以涵盖更新后的设备,同时继续运营与维护。

例子:中等城市的交通管理系统。

(5)采购代理

在本方案中,城市的政府机构希望能牢牢掌握系统的各个环节,如政府机构自己设计,并拥有自己的技术支持人员。代理公司被委托在推进项目广告与宣传、保障时间进度、协调机构间的费用支付与发票支付、管理合同文件等方面给予支持。其目标是集中于特定点,并加快相关过程的推进。委托公司的选择是竞争的结果,主要考虑其谈判价格。雇佣代理公司处理系统中各个环节,是许多国家在缺少可进行合同谈判的内部技术人员的过渡期所通常采用的一种形式。

例子:整合的交通管理系统——中等城市。

(6) 系统管理者的方法

某地区的政府机构就以技术咨询的方式进行系统设计、借助于代理公司的帮助、提供必要的整合和培训服务等达成一致,这样牵头的交通部门就可以接管整个系统。系统管理者或许还需向高速公路管理部门提供必要的软件,并整合升级各子系统。各机构应征集"界定系统管理者功能与作用"的建议书。系统管理者则被授权按照此界定开展工作。为降低开发新软件的成本与风险,政府机构应让系统管理者投标方明确他们将应用什么软件去满足项目的功能需求。

例子:地区高速公路管理系统。

5.4.3 公共机构采购程序

5.4.2 部分描述的合同创新形式在公共机构和私立机构分摊风险方面给出很多灵活性，因为这些创新的合同相对较新，所以谈判中也带来一些意想不到的新问题。因此公共机构会雇佣很多专业的法律顾问、私人财务顾问、商业顾问以及技术顾问帮助合同谈判。根据多评估标准，只有那些能够确保达到最佳效果而不是花费最少的合同才能得到批准。每个标书都要根据以前设置好的标准进行目标评估，用于评估标书的标准应该让每个申请者及时获得。共同过程如下：

资格审查

候选承包者应该在获得提名竞标公司之前证明自己的财务和技术实力。

"双信封"投标

获得提名并经过预审的竞标公司，在信封 1 中提交自己的方法陈述和质量保证措施，不需要提及花费；在信封 2 中包含花费信息。这两个信封完全独立评估，当评估结果拿到一起时，对不同标书的花费进行比较，在质量和价格之间进行平衡，结果就出来了。

与新合同有关的公共部门问题如下：

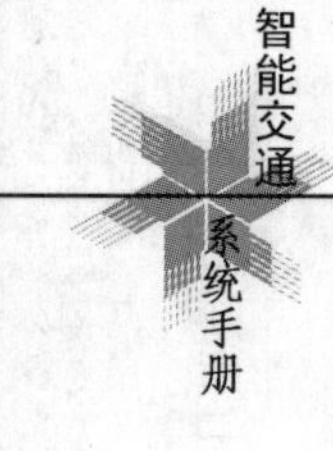

❖ 允许的范围和影响：允许供应商采取技术方案的范围，以及对其他 ITS 合同可能带来的影响；

❖ 在公私合作末期花费的恢复：所有权、许可权、设备、建筑及其他设备的租用；

❖ 分析"最好价值"的标准，特别是针对不同风险种类和程度的分析标准；

❖ 在使用公共资金时，需要确保透明度和适当性；

❖ 在投标阶段，竞标公司之间允许/或要求共享的信息量；

❖ 在不同环境下，单来源采购的正当性及可接受性；

❖ 可靠性：比如谁应该对投标人选择的非定制的软件缺陷负责。

私营部门涉及合同谈判的问题如下：

❖ 开发"加速"程序的范围，这些程序与公共部门使用的传统过程不一样；

❖ 要求的保人，联结及保证书；

❖ 用于确定可接受性能的措施；

❖ 成本回收的含义；

❖ 建议的商业机密性和成本信息；

❖ 在公共资金使用、风险以及再销售价值之间的平衡；

❖ 可能发生的合同的前中止的成本；

❖ 处理公私合作伙伴之间分歧的程序。

针对以上问题，尽管处理问题的基本原则都一样，但每个案件的解决办法都不同，争取在保护私营获利动机和公众兴趣方面获得平衡。工程资助者需要足够的时间来处理与私立部门的协商事宜，一个复杂的工程，可能需要 2～3 年的时间进行协商。例如在墨尔本就邀请两个银团来提供和运营城市联络线项目，工程的财务和电子收费系统是主要难点，这两个难点的评估用了一年多时间，并且是墨尔本城市联络线当局遇到的最大挑战之一。

与适当的投标人协商，并且一旦主要谈判失败后作为后备方案，这种方式的采购在人工时间上的成本可能较高(也对投标人也一样)，特别是当存在分歧并且谈判延长之后。做好准备工作可以克服这些不足，如果 ITS 的功能需求、服务性能需求以及合同自由空间都经过仔细考虑，并且在投标邀请文件阶段准备得尽可能清晰，那么对所有相关方都有帮助。

5.4.4 风险处理

在设置 ITS 服务阶段遇到的风险不可避免地反映在合同的谈判过程中。首先，这些系统有一些固有的技术风险以及改进风险，这是个艰巨的问题。新的服务如果使用现有的、成熟的技术、设备、设施以及基础设施要比开发新东西在财务上要划算得多。新的 ITS 系统只能在推广应用后才能消除人们的怀疑。

承包人只有在获取相当利润的机会存在时，才愿意开发 ITS 系统。对 ITS 的某些业务，承包人只希望确保工作就可以了，特别是那些必须与属于公共部门或其他团体的现有系统进行业务交互的功能。因此承包人可能会从第三方寻找担保，以规避这些风险。另外，促进人必须应付这些常规的生意风险，其可划分为以下几种：

- ❖ 投资风险：根据投资的总资金及产品投放量；
- ❖ 运营风险：包括组织运营和设施维护的花费；
- ❖ 商业风险：评估服务潜在市场的风险，该服务由组织提供；
- ❖ 调整风险：现在及将来组织被当局调整业务方式带来的风险；
- ❖ 技术风险：可能由竞争者用来开发高级产品的技术。

面对所有这些不确定性，公众部门和行业有可能不愿意投资新服务。针对没有验证的 ITS 市场，专用协议——哪怕只用几年——对促进者来说，意味着更安全的财务基础，并且如果启动资金过高的话，可以提供一定程度的缓解作用，缺乏这样的保证措施有可能导致市场失败。Autoguide 和 EuroScout（案例研究 12 和 25)就是两个这样的例子。上面描述的新合同格式以及创新的采购方法被设计成适度分配 ITS 风险。

很幸运的是，在风险评估和分配方面逐渐积累了很多经验。公众机构将会发现他们自己要涉足于与私营部门进行风险评估和减轻的谈判。风险体现在售价以及给定的担保中，这些担保可能包括长期特权或运营执照，限制竞争的条款，或者为承包人提供开发 ITS 便利的条款。另外，合同还要描述如果事情进展不顺，需要用到什么仲裁程序。

5.4.5 唯一提供商或者竞争？

随着ITS服务从实验到运营的转变，竞争的问题逐步变得重要起来，因此很有必要在政策和ITS行业需求方面进行平衡，并且在顾客、供应商，服务提供者和用户之间建立双赢的合作关系。另外，使小中型企业更深入地介入ITS服务、开发比较理想、满足当地需求。该问题的核心是供应商如何回收ITS系统及产品开发的成本，特别是当公众部门是主要的，有时甚至是唯一顾客的情形。早期的先驱顾客，可能为后期顾客收益的开发和解决问题方案买单，前期顾客也不必和其他人共同承担这些开发花销。

ITS规定常常导致自己自然垄断，因为需要达到路网的大范围地理覆盖以及提供高投资修建基础设施。例如用来获取及处理公众数据的单个城市范围内或给某个地区代理的专用特权协议，有一定的吸引力，但在市场的大背景下，可能被认为是垄断的。对于制定交通和出行者信息中心专用业务的当局来说，这是有好处的，因为当局只需要制定一个协议并且与单个供应商关联就可以了。但是授予单个供应商的特权也可能导致抗议或引起法律起诉，以及付出更高的代价。对这些特权合同进行竞标，是一个显而易见的解决方案。

公众机构的一个难题是对ITS是否选择单源或多源的系统、硬件、软件及通信，该问题对于大合同，如交通控制、高速公路管理系统、电子收费系统，车队管理系统等更适用。如果指定开放的结构、标准、非专有系统，那么维持供应商的独立性更容易。鼓励多源和价格竞争的战略有助于防止由一个垄断供应商把所有机构变为一体。

5.5 公共－私营合作

5.5.1 与私营部门合作

传统上，路网运营者已经提供所有的基础设施系统作为道路网络的一部分，其中包括诸如交通信号、动态情报板、收费系统。电信和广播电台也为他们提供了相应的系统和网络服务。汽车工业已制作车载系统，包括一定范围的广播和移动通信设备。

私营部门通常以某种形式的公共—私营合作关系参与进来，并提出了新的财政问题，以及前所未有的、棘手的且尚未完全解决的采购问题。由于受到公共利益与商业机遇相结合的潜在影响，私人筹资计划已被提出用于ITS项目。

欧洲、日本和北美现在有越来越多的私营部门参与ITS的案例。私人部门参与其中的现象呈现出对任职于公共和私营部门的交通运输专业人员的新的机遇与

挑战。同时公共机构期望私营机构能多多参与 ITS 基础设施的投资、运营及配送服务。原因有多种,但主要有四项基本动机:

- ❖ ITS 可以为新产品和服务创造市场;
- ❖ ITS 需要大量的财政投资;
- ❖ ITS 依靠进入国有或控股交通运输基础设施建设的门槛,从而产生与公共机构(道路部门和警察机构)的积极合作;
- ❖ ITS 服务模糊了公共和私人机构之间的功能界限。

我们已经看到,ITS 的世界往往需要高投资来达到可接受的效果。公共投资和商业经营的投资周期不同。此外,私营资本的机会成本远高于公共部门。社会经济利益很高的地方,财政激励由公共当局负责应该是合适的。由于与其他主要的基础设施投资一样,投资回报率可能是长期的,但通常私营部门需要短或中等的回报期。这种现象可能是私营部门和公共部门进行项目合作一种内在原因,私营部门参与的机会可能受到其他因素的阻碍,如:

- ❖ 缺乏商业可行性:市场失灵或不切实际的市场规模观念;
- ❖ 公共部门和私营部门之间不同的做法的风险,尤其是私营部门对市场风险的敏感度;
- ❖ 在公共部门与政府之间应对私营部门,存在官僚机构复杂和职责混乱;
- ❖ 跨领域的较差协调问题,会影响交通、通信、商业、工业;
- ❖ 不可预见的法律责任,对工程可行性的影响;
- ❖ 信息所有权和知识产权问题。

尽管有这些困难,公共—私营合作关系具有在公共部门文化和企业方式之间建立协调的潜力。合作伙伴的双方可以利用自己的拿手技能和专业知识,携手经营(见图 5.6)。具体来说私营部门的实力在于企业文化,更容易使个人获得"高科技"的专长,加上更大的灵活性和多样性,便于为不同市场部分组织并提供服务,同时使用不同的技术。私营部门可以带来对利润的强烈动机,能够得到投资市场青睐而没有困扰公共部门的跨机构界限制约。当启动一个全新 ITS 的跨机构多责任业务时,最后一点尤为重要。公共部门的实力已大为不同。公众服务文化根深蒂固,传统的所有交通及公路技术都植根于地方道路和公路机构——这些技术配合"高技术"的私营部门的技能。公共部门能够提供稳定的制度框架,涵盖安全、技术标准、开放系统和系统的有效性,以及环境影响。公共当局对公平问题(社会的成本和收益)比对预期市场和利润更敏感。但是,也有巨大的文化差异需要沟通,特别要求有关商业秘密的,违背公共机构公开账目需求的成本、收入、利润等必须公开,以抑制对公款的挪用和浪费。这些分歧需要加以确认并允许其在合作规划中出现。

成功的公私合作关系的五个要点：

❖ 提供有效的服务过程中共同的利益。

❖ 在公共和私营部门之间各方面的运作中有明确的责任划分的合作努力。

❖ 比公共部门的单独运作更灵活的分担成本和收益关系。

❖ 私人利益福利与客户服务的质量。

❖ 公共部门对广大公众的利益的关注，尤其是没有用户的福利。

图 5.6　成功的公私合作关系的条件

5.5.2　创造私营部门投资环境

建立合作关系需要信任、理解、承诺和沟通。任何一点的缺失都会产生问题，而当一切都严重受损时困难就不可避免。没有信任，达成对项目目标的共识和解决工程技术问题就变得很困难。相互信任就是在为共同的目标而努力、合作伙伴兑现其承诺中建立起来的。应认识到自身的角色和责任，并承诺共有目标，推动项目朝着实现逐步前进。对新的和优先的 ITS 而言，设定框架规则和指导并消除体制障碍，公共部门必须承担关键角色。这些体制安排由框架规划给出。通常，在商业和旅游交通信息服务领域，私营部门要求公共机构给予以下的部分或全部授权：

❖ 一个公平的对所有服务运营商开放的公共投资的数据(即无价格或数据和信息的歧视：覆盖率、可靠性和提供速度)。

❖ 获取公共当局采集的交通数据的可靠保证，包括公共机构可能引进的可靠预测数据的任何变化。

❖ 获得不需要多种不同机关批准的经营权，提供动态信息服务和广播信息到用户。

❖ 获得安装和维护交通监测设备的机会，以增加公共机构数据来源，保障数据的质量、可靠性、全网络覆盖(案例研究 27)。

❖ 通过守则或规章制度进行明确的指导，在关键安全性车载设备方面的设计，主要设计的人机界面(屏幕显示器、手动触摸板、交换机、语音指令等)。

英国有个独特的案例。英国政府在发放许可时提供了一个框架，有利于实时驾驶信息、路径引导和导航服务的开发。政府想尽力避免从业者必须从每个地区或城市当局都取得经营服务的许可这种情况发生。不过，商业上的压力是要提供给客户所有的节省路线选择，并给他们提供最好的本地可用知识。这时需要考虑交通安全和环境因素，本地团体的代表会希望在运营中特别是在货车路线上提出这些条件。英国立法建立了一个有利的经营机制，让某些驾驶员信息系统必须获得经营许可权，并有附加运营条件的权力。这些附加条件覆盖了如安装路侧设备，或可用于动态路径导航系统的路线(后者有利于交通管理秩序和交通安全)。由于竞争的目的是鼓励提供服务，因此没有独家发行许可的权力。

5.5.3　可选的合作形式

公共和私营部门联手推行 ITS 有更广泛的可能性 (见图 5.7)。有关 ITS 合约的概念介绍见5.4.2节。这里有四个合作伙伴类型，私营部门自由控制依次增加，公共部门的控制依次减少，他们分别是：

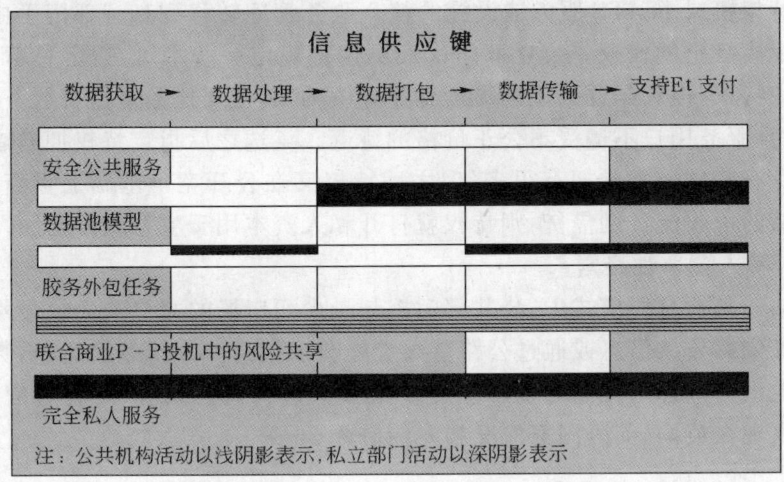

图5.7　实时交通与旅行信息(TTI)服务传输的不同商业模型

- 以公共部门为中心的经营；
- 承包经营；
- 特许业务经营；
- 私人竞争经营。

这四种类型的主要区别是私人运营ITS服务的风险程度和多大程度上允许市场力量运作。

(1)以公共部门为中心的经营

在这一模式中，公共机构在代表自身发展上保持了一个很高的水平，公共机构会规定具体条款，容许私营公司专许经营，但是不介入日常运作的纠纷。其主要作用是监察服务标准是否保持，用户会不会遭受不公平的服务价格。正常情况下专营权持有者应竞聘后获得授权。通常专营权独家运营很多年，此后专营权一般基于开放竞争准则来重新招标。如果有足够的业务收入来源偿还借款，特许经营对私营资本就可开放业务。在法国、意大利以及美国，这种方法随处可见，在那里民营收费公路经营者通过电子收费方式节省人力成本，减少客户在收费站的延误。

(2)签合同的业务

更高级别的授权是指定一个私立部门公司来管理和提供这些服务业务，比如通过资源管理合同。公立机构保持对业务政策的控制并给出方向，但私立公司运营日常业务并维护ITS服务。当局起草他们想看到的开发产品或服务的输出规范，并且通过邀请公司递交竞争性的标书来完成该工作，性价比最好的标书被选中。后续的合作遵循专有的合同期基本原则。正常情况下，在选择优先合作伙伴时,使用“合作建议请求”来确保尊重公开竞争的正常公共获得原则。

(3)特权业务

在特权模式下,ITS服务或设施的整个业务管理转移到私营部门手中,并对其开发有很高级别的授权。公立部门代理机构将规定一些术语,指定私营公司能够享有这些特权,但它是逐天逐渐渗透到业务中的,其主要任务是监督服务标准能够维持,并且服务用户不遭受不公正价格的待遇。竞选之后指定特权拥有者很正常,特权在专有基础上常常拥有很多年,之后特权又在公开竞争基础上重新分配。如果有足够的税收流资助借贷,则特权就打开私人资本用于生意的可能性。

(4)私人竞争性经营

公共—私营合作模式中,公共部门控制最少而市场的力量最大。显然,驾驶员信息服务依靠公共信息或通过公路基础设施获取信息。为了鼓励竞争,数据、信息以及其他由公共部门控制的资源要提供给多个公司,例如提供驾驶员信息服务的市场已出现在英国(英国国家概况和案例研究26~30)。

5.6 结论

ITS中的关键体制问题在于:实施规划、与私营部门合作、融资及采购。涉及到ITS的交通专业人士必须熟悉这些可选的和创新的方式来解决体制问题。

❖ 欲投资ITS的从业者应与主要参与者一起,经过一个全面规划咨询过程。本章的重点在于一个被深入研究和良好搭建的ITS框架规划的价值,并能为ITS实施规划的准备提供信息,然后建立一个详尽的计划方案。

❖ 机构之间的协议是保证集成ITS运营的一个重要手段。当多个组织之间形成合作关系,尤其是部分包含私营部门的情况,每个合作伙伴的角色,及其衡量成功的方式,对各方都必须绝对明确,最好早就记载在谅解备忘录中。

❖ 为有效实施ITS,公共部门应考虑与私营部门组织密切合作,同时充分利用每个部门对ITS实施的不同贡献。

❖ 由于ITS的业务性质和特点,交通运输部门应实行开放、创新的、新形式的公共采购和融资计划。

参考文献和注释

1. See The Roadway INFOstructure What? Why? How? TRB, Washington 2003 at http://trb.org/news/ and the INFOstructure demonstration Project iFlorida at: http://www.its.dot.gov/JPODOCS/ REPTS_TE/13838.html

2. Seehttp://www.kantei.go.jp/foreign/ 990209guideline-aits.html for the full reference

3. IVHS America. “Strategic Plan for Intelligent-Vehicle-Highway-Systems in the United

States". Washington DC 1992.

4. http://www. itsa. org/subject. nsf/vLookup Report/10+Year+Plan! OpenDocument
5. http://www. its-jp. org/english/topics_e/e-strategy. pdf
6. http://www. cfit. gov. uk/reports/10year/second/
7. http://europa. eu. int/information_society/programmes/esafety/index_en. htm
8. http://www. itsa. org/resources. nsf/Files/ PPRA_Security_Final/ $ file/PPRA_Security_Final. pdf
9. http://pespmcl. vub. ac. be/ASC/GAME_ THEOR. html gives a summary of Game Theory
10. Ervin R D and K Chen, "Toward Motoring Smart", Issues in Science and Technology, Winter 1988-89, Vol. 5, No. 2, 1988.
11. Timothy D. Hau, "Electronic Road Pricing: Developments in Hong Kong 1983-1989," Journal of Transport Economic and Policy, Vol. 24, Issue 2, May 1990.
12. European Commission. "European Memorandum of Understanding for RDS-TMC Services with ALERT functionality; European Memorandum of Understanding on the Use of Interoperable Mechanisms for International Exchange of Traffic and Travel Data/Information between Road Traffic Centres" Berlin, 1997.
13. http://www. bmvbw. de/English-Content-. 454. 2218/Telematics-in-Transport. htm
14. See: for example (http://www. dot. state. mn. us/guidestar/itscomm. html)
15. Rupprecht, Siegfreid, and M Wolfram. "Practioner's Handbook for TTI Service Implementation in European Cities and Regions". European Commission DG INFSO. Brussels, Belgium 2003.
16. Hoffman S. "SCOTIA Forging a Public/Private Partnership for Better Driver Information". Proceedings of the 2nd World Congress on Intelligent Transport Systems, Tokyo. 1995.
17. http://simap. eu. int/EN/pub/src/main2. htm gives a comprehensive and multilingual summary of pubic procurement guidelines with cross-references to worldwide sites.

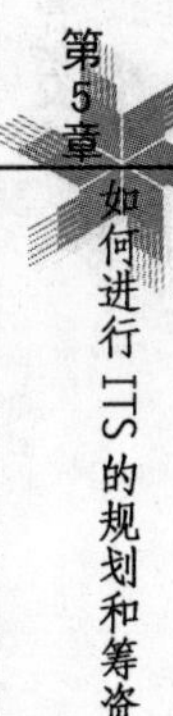

第6章 如何启动 ITS

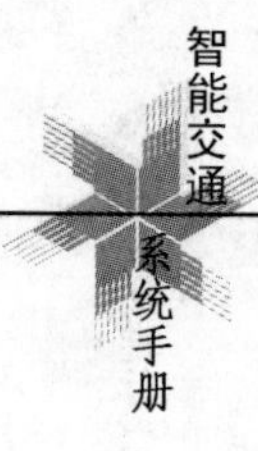

无论哪个国家,在实现ITS的过程中运输专业人员都扮演着中心的角色。由于没有或者很少ITS经验,许多人可能会因为不熟悉技术或者ITS制度方面的因素而感觉不舒服,即使那些在某些ITS应用领域有一定经验的人,在其他应用领域提出ITS项目时也感觉到不容易。幸运的是,过去15年里,全世界在主要的ITS应用领域都已经进行了开发,通过一系列的努力提取这些积累的经验,将之转换为从规划和项目层面如何启动ITS的一系列建议。本章不仅总结了这些建议,还介绍了前面各章中提到的重点问题,虽然这些建议主要面向公共机构运输专业技术人员,但也希望私人机构和非盈利组织的从业者能找到有用的建议。

6.1 在规划层面开展 ITS

早期的ITS研究和开发活动都始于孤立的示范项目,但现在所有致力于ITS开发的国家都建立了正式的ITS规划,以确保ITS项目之间的一致性和协同性、投资的连贯性、公众服务和新资源的系统性发展,使ITS成为可靠的解决交通运输问题的有效工具。

6.1.1 国家 ITS 规划构成

大多数国家ITS规划往往是一个包括公共机构、私人机构和非盈利机构等多利益团体的集合,这是因为ITS规划一方面要求交通基础设施和车辆(车队运营商和驾驶员个体)之间的交互,另一方面还有新参与者之间的交互,诸如交通通信运营商等。大多数国家,政府公共部门负责大多数或所有交通基础设施,私人部门主导车辆以及车辆电子设备的开发和制造,因此在构建ITS规划时,公、私部门都是不可或缺的。在某些国家,由于涉及先进的信息和系统技术,而且这一层面的协调也是需要的,因此研究机构、学术机构和非盈利机构起到了关键的作用。

一个ITS规划的建立和维护可以通过国家法律或者高层政府推动,尤其是投资方面。如果没有这个,许多全新的ITS行动将是困难的,启动也是不可能的。授权的、立法的效果包括介绍ITS是提高道路通行能力的方法的基本新政策,也包括激励私营企业进入ITS市场的新政策。授权的立法也鼓励新组织框架的产生,这样不同层面的公共机构们可以紧密地一起工作,还可以为ITS领域提供多年的资助。这类立法方面的案例包括英国1989年的驾驶员信息系统法案、1991年美国的综合地面运输效率法案(ISTEA)和1995年日本政府的推动先进的信息和通信社会基本指南。

国家协作的范例

在美国,根据立法设立了ITS联合计划办公室以协调大量的运输机构——联邦公路局(FHWA),联邦公共运输局(FTA),联邦公路交通安全局(NTHSA)及其他。

在日本,5个与ITS相关的国家省(后合并为4个)通过省际联席会议共同工作,并与ITS国家中心相呼应。

在德国,联邦运输、建筑和房地产部于1995年创建"交通通信与控制经济论坛",该论坛聚集了该部高级别的代表,与通信和车辆制造商一起为建立远程服务而设立规则和指南的框架。

授权立法后,相关政府机构之间的继续合作和协调是实现立法意图的基础,当然,任何重要的立法和政策宣言通常代表了ITS利益团体间或利益群体间达成共识的漫长过程的一个成果,就像第5章描述的那样。实际上有些利益团体一开始可能持反对立场,他们是需要被争取的。例如,早期某些国家环境学家对ITS的怀疑论,仅仅在进行了ITS对环境的正面和负面影响真实的评估(作为公路建设的可选择项)后就平息了,因为有些专门的ITS项目被开发用来检测和减少环境污染,并使现有交通基础设施得到更有效的利用。

国际合作和国际竞争促进了ITS机制的建立。国际合作的一个好例子是美国ITS协会在20世纪90年代中后期所进行的努力,他们通过访问和提供教育材料以帮助一些国家ITS组织的建立,这些国家包括阿根廷、澳大利亚、巴西、智利和韩国。ITS服务的国际链接(例如,ITS服务在商用车辆边境通关方面的应用)以及ITS成功经验的互惠也是一个很重要的激励。有趣的是,国际竞争也使得那些打算跟上日益发展的国际ITS市场的国家，为ITS项目提供支持。

6.1.2 ITS规划发展

经验表明，在开发ITS政策框架分析（见5.2.2节）的同时，ITS计划的开发要与各潜在的感兴趣单位和利益团体维持有效的联络并且在制度上予以合理的安排。其过程之一就是要确定每个投资商意识到的问题，预期以及潜在的角色等。确保这些组织中的人掌握应对ITS的技能是至关重要的。在战略层的一个必要的步骤就是要开展教育和培训工作，广义上，既要针对ITS相关的技术人员也要针对决策者（也包含政治家们）。

如第2章所述，这里有很多ITS相关技术。选择从哪里开始启动ITS取决于需要解决的问题。然而，在规划层面，有些技术是非常基本的，它们构成了ITS基础设施的一部分，并且引入这些技术使得更多的即将开展的ITS应用成为可能。例如，如果没有电子地图，驾驶员将无法容易的获知相对于目的地的位置。由此，电子地图是车载导航的基础技术之一，并且是必须在导航和路线引导服务开展前就位的技术（案例研究19）。

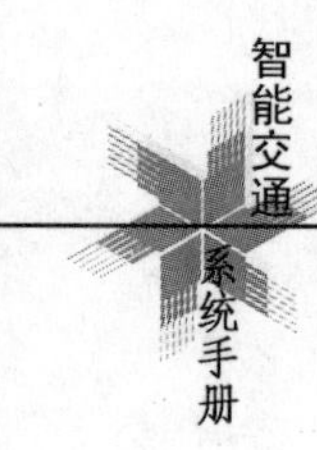

ITS将不可避免的在现有计算机网络、通信基础设施技术与成长中的计算机网络以及通信基础设施技术之间利用杠杆效用进行选择。这使得需要有巨大的资金来建立各种服务——不仅仅是运输相关的服务。计算机和无线通信技术已经进入到快速发展期，在早期ITS规划中，如1992年美国ITS项目规划，Internet几乎未被提及，因为在1994年以前Internet为ITS服务所需的web浏览器技术还不成熟，没有被广泛采用。

在附录C所示的国家概况中，由于不同国家和地区运输需求和传统体系的不同，各国的ITS规划不尽相同，在欧洲、美洲、亚太这三个ITS发展大陆，往往关注不同的执行优先级。即将启动ITS规划的国家，在选择最好的国际合作伙伴过程中应注意有ITS发展经验的不同国家中正在变化的侧重点。

一些没有ITS专项国家规划的国家，在加速发展高速公路基础设施的过程中，在投资预算中包含了一些ITS基础设施的建设。这种方式可以有效运营，并且基本的ITS服务可以直接提供给用户，在随后的国家ITS规划制定后，这些投资也为附加的ITS应用的开展铺平了道路。

6.2 项目层面启动ITS

当ITS的实施由规划层面转到项目层面时，项目的计划就成为焦点。项目计划需要考虑制度前提、财务承诺、可行的技术、先期的行动以及防范机制。基于全世界汇集起来的一些经验，本章6.2.1节针对所有ITS服务在项目层面的开展给出了一系列通用的建议，后面的各节分为六个应用领域给出附加的建议：

❖ 先进的交通管理系统(ATMS);
❖ 先进的出行者信息系统(ATIS);
❖ 先进的公共交通系统(APTS);
❖ 商业车辆运营(CVO);
❖ 电子付费系统(EPS)——尤其是 ETC;
❖ 安全与保安(S&S)。

6.2.1 对所有 ITS 服务的通用建议

对所有 ITS 服务启动的通用建议如下:

目标

作为基本的项目计划的第一步,需明确定义 ITS 服务的目标和对象,需要考虑当前或未来规划层面上特殊的本地需求和不同系统对协作的需求。这些目标需要由各利益团体共同认可。这是如评价标准定义、机构间的协议、进度和期望值管理等步骤的基础。

基线

在启动 ITS 服务之前,需建立当前系统性能的基线,以使新服务相对于该基线设定的场景通过前后对比的方法进行评价。虽然这是所有评价中的第一步,但是很多 ITS 项目拖后执行该步骤或者不收集足够的数据以建立一个鲁棒的基线。

部门间的协议

实际上,所有的 ITS 服务都涉及多个运输机构间的协调和合作。即使是单一管理模式,不同管辖区域的多个机构也可能被包括在内。为避免未来各部门间的误解,在新的协作方式中,每个机构如何严格地运行需要通过部门间协议的方式予以明文规定(见 5.3.4 节合作协议)。

进度

ITS 既包括新的制度安排也包括新的技术。如第 5 章所述,有时这些制度障碍需要通过新的规划方法、创新的财务和/或无先例的公私合营模式等予以规避,这种转变的障碍不是依靠他们心理状态的转变——这需要时间来逐渐适应。因此,应该给项目更多的时间(也许应该 3 倍于原来预期的时间)。

期望管理

ITS 的公共预期,尤其是政治和媒体方面的,有可能不切实际得高,但是随着 ITS 领域的成熟可以在很大程度地被克服。谨慎的预期管理是很重要的,将进化方法引入到 ITS 发展中需要格外谨慎,不能同时试验太多新技术和设备。

负面教训的价值

负面教训是生活在新的技术和方法前沿的成本之一。负面教训虽然不幸,但是不应该当作是失败,负面教训是很有用的,不仅可看作避免未来项目犯错的建议,也可以看作当前项目推进正确措施的反馈。

未来用户需求

由于需要执行很长的时间，一些 ITS 系统需要预测用户需求随着时间推进而产生的改变，诸如系统开始应用 5 年后，未来的用户如何访问信息等。例如，下一代蜂窝移动通信可以在移动中通过传送附加文件的方式交互式获取出行信息，它可以作为车站的信息亭、办公室或家用电脑的重要补充。

6.2.2 对先进的交通管理系统的建议

先进的交通管理系统(ATMS)是启动许多其他 ITS 用户服务的基础。因此，下面的建议与启动其他 ITS 项目的建议往往有所交叉。

部门间协作

部门职能的惯性和对改变恐惧往往是 ATMS 服务所需的部门间合作的障碍，特定的措施在克服上述拒绝改变方面已经证实是有效的：首先，从合作团体到参与合作的部门的利益要清晰和可被理解，示范项目和实地试验是各团体共同工作和认清各自位置很好的方法。部门间的协议也可同时制定，可以使各团体保持与之前一样的各自为公众服务的职责，不丧失对各自系统和信息的管理权。例如，英国的高速公路出行信息平台协议(TIH)(见案例研究 33)。有时，如果有共同的目标或者面临共同的威胁的时候(如在亚特兰大和悉尼奥运会期间潜在的剧烈交通阻塞)，也可以达成罕见的高水平协作。图 6.1 所示为交通管理示意图。

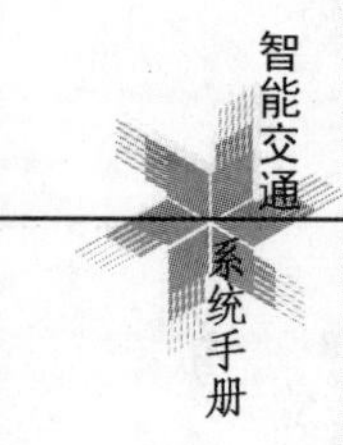

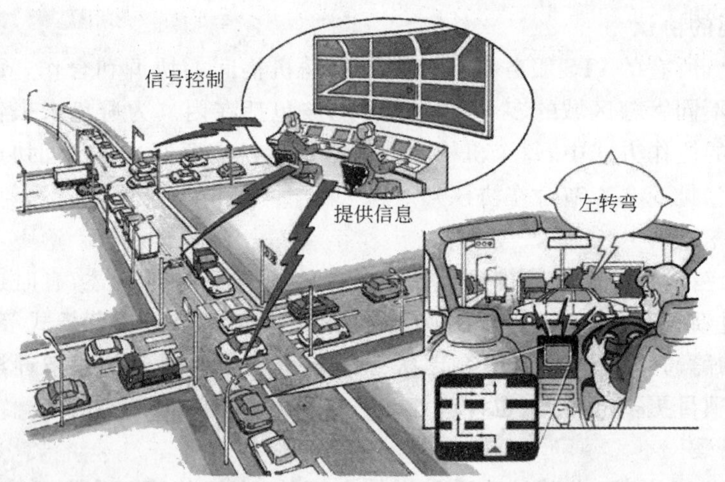

图 6.1 交通管理系统(来源：日本高速公路发展组织)

在收集交通信息过程中，也应包括私营机构收集的交通信息(通过私有直升机、私有交通检测器、探测车)，这些都可以用于交通管理。该情况下公共部门和私营部门间的信息共享必须建立在对双方的敏感度都有清楚的理解基础上：有股东的私营合作伙伴所担心的(如利润底线)，以及公众有投票权的公共部门所担心的(如，政治家可能因此丧失权利)。

另外，必须有足够的时间允许公、私营参与者调节其文化差异。任何情况下，一位强有力的主管领导者或主席来推动项目是非常重要的。

电子信息共享的技术标准

通过电子系统及时的共享交通和运输信息通常是 ATMS 项目的技术基石。这需要参与机构在交通监控方面有足够的投入，并在数据交换方面制定一系列通用标准：报文集、协议、位置参考等。ISO TC204 委员会通过积极推动 ITS 数据登记簿，为达成此目的做了重要的贡献。数据登记簿的基本目标是通过记录数据概念的明确定义的方式支持 ITS 功能区域之间的数据可靠交换和可重复使用。高速公路出行信息平台(TIH)正是利用了数据登记簿的优点，解决了数据拥有者和使用权限问题。软件模型和通信协议也是至关重要的，它由比 ITS 更大的市场来驱动，交通运输领域需遵循这些非运输相关领域的软件模型和通信协议。随着软件的发展，第 3 章所提及的 DATEX 由于无法提供更新的、廉价的软件工具集而受到极大的限制。

适当的运营/维护人员和预算

ATMS 的设计和成本计算必须基于生命周期原则。道路网络不再仅仅提供网络支持，而是通过适当的运营提供一系列的服务。ATMS 的发展规划必须考虑相应的培训的需求，现有的以及未来扩展的运营、维护团队所需的成本。正如第 4 章所述，运营维护成本占 ITS 总资金的比例高于现有基础设施相应的比例。由此，传统的运输机构使用的预算方法需要有所改变。如果没有足够的人员和预算，ATMS 的发展可能会被拖延或缩减。

6.2.3 对先进的出行者信息系统建议

先进的出行者信息系统(ATIS)包括终端用户和通常的供应链中的私营机构。基于这些考虑提出 ATIS 项目的一些个性化建议。图 6.2 给出了路线诱导和导航的机关示意图。

信息的质量

出行者需要的不仅仅是信息，而是出行中、出行前关于他们行程的高质量的信息。路线引导、替换路线服务、可能的延误、拥挤、计划和突发事件、天气条件等都是重要的信息。不同项目中信息的质量界定或重要程度将有所区别。信息质量包括如下因素：精度、时效性、价值、覆盖范围、服务的连续性、实用性和易用性，经验表明上述所有因素都很重要。例如私营信息提供商发现，对他们的用户来说信息覆盖范围的广度和连续性非常重要。不完整的信息价值不大，因此，应该完整地收集一天 24 小时、一周 7 天高速公路和主干道的交通数据。为创造附加值来满足付费用户的需求，英国和欧洲的私营机构不得不投资监控设施和交通检测技术，并用此来补充公共机构收集到的信息(案例研究 27 和 30)。现有许多可用的通过 GSM 蜂窝电话短消息系统(SMS)自动发布有价值信息的示例，如在欧洲，伦敦地铁和其他许多运输经营者会自动向定制用户发送关于非常规延误和服务中断等问题的短消息。作为确保信息质量的处理的一部分，ATIS 设备的维护体制一定要就位并一贯坚持。

图 6.2　路线诱导和导航（来源：日本高速公路发展组织）

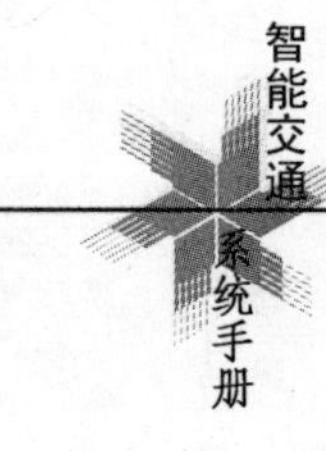

组织文化的差异

公、私参与者都有公共部门文化和企业家实现手法之间创造性协同配合的潜力，另一方面，如果没有有效的管理，这种潜在的协同配合也可能产生负效应。见（案例研究 12），运营公司 COPILOT 中公、私参与者的合作关系由于团体内部相互竞争的公司间的关系过于紧张而破裂。另外一个原因是 COPILOT 与城市之间的关系趋于复杂致使两者之间的合作关系陷入停顿，最后通过共同协议的方式解散了 COPILOT 见（案例研究 9）中，多元文化的差异也是重要的因素。然而，所有案例都说明文化的差异都是能克服的。来自不同部门、不同国家和不同文化的各组织机构间进行沟通并建立相互信任和理解是需要付出格外努力的事。

政治风险

从私营机构的角度看，未来政府政策的不确定性是重要的，有时候是让人无法接受的。正如案例 Autoguide（案例研究 25）所展示的，该案例技术上与 Euro－Scout 案例类似，在对待政府参与的问题上有制度上的差异。获得的教训就是大范围 ITS 的部署，从项目的开始并贯穿整个项目的过程，既包括所有相关级别的政府也包括私营机构，政治风险都要有效的管理。另一方面，有些政治风险恰恰不可预测或不能简单的予以管理。例如，荷兰道路定价项目由于政府的改变使得政策逆转而受害不浅；墨西哥政府的改革，使得必须重新就 ITS 的效益，对一系列全新的高级政府官员开展耗时的再教育；由于政府的更替，巴西在实施高速公路特许权和 ETC 收费项目被拖延了一年之久。

市场需求

由于利益驱动，ATIS私营参与者都是受市场驱动的。随着新的市场预期，他们对ATIS运营试验的兴趣可能会改变。这可能为公共合作伙伴制造难题，尤其是对需要持续数年的运营测试。美国的案例ADVANCE(案例研究34)和欧洲的Carminat案例都印证了该问题。在这些项目的后期，导航系统的市场畅销度低于预期，这些项目不得不缩减并重新定位。也会出现一些相互冲突的市场需求，例如，对于动态路线引导，实践证明基于车辆的用户最优的方法(由私营参与者支持)比基于网络的、系统最优的方法(由公共参与者支持)更具操作性并适应市场。

任何ATIS项目必须寻找建立公共部分数据发布(开放访问)和私有机构增值服务(付费访问)之间适当的价值链。对在途驾驶员信息，由公共机构提供的免费信息通过路侧基础设施的动态情报板(DMS)来提供，而付费信息仅局限在车载设备端。在动态情报板上的公共投资可以根据安全目标或者存在长时间延误和大交通量等因素决定(如巴黎Péripherique案例，案例研究11)。因此，包括私营机构在内的大范围的运营测试的设计应该尽早地考虑市场需求和战略目标，并在测试的整个过程中进行周期性的评价。

通信基础设施的杠杆作用

任何可能的情况下，ATIS服务的通信需求应在固定和移动通信基础设施之间寻找平衡点。然而，潜在的协同需要仔细全面的思考。例如，用于大范围的移动通信的蜂窝移动电话网络的迅速发展弱化了信标技术，蜂窝移动电话在任何时间、任何地点都无需新的和专门的基础设施，它在提供双向通信方面比信标技术有更多的优点。另一方面，蜂窝网络高速数据传输的能力偏低，而专用短程通信信标(红外或微波技术)则具备高速数据传输能力。ATIS在通过电话(有线或无线)和Internet发布交通信息方面的快速扩展主要依赖于通信基础设施的扩展。专用短程通信(DSRC)在其他ITS应用中也扮演重要的作用(见CVO和ETC应用)。一旦建立起来(例如，电子付费系统)，对ATIS来说，DSRC就变成一种高性价比的通信手段——一旦基础设施建立起来就是另外一种可用的通信基础设施。新的正在制定的DSRC标准是基于新的ITS应用角度上去考虑的，新的ITS应用(包括p-商业以及车辆安全)可以通过租用响应时间短并且没有发射时间成本的DSRC。

动态路线引导

动态路线引导概念提供了早期ITS研究活动的初始推动力，如20世纪60年代的电子路线引导系统(ERGS)项目。然而，动态路线引导显示出比原先预想的更具挑战性。数据收集、处理和发布以及制度上的障碍都使得比原先预期更加地复杂。ADVANCE案例、Autoguide案例、Euro－Scout案例和VICS都印证了这一点。技术层面上动态路线引导是ITS的用户服务之一。系统需要统一考虑驾驶员或乘客当前的位置，以及她/他的出行参数(如，时间最短、费用最省路线，需要时的公交路线等)，并需要考虑各种限制(如,非高速公路驾驶)和随时改变的交通条件。终端(手持电脑或车载单元)一步步地引导驾驶员和乘客到达目的地(包括停车场、行走方向等)。

公共机构投资可以为动态服务提供高层次战略级的信息,很明显地,只有私有增值服务商愿意在低层次战术信息和路线引导方面投资。尽管复杂,动态路线引导作为 ATIS 规划中的一个长期目标仍在继续,并且通过采取改革措施逐步为用户提供一些有价值的中间结果。事实上,私营机构正在为门户服务提供商和付费用户提供出行计划所需的预测的旅行时间(PTT)。

6.2.4 对先进的公共交通系统的建议

正如第 1 章中 ITS 用户服务列表所指出的,APTS 包括所有公共交通管理和共享的运输管理。因此,高占有率设施的管理也将包括在 APTS 服务中,并且在下面的讨论中也将包括高占有率设施的管理。图 6.3 给出了公交运营管理的示意图。

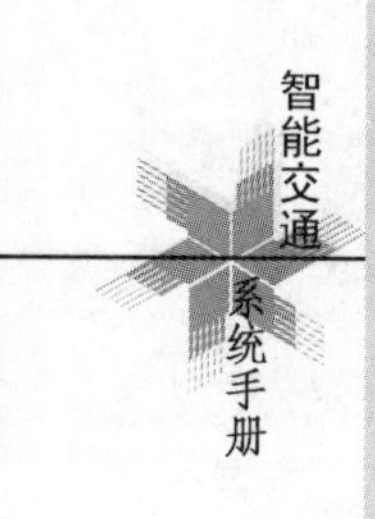

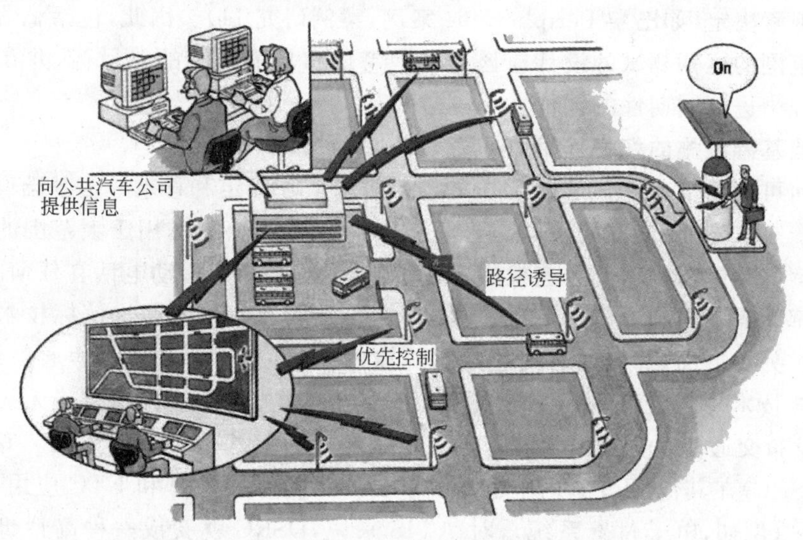

图 6.3 公交运营管理(来源:日本高速公路发展组织)

市域或区域实施设计

城市或区域 APTS 系统的设计往往由车辆定位系统的投资开始的,这给运营管理带来直接利益。实时信息和其他复杂信息(如用来获取乘客上下客数量的传感器)都是基于此建立起来的。系统可能定位于特定的路线和线路,但从一开始就应该从技术上考虑扩展到整个路网运营管理的问题——这是欧洲公共交通规划指南中重点强调的。

信息的质量

所有 ATIS 项目中关于信息质量的建议都适应于 APTS。用户服务可靠性的预期很大程度上受信息质量的影响。该可靠性预期特别适用于依靠 APTS 辅助实时运营管理的人员。为确保点到点的运输乘客信息的全面覆盖,额外的涵盖多种模式、换乘信息在内的旅行时间、总的费用、多模式换乘节点处的详细方向指引等多元信息也需要包括在APTS系统中。由于多模式运输的信息复杂度较高，而且运输使用者中包含了老年人和限制行为能力的人，因此，信息的易用性尤其重要。为有效提供所有APTS服务，动态显示、信息亭和其他的用户交互手段中用户友好设计是至关重要的。

模式转换评价

在城市区域，单人驾驶车辆向多人共乘车辆的模式转换已经成为明确的社会目标。然而，APTS项目关于模式转换方面很难进行评价，类似的项目很少有明确的模式转换目标。在APTS项目评价中，区分信息方面的切实改善和在模式转换中的实际出行行为是很重要的。如果模式转换这一社会目标切实希望达成的话，APTS项目相关联的项目需要一些附加的政策措施，诸如停车费的提高和其他的需求管理方案。

从所有参与者中买进

那些确定APTS项目的人，与那些需要从运输管理者机构购买服务的人往往处在不同的组织机构中。很多APTS项目的主要目的是给运营者提供管理信息而不是为公众提供信息。即使运输管理通过协议方式授权给私营机构，运营者也有其自己的商业目标和“行业文化”。所有团体——包括运营管理团体都忠于APTS项目是至关重要的。他们应该引导APTS的发展。尤其是必须激励公共汽车和公共交通驾驶员将正确的基本的数据输入车载模块。作为较好的选择，系统应该指定哪些信息不需要驾驶员输入，运营者应该考虑在适合装备APTS的线路上的所有车辆都装载APTS车载设备。

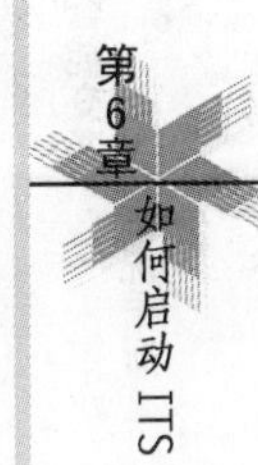

多人共乘车和公交车道的执法

公交车道和多人共乘车(HOV)车道是实施公交优先和缓解拥堵的需求管理过程中广泛使用的措施。缺乏足够的HOV车道空间和成本效益比高的稽查技术是一大障碍。在一些城市，将普通车道转换为HOV车道(或公共汽车和出租车车道)加剧了邻近普通车道的拥堵并增加了事故，并且HOV车道的空闲使拥堵的汽车驾驶员不满和抗议。公共汽车和HOV车道的细致的规划应从效率最大化的角度考虑，而且基于视频的稽查手段也要考虑。正在考虑实施HOV设施的地区应该综合考虑上述所有因素。

APTS信息框架

APTS经常需要多运输模式机构间紧密的合作并交换信息，例如，公交运营商、运输管理中心，交通管理中心以及本地火车站、摆渡站、机场之间等。一种确保这种关系的方法就是选择适用信息共享技术应用的C/S框架，亚特兰大奥运会ATIS展示项目就是如此。信息共享的分布式结构也被证明是一种有效的方法，如英国TIH(高速公路出行信息平台)项目。

高速公路出行信息平台(TIH)

TIH 模型使用一个发布在通用模板上的分布式数据服务集。用户可以通过从已出版服务列表中选择数据源并进行注册登记以接收部分或全部数据。对于类似 Transport Direct(案例研究 32)的项目,多模式出行信息的共享是基础,该项目旨在英国任何地点为出行者提供出行前、出行中所需的所有信息,并具备购票功能。开展多模式信息服务的第一步是发展各种运输和交通管理者的 Internet 服务器之间的链接,为出行者提供一种方便的方式,在不同运输方式之间进行选择而无需被迫进行的综合。该方法在巴黎地区进行了实验,网址是:www.citefutee.com。

6.2.5 电子付费系统(EPS)建议

电子付费系统(EPS)不仅局限于电子不停车收费系统(ETC)应用。其他应用中智能卡的使用,以及需求管理中基础设施使用的电子付费等都属于该领域。这一ITS用户服务集中的更加通用的项目是电子支付系统(EFC),如公共交通收费,然而,关于电子付费最宽泛的界定应该包括非运输应用电子付费系统。

启动 EFC 项目的关键步骤

必须清晰设定 EFC 项目的目标并设定优先次序。例如,目标是增加收入还是减少拥堵?两个目标不一定是需要兼容的。一旦目标确定,技术要求和制度安排就决定了。所有技术选择(DSRC、GPS、牌照识别器、智能卡等)都应考虑到。通过解释、宣传以及对拟建项目带有建设性和充分沟通的讨论是基础的工作(案例研究 17)。对于 ETC 与人工收费并存的系统,必须建立非 ETC 用户选择 ETC 服务的激励机制(如收费和电子标签方面的折扣,增加 ETC 专用收费车道的数量等)。

对于自由流 ETC 系统的工作,绝大多数用户的例行合作是必需的,因为如果有太多的违反者,财务上和实际操作上都是不允许的。当心免费用户的需求,允许太多的免费用户会增加付费用户的负担,他们需要为免费用户支付更多的费用。墨尔本 City Link(案例研究 1)测试和部分实施用了比预期更长的时间,是因为开始时有的后付费需求的用户的地址不全,造成了账单方面的问题。

DSRC 标准

截至目前,最通用的电子付费服务就是 ETC,并且 ETC 最有争议的问题就是专用短程通信的标准问题。如第 2 章所述,ETC 有两种类型的 DSRC 技术:主动式和被动式。每种类型都得到了广泛的应用,在有些国家的不同地区两种类型的 DSRC 技术都得到了应用。两种不兼容的技术的协作是非常困难的问题。国际组织为两种 DSRC 标准的协调展开了努力。然而,大家更加关注 DSRC 未来包括 ETC 但更宽广的应用,对这一方面的关注超过了当前两种技术的冲突问题。启动

ETC 服务的地区应当考虑未来可能使用到 DSRC 的所有 ITS 服务。因为 DSRC 支持停车付费、车载信息系统、CVO(商用车辆管理)、电子商务以及其他服务，DSRC 标准的战略决策应该在考虑 ETC 的同时还要考虑未来的扩展应用。同时应考虑如何跟上不断改进的新标准，也应考虑基于非 DSRC 技术的 ETC 系统(GPS/GSM 或牌照识别系统)。关于 DSRC 更多的建议在第 7 章给出(详见 7.4.4 节和 7.5 节)。

其他需要的技术

由于上述的通用标准的棘手问题，人们把注意力都放在了 DSRC 技术上。然而，运用到 ETC 的其他可行技术也不应该被忽视。例如，电子收费通常按照车型收费，需要以自动车辆识别(AVC)技术确定收费额度。另外，必须对违法者进行身份识别并处罚，以保证 ETC 系统的强制收费。因此，必须有一种方法识别任何情况下的违规车辆。通常用于基于车辆注册牌照号码的车辆识别，该系统要求可靠的牌照数据库以及可靠的经常改变的立法法规。如果外国车辆比例较大，该方法实施难度很大。

电子付费的延伸应用

正如加拿大 407 高速公路项目(案例研究 5)，电子付费通常被看作筹措资金和加速高速公路建设的有效方法。同样的，电子付费也为道路拥挤收费(伦敦和新加坡)和浮动费率道路收费(加利福尼亚)的实施提供了可能和基础设施。电子付费系统(EFC)更广范围的应用已经促进了电子支付。它能够促进交通运输经济政策的实施，还包括公共交通电子付费系统和隧道、桥梁、道路使用收费。

在所有车辆必须付费的情况下，如伦敦拥挤收费计划(案例研究 31)，基于 DSRC 标签的 EFC 系统就不太切合实际，因为不是所有车辆都能在短期内安装 DSRC 设备。相反，可以识别所有车辆的、安装在基础结构上的自动牌照识别等方法可用于收费。所有这些安排须由政府委托并取得当地公众的认可。运营周期、收费率和收费的处理等需要政府强有力的支持。

6.2.6 对安全和保安项目的建议

运输专业人员越来越需要面对在安全和保安相关的项目中承担或分担责任。这些安全和保安项目从处理交通事故、在与智能车辆协作中提高道路安全到减少由于恐怖袭击引起的威胁和损害等方面。

多参与者协作

几乎所有的运输专业人员都有在处理交通事故方面与警察、火警、急救中心合作的经验，也应该与现有事故管理部门、紧急事件计划编制部门共同工作。位置上的一体化(同址办公)有助于他们的紧密合作，例如，密歇根运输部牵头将“911”州地区分派中心安排在底特律运输控制中心，此举起到了非常好的效果。紧急情况下，交通部门也需要与运输和铁路机构紧密合作，以备如 2001 年 9 月 11 日纽约恐怖袭击等紧急情况下大量人员的快速疏散。自此以后,美国的运输专业人员必须关注警察部门、新成立的国土安全部以及美国运输部下属的运输安全委员会等的政策动向和方针指南。所有模式的过境事务处理机构(道路、海洋、航空等)必须与其他国家的政府部门比以前更加密切的合作。

规划、开发和实施安全和保安系统过程中咨询有相关经验的人士是至关重要的。如,军事计划编制者可能应该包含在规划制定团队中。在安全预警事件中,事件管理和ATMS系统也要扮演重要角色。如果桥梁或隧道真的遭到炸弹袭击,重建工作需要包括同时了解结构工程和紧急情况处置的工程师,另外,政治家们和媒体的有效的简报是必需的。在设计阶段,新的ITS开发应该考虑安全和保安问题。

最后,公共部门的运输专业人员习惯于与私营部门的人士共同工作,研究车辆碰撞的频率和负效应。只有当这些公、私参与者理解了各自的职能并通过协议的方式避免未来的误解,他们才能共同有效地处理安全事件。欧盟eSafety项目是安全和保安领域的一个很好的合作的例子,该项目的目标是到2010年欧洲减少一半的交通设施。图6.4给出了自动紧急事件提示系统示意图。

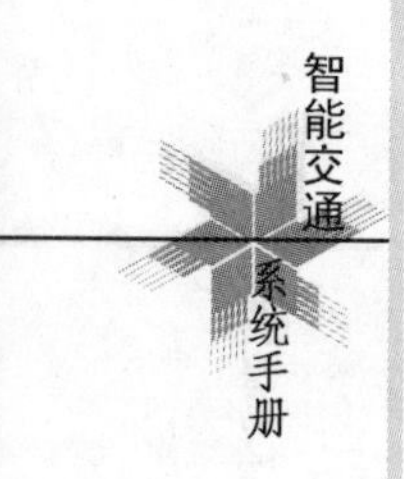

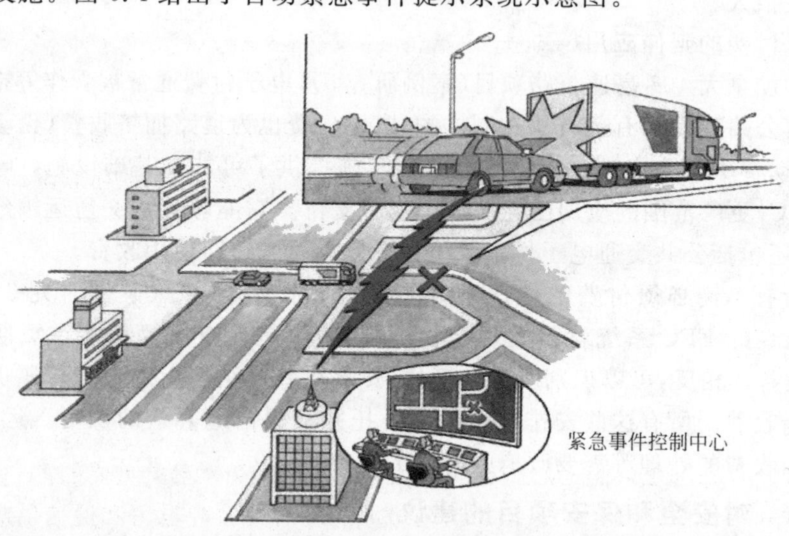

图6.4 自动紧急事件提示系统(来源:日本高速公路发展组织)

技术和系统的多重应用

在偶发性紧急情况下,ITS在改变交通流方向方面起到了较好的作用,诸如洛杉矶(1994年)和神户(1995年)地震。但是ITS可以起到更重要的作用,作为最佳的方式,ITS及其运作过程可以设计成双模式或多模式工作方式,在日常情况下用来管理交通、紧急情况下有效处置事件(自然灾害或恐怖活动)。事件预案和演习是值得的,以便使系统很快地以手动或自动的方式实现不同模式之间的转换。不仅仅系统,处理过程和终端用户都必须具备从常规状态到紧急状态操作模式快速转换的能力。大范围的公共事件安全报警的演习训练需求是不可避免的,例如,奥运会期间、其他重要事件、朝圣事件或传统节日等可能造成大的交通拥堵的交通管理程序的转换。

ITS 技术也是基于多种目的开发的。例如，在美国，智能卡已经广泛应用到运输人员的识别和门禁管理中（根据 2003 年国家标准和技术委员会制订的最新标准）。巴黎智能卡的应用也和美国类似，同时也应用到电子付费系统中。在应用到伦敦拥挤收费前，自动牌照识别系统已经作为卡口系统应用到可疑车辆的识别中了。新的美国 ITS 体系框架（version5.0）用户服务中增加了安全和保安方面的服务——灾难响应和疏散用户服务，使框架在提供原有 32 个服务的同时，提供关于安全和保安的新服务。

运输系统的多重应用的概念也赋予了新的含义。例如，美国洲际高速公路项目是 1956 年由艾森豪威尔总统提出来的，既是为了国家安全也是为了运输需求的考虑。1991 年获批的 IVHS 方案（ITS 的前身）从政治上也被看作是冷战结束后“防御转换”的和平收益。有建议指出，ITS 的大块公共投资必须经过国土安全为首要目的评价。

标准术语

通用术语的发展有助于交通管理和公共安全之间的协调。例如，IEEE 1512 标准族通过发布数字通信框架的方式规定了交通运输事件管理的数字报文集，这个数字通信框架为诸如 ATMS 等在内的 ITS 系统与诸如火警、警察、EMS 和公共事务等公共安全系统之间搭建起沟通的桥梁。

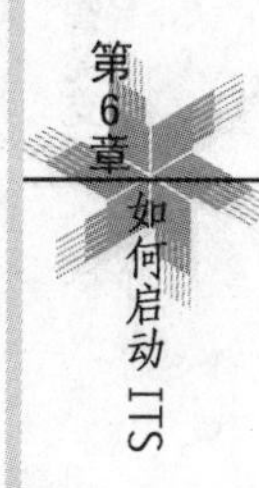

权衡和对策

伴随着安全和保安措施的加强随之而来的是投资，在技术选择和维护选择方面有很多权衡考虑。即使价格低廉也不建议使用非标准产品，因为非标准产品在替换等方面存在问题，而在紧急情况下恢复和快速修复是至关重要的。

运营和维护协议必须规定紧急情况最大响应时间。与电力和通信供应商的协议应规定故障情况下的最大修复时间。必须针对 ITS 关键系统的弱点进行安全风险评估。当被破坏的风险高时，需要特别关注计算机系统、数据防护，并为关键通信链路提供备份链路。

在安全和隐私方面也有一些政治上敏感的折中，诸如，监控的级别之间以及安全和运输效率（生产力）之间的选择等方面。一个例子就为了安全检查的目的使得加拿大 Windsor 和美国底特律汽车配件厂连接的高速公路的边境处的延误大大增加（由几分钟增加到数小时）。该问题导致了美国汽车制造商将其汽车零配件制造厂重新部署在高成本的美国境内，并将其存货政策由即时供货改为按订单供货，对他们的生产力带来了较大的负面影响。由于新的美国安全法案（如，集装箱安全法案和CTPAT21），站点、港口和多模式联运场站等集散地的货运安全也被给予了重点关注。货运系统用户和运输服务商（港口操作者和运输者）的效率也变得更加复杂了。由于技术的介入，供应链上的订货至交货的时间成本和波动反而增加了。这就意味着客户服务水平不变的情况下，必须有额外的、昂贵的、安全的库存。另一方面，信息技术通过增加资产的可控性提高安全性（如提供海上集装箱的实时位置），从而提高生产效率并防盗抢。

已经开始研究减少诸如暴风等自然灾害和恐怖袭击等人为灾难等紧急事件的影响的对策。首先必须明确自然灾害的疏散和恐怖袭击的疏散是不一样的，虽然他们都是处理不确定性事件。自然灾害的疏散是对抗自然而恐怖袭击的疏散是对抗敌人。对于后者，诸如“红队/蓝队”方法是有用的。另外的对策是，正确认识在预测准确的自然灾害和恐怖袭击地点上的高不确定性。

我们不应该备份所有关键点的所有ITS设备和基础设施，而是在移动ITS设备（照相机、可变情报板等）方面给予高于以往的投资，这些移动ITS设备在紧急情况下，在不可预见地点的紧急调度方面具有最大的灵活性。

6.3 地区ITS部署

近年ITS实施的经验表明，运输专业人员必须要面对一些并非ITS项目本身，而是所有项目共同面临的挑战。本部分讲述区域ITS发展的四个挑战，即区域发展政策、技术/运营、执行和通信。

6.3.1 对区域部署战略的建议

只有当许多孤立的交通和出行信息系统整合在一起的时候，该地区的ITS整体效益才能显现，然而集成并不像期望的那样容易。

尺度

在地区范围内部署ITS时，很重要的是一个难题就是确定它的尺度（见图5.1）。要定义开展ITS应用集成的“地区”，必须考虑不同层次的整合——国家范围的整合，贸易伙伴或者相邻国家之间的跨国整合等。

例如，墨西哥因为本国各地区ITS相关子系统的标准、可用信息的层次等的巨大差异而使得在开展国内范围内的整合时存在很多问题。墨西哥也面临着与NAFTA（北美自由贸易协定）范围内的贸易伙伴国家的整合问题，一方面加拿大、美国等有先进的ITS技术，并正与其他拉丁美洲国家进行整合，另一方面，墨西哥的ITS本身欠发达。

区域的大小决定了所要求的互操作性的层次。部署的范围取决于特定的应用。国际船舶识别和货物运输将从国家间的协作中，在效率和安全两个方面极大地受益。区域范围内标准化的收费设施对跨大陆运输的货运车辆的重要程度远大于大部分时间停留在同一都市区域的客运车辆。这也是建议 ETC 系统在货运车辆上通过安装 GPS 而在小汽车上通过安装 DSRC 设备实施的原因。由于很多车辆频繁跨国出行，跨国的交通信息在欧洲是非常重要的。然而，其他 ITS 应用如本地交通管理和控制系统最好在较小的范围内运行。

促进成功的技术

个人和组织具有不同的目标、动机和态度，要整合的区域范围越大，他们之间的差异越明显。虽然大多数制度上的问题可以通过立法和契约安排的方式予以解决（见 5.3 节），但是建立共识需要种子资金，用于地区实施的有附加条件的资金在加拿大已经成为普遍采用并被认为是有益的措施，该资金只有达成共识的情况下，政府才能拨付。

如果运用适当，体系框架（第 3 章）将有助于决策者理解 ITS 的功能，并在实施中给予配合。理想情况下，地区框架开发被用来辅助地区发展并使之与国家框架一致。在一些没有国家框架的国家，在较低的层次上进行区域框架的开发就足够。在自下向上的方法中，地区框架可以从“运营的概念”或者地区发展目标下的技术规范进化而来。

6.3.2 对技术和运营的建议

大部分交通系统运营者不聘请信息技术专家，而信息技术是 ITS 的核心，并且技术更新特别快。本部分旨在为运输运营者提供处理这些 ITS 技术的实用建议。

技术评估和采购

作为 ITS 技术的用户，运输系统的运营者需要知道各种各样 ITS 技术的功能（如第 2 章所述），而不需要了解它们的技术细节，需要从运行的角度评价其优点和风险。这些技术评价的重要准则包括：政策目标、开放协议的使用（这样才能允许多家软硬件设备供货商开放竞争）和价格。其他准则包括：互操作性（容易联网和集成）、与当前及未来标准的一致性、数据质量、技术的生命周期、跨区域通信、抗攻击性（防止人为破坏和恐怖袭击）。

为保证供应商的能力和可靠性，运输运营者可通过相关证明材料直接或间接地评价供应商的承诺和能力。价格最低的投标人不一定是最好的，可能提供服务能力较差或很难在竞争中生存。在任何可能的情况下，要走出技术规范看性能规范、强调在投标文件中建立“概念的测试”机制，在合同中设定检查点，通过原型系统和集团采购等方式规避风险。

跟上技术变化的步伐

随着 ITS 技术的迅速发展，运输运营者经常要面对的一个问题是如何处理有可能变成障碍的现有或遗留的系统。选择包括保留、大修、升级或废弃，而任何单一的做法都不是最好的，应该具体问题具体对待。基本标准应该是成本效益比。彻底过时的设备的维护费用可能过高，也有可能技术上已经无法修复。有些情况下,以新系统替代现有系统就是从经济的角度考虑的,新系统可以较低的成本提供更新的服务。从未来升级和集成以及降低成本的角度考虑,ITS设备应该尽量选用通用设备,放弃专用设备。

目前,遗留系统最大的问题是如何证明已部署系统的将来,也就是说,如何在不断发展的ITS技术面前,尽量延长已部署系统的生命周期。跟着强者走并且追随供应商中的领导者是一个好的策略。聪明的供货商在他们的产品规划中有长期的安排,让他们的客户能够逐步的升级到新的产品,并且新产品在集成环境中具备良好的"向后兼容"性。该方法有利于用户从简单系统逐步扩容到复杂系统而无须摒弃原有系统。

不乏ITS提供商乐意在系统采购前、后教育和培训管理者和工作人员。可以理解,这样的培训往往倾向提供商所持有的产品。更多的客观的信息能够从被关注的用户群体中得到,除了成功之外,他们一样愿意谈及问题和故障。吸收有ITS课程的名牌大学毕业的新学生也是加强内在ITS知识的好方法。当然,大部分ITS相关人士需要通过日常短期课程的方式逐步更新其知识。内部成员可通过定期浏览选定供货商、贸易组织的网页,参加会议和ITS相关组织主办的展览(国家ITS组织的会议或者世界ITS大会)等获取相关知识。一些网站虽然不能帮助彻底理解,但是在快速理解新的技术名词和术语方面都是有帮助的,例如www.whatis.com。详细的网站列表见附录G。

要深入地学习,如果参观考察前提前做好准备,事实证明参观学习国内或者海外同行也是有效的方法。发起和参与一些测试项目也是很好的跟上新技术的方法之一。对那些受时间或者地域限制的人或者愿意以自己的步调进行学习的人,通过Internet进行远程互动学习也是一种有效的学习方法。集体培训中的一个严重问题就是由于人员的更替,有时须就同一过程进行翻来覆去的重复培训。通常,未参加过系统化培训的新成员需要通过实际操作的方式来学习。

6.3.3 对执法建议

许多ITS应用,如入口控制、电子支付、不停车收费和ATMS等都需要依靠自动摄像执法系统。自动执法至少包括如下过程:

- 违法的检测;
- 违法车辆识别;
- 确认并与车主联络。

应建立全自动化系统将上述处理过程集成在一个系统中。当前,违法车辆的检测做到了自动化,但是识别过程还是人工的。根据所使用的检测技术、警察和车辆档案管理部门、交通立法、制裁系统的不同,不同国家的自动执法策略多种多样。有效的自动执法系统的先决条件是国家级的中央车辆、车主登记库的建立。如果不是中央级的,区域以外车辆、车主的判别非常费力。这就是很少有国家能例行公事式的处罚外国违法车辆的原因。一个跨境处罚的例子发生在斯堪的纳维亚，挪威、瑞典、丹麦等国签署双边协议认可邻国违法处罚过程。

虽然自动处罚系统技术已趋成熟，但是大范围推广应用还需克服诸多非技术因素。处罚系统需要处理诸如保密、遵守法律、公众认可、对外国人无歧视等诸多焦点问题。尽管还有争议，自动处罚系统已经显示出了巨大的效益。自动处罚系统获得广泛推动的原因之一就是工业界和供应商的积极参与。通常，私营机构提供一定的开发费用，并从票务处理的收入中获得一定的提成。该模式推动了这项技术的快速发展，但必须有仔细的监督机制以确保系统的开发是基于安全考虑而不是基于利益驱动。未来系统的实施必须继续考虑公众理解的敏感性和关注度。

6.3.4 对通信的建议

通信在ITS应用中是关键因素，随着系统整合和地区推广策略的强化，通信将扮演越来越重要的角色。同时，通信技术也越来越复杂，随之而来的是通信能力的提高、费用的降低。本小节为运输管理者提供通信方面的一些实用建议。

趋势和多样性

依赖于ITS应用，通信部分的费用组成占总ITS系统费用的比重比较大(15%～50%)。在评估通信费用时，需要考虑全生命周期范围内的费用，包括基本建设、运营和服务的费用。技术发展趋向于由固定通信模式(电话线、电缆等)转为移动通信模式(广播、蜂窝电话等)。系统范围内，系统的整合和区域推广的强调对通信将提出更高的要求。因此，即使当前新的通信技术能够提供更高的通信能力、更低的费用(高数据速率、每bit的传输费用降低)，在ITS发展中通信费用的比重还将维持在较高的水平上。

车内基于便携式电脑和诸如车载导航单元等其他数字化设备之间的无线通信应用正在不断扩大。基于无线“蓝牙”标准的局域网(LAN)和移动访问Internet已经可用。对出行前规划，大部分还依赖有线通信的方式接入到Internet(家庭的电话线或网线等)。然而，随着楼宇无线局域网接入、基于WAP的手机用户接入，使得有线还是无线接入到Internet的讨论变得没有意义。运输管理者需要灵活适应而不是锁定某一种或另一种通信技术。

3G无线通信

相对于第一代模拟无线通信和第二代数字无线通信来说，第三代无线通信技术(3G)将提供更高的传输速率(高达2Mbps)和其他功能(如，漫游)。3G通信可以支持增强的ITS多媒体应用(语音、数据、视频、远程控制)，这样信息传输的数量(报文数和图像数)和质量可以支持更好的ITS应用——更清晰的交通图像向商业车队发送更快的e-商务信息，面向乘客提供音乐、电影、游戏下载等“信息娱乐”。

另一方面，由于3G服务运营的频谱，通信运营商的报价非常高。在不久的将来，在2G基础上改进的2.5G无线通信将具有更高的性价比。基于3G的新服务将在市场需求足够并且愿意支付高带宽费用的时候开展。期间，运输管理者可以预先测试匹配未来 3G 技术的服务。图 6.5 所示为弱势群体道路使用者提供的手持式无线设备。

跟上通信技术

被推荐的好方式是定期浏览 ITS America、ERTICO 等 ITS 组织的网页。这些网页适合技术和非技术人员了解通信新技术和无线电通信领域的新发展。要时刻记住不同国家的 ITS 发展方向有所不同。例如，新的 511 电话免费交通语音信息服务系统可能是该国家唯一的系统（案例研究 37）。在欧洲，由于语言的多样性，基于共同的数据库建立了多种服务传输的可选方法（RDS/TMC，2.4.3 节）。组织上和制度上的安排也要予以考虑。

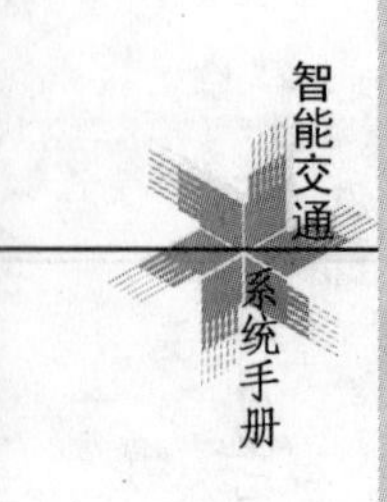

图 6.5　弱势群体用户的手持式无线设备（来源：日本高速公路组织）

为跟上 ITS 相关通信技术发展的步伐并预测未来发展的速度，必须知道这些技术的管理体制。在许多国家，尤其是转型国家，单一政府部门同时管理运输和通信，也有一些国家，两个部门分别管理（如美国：运输部——USDOT，联邦通信委员会——FCC）。

无论未来通信技术如何发展，ITS 应用中通信技术的比较和选择的基本考虑是一样的——即注意成本效益分析，应考虑距离、覆盖范围、响应时间、方向性、单向对双向通信、可靠性、抗灾性（自然灾害和人为灾害）、故障率等方面的标准。

最后的建议是应该同时关注军事技术的发展。很明显的，ITS 技术中最重要的两项技术都是来自于美国国防部门，GPS 和 Internet。当前版本的 4G 无线通信技术概念许诺通信速率达到 100 Mbps，并支持全球范围内的漫游。最新的描述 4G 概念的报告是由美国防卫先进技术项目部（DARPA）提出的，该报告认为该技术基于ad hoc个人对个人的框架，通信功能由原来不同的发射塔和基站承担并改

为分布在单个用户(或车辆)上。如果单个广播功能失效,网络还将保持完整。这个 4G 框架版本不仅对战场应用有吸引力,对警察、消防、紧急事件管理部门尤其是国土安全部门(如,有助于抓捕恐怖分子或罪犯)都有吸引力。

6.4 结论

过去的十多年里,许多国家建立了国家 ITS 规划,并支持 ITS 项目的建设。他们的经验积累形成了本章中给即将启动 ITS 计划和各类 ITS 项目的运输管理者一系列建议的基础。

国家层面上,大多数国家都是将包括公、私、非盈利机构在内的运输和通信领域的部门和利益团体联合起来,共同启动他们的 ITS 计划。他们的共识导致通过立法或更高层面的政府领导层来推动国家框架的建立和维护。

项目层面上,所有项目应该从设定清晰的 ITS 服务的目标和对象开始,需考虑本地的特殊需求和协作的需求。ITS 项目的计划应该包括建立为对比评价未来 ITS 服务所需的当前基准线、系统预期的有效管理、吸取先前成功者的革新方法、从正面和负面的教训中学习的方法。同时针对不同 ITS 服务类别的项目给出不同的建议,这些建议根据团体的不同、国家的不同而有很大的区别。

参考文献和注释

1. For the case of ITS programme launching in the US, see Chen K and J Constantino. "ITS in the United States" in J Walker (ed) Advances in Mobile Information Systems, Artech House, Boston 1998.
2. Sussman J M. ITS: What we know now that we wished we knew then: A Retrospective on the ITS 1992 Strategic Plan. Paper presented at the 2004 TRB Annual Meeting, Washington DC, USA.
3. http://standards.ieee.org/regauth/its/ITS_DR_FAQ.html.
4. Work is now taking place in Europe to consider the next generation using Internet protocols such as the extensible markup language (XML) [http://www.w3.org/XML/] and the Common Object Request Broker Architecture (CORBA) [http://www.cs.indiana.edu/~kksiazek/tuto.html].
5. World Road Association (PIARC), Road Network Operations Handbook, PIARC, Paris 2003.
6. http://www.navtech.com/europe-map-cds/car_navigation_partners/renault.html
7. http://www.gcmpic.ai.uic.edu/ITS%20fact%20sheets/ITS%20fact%20sheet/Illinois/ADVANCE.html.
8. See Section 2.6.3 for discussion of position-based p-commerce.
9. Makino H, "ITS Policy in Japan: DSRC as a Platform for Next Generation of ITS Services," presentation at the ITS America 13th Annual Meeting, Minneapolis, May 2003.

10. Stephens B W, D A Rosen, F J Mammamo and W L Gibbs. "Third Generation Destination Signing: An Electronic Route Guidance System". Highway Research Record No. 265, National Research Board Washington DC 1968.
11. e. g, see www. trafficcast. com.
12. See Section 2. 3. 1 for discussion of predictive travel time.
13. CODE (European Commission DG XIII CODE Project), "Guidelines for Implementing Real—Time Information Projects for City Wide Public Transport" June, 2000 (available on the Internet: http://www. atlan—tic. net/AtDocs/JAustin_04—04—02_22—04—02. pdf).
14. Samuel P. "America's HOV Lanes Face Questioning". ITS: Intelligent Transport Systems 1996.
15. www. dft. gov. uk/stellent/groups/dft_control/documents/
16. Special consideration of this problem in transitional countries will be discussed in Chapter 7.
17. http://www. fhwa. dot. gov/policy/vppp. htm
18. US National Cooperative Highway Research Program (NCHRP) Project 20—59. (5), "National Needs Assessment for Ensuring Transportation Infrastructure Security," TRB, Washington DC, USA, February 2003.
19. Funke et al. , "IIMS, A Multi— Agency System for Coordinating Incident Responses — A Phase 2 Update and Initial Test Results," Proceedings of the 9th World ITS Congress Chicago, October 2002.

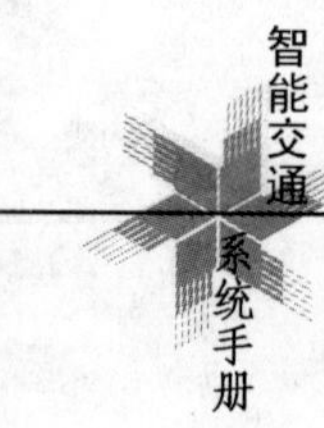

20. European Commission, "eSafety Forum Summary Report," Brussels, Belgium, DG INFSO, 17 November, 2003.
21 The Customs—Trade Partnership against Terrorism (C—TPAT) is a US government/trade joint initiative to build relationships that strengthen the overall supply chain and border security.
22. This section uses many ideas from the PIARC C16 workshops in Mexico City in April 2003.
23. See the US ATIS scan tour to Europe http://international. fhwa. dot. gov/travelinfo/index. htm
24. New concepts in automatic enforcement. Recommended applications in a European enforcement project — The "Escape" Project, Finland 2000.
25. US DOT FHWA, "What have we learned about Intelligent Transport Systems?" US DOT Washington DC, USA, 2000.
26. http://www. itsa. org/
27. http://www. ertico. com/
28. E. g. http://inventors. about. com/gi/dynamic/offsite. htm? site=http://wirelessadvisor. com/ glossary. cfm
29. http://www. its. dot. gov/511/511. htm
30. Latency means the time delay between signal transmission and signal reception, including the time required for protocols to set up the transmission link (electronic handshake), etc. In a computer network, the contributors to latency are propagation, transmission, router and other processing, and other computer and storage delays.
31. http://users. ece. gatech. edu/~jxie/4G/#COMPARISON

第 7 章

转型及发展中国家的 ITS

本章介绍在转型及发展中国家 ITS 的应用所面临的挑战。总的来说，主要工业发达国家比转型及发展中国家更早地开始开发并部署 ITS，后一国家群组是否对 ITS 有浓厚兴趣？对这些国家而言，ITS 技术是否过于复杂超前以至于不能满足这些国家的运输需求？这些国家与主要工业发达国家之间可能或应该发展怎样的关系？ITS 的应用将如何解决这些国家中特定的交通运输问题，从而有助于发展可持续的交通运输系统？本章主要介绍三个地区——亚洲、中欧及东欧、拉丁美洲的情况。同时，为所有国家的决策者和交通运输专家们提出一些建议。转型及发展中国家代表了范围相当广阔的状况，本章的目的仅为帮助分析这些国家的 ITS 问题提供一般性指导。

7.1 特殊的考虑

目前在欧洲、北美、日本和澳大利亚等主要工业发达国家，不同地区间的 ITS 技术转移和相互学习是很平常的事情。第 6 章介绍的一些案例在发达国家中的应用更是直接。然而，由于必须要考虑转型及发展中国家在许多 ITS 应用中的特殊需求，所以在这些国家采取这种方式未必正确。建议转型及发展中国家从事 ITS 的先导者充分利用世界银行关于 ITS 的技术资料以及本手册中的一些材料。（附录 G 的 E7 条目）

7.1.1 交通运输的挑战和引发的问题

交通运输已经成为并在可预见的将来继续担当所有国家经济发展的强劲动力。我们生活的这个时代是全世界半数的国家以及 2/3 的人口都在向现代经济形态过渡的边缘时期，交通运输是这个过渡时期的关键或临界因素。随着生活水平的提高，转型及发展中国家对交通运输投资的需求越来越大，包括公路、铁路、小汽车和货车。通常来说，这种情况下会出现一个问题：这些国家转型所需的资金可能超过现有资源中可以以任何合理的理由提供给交通运输系统的所有资源的总和。面对这样的局限性，很多交通运输专家开始转向 ITS，把 ITS 看作是在给定的交通运输投资下获得更多的收益和产出的方法，而不管这种投资是针对基础设施还是针对车辆，图 7.1 为阿拉伯的可变情报板。

图 7.1 阿拉伯的可变情报板

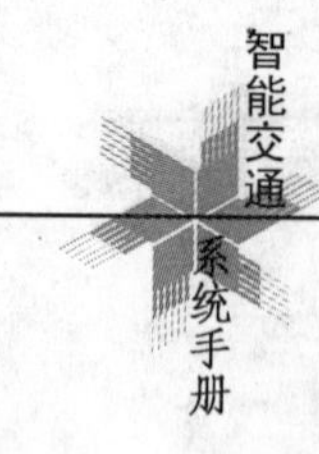

在这种特殊背景下，本章背后所关注的问题是：

❖哪些 ITS 应用对转型及发展中国家特别有用？

❖主要工业发达国家有多少经验可以移植到这些国家？

❖这些国家间采用哪种合作方式最为有效并互惠？

❖ ITS 应用、技术和系统等如何适应转型及发展中国家的特殊需求？（例如包含非机动车的混合交通流）

❖如何在这些国家的特殊约束条件下在国家和地方层面设计“可持续发展的 ITS”？

❖这些国家中，哪些 ITS 应用带来可度量的效益（如果有的话），可以用来说服决策者实施 ITS？

❖ ITS 应用如何能保证互操作性并为这些国家道路网的区域性整合做出贡献？

7.1.2 不同的需求

对所有 ITS 的实施者来说，理解转型及发展中国家交通运输的特殊需求是什么以及这些特殊需求对 ITS 发展和应用的影响范围都是具有挑战性的。例如，人均国民生产总值（GNP）水平会产生很多直接和间接的结果，而这些结果在 20 年内

都不会发生变化。再比如，由于转型及发展中国家的车辆年龄老化并且道路状况相对较差，这些国家车辆故障率要明显高于主要工业发达国家。因此从原理上说，转型及发展中国家的隧道和城市其他地区安装事件检测设备的效益成本比应该会很高。

关于ITS部署的背景，在许多转型及发展中国家内部以及国家之间都有很大的差异。这种差异至少体现在以下三个方面：

①在同一国家内部，不同地区之间的差异会非常大。例如，巴西的圣保罗州的人均收入水平和人均汽车保有量要明显高于巴西全国的水平。

②从整个国家来看，它在不同发展时期的经济和交通运输状况也会有很大的差异。例如，在过去的15年间，捷克共和国经历了人均收入水平的极大增加和道路网的巨大改善。

③世界上所有的转型及发展中国家，在经济体系、人均收入水平、人力资源状况(技术、操作和管理水平)、道路发展情况、在同一车道空间上行驶的混合交通流的竞争等方面均存在极大的差异。

在这种差异背景下，确定转型及发展中国家的共同点是非常困难的，而且在本章把这些国家划到同一类别进行讨论也是带有危害性的，但使用某些特定的通用指标却对此有所帮助。例如在大多数转型及发展中国家，每平方公里或人均道路里程或高速公路里程要明显低于主要工业发达国家；此外，转型及发展中国家的道路养护水平也比主要工业发达国家低很多，也就是说道路网的完好率和可利用率要低很多；同时，在转型及发展中国家，一个车流中遵守道路法规的有经验的驾驶员比例要明显低于主要工业发达国家。这些实际情况都是影响ITS设计和部署的重要参数，尽管这些国家的道路网处在快速建设期，但这些参数在短期内不会发生显著变化。

将ITS技术转移到转型及发展中国家需要予以慎重考虑，其中一个要考虑的关键因素是将ITS可行技术引入相关地区的便利性(见表2.1)。其他一些需要特殊考虑的因素包括：语言问题、国家敏感性问题、当地专业技术人员结构、外币储备不足、包括非机动车的多种交通方式、国际合作的复杂性和时间进度等。千万不要因为在主要工业发达国家应用ITS取得的经验而低估在转型及发展中国家的条件下应用ITS所面临的困难性质和水平。

7.2 转型及发展中国家ITS的现状和发展规划

本节在世界道路协会(PIARC)委员会路网运行管理技术委员会成员的帮助下，对亚洲、中东欧和拉丁美洲三个地区的转型及发展中国家ITS应用现状和发展规划进行了回顾，对每个国家概况进行了描述，研究结果见附录C以及对这些国家的调查。

7.2.1 亚洲地区

下面是对亚洲6个转型及发展中国家(中国、印度、印度尼西亚、马来西亚、菲律宾和泰国)ITS现状的一个小结。图7.2显示了达卡的人力车与交通流相混合的情况,图7.3的画面显示出多数发展中国家的混合交通中两轮车占主导地位。

图7.2 达卡的人力车,孟加拉混合交通流的一部分(John Miles 摄)

图7.3 许多发展中国家两轮车占主导的混合交通(图片提供:paul)

与ITS应用相关的亚洲地区特征

亚洲地区影响ITS发展的6个主要特征如下:

①在这些国家和地区应用ITS的基本目标是减少大城市的交通安全和拥堵问题。

②迫切需要考虑采取诸如安装适合摩托车、自行车和汽车的车辆检测器的措施来应对大量的摩托车和自行车。

③通过建设—经营—转让(BOT)的方法获得私有特许经营权的一般实践方式通常会导致电子收费系统(ETC)缺乏互操作性,这是ETC标准化工作中非常棘手的问题。

④使用非罗马文字的多种语言——汉语、日语、韩语、泰语、北印度语,由此导致ITS设备在文本处理中必须使用双字节文字处理方式来代替更为常规的单字节文字处理方式。另外一个有关问题是一些亚洲国家驾驶员人口的低识字率,因此,更富创意的解决方式需要使用图形而不是文字来传递信息。

⑤公共汽车和列车等公共交通设施在亚洲转型及发展中国家运输系统中扮演着非常重要的角色。

⑥一些已经引进的ITS设备可能并没有被有效利用。例如,一些国家的交通信号灯经常处于关闭状态,而通过交通警察直接人工指挥来确保车辆遵守交通规则行驶。尽管属于ITS的边际效应,但对公众进行交通教育和培训对解决交通问题却是至关重要的。

共同的 ITS 应用和组织特点

区域交通控制(ATC)已经或正在被引入许多大城市,包括首都地区,例如曼谷、北京、雅加达、吉隆坡和马尼拉。其中一些城市还在 ITS 全面部署过程中部署了一些"高科技"设备,如智能卡、GPS 和光纤等。

亚洲地区的第二个最普遍的 ITS 应用就是电子收费(ETC)系统,通常是通过如上所述的特许经营方式引入。

未来的迫切需求

对 ITS 最迫切的需求是使用 ITS 来最大化地利用现有道路,并且把 ITS 和未来的道路基础设施结合到一起,从而达到安全、高效地使用道路通行能力的目的。ETC 系统是符合这种需求的 ITS,它通过需求管理来减少交通拥堵,同时利用 ETC 系统还可以提高运营收入或偿还贷款。然而,引入 ETC 的一个弊端就是缺少可替代的路线或交通方式。

其他需要优先考虑的目标包括:

❖引进图像执法系统和先进的交通安全措施;

❖有效处理自行车和摩托车的方法;

❖如何应对多种语言和文字的显示系统;

❖解决同一地区 ETC 系统的兼容性;

❖改进公共运输运营,例如公交专用道和信号优先;

❖集成独立的 ITS 服务和系统来优化成本效益比。

合作的需求

许多亚洲国家,包括马来西亚、泰国和越南,都有穿越国界的道路,所以这些国家的交通系统必须在共同协商的特定标准下相互兼容。此外,在相互学习的方式下,与拥有 ITS 经验的国家进行合作也十分重要。

7.2.2 中东欧地区

中东欧地区 4 个国家(克罗地亚、捷克、匈牙利、罗马尼亚)的 ITS 应用状况可以概括为以下 4 个方面:

与 ITS 应用相关的中东欧地区特征

中东欧地区的转型国家的特点是在过去十年中经济体系发生了根本性变化。这一变化在可预见的时间内将会对这些国家 ITS 的发展和应用产生决定性影响。随着经济发展,交通量呈现出增长趋势,导致对道路基础设施发展的需求不断增加。典型的 ITS 应用预计将会帮助这一地区的国家应对交通量快速增长所带来的挑战。

此地区交通量增长不仅源于本地区内部,在接下来的几年中,由于这一地区是连接前苏联和西欧的枢纽,且与亚洲和巴尔干半岛接壤,预计长距离、区域内的交通量将会显著增长。

ITS活动的现状和计划

在中东欧地区，ITS被看作一种运营和管理道路网的新选择，它可以有效减少因机动化带来交通量增长所造成的不良影响。对交通流、道路和天气条件的监测被看作是建立支持ITS的交通控制与管理数据库的必备条件。这一地区的一些国家已经开始建立这样的数据库。例如，罗马尼亚在二零零零年以前已经开始进行建立公共道路网的自动数据采集系统的项目。

这一地区的科研单位在与政府部门合作开发ITS的过程中发挥了积极促进作用。在克罗地亚，科技部从1997年就开始与萨格勒布大学合作来加强ITS理论研究和实验基地建设。同时，克罗地亚正在致力于开发电子地图数据库。在其他国家和大学里也有不少ITS行动，如布达佩斯理工大学。

运输政策作为一项迫切的ITS需求

在中东欧地区ITS的部署处于两个巨大的变化趋势中：一个是经济体系的根本转变；一个是从只注重道路建设到承认ITS是应对交通量增长的方法。因此，在此地区建立的一系列新的交通政策是成功部署ITS的最迫切需求。

这一地区的大多数交通部门对ITS工具和概念并不熟悉，通常也不认为ITS是提高运输系统运营效率的方法。因此，需要建立新的、可持续发展的交通政策，这样就可以将ITS作为在新的交通运输战略下应对机动化带来的负面影响的选择而纳入其中。

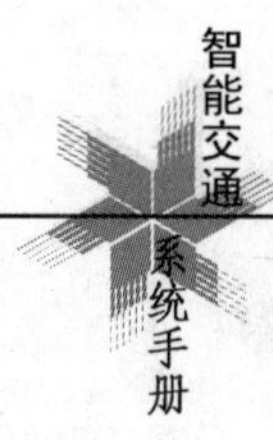

所有中东欧地区的国家要么已经加入欧盟，要么处在加入欧盟的进程中。国家层面的主要目标是保证加速的ITS部署并调整到欧盟的标准和方向上来，并且获得欧盟在技术、法规和财政上的支持。这些国家中期交通发展目标和政策趋向于来自于欧洲运输白皮书。现有新开工道路的巨额投资项目，为国家道路权威机构提供了一个将ITS基础设施纳入新开工道路建设中的机会，希望这一方法能够得到相关财政机构的支持。

介绍过这一地区的历史和经济体系后，需要确认是否或何时采用指导性的或激励性的措施来鼓励ITS的实施。如果考虑到现有和新建的公共机构和部门以及ITS部署中所涉及的私人机构将扮演的角色，这个问题就显得非常重要。在这方面陈述清楚而且明确的运输政策将带来更快更有效的ITS应用。

关于机构职能的政策应该明确公共机构在ITS行动中所扮演的角色。例如，公共组织是否应该积极参与到ITS的研究中，而不仅仅是支持ITS？公共部门是否应该专注于委托开发电子交通设备并且承担因开发而引起的某些财政风险？换句话说，公共机构是否应该担当ITS行动中的开发者与协调者的角色？如果是，那么在什么条件下才可以实现？

对合作的需求

在ITS方面的跨区域和区域内合作都是中东欧地区ITS专家们要考虑的事

情。ITS 应用的全面实施很少局限于单个国家，因为大多数主要路网都跨越了一个以上的国家。不同国家两两间的运营系统的互操作性和兼容性就显得十分重要，而且符合通用 ITS 标准也很必要。因此，CEN/CENELEC（制定欧洲 ITS 标准的组织）的技术委员会邀请这些还不是欧盟成员的国家加入成为会员，并以观察员的身份参加委员会工作。

这一地区的另一个重要问题是，当欧共体向东部扩张并不断吸收新的成员国时，那些从前的非欧盟的独联体国家（俄罗斯、白俄罗斯、乌克兰、摩尔多瓦）的边界被加强了。由于这些国家的经济原因，ITS 的引入是非常缓慢的。这些国家面临的主要问题是交通安全、公共安全和效率。由欧盟组织的一项关于从前苏联独立出来的非欧盟国家交通走廊的分析表明，ITS 已经被确定为一种提高道路安全和效率的方法。

7.2.3 拉丁美洲地区

这一地区考虑的国家包括：阿根廷、巴西、智利和墨西哥，这些国家从人口、国土面积、ITS 应用现状等方面也代表了大部分地区的特征。这些国家 ITS 现状可分以下三个方面表述：

与 ITS 应用相关的地区特征

拉美地区影响 ITS 发展的 5 个主要地区特征如下：

①这些国家的经济周期是非常明显的，从严重的经济衰退期（20 世纪 80 年代）到强劲的经济增长期（20 世纪 90 年代），又回到经济衰退期。因此，这些国家的货币汇率浮动很大，并且长期性投资缺乏，接下来的一段时期需要大量投资来提高服务质量和生产力水平。

②这一地区财富分配的高度不均衡导致不同社会阶层的生活方式和交通需求有显著差异。高收入阶层的富裕加快了机动化进程，但基础设施却没有相应的增长来满足不断增加的交通量，结果导致交通拥堵严重和交通事故增加。这一地区交通事故的死亡率处于全世界的最高水平，这不仅是由于基础设施不足，还因为缺乏对驾驶员的教育。

③道路权威机构已经在主要道路实施了特许经营，包括国家和地方道路网的主要部分，这些道路通常都承担着较大的交通量。这一措施相对来说是比较成功的，但现在的道路使用者更为挑剔，他们需要更多更好的道路，这些道路更畅通、收费更快速高效以及安全性更高。

④在最强劲的投资期内，由于缺少公共资金支持，私人部门已经更多地参与了许多事情，而不是像其他地区的私人部门那样作为旁观者。这也就影响了核心工程的完工，导致目前一些大城市城区交通的严重拥堵，如墨西哥城、布宜诺斯艾利斯、圣保罗、里约热内卢和圣地亚哥。

⑤这一地区的公共运输权威机构正在重新组织自身的结构和职能以扮演新的

角色。在一些国家，如巴西，以前的道路管理已经由公共机构和专注于多式联运的中心办公室接手。同时，非政府性质的ITS组织开始出现(如阿根廷ITS、巴西ITS、智利ITS)，致力于推动公共和私人部门联合起来，激励并支持ITS部署。

通用的和特殊的ITS

电子收费(ETC)系统是目前在拉丁美洲地区最常见的ITS应用。这些系统被部署在墨西哥、阿根廷、巴西(见案例研究4)和智利实施特许经营的一些主要高速公路上。这一地区的大多数重要城市都已经部署了交通控制战略，包括交通管理中心系统、视频监控、图像超速执法和事件管理。

一些国家正在将商用车辆运营(CVO)服务列入计划，同时正在开始实施包括超载卡车控制、车辆及危险货物跟踪等项目，而且建设了便于横穿国际边境的工程，如在阿根廷边境的Mercovía工程。一种数据集成系统正在通过巴西联邦公路网予以部分开发，以统一交通流、交通安全和货物的GPS跟踪等数据。巴西的库里蒂巴市和哥伦比亚的波哥大市已经开发并实施了一种新型的类似火车的地面大容量公交系统，这种大容量公交使用长公交车辆和可逆的公交专用路。其他一些先进的技术正在票务和运营中不断得到应用。

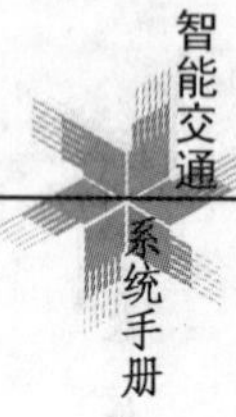

未来迫切的需求

除了努力实现每个城市内的ETC应用具备互操作性外，仍然有提高道路使用者便利性、进一步提高ETC渗透率的工作要做。区域ETC标准化工作并不紧迫，因为这一地区内的多数大城市之间的距离很远，并且每个城市的功能都是相互独立的。另一方面，在地区层面集成其他ITS的标准和政策却非常重要，这样可以为市场指明方向。目前，在这些国家尚没有统一的官方ITS项目。因此，目前最迫切的需求之一是在这一地区形成统一的ITS发展战略，将这一地区作为一个整体，集成独立的工作，并为将来部署集成的ITS提供发展框架。这个ITS战略需要协调处理一些国际问题，如跨越边境、国际交通走廊管理、不同语言间的信号传递以及环境方面的问题等等。

财政来源和私人部门的参与也是重要问题，需要予以强调。在这一地区曾有过公私合作伙伴关系(PPP)以及建设－经营－转让(BOT)方式的成功经验，这些方式主要应用在收费公路和公共交通领域。当地政府部门必须为交通运输项目提供稳定且持续的财政和投资政策支持。人口过多的城市需要部署区域交通控制(ATC)系统，并且利用ITS辅助执行交通法律和规章，以减少严重的延误和事故。多车道自由流ETC也将改善收费站点及收费道路上的交通流和安全性。

另一个需要在拉美地区优先考虑的问题就是如何进一步改善公共交通服务，因为这一地区很大比例人口的出行是靠公共交通完成的。只有通过使用基于ITS的技术才能获得公共交通在可靠性、舒适性、安全性、调度、乘客信息服务以及出行时间上的可靠性。同样不能忽视的是这一地区延伸到乡村的低等级路网，这需要在成本效益方式下确定合适的ITS应用来满足大量居住在农村地区人口的出行问题。

7.3 误解和现实

正如我们所见,不同发展中国家的ITS相关问题差别很大。然而,在进一步应用ITS以期取得收益之前,需要澄清一些在转型及发展中国家普遍存在的对ITS的误解。转型及发展中国家关于ITS的四个误解能够被确认,且都可以用事实来驳倒,如下所述:

误解一:“ITS技术对转型及发展中国家来说过于高深,而且成本太高,因此不适用于转型及发展中国家。”

现实情况:这些国家的ITS应用已经很广泛,世界银行发布的ITS工具包中列举了这些国家70个ITS(案例研究7)。其中的一些ITS技术部署是低成本、高产出的,并且一些转型及发展中国家已经在全面部署ITS中应用到诸如智能卡、GPS和光纤等“高技术”设备。

区域交通控制(ATC)和电子收费系统(ETC)是这些国家中的两个最通用的ITS应用。例如,世界银行发布的ITS工具包中指出,吉隆坡从1980年开始安装基于SCATS信号系统的区域交通控制系统(ATC),到2000年为止,共有98个交叉口受控于此系统。曼谷正在安装SCOOT系统。世界上一些转型及发展中国家已经开始大规模部署ETC系统。总的来说,这些国家应用ITS所取得的效益与主要工业发达国家相似,从提高安全性、缓解拥堵到增加道路通行能力。

误解二:“转型及发展中国家只需向主要工业发达国家购买ITS产品即可。”

现实情况:ITS部署绝不仅仅是购买和运营必需的设备那么简单,实际情况要复杂得多。有效实施ITS需要一系列政策上的解决方案,包括整个系统生命周期的运营和财政可行性。

一些转型及发展中国家根据它们的特殊需求来应用ITS。例如,巴西根据这一目的编制了本国的“ITS手册”。匈牙利和其他中东欧地区国家强调保证ITS与欧盟兼容,这样就为它们的ITS融入欧盟做好准备。很明显,与主要工业发达国家相比,这些国家由于运输目标不同而产生了不同的项目优先权。在许多转型及发展中国家,“深度适应来达到我们重要而特殊的需求”是目前转型及发展中国家决策者需求中的一个关键短语。还要特别注重进行ITS教育和培训,培养ITS优胜者和能够接近这些国家的高层政策制定者和有限的财政资源博识的拥护者。

误解三:“ITS可用以完全取代道路基础设施的投资。”

现实情况:ITS有助于充分利用现有道路基础设施,并且降低未来对基础设施的投资。但为满足不断增长的交通需求,缓解拥堵,ITS应该与其他附加的道路基础设施投资一起使用。中国和印度是严格遵守这种方式的两个好例子。减少基础设施投资绝对有必要,这就是基础的ITS(数据采集和监控),可用以支持更高级的ITS。

转型及发展中国家的决策者了解ITS应用不能一下子"解决"本国复杂的交通运输问题,但他们同意ITS技术能够也应该作为逐步实施的解决方案的一部分。然而,这些不断变化的实施方案必须在一个明确的战略框架下进行,其中包括缜密细致的ITS体系框架,以避免将来可能发生的混乱和低效。

误解四:"我们对解决交通运输问题的新方法的需求十分迫切,所以我们应该立刻开始大规模地部署ITS,不用花时间进行规划研究。"

现实情况:真正可持续发展的ITS部署和有序按部就班地获取ITS效益需要缜密的规划。大规模部署ITS之前,应该先制定框架规划、ITS体系框架以及其他的准备性步骤,如本手册第5章所述。

高效获取预期的ITS效益,并长期保持这种效益对转型及发展中国家的交通运输专家来说是一个令人兴奋但又费神的任务。以ITS培训为例,尽管这些国家中的一些高层人才通常已经接受了很好的培训,但普通技术人员可能会导致ITS项目的实际困难,即使这些普通技术人员自身也得到了足够的培训和适当的激励以保证他们能在岗位上工作足够长的时间,ITS设备也不一定能保证正确维护和运转来产生预期效益。

在ITS部署中还会遇到其他问题和严重风险,包括技术上的和政策上的。有幸的是,目前在世界范围内已经有足够丰富的ITS经验,并且世界各国已经开始分享这些宝贵经验,这样一来,所有国家的决策者都可以充分利用这些经验,并相应地制定他们的ITS部署方法。

7.4 对转型及发展中国家的建议

在转型及发展中国家中,有各种各样的与交通运输相关的问题和其他重要特征,它们不仅存在于7.2节所阐述的三个不同地区之间,而且还存在于每个地区的国家之间。本节提出的建议取自许多由世界道路协会(PIARC)资助的研讨会和电子邮件讨论,以及这些讨论的参与者,其中既包括工业发达国家也包括转型及发展中国家的决策者和专家。此建议可以通用,但是可能需要针对特殊国家和当地形势进行相应调整。这些建议分为三个方面,即规划和制度问题、经济和财政问题以及技术问题。此外,由于电子收费(EFC)系统应用的复杂性,在特定章节有一套专门针对包含ETC的EFC的实施建议,许多正在进入ITS的转型及发展中国家也对电子收费系统特别感兴趣。

7.4.1 规划和制度问题

缜密的规划

领悟可能发生的ITS行动及其自然顺序是对ITS部署进行良好规划的关键所在。在试图设计和优先考虑ITS解决方案前，透彻理解和分析运输问题十分重要。不论在技术还是非技术领域，一些早期的低投入行为从长远角度来看是非常有益的。例如，按照合作制度的协议和兼容性条款，转型或发展中国家将愿意早期投入到可靠和实时的交通信息采集方面，为高效使用ATMS和ATIS提供基础支撑。与之类似，建立一个国家ITS规划和组织将为达成国家和国际层面上的共识和协调目标行为而迈出重要的一步。许多发展中国家，如阿根廷，近期创建了自己的国家ITS组织，详见附录C。

缜密的规划要考虑到当地文化和运输概况，从而来调整和定制ITS以应对每个国家的特定需求。实施ITS之前，城市应该适当拥有一些基本的交通管理措施，例如车道标线、合适的交叉口设计方案等。借鉴邻国的做法将大有裨益，不仅为学习他们的ITS经验，如果有的话，而且要与之合作来避免孤立的解决方案。对转型及发展中国家来说，去主要工业发达国家进行一次ITS技术的学习考察有助于拓展对未来ITS的设想。一些考察能够从主要工业发达国家中挑选出可用的经验，例如应用ITS减少收费公路上的交通事故的领域。

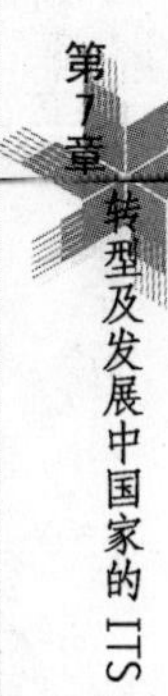

ITS包括大范围的服务和产品，其中有一部分现在已建设得非常完备(如，交通信号协调)。即使是这些十分成熟的应用，也有必要根据当地的状况做出调整(如，在机动车和非机动车混行道路上配置协调的交通信号)。转型或发展中国家的交通运输机构对于引导这种调整负有重要责任，包括分析功能规范、与供应商进行咨询和指导性的互动。

从更具战略性的层次来讲，一些转型及发展中国家已经认识到技术基础设施在ITS部署中所扮演角色的重要性。如果没有国家发展政策支持，所有的基础设施系统将会承担短期经济担保的风险，然后ITS和道路基础设施的发展将会全部降为自付解决，并从其他的国家信息和通信基础设施中独立出来。为私营部门提供近期激励以使其介入ITS十分重要，然而这种介入应该支持长期的政策目标。更高级的政策将在国家技术基础设施概念上稳固ITS发展，包括国家体系框架。

利益相关者的参与

从ITS部署中学到的重要一点就是解决制度上的问题是成功的关键所在，同时还要向他们明确保证时间和承诺，因此，建议是:“不要过晚着手，提早吸纳所有重要的利益相关者。”为避免过晚，转型及发展中国家可以通过理解用户需求作为ITS发展的起点，并通过挑战制度上的问题来利用这一经验。较早地发展国家ITS体系框架的步骤之一是吸纳所有的主要利益相关者，来使他们理解、提出建议、定义以及同意一套优先的ITS用户服务。因此ITS体系框架发展过程能够对确保利益相关者的早期介入起作用。近几年,转型及发展中国家,像智利、捷克、斯洛伐克和墨西哥,已经发展建立了国家 ITS 体系框架,其中包括各自的利益相关者,这一阶段有时会得到美国贸易发展机构以财政援助方式的支持。

尽早吸纳 ITS 利益相关者能够帮助预料(和解决)技术和制度上的问题,这些问题或许在今后阶段很难予以处理。例如,大型城市快速路在建成后若干年或许都很难转变成收费公路,这源于政治和物理上的原因:政治上,由于经常行驶于不收费快速路上的驾驶员很可能反对缴纳任何通行费;物理上,由于快速路在设计上并未提供空间来改进收费站。甚至在主要工业发达国家,制度问题经常拖延 ITS 的实施。一方面,能够使多种相关机构形成高效合作(为达成信息交换和协调运营的目的)的远见和步调通常是诸多 ITS 应用得以成功的关键因素;但另一方面,吸纳利益相关者可能会导致极大延误。所以伴随 ITS 拥护者的祝福,基于历史和文化条件的实施流程,ITS 必须被予以创造性地设计,并适用于特殊的国家或形势。

另一种吸纳、说服利益相关者的方法是在关键 ITS 应用上组织试点工程。一个很好的实例是 CONNECT 工程,它由欧洲智能运输系统协会(ERTICO)和奥地利当局共同推进,同时也得到欧洲委员会的支持。通过波兰、捷克、斯洛伐克、斯洛文尼亚以及匈牙利的试点和示范,这项工程吸纳了 ITS 在跨边界应用上的主要利益相关者。

分阶段和预见性规划

ITS 规划应该既包括严谨、有序的部署步骤,又包括以平和、灵活的方式达到长期目标的高瞻远瞩的发展进程。恰当的 ITS 部署进程是一种为用户和实施者建立自信心的严谨策略。所有国家,尤其那些财政资源有限的国家,都需要"在跑前先学会走"。

虽然许多主要工业发达国家已经从本质上完成了道路基础设施建设,但是部分转型及发展中国家仍然有主要道路建设项目摆在他们面前。对于这些国家,应该在稍后的时段,在能够承担得起的时候,允许 ITS 技术进入交通运输发展计划。例如,中国运输规划包括建设达到高速公路等级的"五横七纵"公路干道建设项目,合计 35 000km。在这些国家,政策制定者必须要严肃考虑到随同新的道路基础设施一起安装 ITS 基础设施(如交通检测器等)和通信基础设施(如光纤等),同时需要对多种基础设施元件的安装顺序和时间给予充分考虑。例如,建设光纤网络基础设施可以首先在道路建设时期简单铺设管道,随后,在管道中布设光纤以及安装日益复杂的终端机的时间将取决于 ITS 需求以及其他通信需求。关键点在于同步规划安装三套基础设施将以避免昂贵的设施更新费的方法为未来节省资金。独联体国家(NIS 国家——前苏联的国家)也已经认识到这一点,并遵循了此种方法。

另一种有远见的步骤是为交通运输专业人员和 ITS 相关决策者开发一个拓展

教育和培训计划。短期目标将包括为决策者、公众和运营维护ITS工程的员工提供常识水平的资料和课程。从长远角度讲,需要为下一代交通运输和ITS专业人员开设ITS课程以及专业水平的培训课程。道路使用者(包括行人)也需要了解ITS,并接受如何使用ITS为自身利益服务的教育,以使其愿意认同这种转变。而目前尚未找到针对转型及发展中国家道路使用者所采取的教育水平,而这恰恰影响到用户使用ITS的能力。另一方面表明,手机迅速渗透进转型及发展中国家,甚至低收入的家庭中。在许多国家,强制执行是应用ITS技术的杠杆作用点。如果不能针对驾驶员、行人、通行税缴纳者和/或道路路网运营管理运营商来执行相关规章制度,则会导致许多ITS应用以失败告终。对转型及发展中国家来说,诸多实例表明:强制执行与其说是一种技术问题,不如说是政策和制度问题。

7.4.2 ITS投资中的经济和财政问题

鲜有例外,转型及发展中国家通常会遭受财政匮乏问题,特别是ITS投资短缺问题。在许多这些国家,通过建设收费公路和安装ITS早期应用之一的电子收费(ETC)来对道路网和ITS进行同步投资已成为可能。这些资金来源于世界银行和欧洲委员会,后者对欧盟候选国尤其重要。基于ITS能够在货币和金融储蓄方面对运输效率起作用的基本理论,投资机构通常坚持将ITS,尤其是ETC,纳入到运输基础设施建设项目中。

ITS效益

可以理解,人们更喜欢传统道路建设思想,并认为其能够带来更直接的收益,反对ITS解决方案。然而随着经验的积累以及对ITS理解的加深,许多转型及发展中国家不仅被诸如由于改善交通管理而减少城市交通拥堵的ITS运营效益所说服,而且被诸如提高交通安全和公共安全的附加效益所说服。后者已经为人们所体验,不仅减少了国内车辆失窃和劫车案件(例如,通过GPS跟踪车辆,如图7.4的例子)而且在跨越国与国之间的边界时提高了效率、减少了时间延误。

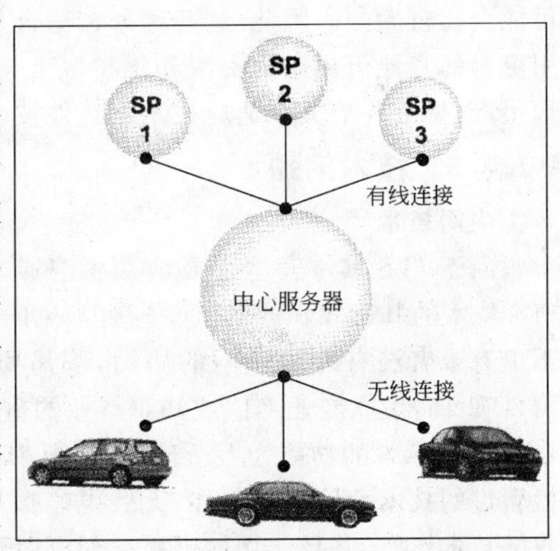

图7.4 交通控制中心功能示意图(斯洛伐克)

由ITS所带来的费用减少已经在转型及发展中国家的经济和社会方面均有所体验。例如,运输费用减少是一份收益,使得转型国家更具经济竞争力,这对那些工程设备生产高度密集型的国家尤为重要,运输费用对他们而言是一个重要因素。ITS在社会方面的惊人效益是贫困减少和社区发展,究其原因是由于改善了最贫困人们的交通运输，他们需要出行去工作谋生，如墨西哥 Chihuahua 洲的 ITS 应用实例。巴西收费公路的发展展示了道路特许持有者如何对这个过程做出贡献(案例研究 4)。由于转型及发展中国家的许多 ITS 项目仍处于初级阶段，所以效益既不为人知也尚未经过评估。关注评估方法的人士可参考第 4 章和附录 F。充分理解并应用 ITS 评估流程将为投资进程、从试点工程中得出正确结论以及发展公—私的合作伙伴关系提供重要辅助来保障 ITS 的顺利实施。

ITS 成本

ITS 设备的年运营维护(O&M)成本大约平均占基本投资额的 10%～15%。这一比例明显高于对路面平均 4%的运营维护成本，还有对桥梁 1%的运营维护成本。ITS 较高的运营维护成本必须在可供选择的项目提案的经济性对比和年度运输预算规划上予以仔细考虑。分析表明，ITS 应用的经济回报率极易受两次故障之间的平均时间所影响，因此必须强调正确维护 ITS 设施的重要性。同时，在全寿命周期成本中也必须要考虑折旧。

转型及发展中国家 ITS 项目的经济和财政分析中应该充分考虑这些国家与主要工业发达国家之间的某些主要差异。例如，这些国家的劳动量和资本成本间的比率可能会低于(有时超过十倍的低于)主要工业发达国家。进口 ITS 的主要设施费(涉及硬件和软件)包括版权费和工业发达国家厂商提出的分期偿还的研发成本费。而且在部分这些国家中，由于缺少外汇，不同部门之间对于设备费的支付竞争可能会比较激烈。因此，这些国家较适合某些 ITS“中间”技术，它使得设备能够使用更多的当地可用空闲资源和维护服务，并且可允许将进口部件进一步转换为当地生产(见下一节关于适应技术和其他技术问题)。

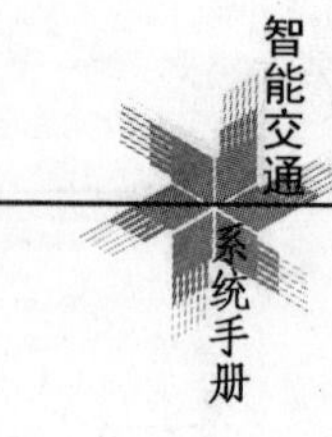

7.4.3 技术问题

中间技术

由于 ITS 具体表达了要应用信息技术(IT)来解决运输问题，所以掌握一些 ITS 技术的基础知识或者至少理解常见的 ITS 词汇，将为高效讨论技术问题所需。不论有或者没有外国顾问的协助，都需要强调在转型及发展中国家启动第一套 ITS 项目时纳入专业部门或知识产业的重要性。

一旦 ITS 的功能为人所理解，则不难证实一些基本功能如何能够随着被长期检验过的技术而传达。例如，无线电广播是一种发布实时交通信息的既便宜又高效的技术形态，并且此功能可被立刻应用而不必求助于先进的 ITS 技术，例如下一阶段开发的在互联网上的交通地图。

由于转型及发展中国家高度依赖公共交通，所以 ITS 应用于公共运输经常被赋予高优先权。因此应用于先进的公共交通系统(APTS)的 ITS 中间技术在日程上具有高优先权。ITS 中间技术应用于 APTS 的一个实例是，在公交车站提供自最后一辆公交车驶离站台算起所逝去时间的信息(使用由当地信标重新设置的简单计时器)。这与提供下一辆公交车到站时间信息的高科技方法(需要自动的车辆位置和通信网络)形成对比。在这个实例中,通过中间技术为公交车乘客提供的信息价值仍旧很高,但是所用成本和所用技术复杂程度却都非常低。

先进技术

如前所述,许多转型及发展中国家已经越来越多地应用到先进 ITS 技术。据世界银行调查,在这些国家中应用最广的三大 ITS 技术是 GPS,手机和互联网。附录 C 的国家概况中也包括许多使用到这些以及许多其他先进 ITS 技术的应用。例如,巴西已经引入涉及到事件管理、交通安全和车辆监管的技术。墨西哥不仅与美国合作应用 ITS 来促进跨国界交流,而且在城市中应用道路自动照明,且安装车载元件来监控速度、流量、拥堵以及方向。多车道自由流(MLFF)收费站是世界上最先进的 ETC 系统之一,它在 2004 年始运营于智利的圣地亚哥。在斯洛伐克,一种综合高速公路信息控制系统(见案例研究 18)集成了许多技术来支撑道路监测和维护,如气象学、交通流测量、交通量统计、远程控制的 VMS、视频探测、事件自动监测以及安全系统等。这些高速公路子系统的集成带来许多协同作用,可在同一地点为用户提供所有采集到的信息和控制权。

转型及发展中国家迅速采纳先进的 ITS 技术毫不奇怪。他们交替式的前进已经实现了两大最新优势:(1)他们能够从相对较发达国家的成功和失误中学习,并且能够受益于最新上市的系统,从而节约研发成本;(2)由于白手起家,他们很少受传统系统限制。例如,一些不具备任何外延技术基础设施(如地面电话系统)或制度基础设施(如自动银行系统)的国家可能会受益于第二个最新优势,所以他们能够在更小的制度阻力下实施移动通信和智能卡技术。

适宜的技术

当采纳其他国家的 ITS 技术和系统时,由于物质因素和人的因素差异,所以转型及发展中国家的专业人员应该免受复制工业发达国家应用方法的诱惑。例如,常见的区域交通控制(ATC)系统会因巡回的小摊贩、居民等人占用路边车道造成路侧冲突骤增而受到极大影响。因此,调整过的、或有时重新改造进口的 ATC 系统尤为必要。基础设施的维护标准也会和 ITS 设备安装类型有关。例如,如果路面维护很差,设置环形线圈将毫无意义,而且它们也不会在大多数时间一直工作。

另一种技术改进方式是使用同一种 ITS 技术用于不同或多样的功能。例如,在一些独联体国家(NIS)的城市中,在货车上使用 GPS 进行车队位置识别更多时候是出于公共安全因素考虑,而不是用于车队的高效调度,这种适应由于政府的命令而得到推动,此法可能在某些转型及发展中国家中更易推行。另有一个功能适应性的例子是关于高速公路标志牌,在印度尼西亚的部分地区,标志牌所实现的电子化与其说用于实时交通信息传递,不如说是为了改善交通标志的可视性。由于雨季的倾盆大雨及随后干燥季节里极其多尘的环境,致使标志的可视性在当地成为一个问题。

体系框架和标准

如上所述，全面部署ITS应该在构建战略规划、地方的体系框架以及其他预备步骤之后。许多转型及发展中国家已经各自建立了国家ITS体系框架。然而在这些国家有一个遗留问题，就是在这些国家建立成熟的系统框架的承受能力问题，因为这些系统的建设将消耗宝贵的时间和大量的资源。幸运的是，有公开而详尽的文件可作为其他国家编制初始框架所采纳和改写的范本。如第3章所讨论，美国政府已经开发了被称为Turbo体系框架的软件包来促进世界各地区或各国的体系框架发展。除此之外，还有欧洲和日本的ITS体系框架经验和文件，它们为那些希望拓宽体系框架方法的国家提供了更多选择和参考。（参见第3章来进行深入讨论）

甚至在他们建成了自己的ITS体系框架之后，对转型及发展中国家来说更为困难的问题是如何处理那些已经在他们ITS体系框架确立的，但未被广泛接受的国际标准的关键接口上的特殊ITS技术，即使有多种选择也没有简单的答案来回答这个问题，这将在下一节运用专用短程通信（DSRC）的特殊例子予以讨论。

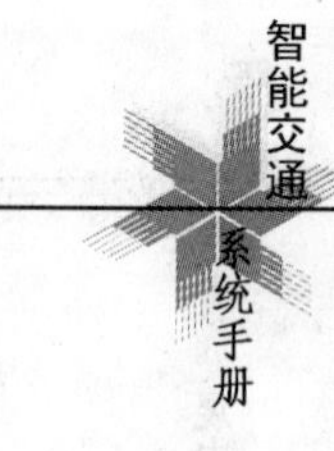

7.4.4 EFC标准的选择

DSRC标准问题的讨论由6.2.5节引入。如前所述，在世界上许多转型及发展中国家，电子收费（ETC）是最早的ITS应用之一。在过去15年中，使用专用短程通信（DSRC）技术的电子转发器（标签）系统是ETC（电子收费通常也称为EFC）的主要ITS技术。然而国家面临选择按照不同的DSRC标准运营的各类竞争系统的问题。这导致同一城市不同特许权获得者安装的ETC系统之间缺乏互操作能力。反过来，这又减少了系统集成的机会以及诸多遵循同一DSRC标准的ETC设备供货商之间获取竞争的机会，例如装置的退出范围扩大和/或新的装置。而这些并不是无法解决的障碍（见案例研究4）。但是无标准的DSRC也限制用户代理机构适应同一转发器系统来实施其他ITS功能的机会，这些功能诸如电子商务、信号优先、交通运输、将道路出行和预警信息传递给驾驶员等。图7.5为马尼拉的e-pass收费广场。

图7.5　e-pass收费广场（马尼拉）

最后一条陈述强调的一点是选择EFC标准可能要依据附加的用户服务需求，

反之亦然。此外，由于 EFC 通常是许多转型及发展中国家中 ITS 用户服务的先驱，所以不会选择标准将会阻碍其他 ITS 用户服务的顺利实施。不考虑广阔的 ITS 前景就在狭义基础上选取 EFC 标准将会错失机会，且最终将因对其进行纠正而造成重大损失。

专用短程通信(DSRC)标准

过去 10 年中，尽管世界范围内的机构(通过 CEN 和 ISO)致力于发展通用 DSRC 标准，但可用于国际市场的 EFC 系统并未遵循单一标准。CEN 标准允许在 DSRC 中使用红外线和微波技术，且每种技术均具有与它自身相关的优点。在美国，联邦通信委员会(FCC)正式指定将 5.9GHz 左右的频段应用于 DSRC。然而，北美目前的系统仍旧继续沿用 915MHz 频段运营，这些系统是转型及发展中国家能够从北美获取的最初系统。同时出现了基于 GPS 或车牌识别技术的新型 ETC 系统，它们根本不依赖于 DSRC。

7.5 决策者的问题

对于如何选择最佳类型的 ETC 系统这一问题，尚未有既简单又容易的答案。集体智慧能够取自团队内部客观讨论，它会不惜时间通览全球 ITS 发展前景观点，而 EFC 是其中一部分。ITS 战略决策能够得益于以下从广阔发展前景中反映出的实际问题，这些问题分为下述清单所列的三类——系统的、技术的和制度的(一些决策可能会归为不止一类问题)。这三类问题打算拓宽 ITS 决策者仅狭义关注 ITS 标准的思维。问题的最佳答案因国家不同而各有差异，且所罗列的问题也并不面面俱到。鼓励读者拓展关于问题和/或观察的列表，这将使当地的决策者受益。

7.5.1 系统的问题

(1)什么 ITS 服务将依赖于像 EFC 那样可应用技术？

在其他技术中，商用车辆运营(CVO)、停车管理、入口控制、车载出行信息、运输和应急车辆运营以及用于交通监控(对于区域交通控制十分重要)的浮动车技术都将 DSRC 作为可应用的技术。作为浮动车和电子收费的一种通用技术，DSRC 能够起到连接区域交通控制和 EFC 这两种在转型及发展中国家中最重要的 ITS 应用的桥梁作用。

(2)ITS 优先用户服务对 EFC 标准选择的影响程度如何？

多种用户服务的相对重要性可能会影响到多种 DSRC 标准的相对品质。例如,赋予商用车辆运营(一般需要大量的信息交换)高优先权会促成有效的 DSRC 技术及其相关的 EFC 标准。一旦存在一个使用特别的 DSRC 标准为高优先权的 EFC 服务的大型现有系统,则发展趋势是保留同一标准来保护对现有 EFC 系统的巨大投资。

(3)我是否该花费时间研发一套 ITS 系统体系框架来定义如何将不同组成部分进行组合?

研发系统体系框架始于对主要的利益相关者和他们的用户服务优先权的确认。花费时间研发 ITS 系统体系框架将最终能够为实施 ITS 节省大量时间。

(4)系统体系框架和标准之间的关系是什么?

系统体系框架能够用于鉴定现在和未来哪里需要标准。系统体系框架是一套表明同一系统中不同组成部分之间如何彼此配合的抽象框架工程。而标准是确保系统中来自相互竞争的卖方间的硬件和软件组件相互配合的具体条目。

(5)ITS 框架规划中应该如何考虑 EFC?

一个好的 ITS 框架规划应该考虑到与所有 ITS 用户服务相关的长期和短期目标及问题。规划应该为适时和审慎的所有 ITS 用户服务序列提供基础支撑,其中用户服务包括 EFC,而不应像对待新型事物那样把它单独引进。规划应该评估 EFC 互操作的成本效益,并且要比较其他的关于依据未来的全球标准而转移初始或现在的 EFC 的观点。规划还应该考虑到 EFC 的应用范围:看它是否可应用于特定的基础设施(如当地的 BOT 项目)或可用于特殊类型的车辆(如在某地区或道路网络局部对重型货车进行收费等)。从一开始就要考虑到那一少部分通常不能应对主要问题的用户,这一思想十分重要。

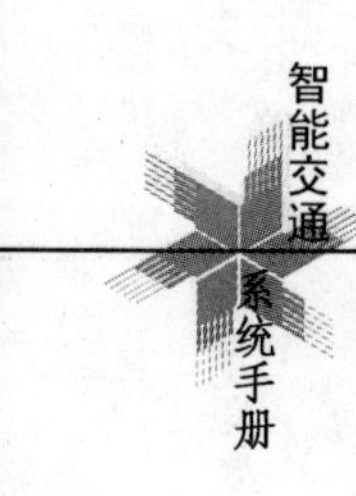

7.5.2 技术问题

(1)对 EFC 而言,DSRC 是唯一的或最重要的可应用技术吗?

EFC 中还需要其他技术,如车辆自动分类技术、收费技术等。此外,有针对 EFC 的完全不同的方法,根本不需要 DSRC,例如在特殊位置运用车牌识别器验证车辆身份并据此收取相应的费用(见案例研究 31);或运用 GPS 跟踪车辆位置,运用 GSM 或其他广域通信技术将车辆位置信息传递给控制中心,并据此收取相应的费用(见案例研究 23)。并非所有的技术具备同一成熟度,这一点需要着重考虑,它涉及到项目实施的时间范围。

(2)为什么多个主要工业发达国家未达成同一 DSRC 标准?

每一个 DSRC 标准都有其历史背景,包括工业竞争和遗留系统,这反映了本国优先用户服务和技术发展,有助于理解多个标准的历史背景,并且有助于国家决定最适宜采纳哪个标准。

(3)不同的 DSRC 标准中,成本的含义是什么?

通常情况下，主动标签比反向散射（或被动）标签贵。较高频的电子收费系统设备一般比低频的设备贵。但是正如大多数电子设备那样，成本的差异可能会随时间推移而变化。

(4)为什么我不应该试图投资到电子通信基础设施从而取代投巨资于DSRC设施？

在EFC中使用GPS/GSM是不需要投巨资于DSRC基础设施的一个例子。虽然用于强制执法的基础设施需要低于DSRC基础设施的投资花销，但这特别要依据网络结构、收费政策、交通类型等条件定度。基于GPS/GSM的EFC系统兼具优点（如不需要新增DSRC基础设施）和缺点（如较难鉴定违法行为，较难在城市狭窄街道中追踪车辆，空间传输时间的成本和连接的延迟）。此外，一旦为EFC搭建了DSRC基础设施，它将是一个实实在在存在的基础设施，并能够为其他ITS应用所影响。

(5)EFC系统的互操作性是否非常重要？是否要保证他们遵照同一标准？

遵照同一技术标准是实现互操作性的必要条件而非充分条件。制度上的安排也对实现EFC系统中的互操作性十分必要。位于大城市中ETC的互操作性将在用户频繁地从一处移动到另一处的时候给予他们更多便捷。但是，这种互操作性或许对彼此相距较远的两两大城市之间的交通并不重要，就像在拉丁美洲那样（案例研究4）。

7.5.3 制度问题

(1)部署EFC系统，制度方面的前置要求是什么？

这因国家不同而各有差异。需要考虑的前置要求中包括立法来保障EFC强制执法，多个机构间就技术标准达成共识，以及允许部署新型EFC系统的金融制度法规。

(2)我是否应该等完备的全球统一的DSRC标准出台后再实施EFC？

不需要等待或许永远不会出台的全球DSRC标准。随着全球范围内数以千万计的车用标签（电子转发器）的使用，针对全球标准的发展和推行，出现了一种显著的保守和抵制情绪。只要意识到全球形势，当地机构就能够推进EFC系统的部署，并形成行动规划，其中包括可能向新标准转移的战略。

(3)一些对EFC最普遍的误解是什么？

最令人担忧的是，EFC被认作是对道路收费，或者用来监控每一辆车运动。实际上，被赋予多种命名的道路收费（如伦敦的拥堵收费——见案例研究31）是一种使用或不使用EFC作为工具的政策决定——新加坡道路收费历程始于1975年的人工收费，而不是EFC。EFC确实存在安全和隐私问题。但是，正如许多国家所做的那样，这些问题能够通过技术和政策相结合的方法予以解决。

(4)对公众和官员进行EFC培训是否重要？

需要通过培训来避免产生上述误解。此外，需要对用户进行关于EFC运营的培训来避免在系统启动阶段或过渡阶段产生疑惑(如:源于 EFC 标准转移而产生的过渡和/或源于收费形式变化而产生的过渡)。

(5)我该如何考虑技术转换和在当地生产 EFC 组件的可能性?

这需要与不同的厂商讨论,并且这或许会影响到从遵循不同标准的具有竞争性的 EFC 系统中所进行的选择。

(6)转型及发展中国家是否应该选取一个主要工业发达国家,参照其历史发展道路并采纳它的标准进行 EFC 实施?

虽然此法有可取之处,尤其是在这两国的 ITS 用户服务优先权相似的情况下,但是也应该考虑到要从其历史发展道路上作适当变化。实际上,一些不具备任何广泛的技术基础设施(如地面电话系统)或制度基础(如自动银行系统)的国家可能会受益于其作为“晚到者的优势”,所以他们能够在较少的制度阻力下发展移动通信和智能卡技术。

(7)我能从哪里获取关于竞争性标准间的利弊的中立且客观的意见和建议?

具有适当经验的顾问和诸如世界道路协会(PIARC)这样的国际组织都是提供客观意见和建议的潜在资源。转型及发展中国家代表也应该关注每年的 ITS 世界大会和 IBTTA 会议来学习最新的 EFC 和 ITS 发展从而得出自己的个人判断。

7.6 对主要工业发达国家的建议

这一节简洁明了,目的是为主要工业发达国家的代表(供货商、顾问、管理者等)提一些建议关于当他们与转型及发展中国家接触合作 ITS 事务时该如何考虑。

①开始考虑为 ITS 投资的转型及发展中国家的决策者会向主要工业发达国家的政策和制度学的专家们寻求建议(即,不仅仅包括经常设想的关于 ITS 技术和设备方面的建议)。本地形势和 ITS 需求进行深入分析,咨询当地顾问,而且通过试点工程予以证明通常是进行长期合作的必要步骤。

②主要工业发达国家迅速出售 ITS 产品或许不是正在采购的国家最感兴趣的,也不会为这些期望与这些国家保持持续的关系的主要工业发达国家带来长期收益。实现长期持久关系的目标需要互相尊敬来达到长期互利互惠。供货商联盟的结构能够很好地吸纳当地的合伙股东。工业发达国家的供应商可以拿出成熟的方法、技术和设备,而当地合伙股东则提供他们在理解当地需求和文化的方面的特长,并在低成本下实施部分事务。这些事务包括定制、安装设计、安装、生产专用界面、专用软件、维护、融合以及特定发展。

③技术适应是双向的。不仅转型和发展中国家的专业人员,而且工业发达国

家的专业人员也应该努力改善 ITS 技术来更好地迎合转型和发展中国家的需求和形势。因此，如果主要工业发达国家的供货商带来健康（或“宽容厚道”）设计的产品，如果他们提供良好的售后服务，则他们在转型和发展中国家中能够拥有更强的竞争力。另一条对主要工业发达国家的供货商提供的机会是设计不易被盗和被毁的 ITS 设备，因为在一些国家盗窃和毁坏行为猖獗。

④在转型及发展中国家的运输系统运行中，高比例的人为错误也为从主要工业发达国家中转移 ITS 技术提供了机遇。好的例子是运用电子方法在铁路上找到许多丢失的货车，运用自动闭塞信号控制来避免人为失误。

⑤转型及发展中国家的运输系统运营私有化的增长表明了另一类从主要工业发达国家中转移 ITS 技术的机遇。经历政策和制度变化的国家和运输部门尤其易受如 ITS 这样的新兴事物影响。

⑥将转型及发展中国家以及他们在工业发达世界的对手国家的公众机构和道路基础设施运营商进行同等安排，能够提供长期的合作关系并为国与国之间的相互学习创造“可能的环境”。

7.7 结论

许多转型及发展中国家已经开始大规模投资于 ITS。除了第 6 章所提及的应用于所有 ITS 项目和工程的建议之外，希望那些来自转型及发展中国家的人们能发现这章所述的其他有用且与自身环境相关的其他建议。既然是互相学习，PIARC 委员会将鼓励对这些国家感兴趣并有切身体验的读者提出包括正面和负面内容的其他启示，这样他们会在未来手册的任一次修订时被吸纳进去而为人所见。

参考文献和注释

1. According to the International Money Fund (IMF), transitional countries are either going through a transition from a centrally administered system to one based on market principles, or a transformation of sizeable industrial sectors whose capital stocks have proven largely obsolete. Developing countries are largely rural, low-income economies for which the principal challenge is one of economic development.
2. Details of the 1998 survey were given in an appendix of the first edition of the ITS Handbook 2000 published by Artech House, Boston and London, 1999.
3. Among these four CEE countries, Hungary and the Czech Republic joined the European Union in 2004.
4. European Union, “White Paper-European Transport Policy for 2010: Time to Decide,” Luxembourg, EC Publications Office, 2001.

5. Dorsch Consult Consortium, "Improvement of Traffic Flows on TEN Corridors II and IX," EC DG TREN, Brussels, Belgium November, 2000.
6. Sanchez G, "Intelligent Transportation Systems in Latin America," ITS America, Wasington DC, August 2002.
7. World Bank, ITS Toolkit: for Road Transport in Developing and Economic-transition Countries (with 69 ITS case studies in transitional countries in the Appendix), 2004.
8. Radic Z. and H. Gold, "Technological Infrastructure in Transitional ITS-Development Policies",10th World Congress on ITS, Madrid 2003. Paper NR. 2726. ERTICO, Brussels, Belgium.
9. http://www.fbodaily.com/cbd/archive/2001/10(October)/31-Oct-2001/bsol001.htm.
10. Denard B, T Miller and C Bausher. "Developing Countries and ITS Communications". TSC Discussion Paper No. 1, Orlando, USA, 1999.
11. Dorsch Consult Consortium, op cit.
12. The three EU candidate countries are: Bulgaria, Romania and Turkey. Ten new countries joined the EU on 1 May 2004: Czech Republic, Cyprus, Estonia, Hungary, Latvia, Lithuania, Malta, Poland, Slovakia and Slovenia.
13. Hernan G O. "ITS, Economic Development and Social Impact in Chihuahua (Mexico). Presented at 10th World Congress on ITS, Madrid, 2003. ERTICO, Brussels, Belgium, 2003.
14. This intermediate technology can also be found in some industrialised countries such as Spain where, as of a few years ago, the lapse time since the departure of the last train was displayed electronically in the Madrid subway stations.
15. Chen K and Y S Hyun. "Intelligent Vehicle-Highway Systems (IVHS) for Newly Industrialised Countries (NICs)". Proceedings of the 6th International Pacific Conference on Automotive Engineering, Warrendale, PA USA. Society of Automobile Engineers. 1991.
16. Much of the materials in this subsection is taken from a paper by Kan Chen prepared for the World Road Association (PIARC) Workshop on EFC in 1999, chaired by Michel Ray. The paper combined inputs from the PIARC C16 Committee members contributing to the workshop. The situation of DSRC standards has been updated to 2004.
17. Scrase R. ,"Great Expectations," ITS International, January/February 1999.
18. IBTTA stands for International Bridge, Tunnel and Turnpike Association.
19. For a more complete discussion on these key points, see Ray M. "Challenges of ITS Applications in Economies in Transition-Recommendations". Proc. of 4th World Congress on ITS, Berlin 1997. ERTICO, Brusels, Belgium 1997.
20. Chen K & B McQueen. "ITS Training & Mutual Learning". Proc. of the 5th World Congress on Intelligent Transport Systems, Tokyo, VERTIS (ITS Japan) 1998.

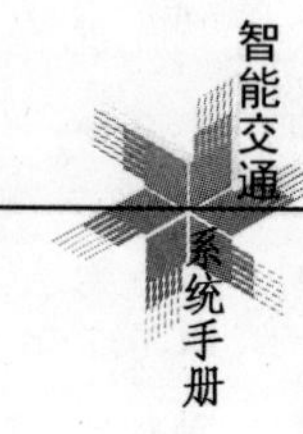

第 8 章

从长远看，ITS 是什么样？

前面几章描述了 ITS 工具和应用的范围，它们可用来满足当前提供有效和高效率运输系统的需求。本章从 ITS 未来 10 到 20 年内可能要发展的几个方向来展望未来，就是在“设想”的效益基础上提供引导，这种前向的规划工具也许在通常5～10年规划周期以外还可用，特别对理解与现在差异很大的不确定现象很有帮助。本章还给出很多交通环境下展望未来的例子，这些例子展示了怎样拓展未来 ITS 的发展方向。

8.1 未来的情景

诸如交通拥挤、全球变暖以及环境可持续发展等问题迫使我们必须审视我们的长期交通规划。在过去几十年投资的基础上，我们现在的目的必须是尽我们所能，开发和改进运输系统的安全、保安和有效性。同时对于未来的问题和挑战，我们必须有所预见并做好准备。这就是 ITS 可以发挥重要作用的地方。

没有一个人，甚至是最受尊敬的幻想家能够预测将来，但情景假设是关于未来的特别构思的故事，可能可以通过它们帮助工作。那些为 ITS 编制长期规划的人们将发现，为检验他们自己想法的正确性，他们的工作会伴随着大范围的未来假设。每个假设都代表一个独特的、似是而非的世界，其目的不是对未来进行精确的预测，而是揭示这些不同的影响因素如何在不同侧面影响未来。每个假设都邀请一群人来预演在与今天条件状况差异相当大的特定背景下可能会有什么现象发生。图 8.1 显示了未来的电子童车。

图 8.1 电动车(纽约州)

8.1.1 未来交通战略

作为美国政策架构远景规划会议的一部分,所有参会人员都被要求想像未来 25 年的情景,并识别未来世界的主要问题、技术可能性、对美国运输部的可能作用以及运输合作伙伴。每个参会者手里都有用于开发新战略规划的“2028 年世界展望”蓝本。该蓝本的四个假定分别是成熟的美国、全球的繁荣、西半球和全球的气候改变。根据这些未来假设制定的交通发展战略包括一系列 ITS 设想,用来描述未来运输系统的机会、收益以及挑战,还有实现这些系统需要的相关活动。

先进的运输管理

通过物理的基础设施,ITS 可以跨多个职能部门和运输方式来灵活且自适应地管理车流(小轿车、运营车辆、公共交通车辆和火车)。先进的运输管理依赖于具备以下功能的系统:可以大面积的监视和检测、可以快速获取交通数据、可以实时评估交通流、短期预测能力、对交通流变化的实时操作响应以及事后对这些措施的评估,其范围可从更好的检测和运营工具延伸到全面自动化。

运输信息的集成网络

这一设想是针对所有运输方式运营信息系统建立的国家级综合网络,采集的实时信息包括基础设施的物理状态,它们是怎样建设的、使用的、维护的、怎样保障安全以及它们的环境,还包括这些系统的运营者及用户的信息,预测的和旅行中的信息。实现这个设想依赖于在所有层次的公共机构和私营机构之内和之间建立新型的合作关系。

道路安全和碰撞预防

ITS 有可能帮助显著减少碰撞次数和减轻碰撞的严重性。通过开发、集成和实施新一代车载电子装置、车路自动化以及可选择的自动化执法,包括对驾驶适应性的确定,使得空前的安全性、机动性及有效性成为可能。这意味着工作重点的重大转变,从减轻碰撞的后果到消灭一些可能的碰撞以及降低另外一些碰撞的严重程度。

碰撞和事件自动检测、通知和响应

使应急响应队伍尽早到达碰撞地点或其他有伤害的事件地点,对挽救生命及减少负面后果有重要意义。为达到这个目的,公众安全提供者必须及时得到事件的通知，必须被安排有效达到出事地点及医院的路径，必须意识到并能够传达伤害的性质和程度，还需要最小化系统中断并恢复到正常交通状态的信息。

什么是设想？

设想是希望发生的事情。

- 瑞典的"Vision Zero"；
- 美国的国家 ITS 框架；
- 日本的 Smartway 概念。

这些必须是可达到的。

未来的不确定性意味着任何一个设想都不能称自己是精确的，实现设想需要后向工作的过程以便确定怎样向前推进，这个过程称作"Back-casting"。

8.1.2 ITS 设想和憧憬

憧憬是个过程，通过这个过程，利益相关方、组织或团体可以设想未来，并且规划怎样实现。该过程把所有参与人都组织到一起，来开发确定一个他们想要达到的共享方案。一旦这个组织框定了他们的发展目标，就能够开始有意识地朝这个目标去努力。

憧憬是情景构造和其他前向规划过程的补充，它试图勾画出未来理想状态的意念图画。该理想状态是一个组织、团体或一群利益相关方的共识，用于制定未来的发展战略。通过清晰描述想达到的目标，一个组织就能够有意识并有目的地开始建造想要的未来，而不是仅仅被动地响应流行趋势及外界变化，这可能极大有助于诸如运输业中正经历飞速发展的政策领域。

憧憬有很多层面，从个人到社区、地区、国家甚至全球。大多数交通规划的憧憬项目都以社区为基础，优先性和性能标准是憧憬的一部分内容。设置优先级是为了突显主要目标，性能标准用于朝目标发展过程中对进度的评估。

憧憬特别有用：

- 为短期规划活动设置阶段；
- 设置政策新方向；
- 回顾现有政策；
- 需要综合多种事务时；
- 需要听取多种意见和想法时；
- 需要一系列潜在的方案时。

"美国国家 ITS 项目规划：十年设想"描述了怎样去接近 ITS 的长远目标。今天开发的ITS系统需要20年前对交通未来发展前景长远的承诺。第2章里描述的大多数ITS，我们对其可能性和工作方向现在还都没有思路，可以期望在未来的10～20年里得到进一步的开发。图8.2提供了一种车内显示屏。

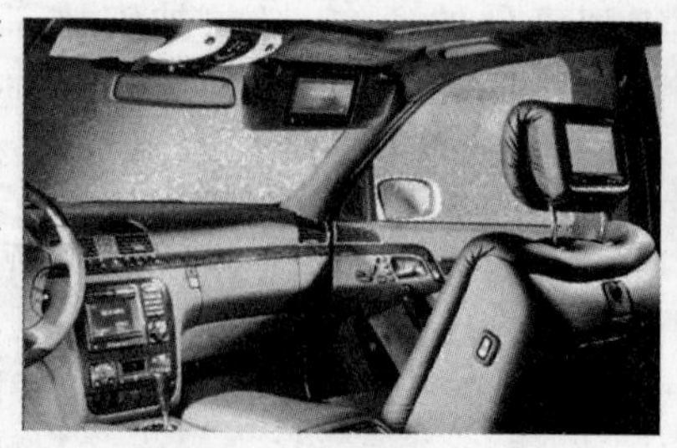

图8.2 车内显示屏和车座后背显示屏

负责提供、维护、运营道路和高速公路基础设施的机构需要知道他们未来面临问题的规模、性质和数量级，以便他们可以制定响应策略和配备适当的目标资源。

本章的其余部分揭示设想如何描述世界不同组织对ITS期望内容的实质。设想的陈述是设想的正式表达，它用文字和图像描述一个组织极力想变成什么样或者希望达到的最终目标是什么。设想的陈述是编制和实现行动规划的起点。

8.2 前向思考ITS的系统计划和方案

8.2.1 欧盟“eSafety”行动

2001年9月，欧洲委员会(EC)发表白皮书“欧洲2010年交通政策：需要确定的时间”，并且设置了到2010年道路交通死伤减少50%的目标。ERTICO (ITS Europe) 主席 Max Mosley 当时这样解释该目标的重要性：

“在交通中挽救生命不是可选的，现在它是社会和政治的职责，毫不奇怪欧洲每年有4万人死于道路交通，相当于每个工作日都有一架大型商业飞机坠毁！难道我们能接受这个事实吗?”

他所说的每年4万道路死伤数字来源于2001年欧盟15个国家在每年不少于1 300 000的道路交通事故，这不仅是人力的巨大消耗，也是财力的巨大浪费。据评估，道路交通事故每年消耗61.6亿 (US$200 bn)。到2010年的目标是把这个数字减半到20 000，并且在接下来的10年到2020年，达到零死亡。图8.3给出了辅助驾驶系统的示意图。

加强安全的技术

很多新车准备安装增加安全的技术，比如防抱死制动系统(ABS)以及电子稳定装置(ESP)。另外，很多汽车制造商和配件提供商提供实时交通信息和路径引导系统，可使路面使用更加有效，并且帮助驾驶员避免灾祸和拥堵。从现在起到2010年之间，工作的重点主要是改善车辆安全以及使从汽车驾驶员到加油站工作人员的每个人都更加认识这些安全系统的主要特征。图8.4显示了一种盲点检测器。

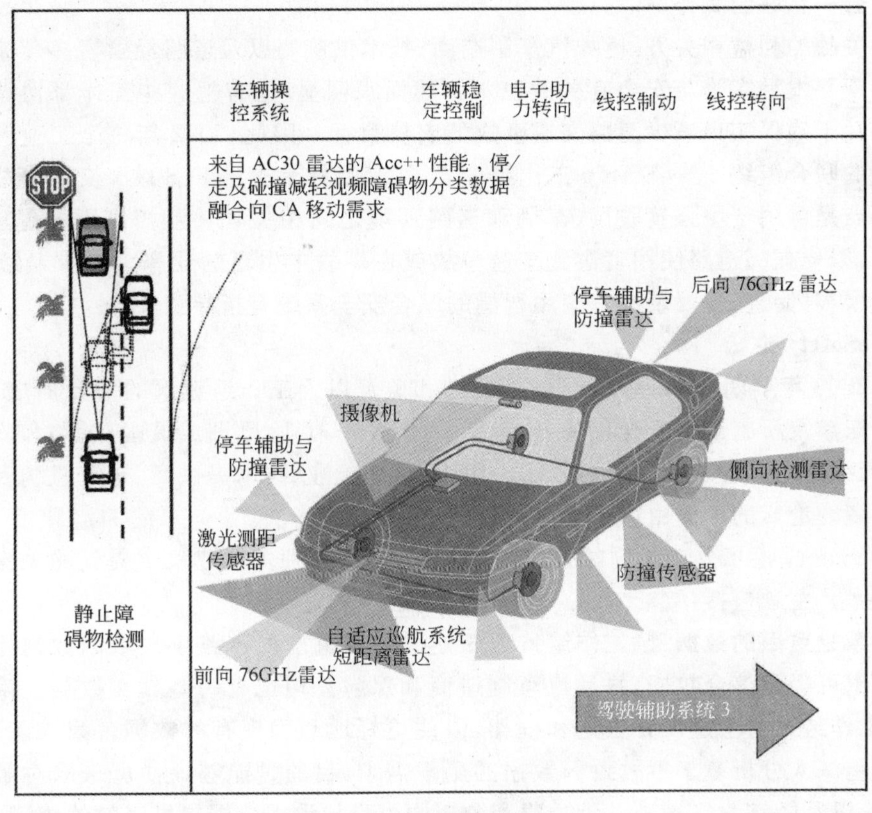

图8.3　辅助驾驶系统

现有和eSafety规划中用于增强安全的其他例子包括：

❖自巡航控制；
❖防碰撞系统；
❖防抱死制动系统；
❖车载紧急呼救；
❖碰撞减轻/碰撞预保护系统；
❖睡意检测系统；
❖电子稳定装置；
❖增强的浮动车数据；
❖交叉口支持；
❖车道保持系统；
❖实时交通和出行信息；
❖速度预警系统；
❖视野拓展。

图8.4　盲点检测器(BSCS雷达)

公—私联合工作

关键的利益相关方,比如汽车制造商、技术供应商以及道路经营者多年来一直致力于开发和实施与安全有关的技术。然而很明显,只有把这些工作都协调起来才有助于确保实现减少道路交通事故的宏伟目标。因此,2002 年一个工业和公共部门的联合组织——eSafety 工作组成立了,其目标是通过 ITS 减少交通事故。工作重点是可用于增强驾驶员、车辆和道路环境之间相关联及互相作用的先进 ITS 技术,以便提高道路使用者避免交通事故或在事故中生还的几率。工作组给出 28 个建议,对促进、开发及推广应用智能的综合安全系统有指导意义。

eSafety 论坛

2003 年早期,eSafety 论坛作为促进和监督以上工作组建议的平台而成立了。该论坛涉及所有道路安全相关方,包括欧盟、汽车行业、欧洲成员国、道路和安全当局、无线通信工业、服务提供商、用户组织、保险行业、技术提供商、研究机构和道路运营者。论坛的工作由执行小组来管理,每月会面一次。

eSafety 论坛分成不同的工作组,每个工作组分别关注建议中提到的关键问题或技术。主题包括:

事故致因的数据:该工作组致力于建立欧洲范围内道路事故致因数据库。一些国家可得到综合数据,并且汽车制造商和保险公司也有一些真实数据。第一阶段,工作组致力于建设方法论和框架,以便更好地利用现有的数据。第二阶段,工作组将深入分析基于事故致因数据的用户需求,目的是能够评估可采取对策的有效性,以及能够为将来进一步收集和分析同类事故致因数据提供有效的建议。

紧急电话(eCall):该工作组致力于全欧洲范围紧急服务的综合策略研究。在车辆发生事故的地方 eCall 就自动启动,并且车辆的精确位置以及与安全有关的相关信息也被传输到公共服务应答点,因此缩短了应急响应时间。

人机界面(HMI):随着车载系统的日益复杂,HMI 引起人们的关注(附录 D)。在 2000 年,欧盟发布了安全有效车载信息和通信系统的建议。本工作组联合工业界及成员国根据技术进步来评估状态,并且在需要时给出 HMI 的进一步建议。

国际合作:本工作组的目的是强调合作并避免相似工作在不同地区比如北美和日本的重复发生。预期的国际合作内容涵盖 HMI 问题、证明、实验方法论和方案、协调和标准、法律问题、影响和社会经济效益分析以及基准制定/最好的范例。

研究和开发:欧盟资助的研究项目已经致力于很多前沿智能车辆安全系统的研究和实施,但是很多技术还需要更进一步的研究。该工作组的重点是基于事故原因分析及可能的应对措施效果分析而确定进一步研究的优先领域。

实时交通和出行信息(RTTI):2001 年委员会发布了在欧洲推广应用 TTI 服务的建议。该工作组就加速落实获取公众部门数据的建议、建立公私合作关系的建议以及在欧洲提供可靠、高质量 RTTI 服务的建议，提供更进一步的分析和建议。

道路地图：智能车辆安全系统的市场导入涉及政策、技术、社会、商业、法律和顾客等方面。从公共部门观点来看，估计市场导入时间表及使用该信息去规划投资并确定还需要采取什么措施。该工作组促进开发行业道路地图，并基于这些地图开发相应的公共部门道路地图。这些工作可以预测产品的开发和推广，并且指出完善道路网络和基础设施信息所需要的投资。

安全全体会议：这些会议的主要目的是讨论该工作组报告中的主题，并且极力就实施推荐活动的建议达成一致意见。

eScope：eSafety 监测项目直接支持 eSafety 计划，并且已经建立了 eSafety 监测台，用来监视和仿真 eSafety 活动进展，并且变成对 eSafety 优先主题更容易获取和更新的信息资源。其网站为 www.escope.info。

eSafety 设想：合作系统

所有这些工作的结论都是基于车辆的安全技术都被证实是有价值的，但是他们也有局限性。每个安装于车上的安全系统工作时都既与其他车辆上的安全系统没联系，也与道路基础设施没关系。事实上，他们都是自动系统，每个车独立工作。研究表明通过车载系统的相互配合以及与前方道路信息的配合，可以达到更好的安全效果。因此，eSafety 建议道路上的车辆最终需要相互通信并且实时共享数据。通信是双方向的，车辆安全可靠地接收和响应数据传输，并且与道路基础设施相互作用。其目标是为所有的道路使用者提供更高质量的信息、支持和保护服务。

相应地，来自公共和私营部门的 eSafety 专家(主要是负责道路基础设施和车辆行业的组织)已经对相互合作的系统有了一个设想：

“道路运营者、基础设施、车辆、驾驶员以及其他的道路使用者将联合打造最有效、安全、保安及舒适的旅程。车－车及车－路合作系统除改善现有独立系统的功能外，还将对以上这些目的做出贡献。”

8.2.2 瑞典的“零死亡”

瑞典的“零死亡”长期道路安全目标是欧洲 eSafety 计划的先驱，并且很好地描述了 ITS 长期规划任务的价值。针对道路交通安全，这是个全新的思考方式，并且提供了一个精彩清晰的设想范例。它描述了瑞典道路管理部门为达到长远目标——在瑞典道路上没有人死亡或严重受伤，已经规划了将要采取的措施。

“零死亡”基于这样的伦理理念而构思：人们在瑞典的道路交通系统中移动时死亡或严重受伤绝对不可接受。其重点在清楚的目的，并且演变成一个高度程序化和科学化的策略，该策略对传统的道路安全方法进行挑战[9]。

以前大多数交通事故的责任归于道路使用者个人，然而根据“零死亡”，现在责任由所有对道路交通有影响或参与道路交通的人共同承担：

❖负责社区规划及交通事务决策的政治家；

❖根据政治的决策，实现道路交通系统形式和设计的规划者；

❖建设和维护道路的道路管理部门；

❖确保遵守交通规则的警察；

❖车辆制造商和分销商；

❖致力于改善道路安全的组织；

❖购买交通服务的公司、私人组织及个人；

❖运输货物和人的公司、私人组织及个人；

❖所有使用道路和街道的人。

1997 年，根据“零死亡”而起草的道路交通安全法案由瑞典议会大多数人投票通过。根据瑞典的人口基数，这个国家已经步入最低道路交通事故伤亡数字的国家行列。然而，这还不够，瑞典道路安全工作基于这样一种认识：拒绝接受人类因为道路交通而死亡或者终生忍受道路交通伤害。

通过图 8.5 所示的“back－casting”过程，在向最终目标——道路交通无死亡或无严重伤害迈进过程中，几个具体的中间分目标或分步骤已经明确。

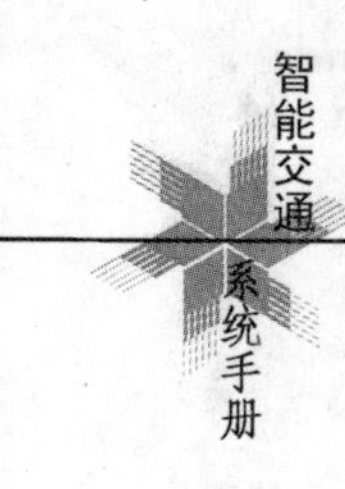

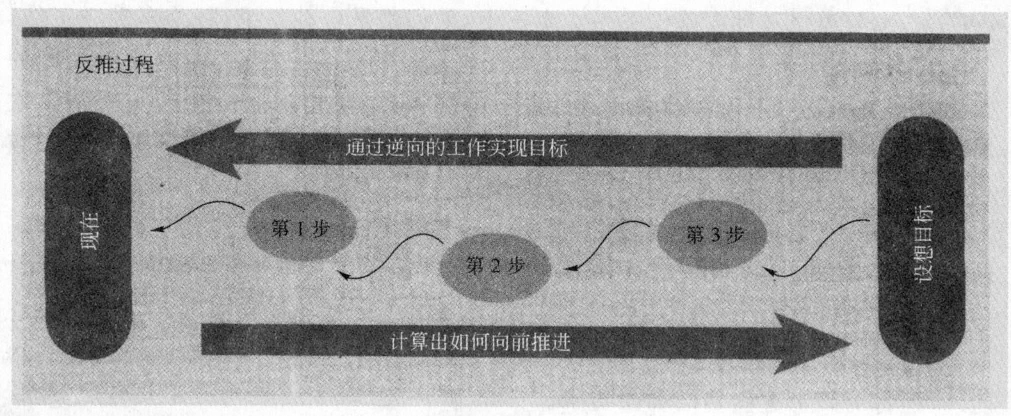

图 8.5 “Back-casting”过程图

道路安全的新方法

多年来交通安全工作的重点一直是极力鼓励道路使用者以适当的方式进行响应，比较典型的做法是通过发执照、考试以及对人为及日益复杂的交通系统要求进行教育、培训及公告等。传统上安全的主要责任由道路使用者承担而不是系统设计者承担。

“零死亡”方案提出了一个看待道路安全的新概念以及设计及发挥道路交通系统功能的新方法。以前的工作重点是增强道路使用者个人协调系统的能力，“零死亡”集中考虑整个系统怎样安全运行。同时，“零死亡”还意味着工作重点从以前的极力减少交通事故数量转移到彻底清除道路事故引起的人身伤害风险。

"零死亡"承认杜绝所有的交通事故是不现实的，其目的是对交通事故进行管理以便不对人身健康造成严重伤害。其长期的目标是营造一个道路交通系统，即使有人为错误发生也不至于对人身造成严重伤害。零死亡的战略原则如下：

❖交通系统不得不进行调整，以便更好地考虑道路使用者的需求、错误及弱点；

❖不致死亡或严重损伤的人体能承受的侵害等级，构成道路交通系统设计的基本参数；

❖车速是道路交通安全规定中最重要的参数，应该由道路和车辆两类技术标准来确定，以便不超过人体能承受的侵害等级。

系统设计者有首要的责任

尽管把道路安全责任分摊给系统设计者和使用者共同承担，但设计者对失效的安全措施负最终责任：

❖系统设计者负责道路交通系统的设计、运营和使用，因此负责整个系统内部的安全等级；

❖道路使用者负责遵循道路设计者制定的道路运输系统使用规则；

❖一旦道路使用者因为缺乏知识、接受力或能力而没遵照使用规则，则要求设计者采取进一步的必要措施以避免人们死亡或受伤害。

运行的原理

如果策略有效，则零死亡制定的业务规则需要由市民、决策者、公众当局、市场和大众传媒共同执行：

❖ 在政治层面：不允许道路运输产生比其他运输方式或其他主要技术系统更高的健康风险；

❖在职业层面：把由交通事故引起的健康损害看成是与道路运输产品和服务有关的不可接受的质量问题；

❖在个人层面：把严重的健康损失看作是不可接受的，知道建立安全系统采取的措施，积极对社会和制造商提出关于安全道路交通方面的要求；

执行战略

最后，为营造一个安全道路系统，执行规划非常必要：

❖预防导致严重伤害的交通事故；

❖降低交通事故事件中伤害的严重性；

❖确保事故伤害的严重性通过有效的营救服务、健康保健和复原达到最小。

把"零死亡"转化成现实的工作正在瑞典国内通过不同方式在很多地区实施。在以上规定的原则框架下针对道路安全交通而设计的、基于结果的执行方案应该导致在将来实现"零死亡"。

8.2.3 荷兰的未来道路

道路使用者、基础设施建设者以及住在道路附近的人们要的是什么？荷兰政府通过启动“未来道路”(Roads to the Future—RtF)对此类问题进行回应。“未来道路”通过长期考虑和短期行动的结合来为创新提供激励，它构想未来的情景，并以演示及示范工程的形式转化成具体的建议。

未来道路设想

设想到2030年有一个组织更好、更有效的基础设施，其重点在为未来社会带来附加值，这个设想提供了发展方向。在2001年到2020年期间，核心价值是安全、可持续发展和可达性。

“未来道路”不仅仅是政府的任务，而是基于这样的信念：可达性问题只能通过市场、政府和专业技术中心的紧密配合来解决。贯穿于“未来道路”系列示范工程的这个基本原理已经得到贯彻落实。政府和商业银行的紧密合作已经带来值得注意的思路。RtF寻求革新，并且不局限于任何学科。RtF寻求来自不同社会背景的观点，针对特定主题给出具体想法，把这些结果变成具体的创新性示范工程，其主题是应该有令人愉快的生活、工作和娱乐的环境，没有肮脏的气味、空气污染、噪声及振动。

工作方法——主题及示范

把长期设想和近期行动结合起来是RtF工作方法的特点，一旦形成长期设想的轮廓，RtF就从当今社会尚未成型的思想中获得灵感。通过与外部合作伙伴的对话来达到目的，外部合作伙伴包括服务提供商、感兴趣的群体、专家和道路使用者等。基于对话结果，为具体的示范工程选择一些有远见的思想。选定的工程在大约一年内完成，在该阶段寻求与市场的合作。

“未来道路”是循环的。在每轮中，团队都以自己的方式解释长期思考的元素。在所有的三轮中，短期行动之前都要指定主题和示范工程。第一个RtF周期开始于1996年，第三周期开始于2002年春天。这轮的任务是找到有前景的示范工程，说明荷兰交通与公共事务部探索基础设施和流动性领域现有框架之外的出路。当前的主题是：

*订制的信息——在路上获得足够的信息。*RtF想启动给出行者提供信息的讨论。实际上，我们的出行方式常常变成习惯问题——我们乘车是因为车在那儿，并且我们昨天就乘车。信息技术提供了那么多，并且我们也获得了前所未有的大量信息，但是实际上我们能够处理所有这些信息吗？或许我们应该再往前走一步，给出高定制化的信息以便更好地做出选择，使出行对每个人都更有效、更愉快，在技术上投资是解决方案吗？或者我们应该投资社会心理学或者感知心理学知识？给道路使用者和其他人提供可选信息时，他们实际得到的是什么？

*丰富旅行时间——愉快地度过旅行时间。*RtF寻求关于未来出行的观点和想

法以及对高质量机动性的选择。走动有很多方式，但每种都有其优缺点。如果旅行也能变成一种体验，则旅行时间就可以更有价值，可用于做其他事情。针对把旅行时间和其他行为联系到一起的想法，已经有一些初步尝试。加油站不仅仅是卖汽油，小轿车也已经变成办公室的延伸。出行者真的从这些演变中获益了吗？所有这些将把我们引向何方？

*多功能道路——将来的道路和高速公路除运输外还有更多的功能。*对由基础设施占据的空间进行更智能、更多功能及更密集地使用，以及更好地与环境进行协调，将成为未来工作的重点。因为道路是多功能的，所以它将有更大的社会效益，不仅在技术层面，而且在社会层面。RtF 已经采取行动来解决由道路引起破坏，就像在资源方面那样，新型安静路面就是这类的很好范例。对于居民、道路管理者和道路使用者来说，还有什么特定的社会经济和生态机会来增加道路的价值吗？

*智能网络——更好的联结，管理的新形式。*我们基础设施的大部分元素在上世纪都是独立开发建设的，结果交通网络常常不是无缝链接。我们能通过智能管理使网络更好地联结以便交通流变得可控一点吗？怎样才能实现这个目的？机动性问题总存在：更大的通行能力带动新的需求，更多的道路不是解决办法，而更智能地使用道路才是解决途径。RtF 想启动关于我们现有网络强点和弱点的讨论对话。我们能从水、能源和无线电话网络管理者那里学到什么经验？所有道路网络由一个团体管理是否理想？我们必须考虑几个提供商吗？有什么措施控制交通流？

未来交通——新的交通系统

未来小汽车并不是必备的交通方式，小汽车的发展开始于几百年前，并从上世纪 60 年代末成为交通的主要方式，但是这种状况还能继续持续 40 年吗？可以设想在这段时间里还有其他的运输方式开发出来。

针对这个主题，相关的示范工程有：

❖缺少连接——网络基础设施是上世纪开发出来的，因为各个网络相互独立，所以连接常常不容乐观。

❖城市盒子——城市内常遭受交通拥挤的痛苦，城市盒子可能是该问题的答案，对于货物运输和商店来说“城市盒子”是一个物流概念。

❖最佳走廊——如果来自所有运输供应商的数据都能在一个系统中进行匹配，出行者就能用这些信息选择出自己到达目的地的最佳路径：最佳走廊。

❖将来服务领域——道路和环境总在不断发展，将来的服务领域很可能与现在很不相同。该项目就研究考虑居民、用户、管理者、领到执照的人以及他们的选择问题。

❖垃圾产品——污泥可用于建造道路，特别是使用清洁新技术处理之后。这些新技术在垃圾处理方面很受欢迎，道路可能变成“自清洁”系统。

❖交通预测——如果交通可以预测，那么出行者就可以选择喜欢的方式出行。与现在依赖道路状况不同的是，早期的信息可帮助出行者旅行更愉快。

❖车载信息——我们的道路到处都是信息。如果这些信息全部送到一个车载系统上，会是什么样子？最大速度、停车设施、下一个服务站，你的车载系统把这些信息都提供给你。这在将来能成为现实吗？

❖紧密接触——机动性是日用品，长距离出行很常见，但是体验式的出行会更好。如果旅行时间通过车载设施或通过与其他旅行者接触可以压缩，那么旅行时光将比现在更令人愉快。

❖奖励驾驶——大多数驾驶员对超速或其他违规行为的罚款或惩罚很熟悉，但是为什么不可以用其他形式来处理这些问题？为什么不可以对良好驾驶行为进行奖励？什么样的奖励应该可以与什么样的驾驶行为相对应？

从 RtF 设想到现实

自 1996 年起，“未来道路”已经带来很多有用的创新，但是当这些创新想法在示范工程中实现之后发生了什么呢？针对这个问题，RtF 指派一个“推进经理”，主要目的是为创新到实施铺平道路。有发展前景的示范工程最终都被推向市场，交给荷兰交通、公共事务与水管理部，或者 RtF 再开发。

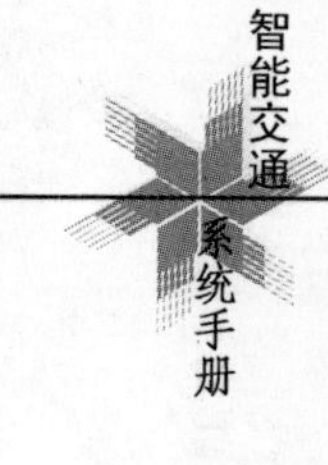

未来道路的基本特点如下：

❖对话与合作；

❖创造与创新；

❖短期与长期规划。

很自然，示范工程本身会产生重大成果，但是 RtF 参与者们在这个过程中也获得了有价值的经验。在创新项目中，他们学会了非传统方式思考，并且获得在荷兰交通、公共事务与水处理部工作很有用的技能。

> 日本国家 ITS 规划
>
> 五个组织一起工作得到共同的设想：
>
> ❖ 日本警察厅
>
> ❖ 通商产业省
>
> ❖ 邮政省
>
> ❖ 建设省
>
> ❖ 国土交通省

8.2.4 日本的车载导航系统

从上世纪 70 年代早期开始，日本就有了全方位的 ITS 远景规划，公共部门在全国范围内实施ITS服务的大型工程中占主导地位，两大国家级的ITS系统VICS(车辆信息与通信系统)和ETC都已经广泛地使用了。日本的快速发展，基于基础设施自然条件和数据的长期积累，也源于雄心勃勃的国家计划和国家ITS体系框架。

因此，日本在研发ITS核心技术方面一直扮演积极的角色。在发展过程中很明显地看到，由于ITS可能会影响大范围的道路、交通、车辆和信息与无线通信，因此需要各个领域的人员进行合作、基于国际交流来推进ITS以及提供用户服务来满足用户需求。

国家ITS规划

1995年，由政府首相牵头5个相关政府部门制定了“道路、交通与车辆领域高度信息化实施指南”，并把这些指导原则推广应用到实际的开发和实施工作中。到1996年，这些政府部门联合制定了“日本ITS推进计划整体构想”，这是个ITS的长期远景设想，涉及20个用户服务以及开发和实施，以便这些政府部门可以彼此紧密地联系，从用户的角度督促ITS系统有效地发展，并与工业界和学术界密切合作。

五个政府部门意识到需要设计一个比长远设想更详细的宏伟计划，以便形成一个可扩展的综合ITS系统，可以响应将来社会需求以及技术开发的变化。1999年，这五个政府部门起草了“ITS系统框架”，并发布以大范围收集工业界和学术界的建议以及积极解决海外信息问题。

成功的因素——数字地图数据库的存在

从ITS的早期，日本政府就意识到收集和利用地理数据和信息有可能有利于创造更高级的面向通信的社会，全日本范围内数字地图的可获得性是车载导航系统市场得以发展的重要因素。

建设省在1998年提供了最初的数据库，接着支持成立日本数字道路地图协会(DRM)，该协会由大约80个公司组成，进行格式标准化并分摊地图更新的成本。DRM现在向商业地图供应商出售比例为1∶25 000和1∶50 000的基本地图，这些地图供应商在此基础上再增加其他附加信息，比如大规模的城区地图，交通限制和加油站的位置等。DRM的国家数字道路数据库推动了21世纪的新道路设想的实施，该设想中基础设施强调道路信息、环境和安全需求。

VICS(车辆信息和通讯系统)的部署

“导航系统的先进化”是国家ITS规划中预定开发的领域之一，VICS是第一批要开发的内容之一。在日本，导航系统于1981年首先由本田发布，接着1987年丰田紧随其后，后来是尼桑1989年。这些早期的导航系统依赖陀螺仪和航迹推算，且只在出厂时由厂家安装到高端车型上。最早基于GPS的后装系统于1990年问世，但是直到1993年索尼和先锋制造出低价的产品才使得导航系统的市场真正兴起。VICS 自 1996 年开始在东京地区服务,1997 年推广到大阪和名古屋,2003 年完成了全国范围内的推广应用工作。

VICS 由一个专门的非盈利组织(VICS 中心)运营,它把三个部联合成一个组织——日本警察厅、邮政省以及建设省(案例研究 14)。这样做的意图是:一个集成的组织将促进研究设计统一的系统以及实施阶段的顺利。

当车辆导航系统配备了 VICS 功能时,驾驶员能够获得道路和交通的实时信息,包括交通拥挤信息和交通限制信息。如果导航系统是能为驾驶员确定要去目的地的路径的型号,则它能自动基于交通拥挤程度重新计算达到目的地的预期旅行时间,或规划出绕开交通拥挤的替代路径。驾驶过程中,驾驶员可以看到车载显示屏上显示的交通信息,包括到达目的地每个路径的驾驶时间和拥挤程度。这些信息可以多种方式表示,包括文字、图形及地图。

VICS 信息在一个中心处理站收集来自很多部门的数据源——包括日本道路交通信息中心,并且以无线信标(高速公路)、红外信标(正常道路)及 FM 多重广播(所有道路)播出。对有 VICS 兼容的车载设施的接收者,这些信息免费提供。VICS 对顾客消费的影响很低——车载单元包含用户与 VICS 服务合同的投资大约 300 日元(大约 3 美元)。目前 VICS 已经被广泛接受了,到 2003 年 9 月份,市场销售大约 1 300 万小汽车导航单元,其中 770 万是 VICS 设备。

VICS 的成功部分归因于良好物理与数据基础设施的可获得性,在日本收集道路和交通信息已经有相当长的历史,这对实现雄心勃勃的 ITS 设想起到很大作用。

重复的过程

自 1996 年开始,日本一直致力于努力实现"日本 ITS 推进计划整体构想"制定的目标,其中假定主计划中的所有 9 个领域在 21 世纪都进入推广应用阶段。全国范围内,诸如 VICS 和 ETC 的工程都运转良好,但是日本 ITS 设想的下一阶段将把很多这些孤立的系统集成一个更复杂的系统。未来的挑战主要是集成和标准化。

一个很好的集成例子是"Smartway",它由国土交通省开发研制。"Smartway"是一个基于 ITS 的基础设施,集成电子收费(ETC)、先进的巡航辅助公路系统(AHS)以及车辆信息和通信系统(VICS)。Smartway 是一个概念性的公路,它使用户之间大范围的信息交换成为可能,它包括由路侧传感器和检测器、光纤网络以及基于车辆的传感器组成的先进通信技术。建议驾驶员在三个级别得到支持:信息(比如提供拥挤警告和安全车速),驾驶过程的部分控制(比如在急转弯处基础设施施加制动)以及全自动驾驶。建议 Smartway 到 2015 年在所有高速公路和主要道路实施,这与当前 ITS 主规划的研发及应用时间表相一致。

8.2.5 美国的车路合作系统

当需要改变投资、过程或者操作方式以实现更理想的交通目的时,设想就可能是特别有用的工具，提出的方案可能规模大、技术复杂、管理复杂，还涉及很多相关部门。因此，大家对未来的设想有一个共同的认识至关重要。美国自动公路系统(AHS)的开发历史是个很好的范例，说明了一个有强有力设想的工程如何管理以保持其发展势头，尽管在前进道路上有很多方向改变和挫折。

上世纪80年代到90年代的AHS

多年以来，自动公路系统(AHS)的设想在美国很受欢迎。但1986年当加州运输部和合作伙伴在加州大学联合研究探索减轻现代交通拥挤问题最有前途的解决方案时，自动公路的梦想才又复苏过来，导致了研发自动公路系统。运用州运输研究基金，该合作在自动车辆的开发技术和推广策略方面以及相关支撑基础设施方面取得重要进展。反过来，该研究刺激了美国运输部的兴趣，并且促成1991年联邦综合地面运输效率法案规定AHS测试和示范的内容。

随后，美国运输部资助一个宏伟的研究计划，由国家自动公路系统联盟(NAHSC)执行。该研究计划的主要任务是为美国研发自动公路系统的实验模型并在1997年展示AHS技术。该研究在Demo′97达到顶点，演示中20多辆车全自动行驶在加州San Diego 15号州际公路上，让上千的ITS技术人员和公众官员感受到了未来的滋味。

然而，迫于财政压力以及近期安全系统的更重要性，美国运输部在1998年取消了NAHSC项目。1998年6月由克林顿总统签署的21世纪运输公平法案(TEA－21)把安全定为运输系统的最高优先级，并且AHS研究的重点重新定为一个叫做智能车辆计划(IVI)的项目。然而自动车服务社会的设想仍然继续其势头，尽管沿着不同的道路发展。

今天的车路协调系统(CVHS)

尽管取消了NAHSC项目，国内和国际上仍然有人对CVHS研究感兴趣。1998～1999期间，通过与未来合作伙伴进行几轮探索性会议后，加州运输部和加州大学PATH项目设计了Phoenix工程计划，其任务是和国内外的公立、私立及学术机构合作继续研究、开发和推广CVHS。他们坚持一个"可接受的、制度化的、主流化的国家和国际自动公路系统，积极致力于减轻交通拥挤"的设想。与提供设想有关的活动包括为未来的AHS设计一个清晰画面，当该程序在全世界范围内发展时，定义目标、定义推广应用策略，主要维持人们对该概念的兴趣以及增强可信性。

改变方向

在上世纪90年代，诸如"专用车道"、"车队"等术语都和为自动公路系统建设专用基础设施的想法联系在一起，然而不管车队的期望多么吸引人的眼球，似乎都不可能变成现实。取而代之，第一代车路自动化的重点已经转化为在现有的道路上实现车辆的自动操作而不需要对现有基础设施进行大范围修改。这些车辆可以集中在"指定车道"或者从自动驾驶中获益，通过车辆系统之间的合作以及车与基础设施之间的交互作用而实现交通流的收益。

潜在的期望和问题

车辆全自动化运营提供了安全旅行、更有效的交通流以及方便驾驶员等优点，这些好处已经在20世纪90年代的模型中充分地展示出来，因此技术是可行的。现在的研究重点是精炼系统方案，近期期望低速自动化（LSA）作为便利的项目受到欢迎。LSA系统将用于低速拥挤的交通状况，以便驾驶员在这些乏味的状况中不再控制车速而是开始放松，当拥挤状况消失开始加速，驾驶员又恢复控制。

然而这样的系统也带来一些潜在问题，包括驾驶员担心不得不放弃自己的个人自由。另一个批评是这将带来意想不到的后果，就是更多的单人车辆在路上，因此增加污染。车载设施很可能增加大约$1 000的价格，这有可能使得一些人买不起。最后，它引起可靠性问题以及是否从单个驾驶员转移到汽车公司、交通控制中心或另一个实体，因为事故的责任将变得模糊不清。

实现AHS设想

美国AHS的设想已经非常清晰和持续很多年了，并且已促使了AHS的研究开发。虽然最初的概念已分散到世界范围内几个不同的项目和技术中，并且被调整以满足不同地区的要求，但是变化的势头还在继续，而且期望自动化在21世纪的私人车辆、营运车辆、公交车辆以及特种车辆的所有业务中得到繁荣。

8.2.6 南非的交通设想

南非是一个转型国家的好例子，它采用憧憬的方式规划ITS。通过一系列绿皮和白皮书，憧憬的过程开始于1994年，并且在开发的每个阶段都与相关方面进行广泛的协商。

交通的战略设想很大程度上基于国家目的巨大变化的影响，南非国家目的巨大变化源于在1994年大选后向民主国家过渡。ITS将应用在交通行业的整体项目中，以对南非的经济、环境、社会需求和目的产生积极的影响。

前进中的南非

“前进中的南非”项目被设计成制定战略行动的项目，该战略行动可把交通白皮书中描述的短中期政策拓展成长期战略政策，并说明实现设想所需要的折中和选择。该项目面临一些严酷的选择和折中，预期并不是每个人都对其发现感到舒服。必须发生改变以满足顾客和国家的要求，这就要求运输行业的政府部门和所有企业在短期和长期内都要承受改革和重新调整的过程，交通部是战略选择的最终权利部门。

被采访的时候，顾客描述了一个不能满足他们需求并且体现陈旧优先模式和目的的系统，城区的旅客描述的系统是分离的城镇间的通勤服务、分人种的公共汽车系统和无节制的出租汽车。货运客户看见一些偏向进口替代和反对增值产品出口竞争、失败的铁路服务、效率低的港口系统和独特的世界级大货运系统。道路被认为是高质量、低边际消耗的运输选择并且支持增加小汽车的依赖性。同时道路上运输模式之间的破坏性竞争以及道路和铁路之间的破坏性竞争进一步破坏了公共运输系统的效率。郊区道路被认为严重不足,满足顾客特殊需求的功能更弱。

对提供商的调查清晰地表明,这些系统作为一个整体已经在资本置换下被系统地购买,大多数模式已经接近其资产的使用寿命。相似地,把公共基金运用于交通基础设施遵循了以前的选择模式,一般把运营车辆用户和私人车辆用户放在公共运输客户的前面。

这里强调了由客户和提供商研究确定的主要业务内容:作为一个整体的行业的可持续发展性。然而这还不是一个眼前危机,很明显尚在发展中。该战略的直接目的是通过制定一个战略行动的项目来避免这个危机,该战略行动可以预防此危机在今后的几年里演变成全面暴发的危机。主要问题是怎么通过限制人、资金和时间来管理,以在重构系统中保持可持续性。

南非交通设想

以下内容节选自 Dullah Omar 部长在 2000 年 6 月 ITS 研讨会上的讲话:

“在交通领域,我们已经为 2020 年制定了雄心勃勃的南非交通设想。正如在前进中的南非计划行动进度表中规定的,交通设想是到 2020 年,南非交通将满足货运和客运顾客对可达性、付得起、安全、频繁使用、高质量、可靠性、有效性以及无缝联结的交通业务和基础设施的要求。它将以持续更新、创新、灵活、经济、环保、可持续发展等方式进行。”

交通的角色

交通应该看作是一个授权行业,交通部在政府内扮演供应商部门的角色,围绕客户目的确定策略。运输对其他行业是关键的输入,部门的目的应该是满足国家和社会的(非交通)目标。这就使得一个战略行动项目非常必要,该战略行动的重点首先是放松现有的旧系统,接着是在满足国家和顾客的需求方面给交通平台注入新活力,最后是开发适应个别差异且领导前沿的通行能力以适合顾客个人的特殊需求。

客户研究和战略挑战

前进中的南非项目组评估了运输系统针对国家和客户目的的性能,找出了关键的差距或面临的战略挑战。这些挑战分成两类:交通系统以外的挑战要求由交通部门以外来做优先选择,交通系统内部的挑战要求南非国家交通部、省、地方交通部门、提供商或者利益相关方来做选择或采取行动。

来自顾客的挑战如下:

❖建立道路网络的长期财务可持续性；

❖在环境问题和交通安全的关键领域，平衡风险序列和可供应性；

❖在行业中使系统能够产生新角色的人力资源，并对此安排培训；

❖解决系统可持续的欠缺。

战略建议

战略的指导前提是顾客满意。战略为交通传播了一个详细的设想，该设想是一系列的想法，集中了交通顾客和决策者的需求，同时确保系统以可持续的方式把这些需求承载到未来。该集成设想对在南非分散的环境中指导实施至关重要，形成一个围绕核心选择排列的系统。这些选择可分成以下三个层次：(1)关于宽度和范围或者系统的密度；(2)关于系统的理想规模以及模式的优化角色；(3)关于为运输提供商强化平台。

密度和模式优化角色一起考虑的决策，将决定交通系统固定成本主体的范围和大小。自他们从属于克服很多挑战的任务以来，这些选择构成战略的主要输出，而那些挑战来自于空间分散的工业和居民经济。

8.2.7 对欧洲公共交通的设想

欧盟委员会最近两个研究计划已经开始解释公共交通如何调整以最好的利用ITS的收益及应付ITS的挑战。VOYAGER工程是第一个，该工程的设立目的是创建一个有吸引力的、可达的、有效的以及财政可支持的、直到2020年的欧洲地方及区域公共交通系统，并为其实施提供建议。由UITP(公共交通国际联盟)领导，公共交通不同方面的专家工作组展望直到2020年的长期发展趋势及其对开发的可能影响。技术被看作是这些"大趋势"之一，还有经济开发趋势、人口趋势以及生活方式趋势。

VOYAGER设想

将来的生活方式很可能越来越强调个人的选择，因此公共交通运营者要面临越来越大的压力，开发在一定程度上个性化或个人化的组合式服务。人口趋势向老龄化发展，并且在欧洲内移民加剧。面临这些趋势，VOYAGER认为两个主要的因素将是应用技术的容易的方式和多种语言方案的采用。VOYAGER也认为ITS可用于更好地理解出行模型，所以使公共交通部门能够通过更准确地分析市场来承担更好的定制化服务。在这一方面，ITS的主要挑战是向市场领域提供了解出行模式的工具(比如应用移动电话位移等)。

个性化的形成是更大量地使用个人移动信息终端。ITS能够服务这些需求，但在给定的人口统计因素条件下，为ITS应用系统开发用户更友好的设计是必需的。另外，生活方式的喜好将伴随对安全和保安期望的增加。在交通工具上、公共交通停靠点和车站，ITS能够在增强保安方面发挥很强的作用。然而，主要障碍是如何在将来和隐私的考虑一起处理。

GALILEO 的影响

开发支持公共交通服务的固定 ITS 基础设施将是个挑战。然而，即将来临的欧洲 GALILE 卫星无线导航系统可能具有深远的影响。期望 GALILEO 能够完成现在由 GPS 提供的定位服务，但是服务范围更广，对一些应用(特别是城区)提供精度更高更连续的服务。现有的基于位置的服务，期望通过在优化轨道的 30 个 GALILEO 卫星，能够得到加强，并且服务更精确，应用范围更广。这些包括路径引导、车队的定位和管理、到达和连接的实时信息、附近旅游景点的位置以及附近旅游与娱乐设施。VOYAGER 也已经意识到柔性化线路的公交模式诸如出租车，有 GALILEO 后将变得更有效的服务。同时，随着灾难按钮应用自动联结到警察或控制中心，出租车和公交车驾驶员的保安服务变得更切实可行。

VOYAGER ITS 组认为货主和服务提供商之间的业务模型必须清晰定义，同时需要开发和维护实现这些服务必需的数据库。VOYAGER 很清楚诸如基于出行者位置的服务或者为航空管理部门提供的高可靠性定位系统等增值服务，应该是有偿的，但是货主和最终服务提供商之间共享的业务模型还不适应于交通。另一个挑战是从 GPS 到 GALILEO 的转换，在这里还不清楚需要什么级别的投资来实现这个转变或者把两个系统联系起来。为实现过渡，交通运营者和行业提供商都需要被说服使用 GALILEO 能带来商机。在这方面，可能的障碍是在达到可信赖之前，需要一个重要的阶段来开发服务。

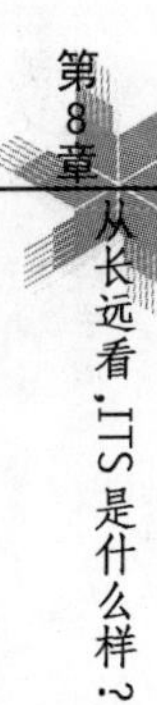

这些增值服务的采用可能会被公共交通利益相关方落后的 ITS 观念遏制，对公共交通数量的强调将冲淡质量的重要性，也将带来对革新和 ITS 资金不足的风险。因此，ITS 行业及其盟友需要支持 ITS 在将来开发高质量公共交通服务方面的重要性。

ROSETTA 设想

欧洲委员会第二个计划是 ROSETTA 工程，这是对欧盟信息社会技术(IST)研究项目的支持措施，它把一系列 IST 项目的研究结果和发现组合在一起便于其在欧洲的有效推广应用。

这样做的手段是在欧洲主要合作伙伴和决策者之间的结构化相互配合。

ROSETTA 确定了一些主要点，其中之一是广泛地理解 ITS 在公共交通行业中的潜在作用。比如它认为交通中只有 ITS 的紧急响应功能，在提供运输服务方面确实提供了从运营者的角度向客户的角度转换的机会。它指出出行者不关心业务限制或者政治日程表：相反他们想要以最快捷、最便宜或者最舒服的方式到达目的地。ITS 提供了把这些竞争因素集合起来并为客户提供无缝联结出行的工具——给每次旅行组合最好的运输方式以获得最佳性能。ROSETTA 也预测了 ITS 在使公共交通以更柔性、响应需求方式和运营方面发挥的作用。

公共交通的新方式

VOYAGER 和 ROSETTA 都假设了一种状态，就是公共交通能够很快地依据业务和信息更好地响应客户的需求。同时公交车辆在设计和生产阶段就可能有日益增多的 ITS 性能，而不是事后不得不安装。在这个“加速”的场合，日益郊区化和出行模式的分散化意味着很多公共交通有日益明显的需求响应特点。那么 ITS 将使公共交通能够调整自己的服务网络以适应新环境，然而主要的挑战是以用户能够理解的方式展现这日益柔性化的服务。ITS 允许针对这些挑战的解决方案，但是，需要时间来开发。如果接受了将来的这些观念，那么管理领域将不得不改变，允许公交车和出租车提供补充性的无缝联结出行，同时仍然使这两个部门能够获得持续投资的收益水平。

8.3 描述 ITS 的未来

为实现诸如本章以上部分描述的 ITS 设想，需要很多的参与者共同履行责任，为预期的发展奠定基础并铺平道路。实现 ITS 是个逐渐的过程，其实 ITS 的真正困难不是技术问题，而是社会、制度和政治问题。虽然前面有相当的挑战，但同时也是机遇。

8.3.1 非技术挑战

运输业务内外环境的需求正在改变着服务提供商和用户的观念。这些改变暗示了观念上的深刻变化：从以工程学为主的环境到多学科交叉配置，从支离破碎的条块分割到高层次的合作，从重点为速度和通行能力到重点为可靠性和信息，从独立的车辆和基础设施到新级别的耦合，从一个模式重点到多模式方案，从相互对立的公私部门到新形式的合作，从事后响应到公共安全业务员的主动事先预防。

公共部门的角色、关系和资金

ITS 的广泛应用依赖于将 ITS 回归至基本的资金/规划业务流程的主流中，并且寻找适当的资金运作机制。

下一个十年，针对 ITS 项目所增加的资金需要设计和配置新的系统，支持这些系统的业务，并雇佣和培训熟练的员工管理这些系统。

各级政府将通过传统的渠道来提供大部分资金，然而，革新的财务技术，包含直接投资、用户激励以及私有部门的创新，将发挥重要的作用。

获取广泛 ITS 产品和服务的创新

私营组织意识到有巨大市场前景的商业机会和改善人民生活水平的社会机会，然而为使这些机会得以在交通部门实现，需要改善公私部门之间的合作关系。

传统的商业一政府关系需要重新定义，以加强私营部门在交通和信息服务市场中的机会。政府需要通过以下手段帮助加速推广应用：鼓励和批准适当的产品和服务的销售，提供数据和服务的接口，给用户提供市场刺激以及消除阻止私营部门加入的障碍。

人的因素

尽管 ITS 创造的新信息机会有明显的价值——甚至在很多情况下是至关重要的。猛增的信息量也会带来一些潜在的问题：过载、分散注意力以及混乱。

这种情况对运输系统的用户（营运和私人驾驶员、行人、骑自行车者以及公交和铁路的旅客）以及系统操作人员（运输管理员工、控制中心以及事件响应中心）都一样。人的因素不仅仅考虑怎样避免信息过载，而且也考虑怎样以最有效快捷的方式传输信息以及在车载和控制中心进行显示，以便这些信息能够直觉地、一致地且容易地正确使用。理解人的因素对于有效利用 ITS 的效用非常重要。

8.4 结论

未来，ITS 将在提供运输服务方面发挥越来越重要的作用。届时，本手册描述的 ITS 方法将在很多地区成为道路网络运营的主流。虽不能保证成功，但希望本手册将有助于把 ITS 从业人员指向正确的方向。

日益拥挤的交通是世界范围内的主要问题。对安全、保安、我们的环境以及可持续发展的关注已经变为重要的全球问题。道路建设“预测—提供”的方法不再认为是解决交通拥挤和环境恶化问题的答案。

ITS 可导致以下内容的技术构成：

❖现有基础设施的更好管理和运营，以减轻拥挤并响应危机；

❖更安全、更方便地出行；

❖商品和货物更安全地有效移动。

如果有效地使用，无论在发达国家还是转型国家，ITS 将打开管理、运营、拓展、完善、重构和使用运输系统的大门。但是所有这一切都不可能在一夜之间发生。ITS 的实施很可能是个持续很多年的渐进过程。本手册已经详细考虑了规划和投资 ITS 的各个阶段。然而，重要的是对于运输业务的长期开发及将来的业务方向要有长远的考虑。通过展望未来可能有的需求、机会、威胁以及现在需要做些什么来确保我们已经对这些挑战做好准备来构造未来的设想，是这个过程的一部分内容。尽管规划者和政治家有雄心勃勃的目标，但是，在规划过程的初级阶段采取最基本的行动很重要，即使达到最终目标似乎很遥远。

参考文献和注释

1. US DOT. "Policy Architecture for the 21st Century". Wasington DC, USA, November 2000.
2. An overview of the different ways in which future visions have been applied by government, researchers and industry in the UK is available through the UK Foresight Programme: "Foresight Futures 2020-Revised scenarios and guidance". London DTI UK (2002). See also http://www.foresight.gov.uk/. Also see:
   UK Local Government Association. "Futures Methods-a futures toolkit". Local Government Association. London 2001. http://www.lga.gov.uk/
   Berkhout, F and J Hertin. "Foresight Futures Scenarios. Developing and Applying a Participative Strategic Planning Tool". Greener Management International GMI 37 Spring 2002. Greenleaf Publishing, Sheffield, UK. 2002
3. European Commission COM (2001) 370 final. EC Directorate General for Energy and Transport, Brussels Belgium 12.9.2001
4. ERTICO (ITS Europe) eSafety-Making Europe's Roads Safer for Everyone. Brussels, Belgium, 2003.
5. European Commission. Saving 20,000 lives on our roads-A shared responsibility. Luxembourg, Office for Official Publications for the European Communities, 2003.
6. eSafety Working Group on Road Safety Final Report 14 November 2002. EC Directorate-General for Information Society, Brussels, Belgium.
7. European Commission document C(2001) 1102. Recommendation of 4 July 2001 on the development of a legal and business framework for participation of the private sector in deploying telematics-based Traffic and Travel Information (TTI) services in Europe.
8. European Commission. Consultation Report on eSafety-Co-operative Systems for Road Transport. EC Directorate General for Information Society. Brussels, Belgium, 2004.
9. http://www.vv.se/publ_blank/bokhylla/trafiksakerhet/nollvisionen/nollvisionen_eng.pdf
10. http://www.wegennaardetoekomst.nl/
11. http://www.its.go.jp/ITS/conf/es3/
12. A useful review is at http://www.tfhrc.gov/pubrds/summer94/p94su1.htm
13. South Africa Department of Transport. "Moving South Africa: A Transport Strategy for 2020" is available online at http://www.transport.gov.za/projects/msa/msa.html
14. Material summarised from VOYAGER Working Group 5 (ITS IN PUBLIC TRANSPORT) Internal Report: Future trends, impacts and key challenges, July 2003, published at http://www.voyager-network.org/
15. US DOT, 10 Year Plan for ITS. Available online at http://www.itsa.org/resources.nsf/

附录A

ITS 用户服务

本附录参照国际标准组织(ISO)的新版 ITS 用户服务分类法制定,只有微小改动(诸如在交通管理和运营里增加了警察执勤和强制执行)。国家 ITS 框架可以包含这里没有提到的 ITS 用户服务,也可以选择这里的部分用户服务重点阐述。比如,美国国家 ITS 框架包括的运输规划支持服务就不是 ISO 标准包含的内容。

ISO 正处在为 ITS 部门更新参考模型框架的过程中,其中第一部分描述 ITS 的基本服务,并将替代交通信息和控制系统(TICS)的 1999 版标准技术报告。对于熟悉 ISO TR 14813-1:1999 的人们来说,新分类法的变化在于把相似的或补充的 ITS 用户服务放在了一起。11 个领域定义如下:

1. 出行者信息
2. 交通管理和运营
3. 车辆
4. 货物运输
5. 公共交通
6. 紧急情况
7. 与运输有关的电子付费
8. 与道路运输有关的个人安全
9. 天气和环境状况监测
10. 灾难响应管理和协调
11. 国家保安

ISO 基本服务的一个重要运用范例是可以在起草国家 ITS 框架时作为清单，确保所有相关的 ITS 用户服务都考虑到。如果还需要更详细的服务描述，则建议基于这些用户服务罗列出用户需求。欧洲的 ITS 体系框架包括很多用户需求，可用于该工作的起点。这些内容涵盖了与欧洲相关的 ISO 基本服务(http://www.frame-online.net)，可从 FRAME 网站获得。

开发标准的国际 ITS 数据字典及登记簿，意味着 ISO 参照模型在完成后可能与这里描述的在细节上有所不同。建议读者参照 ISO 网站(www.iso.org)检测其中的细微差别。

1 出行者信息服务

该领域描述为用户提供出行前和出行中静态及动态路网运营管理和服务信息的内容，并为运输从业人员提供出于将来的运输规划目的而收集、归档和管理信息所需要的工具。

1.1 出行前信息

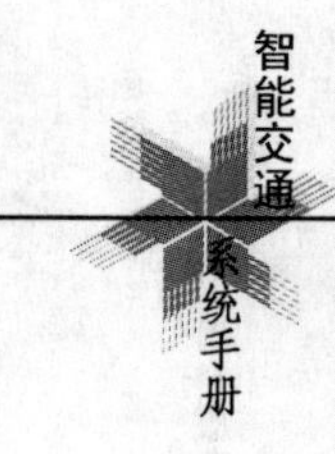

在家里、工作场所、宾馆、诸如商业中心的主要公众场所以及便携式终端获得的交通信息属于出行前信息。出行前信息包括共享运输诸如道路、铁路、航空和水运等公共运输、大容量公交、合乘以及其他共享和匹配的信息。该服务提供单模式、多模式以及混合模式的运输信息。

服务案例：

❖ 出行前信息——交通和路面；
❖ 出行前信息——公共运输（公共汽车和铁轨）；
❖ 出行前信息——运营车辆；
❖ 出行前信息——个人交互；
❖ 出行前信息——模式转换及多模式信息。

1.2 途中信息

基于 ITS 的信息服务包括实时出行信息、基于当前交通状况而预测的到达目的地的时间以及施工区、事件、天气、通行税(费)、停车位等出行者需要的其他信息。

通过 VMS 和 IVUs 等获得的驾驶员途中信息服务示例：

❖ 事件；
❖ 停车和乘车选择；
❖ 停车；
❖ 当前交通状况；
❖ 公共运输班次(时间表及实际发班情况)；

❖ 规章制度；
❖ 道路施工，包括已经规划的及紧急情况；
❖ 通行税（费）；
❖ 天气；
❖ 路侧电话（路侧服务，包括电话盒等）。

途中的公共运输信息服务示例：

❖ 公交停靠点的信息终端；
❖ 公交车站、火车站及停车场的信息终端；
❖ 主要公众场所的信息终端；
❖ 公交车站的信息终端；
❖ 换乘点的信息终端；
❖ 车载信息显示屏；
❖ 便携式/个人终端。

1.3 出行服务信息

对出行者在出行前及途中提供信息服务，是 ITS 的主要功能之一。该信息提供与黄页类似的功能，根据信息的实质和信息用户的匹配原则，划分到不同的服务。

服务范例：

❖ 出行服务信息——车载；
❖ 出行服务信息——个人交互；
❖ 出行服务信息——专门地点。

1.4 路线引导和导航——出行前

ITS 可以针对特定目的地提供几条可供选择的优化路径，通过考虑网络和公众运输信息，最佳的路径可以计算出来，并且组合多模式搭配，诸如停车和换乘。该组服务也为行人、脚踏车以及机动车乘者提供路径引导服务。

服务范例：

❖ 动态车载路径引导和导航编程 / 设置；
❖ 集成多模式出行引导；
❖ 步行者及自行车路径引导。

1.5 路径引导及导航——途中

该服务与出行前服务相似，但包括出行中用到的服务。附加的服务具有实时动态性，比如避免走拥挤路径等。

服务示例：

❖ 自动的车载导航；
❖ 动态车辆路径引导及导航（基于实时网络信息）；

❖ 集成多模式出行指导；

❖ 步行者和自行车路径引导。

1.6 出行规划支持

ITS系统为旅行规划和运输规划提供交通流和交通需求数据，包括搜集、归档和系统数据的修改。这些服务需要开发以下功能：

❖ 数据归档；

❖ 数据仓储；

❖ 标准数据字典和登记簿。

数据项包括：

❖ 来自交通管理系统的当前和历史交通流数据；

❖ 来自公共交通信息系统的当前和历史使用水平数据；

❖ 基于固定检测点或浮动车的点对点旅行时间监测；

❖ 来自路径引导系统或浮动车的路径选择数据。

服务范例：

❖ 面向中心的出行规划；

❖ 个人出行规划。

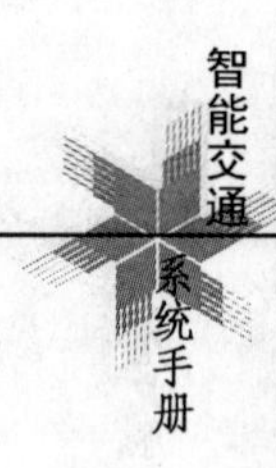

2 交通管理和运营服务

该领域是道路网络业务的核心，其关注人和物以及车辆在路网运营管理中的移动，包括自动监测和控制行为以及决策过程等（手动和自动）。该服务处理路网运营管理中的实时事件、其他干扰以及出行需求以维持网络整体流动性。

2.1 交通管理和控制

ITS 涉及城市网络（诸如主干道、中心商业区）、城间网络（诸如高速公路、快速路等）以及交通走廊的交通流管理和控制，也涉及相关交通设施的运营管理。

服务范例：

❖ 自适应交通信号控制；

❖ 方向变化信息信号；

❖ 既定交通管理策略的实施；

❖ 城市和城间交通控制的集成；

❖ 匝道控制；

❖ 路径引导与交通控制的集成；

❖ 速度控制；

❖ 潮汐流（比如方向车道控制）；

❖ 特定车型的优先处理（信号优先及预清空）；

❖ 停车管理；

❖ 施工区交通管理；

❖ 数据归档；

❖ 数据仓储。

2.2 与交通相关的事件管理

ITS具备检测和响应交通网络中不同交通事件的能力，特别是由网络自身引发而不是纯粹由外部原因引发的交通状况（比如自然灾害、恐怖主义分子袭击等）。

服务范例：

❖ 参与及预防；

❖ 检测和预测；

❖ 交通速度、交通流及网络事件的监控；

❖ 灾害管理，诸如地震、滑坡、水灾或战争；

❖ 岗位事件管理(包括灾害/中断)；

❖ 对现场事件信息的响应；

❖ 事件信息的检测和确认。

2.3 需求管理

需求管理包括开发和实施针对影响出行需求而制定的管理和控制策略。这些策略通过管理定价结构、控制数据入口及制定并实施区域入口规则，影响全天不同时间段出行需求的全局水平以及对不同交通模式的需求。

需求管理功能包括：

❖ 入口控制；

❖ 基于空气质量的区域定价；

❖ 拥挤收费；

❖ 高容量车辆的设施管理；

❖ 停车收费；

❖ 公共交通票价管理。

服务示例：

❖ 可变道路定价；

❖ 入口管理；

❖ 高容量车道管理；

❖ 基于空气质量的道路交通管理。

2.4 交通基础设施维护管理

该服务把ITS技术应用到道路网络的管理和维护，并维护支撑出行者使用道路网络的通讯设施及计算机基础设施。

服务范例：

❖ 公路维护管理；

❖ 从效用和当局到 ITS 中心的性质及位置；

❖ 道路施工规定；

❖ 使用浮动车数据得到道路施工及道路封闭的时间和位置信息；

❖ 公路标志维护管理；

❖ 与天气和环境状况监测部门的协调。

2.5 警察执勤/执法

ITS 技术可以促进交通法规的执行。本服务利用自动检测技术识别车辆类型、入口控制、车辆牌照、车速，并有效完成“办公室备份”程序。

服务示例：

❖ 入口控制执法；

❖ 规范大容量车辆设施；

❖ 停车规章制度执行；

❖ 速度限制规定执行；

❖ 路权执行（比如红灯执行）；

❖ 排放监测和执法。

3 车辆服务

该领域的 ITS 服务重点在于改善保障车辆安全的服务和系统，包括车辆本身。

3.1 视野拓展

通过车载设备应用 ITS 技术拓展驾驶员的感知功能。

服务示例：

❖ 车内驾驶员视野管理。

3.2 车辆自动运行

ITS 技术可以实现车辆驾驶自动化，建立驾驶员辅助系统以及全自动的工作环境。对于公共交通，可以使用特定技术指导车辆在停靠点停靠妥当，通过对公交车进行既不太费钱又不费时的改装，确保公交车在等高平台和为残疾人专设的特殊地方都能正常工作（诸如轮椅升降装置、公交车门升降机构等）。

这些技术包括：

❖ 车道自动保持；

❖ 自动停车；

❖ 车队运行；

❖ 很低的车速巡航控制(缓缓移动)。

服务示例:

❖ 自动公路运行;

❖ 低速操作的自动控制;

❖ 公交车辆的准确进站;

❖ 巡航自动控制。

3.3 碰撞预防

碰撞预防包括使用传感器和控制系统来检测潜在的碰撞危险,本系统可以促进驾驶员采取适当措施或自动启动碰撞预防装置。

服务范例:

❖ 纵向碰撞预防;

❖ 横向碰撞预防。

3.4 安全预备

安全预备服务包括为私人小轿车驾驶员和车辆安装监测和预警系统。

服务示例:

❖ 临界元素监测;

❖ 驾驶员警觉监测;

❖ 发动机温度;

❖ 油压监测;

❖ 道路状况监测。

3.5 碰撞预防系统

ITS 能够确定将要发生的碰撞事件可能涉及到的车辆和目标的速度、质量、行进的方向以及车辆装载物的数量、位置和主要的物理特征。

系统使用这些数据确定相应的响应策略,比如:

❖ 启动和展开气囊;

❖ 展开横向保护系统;

❖ 展开滚齿;

❖ 上紧座椅安全带。

服务示例:

❖ 展开碰前约束装置。

4 货运服务

该领域涉及推动运营车辆业务及混合模式后勤业务两方面的活动,包括跨部门之间的协调。

4.1 运营车辆预清关

预清关使得运营车辆如卡车和公交车等有必要的外交证件及其他文件,这些文件可以在正常运行速度下被外界装置自动识别,确保运营车辆的安全状态及没有超重。预清关的一个主要目的是尽可能减少清关手续给旅途带来的干扰及对交通流的影响。

服务示例:

❖ 动态称重;

❖ 不停车预清关;

❖ 车辆安全记录监测。

4.2 运营车辆管理过程

该服务使用通讯和计算机技术,使拖曳者和托运人能够获得和维持一年 ad-hoc 证书。

服务示例:

❖ 证书自动整理;

❖ 运营车辆自动管理;

❖ 自动跨界。

4.3 路侧自动安全检测

路侧安全自动检测服务使在路侧就能获得拖曳者、车辆和驾驶员的安全性能记录,通过给检测员提供容易获取当前检测数据的手段,增强检测点现有系统的功能。

服务示例:

❖ 远程获取运营车辆的安全信息。

4.4 运营车辆在线安全监测

安装在线安全监测系统是为了全面监测运营车辆、运营车辆驾驶员以及货物在整个运输过程中的安全状态。该系统可以给驾驶员和远程监测设施提供预警。

示例包括感知和收集如下数据:

❖ 制动;

❖ 驾驶员警觉;

❖ 驾驶时间;

❖ 灯光;

❖ 移动的货物;

❖ 轮胎。

服务示例:

❖ 运营车辆内装系统监测;

❖ 运营车辆驾驶员警觉监测。

4.5 货运车队管理

运营车队管理包括后勤和包含动态调度系统在内的货物管理系统。系统使用自动车辆定位(AVL)及车辆到控制中心通讯来追踪货车或集装箱的位置,并给车队管理员提供其他状态信息。该服务包括:

❖ 出行前信息;

❖ 混合模式终端状况。

服务示例:

❖ 运营车辆车队追踪;

❖ 运营车辆车队调度;

❖ 货物集装箱追踪。

4.6 混合模式信息管理

跨模式货运的信息交换内容包括载荷及其运输单元的位置,还有相关的状况和状态,也有可能定位子单元,给客户提供货物运输进展的信息。其主要事务是给注册者提供服务,并使货物在跨模式运输中能够全程追踪。

服务示例:

❖ 车辆和集装箱到达的信息交换(用户是车队和跨模式运送者及节点);

❖ 客户货物信息获取(用户是顾客和托运者)。

4.7 混合模式中心的管理和控制

混合模式转换中心(港口,机场,渡口或铁路货运终端)的业务涉及停车、运营和对各种运输模式的交互界面。ITS 基于搜集和接收到的信息,提供管理和控制能力。该服务跨越模式的边界。

服务示例:

❖ 混合模式中心设施管理;

❖ 混合模式车辆及集装箱控制。

4.8 危险货物管理

危险货物的运输涉及危险货物在沿着指定基础设施行进过程中,对货物状态、状况以及位置的监测,相关的业务活动包括与负责安全作业的组织和当局进行信息交换。

服务示例:

❖ 危险货物移动数据共享;

❖ 危险货物移动数据共享登记;

❖ 危险货物移动车队协调;

❖ 危险货物移动警察和安全协调。

5 公共交通服务

该领域描述一些业务活动，这些活动可以提供更快捷更有效的公共交通服务，并对业务员和旅客提供业务信息。

5.1 公共交通管理

高级的公共交通系统能够提供车辆位置和状态信息，并使得根据班次识别车辆出发时间和及时重新调整班次成为可能，还可以监测载客量和诸如发动机管理系统功能等车辆状态。高级的行程安排和规划系统确保不同交通模式之间的可靠联结(诸如公交和铁路之间的联系)。

服务示例：

❖ 公共交通车辆内部系统监测；

❖ 公共交通车队追踪；

❖ 公共交通排班服务；

❖ 公共交通服务调度；

❖ 公共交通服务规划。

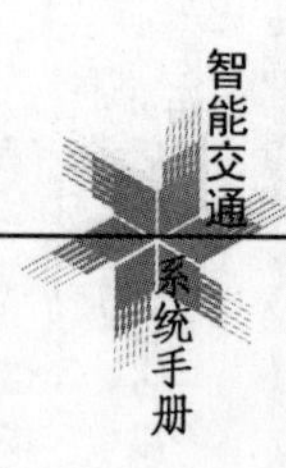

5.2 需求响应和共享的交通

共享交通是私人小轿车交通的替代交通方式。调度系统根据需求把相关车辆分配给出行者。车队包括公共汽车、货车和出租车，并且在固定区域以固定或可变的路径提供服务。车辆和服务类型可以根据老年人或残疾人等特殊需求而有针对性地提供。

服务示例：

❖ 平行公交车队调度；

❖ 动态合乘。

6 紧急服务

该领域描述在整个交通网络中可加速启动紧急支持服务的一些活动。

6.1 与交通有关的紧急通知和个人安全保障

ITS可以对所有私人驾驶员和职业驾驶员提供个人安全保障服务以及事件自动通知服务。

服务示例：

❖ 碰撞自动预告；

❖ 用户启动的危难求救；

❖ 座位安全带紧固；

❖ 第三方应急通告。

6.2 被盗车辆处理

ITS 技术用于被盗车辆的熄火或启动。

服务示例：

❖ 用户发起的危难呼救；

❖ 被盗自动警告；

❖ 自动监控车辆入侵和被盗车辆；

❖ 被盗车辆追踪；

❖ 远控车辆熄火。

6.3 紧急车辆管理

车队管理、路径引导和交通信号优先技术，可用于紧急车辆的管理，诸如火警车，警察出勤车或救护车。该服务可与以上 2.1 描述的交通管理联合实施。

服务示例：

❖ 紧急车队追踪；

❖ 紧急车辆——交通管理协调。

6.4 灾害物质和事件通知

ITS 能为当局提供关于灾害物质的性质、位置和状况的数据，这有利于路径引导及对沿途紧急事件的响应。

服务示例：

❖ HAZMAT 车辆的追踪；

❖ HAZMAT 9-1-1/救难信号自动通知；

❖ HAZMAT 预清关服务。

7 与交通有关的电子付费服务

该领域描述通过非现金及不停车而收取交通服务费、通行税(费)以及其他费用。

7.1 与交通有关的电子财务事务

电子或者叫“非现金”付费是一系列很重要的服务，包括自动驾驶穿过系统来收集通行税(费)和道路用户费(诸如基于距离而不是使用特殊设施)。这些服务也可以与以上 2.3 描述的用于动态定价的需求管理相协调。

服务示例：

❖ 公交票电子付费；

❖ 通行税(费)电子收缴;

❖ 停车电子付费;

❖ 服务电子付费(比如出行者信息、预定等);

❖ 基于距离的道路用户费电子付费。

7.2 与交通有关的电子付费服务集成

该领域包括开发跨职能部门之间以及不同交通模式之间的集成付费系统和装置。

服务示例:

❖ 多职能部门之间的电子付费系统集成;

❖ 区域多模式之间的电子付费系统集成。

8 与道路交通有关的个人安全

本领域的服务描述保护行人和使用道路网络的个人的人身安全活动。

8.1 公众出行安全保障

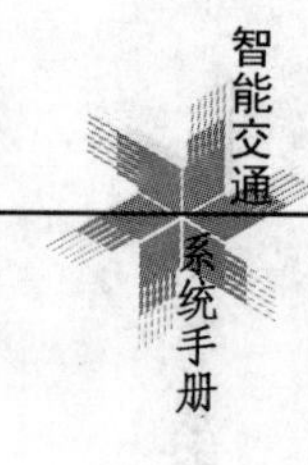

包括对公众交通车辆站点和设施、小轿车停车场等的监视和监测系统。这些系统可以自动运行也可以人工启动,包括使用保护公众运输车辆运营的安全保障系统。

服务示例:

❖ 公众交通的911救难信号警报;

❖ 入侵检测;

❖ 公共交通监视。

8.2 道路用户弱势群体的安全增强

增强道路用户弱势群体的安全水平。弱势群体包括脚踏车驾驶人、非机动车驾驶者、孩子、老年人或残疾步行者以及道路维护人员。增强安全的措施包括:

❖ 智能行人交叉口(比如自动对驾驶员提示行人信息,延长老人过街时间,改变行人通行优先级别等);

❖ 车速预警系统;

❖ 车辆出现检测;

❖ 道路使用者弱势群体对驾驶员的自动建议(比如,有道路维护人员等)。

服务示例:

❖ 非机动化车辆检测;

❖ 行人监测系统;

❖ 监测特殊车辆的系统。

8.3 残疾人出行安全增强

ITS技术可以改善残疾人出行的道路使用安全状况(特别是有身体残疾的行人)。

服务示例:

❖ 特殊通行的交叉口监测(比如,轮椅、手推车等);

❖ 特殊通行的驾驶员警告。

8.4 为行人制定实施智能交叉口和联结的安全规定

提供监测和预警系统可以在有信号灯和优先级别的交叉口增强行人的安全级别(包括多模式或跨模式的交叉口),警告包括:

❖ 明确路权制度;

❖ 在线警告信号的反射;

❖ 行进方向车辆来临;

❖ 下一信号相位变化的警告。

服务示例:

❖ 信号显示提前警告;

❖ 前方车辆的提前警告(针对无信号控制的汇合处);

❖ 车内标记及警告系统。

9 天气和环境状况监测服务

该领域服务描述监测天气和环境状况的活动,对交通网络和其用户有影响。

9.1 天气监测

天气状况的监测包括检测雾、雪、风、雨、热以及预测诸如结冰和可见度低的特殊道路和交通状况。

服务示例:

❖ 道路天气信息监测;

❖ 道路天气预测。

9.2 环境状况监测

可以监测诸如洪水(大潮汐)、陆地运动(地震,滑坡等)和污染级别等环境状况,预测根据当前和历史数据来完成。

服务示例:

❖ 水平、潮汐监测和预测;

❖ 地震监测;

❖ 污染监测;

❖ 雪崩、滑坡和岩石跌落监测。

10 灾难响应管理和协调服务

该领域描述的ITS活动帮助多职能部门对自然灾害、民事骚动或恐怖主义的协调响应。

10.1 灾难数据管理

该服务关系到系统地管理由相关机构收集的自然和人为灾难数据和数据库。

服务示例:

❖ 灾难和紧急数据收集;

❖ 灾难和紧急数据共享。

10.2 灾难响应管理

管理使用交通网络以最小化灾难对交通网络及使用者的影响,这样的服务归于该类用户服务。

服务示例:

❖ 对交通网络的灾难响应规划;

❖ 灾难响应实施。

10.3 与紧急机构的协调

通过紧急事件机构的车辆来协调使用道路网络的服务归该领域。这将用到2.1和2.2中描述的交通控制服务行为。

服务示例:

❖ 灾难响应协调。

11 国家安全保障服务

该领域描述的活动直接保护或减轻紧急事件对人和交通设施的自然或人为伤害,紧急事件包括自然灾难、民事骚乱或恐怖主义袭击。

11.1 可疑车辆的监测和控制

易燃易爆车辆的远程监测或HAZMAT的检测以及对这些车辆的业务控制属于该领域,一旦由恐怖分子占领或确定安装了破坏装置(如伪装的爆炸物),就可以关闭这些车辆的运行功能。

服务示例:

❖ 车辆HAZMAT和爆炸物监测;

❖ 车辆功能失效；

❖ 道路交通管理；

❖ 可疑车辆的识别。

11.2 效用、结构和管道监测

虽然效用和管道不直接与 ITS 相关，但把这些东西安装在路上或附近的常见行为意味着一旦有对这些设施不利的事件发生，就有可能破坏交通系统。

服务示例：

❖ 管道、主要结构以及 HAZMAT 效用 / 爆炸物监测；

❖ 对主要机构的紧急通知。

附录 B
ITS 案例研究

ITS 案例研究

按国家索引

编　号	国　家	主　题	关　键　字
1	澳大利亚	墨尔本城市环	电子收费;互用性;私营投资
2	澳大利亚	2000 年悉尼奥运交通	大型活动的交通管理和出行信息(政府和公众)
3	比利时	动态智能速度自适应	车载安全应用
4	巴西	巴西收费道路	电子收费;部门协作;短程通信
5	加拿大	407 公路	创新财政;创新收费技术;设计、建设和运行合同
6	加拿大	出行指南(1991-1995)	个性化出行信息
7	加拿大	加拿大 ITS 体系框架	体系框架;加拿大 ITS 和国际 ITS 兼容性
8	法国	自动交通执法	公路安全;自动交通执法(速度、信号、收费、平交口等);载重车违章;危险品运输;专用道违章;隧道车头间距
9	法国	商业信息服务	信息链的组织结构;部门协作;自动数据采集;出行时间监控;个人出行信息服务;政府—私营企业合作
10	法国	巴黎公共交通电子车票	电子支付;非接触式电子卡;互用性;公共交通
11	法国	巴黎高速公路交通信息	利用可变情报板(VMS)进行实时交通管理;动态出行时间信息

续上表

编 号	国 家	主 题	关 键 字
12	德国	Euro Scout	基于红外信标的路径诱导；政府与私营企业合作
13	德国	柏林交通运输管理中心	政府-私营企业合作；交通运输控制中心
14	日本	车辆信息和通信系统(VICS)	面向驾驶员的实时交通信息和导航系统
15	荷兰	超速执法	交通违章执法；噪声和环境污染控制；交通管理；商用车辆管理；危险品运输监控
16	西北欧	欧洲西北部	交通管理；交通信息；路径导航
17	挪威	特隆赫姆电子车票和支付	电子支付；非接触式电子卡；互用性
18	斯洛伐克	高速公路信息和管理系统	高速公路信息和管理系统；开放式和互通性技术；多方投资
19	斯洛伐克	Terra-S 道路数据库	地理信息系统；电子道路数据库
20	韩国	车辆数字牌照自动识别	交通执法、公路安全、车辆犯罪预防
21	西班牙	巴塞罗纳进出口控制和道路空间分配	进出口控制；车道管理(潮汐交通)和车道分配
22	瑞典	智能速度自适应	道路和车辆安全
23	瑞士	长途载重车辆收费	道路电子收费；商用车辆管理；公共交通
24	瑞士	Mont Blanc 隧道管理系统	隧道安全和交通管理
25	英国	自动诱导(1987～1988)	实时动态交通信息
26	英国	内陆交通信息服务	先进的交通信息系统；政府和私营企业合作；管理部门间合作
27	英国	Trafficmaster	先进的交通信息系统(欧洲第一个全商业化的 ATIS 系统)；交通监测；私营企业风险
28	英国	实时公交信息(威尔士格温内思郡)	实时乘客信息系统(RTPI)；乡村 TTI 的应用；多语种应用
29	英国	利用出行信息为交通管理服务——威尔士	交通控制中心(TCC)；交通出行信息；道路运行提示
30	英国	ITIS 浮动车数据系统	自动数据采集；出行时间检测；个性服务开发
31	英国	伦敦拥堵收费	电子支付；道路用户收费；执法；先进的交通管理系统
32	英国	交通指南	多模式交通信息(个人和公众运输)
33	英国	高速公路出行信息平台(TIH)	交通管理；交通信息；路径诱导
34	美国	ADVANCE(1991～1995)	动态路径诱导；浮动车
35	美国	国土安全	紧急事件管理；公共交通管理；出行信息；商用车辆管理
36	美国	智能公路	跨辖区综合 ITS 技术
37	美国	511 国家出行信息系统	无缝隙出行信息；互用性
38	美国	奥兰多电子支付系统	电子支付；双面电子卡；互用性；统一结算；政府-私营企业合作
39	美国	纽约城区部门合作	交通管理；事件管理；出行信息

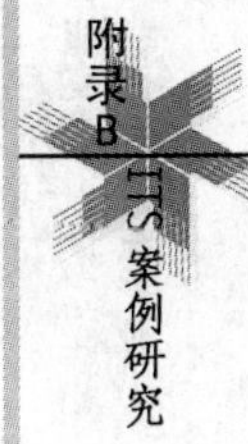

澳大利亚

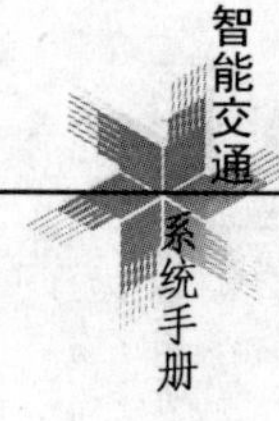

1 墨尔本城市环

电子收费;互用性;私营投资

概述

墨尔本城市环是一条全电子收费道路,全长22km,筹集了20亿澳元的私营投资。基于私营投资BOOT规划基础上,墨尔本城市环管理处监督和推动了该项目的实施。城市环合并了所有电子(非现金)收费系统,取消所有传统的人工收费亭。在整个路段内,驾驶员不需停车或减速就可以支付通行费。

目标

首先,转移商务中心区(CBD)周围和过境的交通量来缓解CBD交通拥堵。其次,在物理上和体制上,对现有道路系统进行整合。

技术挑战

通过扫描车辆电子标签,高架的收费系统就可以自动记录并收费,这样驾驶员就不需要因收费而进行减速。然而,系统每秒需要进行数十亿次的计算处理,在测试和试运转阶段出现了不少问题,用于解决这些问题所花费的时间要远远超过了预期。

非技术挑战

项目财政是主要的非技术挑战——项目估算是很具挑战性的,资源必须达到有效的利用。

- 墨尔本城市环管理处是交通部长唯一指定的管理部门,其主要任务是监督整个项目的实施,减少制度产生的阻碍;
- 许多财政风险转移到私营企业(Transurban);
- 尽早立法保护消费者合法权益,避免收费错误和信息误用;
- 满足消费者的需求;

评估

- 城市环运行良好,交通量远远低于预计。
- 由于出行速度提高,空气和噪声污染大大降低,环保效益得到体现。此外,城市环也达到了较高的公共安全标准。
- 34年转让期结束后,BOOT规划的经济效益将得到充分体现。Transurban中心对经过城市环的驾驶员进行收费,用于抵抗财政风险,确保该项目长期正常的运行。
- 对于维多利亚地区来说,城市环能否达到预计的经济效益,还是一个未知数。目前为止,Transurban通过年转让费的形式,没有向政府要求过任何资助。目前焦点集中在税收上。

收获

ETC 技术是完全成功的，Transurban 正将其推销到海外市场。当其他 14 台电脑系统参与到本项目中时，整个系统测试和运转需要较长时间。可以明确的是：整个系统完全满足消费者需求。

未来

为了满足消费者的需求，新产品正在不断地被引进。新产品在州内和州际间的互用性将是很大的挑战。本项目的用户服务将不断扩大，例如：停车、加油等。从现付到预付的支付方式改变将改善现金流动。

■ **更多信息**

墨尔本城市环：www. citylink. vic. gov. au

Transurban：www. transurban. com. au

澳大利亚

2　2000 年悉尼奥运交通

大型活动的交通管理和出行信息(政府和公众)

概述

2000 年悉尼(新南威尔士，NSW)奥运会和残运会比赛，创造了澳大利亚史上最大的观众出行需求量。在 16 天里，悉尼公共交通系统运载 620 万人次(日最高客运量达到 55 万)。运输规划立足于出行需求扩大战略，新南威尔士道路运输处(RTA)新建了运输管理中心(TMC)，延伸了公共运输线路，包括城市轨道网和公交线路的扩建，并为特殊观众提供专线服务。新南威尔士道路运输处要求观众出行几乎全部由公共交通完成。

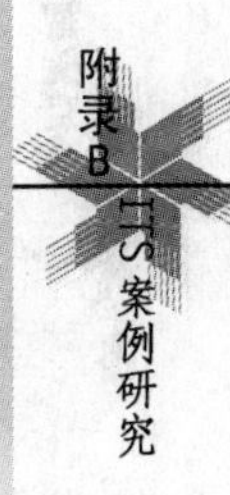

新南威尔士政府吸取了 1996 年美国亚特兰大奥运会的教训，于 1997 年成立了奥林匹克道路和运输处(ORTA)，该机构负责比赛期间所有运输方式的协调。ORTA 同时也负责悉尼非比赛时段的日常交通出行，包括悉尼 CBD 道路关闭时的行人出行。它利用"测试活动"(包括 1999 年 6 月奥林匹克体育场的正式开放)进行前期的测试。在规划阶段，ORTA 利用道路占有率认证系统评估和跟踪奥林匹克线路及其周边的交通状况。这包括建立州级道路占有率记录的数据库，并将这些记录发送给承包商和管理机构。

新交通管理中心于 1999 年 7 月开始运行。1974 年率先实现的悉尼联动自适应交通系统 SCATS 版将升级至 SCATS6 版，从而改进公交信号优先，延伸可变情报板覆盖的范围，通过交通流调整来改善空气质量。事件报告联网服务(IRIS)与综合无线电话系统(IRTS)(通过电话对紧急事件进行处理和调度)，同时采集和跟踪交通事件。

www. gamesinf. com. au 官方网站用 11 种语言发布比赛期间的出行信息，这些信息包括奥林匹克场馆附近的交通情况以及奥林匹克赛程(来源于官方的观众指南)。

目标

总体目标是对比赛期间和日常的交通进行辅助管理。针对公共运输和交通管理系统的改善将是后奥运时期的财富。NSW TMC 的设计目标如下:

- ❖ 更有效地控制道路交通;
- ❖ 减少拥堵;
- ❖ 改善公共交通服务;
- ❖ 向道路参与者提供实时的交通信息;
- ❖ 利用新增的 320 个闭路电视摄象机监测交通事件,并对交通事件前后的交通流作出快速调整。

技术挑战

- ❖ 12 个月内完成技术的规划、测试和调整,创建高效的奥运交通管理系统;
- ❖ 创建全面的公共出行信息服务;
- ❖ 为 TMC 提供:交通指挥和控制管理、现代化的通信手段(视频、广播、语音和数据)、高效的区域交通事件管理和专门的现场反应设施。

非技术挑战

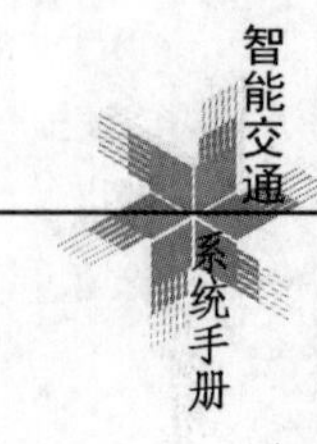

- ❖ 需求管理战略的有效实施;
- ❖ 确保出行者能够完成日常出行;
- ❖ 鼓励公共交通使用率最大化,避免交通量超过路网载荷。

评估

奥运比赛期间 NSW RTA 的交通管理是相当成功的。TMC 首先集中解决需求服务,随后积极投入到相应技术的开发中。由于巨大的工作量和"基础设施优先"原则,TMC 并没有充分发挥自身的潜力。

加大媒体的宣传力度,成功预防交通量超过道路载荷情况的出现。在比赛期间,所有道路的交通量都没有超过载荷;在高峰期间,很多主干道的交通量都比以往减少 24%。

民意调查显示:86%民众认为公共运输好或者很好,76%民众认为交通环境大大改善。总之,越来越多的民众愿意接受政府机构交通运输专家的意见。

收获

- ❖ 为了适应奥运交通需求,SCATS 对其所有子系统进行升级。多个控制中心、道路管理处和民航管理机构联合组成的 SCATS 是完全必要的;
- ❖ 所有评估表明:奥运线路的安排是合理和经济的;
- ❖ 公众愿意接受出行信息,并改变出行习惯。

未来

后奥运时期遗留的财富主要包括:面对日益增加的大型活动,悉尼和新南威尔士完全有能力对其进行规划和管理。RTA 可以利用目前的出行需求战略,来应付大型活动和旅游旺季的交通压力。公交信号优先战略将被广泛地接受。

■ **更多信息**

NSW RTA 网站:rta. nsw. gov. au

比利时

3 动态智能速度自适应

车载安全应用

概述

动态智能速度自适应(动态 ISA)是一种提醒驾驶员最佳行驶速度,并帮助其保持该速度的技术。"动态"主要是指在出行的全过程中,对于实际驾驶环境做出反应,包括速度限制和区域自适应的调整。

2003 年,在佛兰德斯进行了 2 次总共 12 周的现场实验。实验对装有车载设备的 100 辆车,进行两个技术参数测试。在第一次测试中,所有车辆都装备能够提供信息的 ISA 装置(全开放的 ISA)。当驾驶员行驶速度超过限速值,ISA 装置将通过语音和视频来提醒驾驶员。在第二次测试中,10 辆装有辅助支持的 ISA(半开放的 ISA),当车辆超过限速值时,加速器自动对车速进行调整。而其余车辆仍只利用语音和视频来提醒驾驶员。车辆通过 GPRS 与佛兰德斯交通中心应用系统进行双向通讯。佛兰德斯交通中心应用系统装备速度数字地图。后者利用 ISA 区域 GPS 定位来获取相应的限速值。当实验车辆达到最佳行驶速度时,车辆会周期性地发出请求信息。另一方面,佛兰德斯交通中心内的 ISA 应用中心会为车辆提供实时的更新信息。双向通讯帮助"速度警报"服务变为实时动态服务:在任何时候,限速值和 ISA 区域能适应实时动态交通状况(比如:由于交通事故、拥堵导致限速值的降低)。该技术有助于驾驶员行为信息的采集和发送:比如违反限速值的时间和地点、整个出行过程中违反限速值的总次数,甚至特定限速值区域内违反的次数。ISA 服务与导航、信息(例如,所需新闻)和安全服务(紧急呼叫)在同一车载平台上同时运行。

目标

主要目标是研究动态 ISA 的潜在服务价值,ISA 通过车辆减速来增加交通的安全性和优化交通流组织。此外,另一个目标是调查舒适度与安全性结合的通信平台的潜在价值。

技术挑战

❖ 多部门参与的舒适度和安全性通信平台的开发是可行的:多路径导航、动态 ISA、驾驶员能向佛兰德斯交通中心内的应用中心汇报交通事件(如拥堵、交通事故)、个性化的新闻和天气预报服务、社会热点、E-mail 服务、应急电话——车辆抛锚辅助系统;

❖ 精确：车内显示的限速值要与道路信号灯协调；

❖ 佛兰德斯全路网限速值数据库的开发和持续更新。

非技术挑战

❖ 政府和私营企业之间的协作；

❖ 降低成本：平台包含了多种应用软件，减少了开发成本。

评估

在测试期间，系统记录以下数据：进入 ISA 区域的时间、限速值、位置、超过限速值的次数、超速位置、超速持续时间和反应时间等。目标是确定影响驾驶员行为的多种 ISA 因素。

收获

集合多种应用，以安全和舒适为关注点的单一平台是成功的，它大大减少每个应用系统的成本，及大地提高了 ISA 应用的适用性。

未来

在 ISA 大规模实施之前，ISA 对于驾驶员的影响研究是必要的。传送给车辆数据的其他通信标准也将开展，如数字语音广播(DAB)的探索性试验。除了技术开发，更新限速值数据库也是十分重要的。佛兰德斯政府将寻找合适的合作伙伴，尤其是私营企业，来突出开放式平台的优势。

■ **更多信息**

比利时安特卫普\佛兰德斯交通中心

Inneke Nysten：inneke. nysten@lin. vlaanderen. be

Eric Kenis：ericjm. kenis@lin. vlaanderen. be

其他信息：www. wegen. vlaanderen. be/verkeer

巴西

4 收费道路

电子收费；部门协作；短程通信

概述

公路的高度拥堵、事故的频发、标志的匮乏、非法旅客运输以及政府在公路上预算锐减，迫使巴西于 1996 年实施公路转让项目，来应对这些日益加剧的运输问题。交通部负责运输政策的制定，并通过 3 个部门来管理该项目，它们分别是制定部门规章的 CONIT，监督私营企业运作的 ANTT 和实施该项目的 DNIT。

巴西南部和东南部的 Bahia、Espirito Santo、Rio de Janeiro、Sao Paulo、Parena 和 Rio Grando do Sul 6 个州制定了公路转让协议。36 个转让协议涉及了国内最繁忙的 1 万公里公路。

转让协议要求受让方提供 ITS 系统，其中电子收费是 ITS 系统的核心。

目前，巴西 1 700 个收费站中，超过 600 个使用了电子收费。收费站通过电子标签和电子卡进行收费。此外，私营企业投资的其他 ITS 服务，还包括可变情报板、交通视频监测、光纤电缆、气象站、电话箱、紧急救援，交叉口安全系统和无线通信系统。

该转让协议将持续 20～25 年。作为协议的一部分，受让方在收费道路上提供更广泛的用户服务，包括对车辆抛锚、交通事故和紧急事件的协助。此外，受让方必须为公益事业做出贡献。

目标

❖ 提供更好、更安全、更智能的道路；

❖ 为当地居民和驾驶员提供医疗、教育、社会保障和环境改善等公益服务。

技术挑战

联邦政府的电子收费系统和其他 ITS 系统的标准化、兼容性和互用性是一个重大的挑战。

ETC 是巴西实行的第一个 ITS 应用系统。利用短程通信的电子标签系统是 ETC 的主要 ITS 技术，超过 18 万电子标签车辆在运行之中。使用电子卡进行通行支付的用户超过了 2.5 万。巴西和其他转型国家都面临着不同 DSRC 标准竞争问题，容易导致同一城市内不同协议的 ETC 系统间的互用性较差。

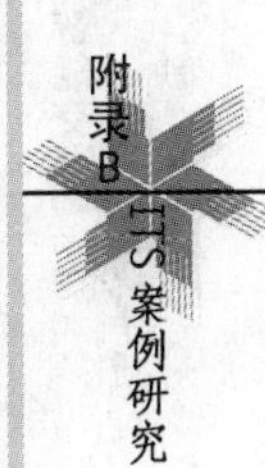

这样会降低系统的整体性能，减少了同一标准 DSRC 供应商之间的竞争。缺少标准化的 DSRC，限制了异频雷达收发系统与其他 ITS 功能的合作（如：电子商务、信号优先、交通运输、道路出行信息和驾驶员提示信息等）。

2001 年承让方完成了 Rio de Janeiro 区域（AMTECH，915MHz）和 Sao Paulo 州（Q－FREE，5.8 GHz）之间的相互通信。基于澳大利亚双边贸易协议，DSRC 标准制定正在讨论之中。

非技术挑战

克服公众对传统收费站的依赖以及电子收费系统的宣传都是主要的非技术挑战。在转让协议期间，承让方必须给当地居民带来福利。转让协议要求承让方从收费系统中抽取一部分资金，用于医疗、教育、社会保障和环境改善。ISS 筹集的公益项目如下：

❖ 交通教育——交通法规宣传、在线互动课程、急救课程和用户帮助信息；

❖ 环境和生态讲座——2002 年，超过 50 万人参加讲座；

❖ 青少年活动——在学校周边，对青少年开展科技教育，提供心理咨询、文化、体育和预防青少年犯罪的教育活动，从而真正地服务于当地居民；

❖ 医疗课程包括胆固醇水平、血压、眼睛测试、艾滋病宣传、货运驾驶员体检、体育锻炼和疫苗接种等；

❖ 社区活动——收费路段附近的社区内，进行食物和衣物捐赠活动，为康复中

心、敬老院、医院提供帮助。在2002年,超过91万人从中受益;

❖ 文化活动——例如:道路两旁古建筑和古文物的修复和保留;

❖ 造林项目;

❖ 在污染严重的路段上开展环保宣传活动,对非循环和可循环垃圾分开处理,并设置生态环境检测点;

❖ 对危险品运输监控和保护模块进行了开发和改善。

评估

目前调查数据显示,每年通过收费道路的车辆数超过55亿。每年收费道路支出14亿美元,上缴国家税收11亿美元。支付转让协议费9.9亿,其中4.8亿用于医疗、教育、社会保障和环境改善。约500个自治市从中受益。

收费路段提供24小时全天客户服务。2002年服务调查显示:到目前为止,24小时服务热线咨询人数达到310万人次,拖引服务使用人数达到52万人次,车辆抛锚受助人数达到51万人次,现场急救9万人次,救护车服务5.2万人次。

转让协议始终为公路系统的维护、新建、升级和运转提供资助。2002年,转让协议特批53.4亿美元用于道路的改善工程。

道路收费站的改造项目已经成为收费区域的新商业契机。

收获

公众从信息服务中受益,并减少对公路收费的抵触感。最新的调查表明:70%～90%的用户认为转让协议所提供的服务是“好”或者“很好”。

未来

巴西政府将继续推进公路转让协议的实施,促进更多的投资汇集到公路网的现代化建设和改造中,包括ITS应用系统的实施。政府希望继续推广该项目,使整个国家公路网不断延伸。同时,当地居民在ISS服务税收中获益。

■ 更多信息

www.abcr.org.br

加拿大

5 407公路

创新财政;创新收费技术;设计、建设和运行合同

概述

多伦多407公路是由政府和私营企业合作建设公路的先例,也是全世界第一条全电子收费公路。407公路于1997年10月开始征收通行费。在多伦多大都区内,407公路缓解了东西向401公路拥堵。从公路开通至2003年6月,407公路上布设55万个异频雷达收发机,完成80亿辆·km的运输量。

目标

通过新颖的资金筹措方式和新颖的设计—实施—运行合同,加快了新公路的建设速度，确保407公路全电子收费系统的顺利建设。

技术挑战

- 在混合式和全电子两种系统中，挑选出合适的电子收费技术。混合式系统不利于新增区域人工收费，缺少安全考虑，不利于用户使用，排队长度过长，换道空间狭窄，所以在早期就放弃了该计划。
- 最后确定使用全电子系统，该系统是一个开放式多车道系统，可提供不停车收费。系统采用视频处理自动交易，没有车载设备的车辆也能够使用该系统。此外，系统不需要地面设备也能够进行车辆分类。IAG和Avion/Advantage 75(利用TDMA协议的电子标签)完全可以兼容。系统通行时速可达240km/h。
- 收费系统主要由4个部分组成：车载异频雷达收发机、路侧收费采集系统、收费交易处理器和税收管理系统。利用ATM协议，这些部门通过多余的光纤通信网进行相互联络。系统通过激光扫描设备，自动完成车辆的分类。
- 系统利用AOA确定收费路段所有异频雷达收发机的位置。当异频雷达收发机的信号缺失时，系统将触发视频系统工作，视频系统直接对车辆进行牌照识别。
- 收费机制介绍：鼓励常规用户使用异频雷达收发机，并开设收费账号。对于其他用户，系统通过车牌识别信息进行收费处理。重载车辆被要求安装相应的异频雷达收发机。公路收费的依据包括车型、时间以及车辆是否安装有效的异步雷达收发机。

非技术挑战

- 立法介绍——资本投资规划法案(1993)成立了安大略湖运输投资有限公司(OTCC)，允许收费税收投入到本项目中。本法案明确了OTCC的阶段性目标，确保政府和私营企业合作完成重大运输工程项目；
- 通过省级管理部门之间的双赢谈判，确定各省的收费和处罚标准。

评估

407公路是大规模实施不停车电子收费的先例。它是多伦多运输系统的重要组成部门分。407公路大大缓解400系列公路的交通拥堵，每周为32万多用户提供服务。

收获

- 本项目通过创新的资金筹措方式来解决财政危机，通过电子收费税收来推动项目的实施。
- 开放式多车道电子收费系统是基于高技术和创新制度下建成的。
- 同一区域收费处之间的互通性是影响ETC技术实施的重要因素。
- ETC需要通过立法来确定收费和处罚标准。

❖ 各收费处要达成协议，确认异频雷达收发机所采集的收费数据。

未来

自从电子收费以来，407 公路交通量稳步增长。为了满足未来的交通需求，407 公路 ETC 系统将从 6 车道扩展到 10 车道。

■ **更多信息**

Michael Cautillo, Dennis Galange, and Gabriel Heti (Ontario Transportation Capital Corporation), "Ontario's Highway 407 Project."

Ed McCabe, "Tolling in Toronto," World Highways/Routes du Monde, November/December, 1995.

联系人——Sandra Sultana，魁北克交通局

http://www.407etr.com/about/about_highway_story.asp

加拿大

6 出行指南(1991～1995)

个性化出行信息

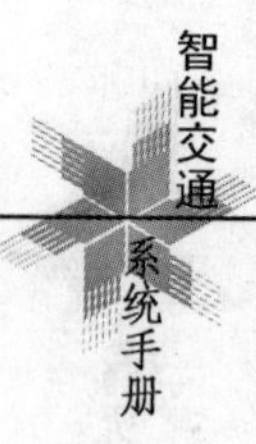

概述

“出行指南”是加拿大安大略湖省的项目，该项目验证接收 ATIS 服务的便携式装置的可行性。1991～1995 年，多个加拿大和美国私营企业、多伦多交通委员会、安大略湖运输部和多伦多城市交通局联合对该工程进行了开发和验证。

目标

❖ 证明接收 ATIS 服务的便携式装置的可行性；

❖ 在 $35km^2$ 的城市范围内，该项目对 ATIS 服务进行评价和开展可行性验证工作，其中 ATIS 服务主要包括道路、天气、交通状况、公交排班计划、公交到达时间预测和路径诱导等信息；

❖ 该项目将原系统作为基础，对 ATIS 制度安排、政策制定、用户需求、系统设计、系统集成、组织结构和环境进行评价和研究。

技术挑战

开发一些急需的 ATIS 功能，包括道路导航地图、运输服务信息、研究区域内历史出行时间、出行时间的实时更新、研究区域内的路径诱导、抵达时间、语音提示等，并利用便携装置对这些功能进行验证。

非技术挑战

政府和私营企业需要进行统一的协调和管理。无线通信技术和分页技术挑战超过了预计想像。本项目有必要在语音装置上开展进一步工作。

评估

❖“出行指南”是一项具有挑战性的工程项目，所涉及的多种产品在同行中处

于领先地位，如手持装置、数字移动通信和友好界面的语音提示装置。各方对于项目复杂性的高度认识，确保了该项目的顺利完成；

- 对各种 ATIS 功能进行不同程度的开发和验证；
- 当传统手持装置远远落后于当今科技水平时，膝上型计算机被该项目所使用；
- 理论和实际证明：很多想法是可行的，很多预计目标均已达到。

收获

- 无线通信和呼叫技术上的挑战超过了预计想像。语音提示装置的进一步开发是很必要的。
- 总之，改进后的方法是可取的，现场实验证明这些改良方法是成功的。
- 接收 ATIS 服务的手持装置的性能远远超过了 1995 年的同类产品水平。

加拿大

7 ITS 体系框架

体系框架；加拿大 ITS 和国际 ITS 兼容性

概述

1999 年 8 月，加拿大运输行业的政府机构和私营企业组成了委员会，启动加拿人 ITS 体系框架的开发。为了提供更新的服务类型和更广的服务范围，加拿大充分考虑了不同的用户需求，并对美国国家 ITS 体系框架进行了开发、扩充和修正。加拿大 ITS 体系框架是针对政府和私营企业两方面，进行综合统一的协调和部署，其开发包括了很多美国 ITS 体系框架内没有涉及到的 ITS 服务。

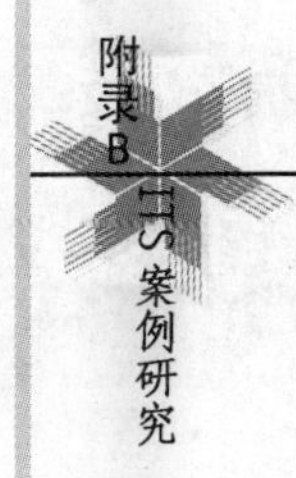

目标

加拿大 ITS 体系框架是对政府和私营企业两方面进行综合统一的协调和部署。为了确保国家 ITS 的统一部署，各方必须努力解决各组成部分之间的兼容性问题，这也是加拿大 ITS 框架的出发点。

技术挑战

- 满足未来需求，确保适应性和可扩性；
- 互用性（例如：加拿大本国，加美之间的互用性）；
- 综合性；
- 遗留的系统和潜在的折旧率。

非技术挑战

- 多方参与——不同的观念和利益；
- 加拿大极端的环境特征，环保与日益增长的机动车之间的矛盾；
- 竞争模式，如城际公交与轨道运输之间的矛盾；
- 加拿大独特的思维与国际标准之间的矛盾；

❖ 机构之间的协调;

❖ 两种语言的考虑;

❖ 人口分散水平;

❖ 米制系统的使用。

评估

体系框架1.1版本对目前适用。ITS体系框架的开发确保产品和服务的无缝隙整合。体系框架是针对政府和私营企业两方面,进行了综合统一的协调和部署。框架描述运输系统中的出行者、车辆、路侧设备和控制中心之间的交互。它也描述了信息通信系统的需求、数据共享和利用以及信息共享标准,从而便于ITS的实施和部署。

收获

参与各方要确保最终框架的可接受性和有效性。确保体系框架能够满足本国国情,例如极端的天气状况和两语种等情况。

未来

开展宣传活动、用户培训和系统维护等工作;进一步开发和强化ITS体系框架。加拿大和美国ITS框架的进一步开发是一个反复的过程。

■ 更多信息

加拿大运输网:http://www.itssti.gc.ca/en/architecture.htm

法国

8 自动交通执法

公路安全;自动交通执法(速度、信号、收费、平交口等);载重车违章;危险品运输;专用道违章;隧道车头间距

概述

事故易发路段安装固定设备检测违章事件(也包括一些移动设备)。自动控制系统通过多普勒雷达和数字摄影检测车速,因为车速通常是违章检测的重要指标之一。为了获取更多的信息,政府就必须安装更多的检测设备。2003年安装了100个检测设备,2005年达到1000个,其中还包括信号灯违章检测器。

目标

24/7自动化系统不需要警察现场值勤就能够自动执法,减少因超速导致交通事故的数量。

技术挑战

❖ 自动牌照识别(包括摩托车);

❖ 中央处理系统能够处理图片信息,并通过牌照数据库和车辆租赁公司数据

库确定车主身份，随后在 2 天内将违章通知发送给违章者。

❖ 自动车辆分类——目前，电压传感器中的“磁感线圈”技术正在测试之中，该技术可以提高车辆的自动分类精度，(根据不同种类的车辆确定相应的限速值)；
❖ 隧道中用来测量车头间距的激光技术(目前正在高速公路隧道中测试)；
❖ 建立正式的程序；
❖ 技术开发不是限制因素。

非技术挑战

❖ 修正交通法规，颁布“预防道路交通违章”的新法规；
❖ 新交通违章车主要承担相应的经济责任，不包括非法停车、超速、闯红灯、驶入备用车道和收费；
❖ 在申诉前进行强制抵押；
❖ 管理机构批准违章记录装置可以在任何地点、任何时间进行自动执法，而不需要交警现场确认；
❖ 可信度——通过协调进行自动执法；
❖ 保护隐私——个人信息保密，数据安全提示；
❖ 实时性——缩短违章事故发生到上报之间的反应时间；
❖ 制度问题——国家与地方交通管理机构之间的协调；
❖ 跨国执法将成为关键问题；
❖ 法律问题——有权使用个人数码照片等；
❖ 昂贵的系统初始成本——修正法律：自动执法系统所得的税收应被用于系统的实施和运行中。

评估

2003 年，不同等级公路上的车速值都有所降低。

收获

自动执法系统的初始运行成本是十分昂贵的。非技术方面的挑战远远超过了技术方面。违章事故发生到通告之间的快速反应必须确保信息的可靠性。大规模系统通信给人以下两方面的深刻印象：

❖ 公众的赞同——民意测验表明，对该系统有很高的支持率；
❖ 在系统运转之前，很多驾驶员行为都有所改变。

未来

越来越多的自动执法系统将在法国启动。由政府资助的自动执法系统正在测试之中。为了改善控制系统，新技术正在测试之中。为了系统未来的扩展和运行，政府和私营企业合作将成为可能。为了实现跨国执法和欧洲计划(欧洲 VERA 2 工程正在调研之中)的后期实施，法国正在开展双边谈判。

■ 更多信息

法国自动交通执法工程：Annie Canel（annie. canel@equipement. gouv. fr）

法国

9 商业信息服务

信息链的组织结构；部门协作；自动数据采集；出行时间监控；个人出行信息服务；政府—私营企业合作

概述

Ile-de-France 地区居民数占全法国人口的五分之一，在该地区就业人数超过 500 万。地方政府有交通信息编辑的责任，并为政府和私营企业合作提供指导，将该合作模式推广到全国。公众通过如下网络服务，可以获得实时的交通和预测信息：

❖ 国家政府网站：www. bison-fute. equipement. gouv. fr

❖ 高速公路收费网站：www. autoroutes. fr

❖ Ile-de-France 地区政府网站：www. sytadin. euipement. gouv. fr

此外，商业服务也在开发之中，主要集中在增强车载导航系统的实时数据提供。

为了推动该项目的开展，政府联合各方建立了"大型服务器"与"新闻社"，从而为个人提供交通信息。政府明确参与各方所应承担的责任，提供信息的各管理部门也达成协议，愿意为服务运营方提供有效的信息。各信息提供方和服务运营商之间的双边合同，明确各方所应遵守的条约以及合适的税率。为了保障运输政策和运营战略，政府保留了信息发布的控制权。

VISIONAUTE 也是商业信息服务之一，并由 Mediamobile 公司运营。

目标

面向政府：为个人提供标准可靠的数据；成功地建立了与私营企业的合作关系，从而降低高标准 ATIS 服务的经济风险；补偿商业服务提供商的额外数据处理成本；改进系统自身的可靠性，从而提高信息服务质量；协调政府各管理机构，有效协调政策发布与数据采集。

面向 Mediamobile 公司：开发有利润的、商业化的实时交通信息系统车载设备。

技术挑战

"大型服务器"可以保障多源数据的传输——Ile-de-France 地区的主要信息来源：Paris（SURF2000）和 Boulevard Peripherique（IPER）交通控制系统，SIER 的 Leopard 信息服务和 RDS-TMC Alert C 事故辅助决策平台。信息处理和协调系统确保地图连贯性和服务标准化。该系统服务器为私营企业服务操作者、公共数据用户和交通运输管理者提供信息。

巴黎大城区内各交通管理机构的大型服务器连接在一起，组成了"有效的服务器组”。因此,各交通管理机构要维护好自身的系统及其生成的数据。

技术设备包括按照统一标准运行的各管理部门道路信息数据库。每个数据库进行实时拥堵提示计算,并对采集的数据进行处理和信息的发布。系统通过路侧传感器采集的交通量、占有率和速度数据,可以推算出行时间及交通状况。系统可以自动采集和转发来自交通中心的人工处理信息。交通中心与值班交警进行无线通信,并与主干道的监控摄像机连接。

随着使用日益增多,FTP 和 TCP/IP 协议可以向标准化交通数据交易系统(SEDT)提供更可靠、更安全和更合适的服务。数据字典是欧洲 DATEX 字典的浓缩,主要考虑城市数据和新理念(包括交通空气质量、停车剩余泊位及因维护而临时关闭的道路)需求。数据字典还有效地整合了 DATEX/SEDT, TMC-ALERT C 和 TMCA-LERT+标准中的新增内容。

对于整个国家网络而言,地方和国家交通信息中心的服务器中,相似交通信息服务可以互访,但必须通过 RDS-TMC Alert C 协议。

VISIONAUTE 提供以下两方面的服务:

- VISIONAUTE 车载设备:基于 RDS-TMC(Alert C)欧洲标准。2000 年 1 月,VISIONAUTE 可以通过广播进行交通信息的发布(超过 80%法国居民使用)。利用 VISIONAUTE 车载认证(加密服务)的 TMC 车载导航终端,驾驶员可以获得沿途的交通状况信息。驾驶员能够预感可能发生的道路状况,当然也可以通过车载实时动态导航功能获得帮助。根据当前交通拥堵状况,车载设备能够为驾驶员提供路径优化方案。此外,VISIONAUTE 所确定的合作伙伴及标准化运用,能够使相同的导航终端获得欧洲范围内的实时交通信息。
- VISIONAUTE 车外设备:这些服务主要针对连接 Web 或 Intranet 的电脑、嵌入式站牌、WAP 电话、个人数字助手、存储管理服务、交互式语音服务器和呼叫中心等。VISIONAUTE 车外设备适用于多种标准化的通信终端。根据终端设备的不同型号,VISIONAUTE 设备可以提供各种服务功能:例如交通状况地图、基于最优路径的出行时间和个人日常的出行时间。Mediamobile 公司正在与导航通信服务的诸多合作商,一起利用 VISIONAUTE 系统开发商业服务。

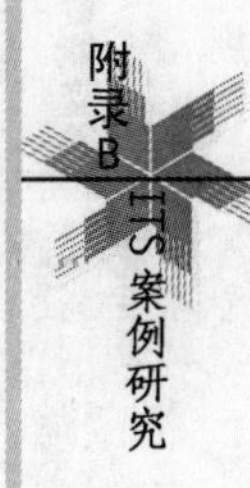

非技术挑战

这些服务的成功投放市场,受到政府和私营企业的关注。他们认为这些服务应该受到法律保护。这就必须明确,从数据采集到用户接收终端的整个信息链上,所有参与者的权利和义务。

目前法国的信息服务只能按照广播、通讯和公共设施保护等相关法律进行开展。然而,诸如 Mediamobile 私营企业想要使用公共数据,就必须与政府管理机构签署保密合同。这些合同描述了区域的网络情况、信息需求和公共数据量等。法国各交通管理机构需要制定相应的税收原则和产品规范,并适用于所有的服务运行商。各政府管理机构通过协议对政策(包括税收、数据转换的格式、数据转让的条件)进行相关的调整;并与服务运营商签署合同,合同中必须明确数据转让的条件(如出行政策的遵守、真实数据的快速发布和公众焦点信息发布)及税收标准。

评估

开发信息服务的主要障碍是负责交通管理的机构过多。在法国,每个大城市和主要高速公路都有各自的交通机构,政府正通过立案来简化这些机构之间的分歧。地方和中央政府联合建立大型交通信息服务器,为Ile-de-France区域的商业服务开展提供了保障,并作为本立案的主要组成部分。

收获

政府部门间以及政府与私营企业间的合作是成功的。商业服务的出现,要求国家和州管理机构去协调各数据提供方,并提供公共数据商业化的政策。作为提供公共数据的回报,公共管理部门可以免费接收服务提供商的数据,有利于提高自身的交通管理水平。

未来

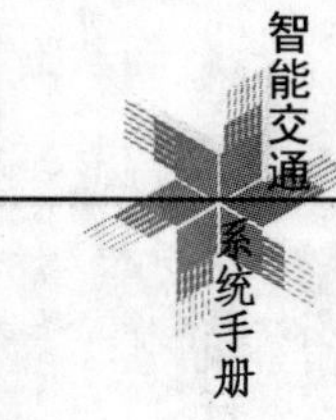

"大型服务器"的远期目标是提高驾驶员的信息服务质量,并为更多的城市居民提供信息服务。系统必须结合路网发展战略,提供具有市场价值的服务,包括停车、公交、环境质量检测、大型活动信息等服务。信息服务器应提供详尽的、连续的信息,同时也应对警察开展的机密活动进行保密。服务提供商需要处理好与政府管理机构、路网管理者和私营服务提供商之间关系。统计服务器需要对系统利润和成本进行评估,同时在政府机构的管理下有序发展。

■ 更多信息

www. mediamobile. fr

www. equipement. gouv. fr

法国

10　巴黎公共交通电子车票

电子支付;非接触式电子卡;互用性;公共交通

概述

NAVIGO是欧洲第一大非接触式电子卡系统的电子公交车票系统。2001年STIF在lle de France地区进行NAVIGO示范工程,它是近10年法国最大的研究成果之一,主要由欧洲ICARE和CALYPSO两大公司提供资助。NAVIGO设计考虑到所有的载运工具和出行方式。项目开展了三年多时间,有足够的时间对所有车辆进行车载设备安装,并进行广泛的用户调查。基于感应发射装置的非接触式技术，确保电子卡和终端设备之间的通信。电子卡保存并处理信息，系统终端阅读和修改这些信息。

非接触式应用包括：

- ❖ 车票——电子卡芯片可以完成各种运输交易（季度票、特殊票等）。该技术可以办理大量的交易业务，能在短时间内完成整个交易业务，并对采集数据进行统计和评估；
- ❖ 支付——芯片内包含一体化的“电子钱包”；
- ❖ 服务——电子卡可以在很多地区使用，确保服务供应商提供可靠的服务。

目标

主要目标是对公交需求进行调查，为公众提供更多更好的服务，使公交更具吸引力。

新车票系统具有以下功能：

- ❖ 能够为用户提供更简单、更顺畅、更可靠的操作服务；
- ❖ 运用新型的微型芯片增加数据存储量；
- ❖ 通过运行标准和维护的改进，降低成本；
- ❖ 通过欺诈行为的减少和服务方式的延伸，增加税收。

技术挑战

- ❖ 通过标准开发，确保技术的互用性；
- ❖ 开放式的系统允许分阶段部署和新服务添加；
- ❖ 技术开发必须与电子卡2～3年工作周期相一致；
- ❖ 系统必须同时兼容接触式与非接触式电子卡。

非技术挑战

- ❖ 部门间协调——80家公司（2家国家垄断企业，其余为私营企业）之间必须建立合作关系；
- ❖ 确保消费者和交通管理者接受该服务；
- ❖ 制定法律框架——公交运输处（STIF）可以通过行政手段，影响所有交通运输公司（票价和政府赔偿额度等）；
- ❖ 税收的分配；
- ❖ NAVIGO同一车票产品缺少个人信息。

评估

车票系统的电子卡可以为消费者和管理者带来利润。NAVIGO电子卡系统能够降低维护费用，减少因欺诈而流失的税收，并被广大消费者所接受。电子卡技术便于不同管理部门进行管理操作。2001～2002年STIF进行的用户调查表明：乘客对NAVIGO非常满意，有96%的受访者向其朋友或家人推荐了NAVIGO产品。

收获

电子车票大规模推广和出行者的方便使用，都是本项目所面临的巨大挑战。

系统标准化设计和制度上的协调都是十分重要的，包括票价的整合、出票口位置和数量的协调、消费者投诉协议和利益分配。所有管理部门都要确保项目的顺利进行和推广。车票系统的改造不会给消费者增加额外的费用。

未来

分阶段实施本系统的规划。2004 年对所有的公交车和地铁装备电子卡设备，以每周 250 万的速度推广非接触式电子卡用户。最终，取消所有磁卡使用，大范围推广电子卡的使用。安全、便捷、人性化的电子卡技术将会在欧洲全面使用。无线交易和新一代移动通信技术将有广泛的市场。

■ 更多信息

STIF 网站：http://www.stif—idf.fr/english/index.htm

CALYPSO 网站：http://www.calypso.tm.fr

法国

11 巴黎高速公路交通信息

利用可变情报板(VMS)进行实时交通管理；动态出行时间信息

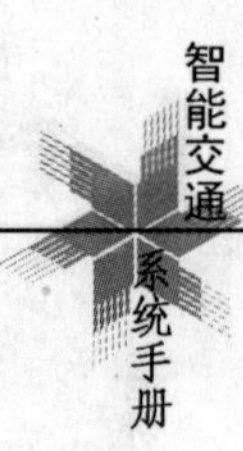

概述

SIRIUS 是巴黎 Ile-de-France 高速公路导航信息和交通管理系统。该项目于 1986 年正式启动，1990 年巴黎东部全面实施。通过实时数据采集、先进交通管理以及巴黎 IPER 系统的合作，SIRIUS 为驾驶员提供全方位的交通信息服务。

交通管理应该包括实时信号控制、匝道控制、交通事件鉴定、联动反应以及国家与地方管理部门之间的信息交互。SIRIUS 通过可变情报板和 Internet，提供了全路网实时交通信息(包括交通事件报警、出行时间估算等)。与私营企业签署协议，保障信息的顺利交互(如通过 RDS-TMC 车载设备，获取交通信息服务)。为了确保 SIRIUS 系统的顺利实施，法国交通部确定了由多部门组成的管理机构(SIER)。

目标

该项目完成后，将会吸引大量的交通量；通过减少交通事故的发生，提高安全保障；为驾驶员提供实时的提示信息，使驾驶员舒适出行；优化现有路网的通行能力。

技术挑战

❖ 确定出行时间和最优路径的算法；

❖ 远程网络连接较多(6000 个感性线圈、1200 个应急电话、500 处视频摄像)；

❖ 需要低成本、易维护和易升级的技术。

非技术挑战

❖ SIER 路网运行和管理制度的合理安排；

❖ 数据管理制度——数据交换和共享的原则；

❖ 公共道路信息的商业用途(细节条款)；

❖ 信息提供的最低服务水平——明确免费和商业信息内容；

❖ 消费者不愿意支付服务费用；

❖ 为确保项目顺利开展，SIER 加入了欧洲研究工程项目。国家和地方政府将共同承担该项目的投资；

❖ 针对交通事件的联动反应，各级管理部门之间要达成一致；

❖ VMS 信息发布的优先级——由谁来决定？

评估

该项目的效益评估是比较困难。用户调查表明：用户对于该项目的认可程度较高，尤其是出行时间预测信息。

用户基本都按照系统所提供的最优路径进行出行。网站资源被较好地利用。

收获

由于交通部的大力支持，SIRIUS 系统收到了很多关于 Ile-de-France 区域拥堵管理的想法和建议。国家投资规划给予 SIRIUS 项目高度重视，并明确未来 5 年内的资金筹措方案。SIER 管理部门监督整个项目的实施情况，确保该项目的顺利完成。

未来

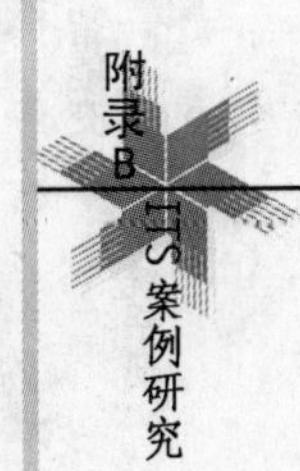

预计 2004 该系统将向巴黎西部延伸，包括西部 220km 的城市快速路。在未来 10 年里，管理部门需要进行更多的调研工作。随着服务信息内容的多样化以及道路公共管理部门的密切合作，更多新项目将进一步实施和开展。

■ **更多信息**

法国交通管理记要：http://www.utmc.gov.uk/2000conf/pdf/utmc00edsusanne.pdf

SIER 实时出行时间信息网站：http://www.sytadin.equipement.gouv.fr

德国

12 Euro-Scout (1996～1998)

基于红外信标的路径诱导；政府与私营企业合作

概述

Euro-Scout 是运用红外信标的中央路径诱导系统。诱导信息系统在柏林成功通过测试，为 Euro-Scout 项目在欧洲全面推广铺平了道路。

目标

COPILOT GmbH 私营企业对 Euro-Scout 进行全面的推广。

技术挑战

❖ 红外短程通信将作为车辆与交通控制中心之间的双向通信方式；

❖ 装备车载设备的车辆，作为交通信息的采集器；
❖ 提供以下ITS动态信息服务：路径诱导、危险提示、停车诱导和管制信息；
❖ 提供以下选择性ITS信息服务(下一阶段)：预定泊位的交互式停车诱导、进出控制、商务车队管理和运行编制。

非技术挑战

柏林Stuttgart和COPILOT股东会(Bosch33%，Daimler-Benz-Mercedes Benz33%，Siemens33% and Volkswagen1%)进行了合同谈判，明确各方承担的责任和合作原则，包括红外信标与交通控制设施之间的数据传输光缆和道路空间的免费使用。

评估

COPILOT经过充分考虑后，决定停止该项目的所有工作，原因如下：

❖ Euro-Scout自始自终不能够提供防伪措施，这导致股东会成员否决所有提议。如果进一步开展工作，将导致COPILOT倒闭；
❖ 移动通信技术的全面推广，削弱了红外信标在ITS中的应用地位——Bosch是ITS领域中Siemens的竞争对手，也是COPILOT股东会成员，它不支持Siemens继续推广红外信标；

❖ 相对信标而言，移动通信网络有很多优势，它不需要新增固定设备，就能在任何时间、地点条件下提供双向通信服务。然而，与红外信标相比，移动通信网络承担着大量数据交互，其所能提供的服务是有限的；
❖ Daimler-Benz公司的重组，导致COPILOT合作协议出现了很多责任分歧；
❖ 虽然遇到了困难，但是政府机构愿意与通信服务企业合作，并对合作有着浓厚兴趣。毕竟目前政府财政不能提供足够的资金支持。不需要新增设备的独立ITS功能服务将优先考虑；
❖ 联邦交通管理部门支持政府与私营企业合作：政府管理部门建立一个法律框架；私营企业负责资金筹措和运行成本并承担市场风险。为此，交通部成立了"运输通信经济问题讨论组"，为政府和私营企业提供一个关于项目焦点、战略和目标讨论平台；
❖ COPILOT运行破产后，Euro-Scout于1996～1998年期间(DVB项目：柏林动态交通诱导)开始非盈利运行，并在动态路径诱导和出行时间减少两方面都做出了杰出的成果。柏林参议院、Daimler Benz、Intertraffic和Siemens公司在整个柏林城内进行DVB工程(而先前测试只局限在西柏林)；
❖ 红外信标在日本被广泛用于动态路径诱导和其他行业。数据在固定设备之间传输，可以大大降低成本，保证信息服务的可靠性。

收获

❖ 即使提供简单的信息服务，也要考虑到成本问题，ITS服务应用系统将直接影响到现有和未来的通信设施部署；

- ❖ 相对 DSRC 技术，无线通信技术可以与其他服务共用基础设施，可以在任何时间和地点下使用；
- ❖ 动态路径诱导实施过程中遇到的困难要超过预计想像；
- ❖ 政府与私营企业的合作以及政府管理部门间的合作，应涉及到整个 ITS 服务范围内，不应局限于某一服务；
- ❖ 在这个合作团体中，包括了多家存在竞争关系的私营企业；
- ❖ 一次成功的运行测试，并不代表整个项目能够顺利开展。只有开发相关的产品防伪认证后，才能将产品投放市场；
- ❖ 为了完成这项长期盈利的商业项目，在开展初期必须进行倾向性运行。

德国

13 柏林交通运输管理中心

政府-私营企业合作；交通运输控制中心

概述

从 2003 开始，政府和私营企业合作的运输管理中心（柏林 VMZ），监控和处理柏林交通运输信息，并对公众和企业发布实时信息服务。该中心提供免费通信服务和有偿延伸服务。除了较少补助外，VMZ 私营企业必须通过开发商业信息服务，筹集运行所需的费用。VMZ 通过适当的信息服务来调整出行需求。柏林政府成立了政府和私营企业合作的 VMZ 并承担了软硬件的投资费。该系统的固定资产属于国家，由 DaimlerChrysler Services AG 和 Siemens AG 运行该系统并从中获利。

目标

项目目标是记录当前整个公共运输系统和路网运行状况，进行近期、中期和长期的交通运输状况预测。

技术挑战

- ❖ 路网检测和交通管理中心建立；
- ❖ 数据采集和多源数据融合；
- ❖ 通过各种电子装置提供服务。

非技术挑战

- ❖ 项目初期，吸引更多投资者参与；
- ❖ 私营企业拥有 VMZ 10 年的运营权；
- ❖ 服务内容的升级（免费公众服务和有偿延伸服务）。

评估

VMZ 正在运行之中。到 2002 年 7 月为止，VMZ 平均每月有 50 万的网站浏览量,可以提供全天网络信息服务。

收获

VMZ 的运营理念能否推广到其他城市尚不清楚。然而,私营企业的资金投入已为运输管理部门提供可观的效益。

工程初期建立股东工作组是十分必要的。

政府与私营企业合作能够为柏林政府节省开支,而且不存在后续维护费用。先前交通管理设施处于年久失修的状况,而如今都得到了维护和修建。地方政府对公用数据防伪进行改善。构建 VMZ 过程中的收获如下:

- ❖ 在项目初期,政府提供初期建设投资和运营补助;
- ❖ 政府投资折旧不计入私营企业账内;
- ❖ 电话公司不是本项目股东,因此必须支付电话费;
- ❖ 股东必须为公众无偿提供必要的信息服务;
- ❖ 政府保留数据的拥有权,私营企业可以免费使用这些数据;
- ❖ 私营企业所开发的技术拥有自主知识产权;
- ❖ 私营企业拥有未来 10 年的系统运营权。

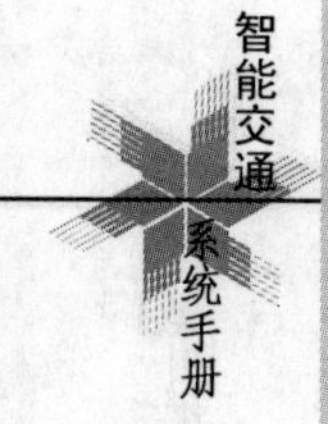

未来

浮动车数据将为固定检测器数据提供补充支持。下一阶段,VMZ 将开发商业消费服务,如货运车队管理、媒体和酒店服务等。

■ 更多信息

VMZ 网站:www. vmzberlin. de

日本

14 车辆信息和通信系统(VICS)

面向驾驶员的实时交通信息和导航系统

概述

车辆信息和通信系统(VICS)为驾驶员提供详细的实时交通信息。VICS 中心对 VICS 信息(交通拥堵、道路法规等)进行编辑和加工,并将这些信息实时发送给车辆导航系统。VICS 能够帮助驾驶员选择最短路径和最优路径,从而确保路网交通量的平衡分配。

道路管理者和交警采集拥堵和管制信息,私营停车场经营者提供剩余泊位信息,这些信息最后由日本道路交通信息中心进行整合。

目标

VICS 提供准确的实时信息,有利于缓解交通拥堵、减少交通污染排放、防止环境退化和减少出行时间;在城市内的复杂路段(狭窄或者蜿蜒道路)和停车设施紧缺区域内,VICS 将为驾驶员提供导航服务;VICS 确保驾驶员道路出行安全,并提供友好的操作界面。

技术挑战

- ❖ 信息采集——拥堵程度、交通管制和剩余泊位信息等；
- ❖ 信息加工——国家 VICS 的 7 个分中心同时自动采集和整合数据；
- ❖ 信息发布——通过三种渠道对信息进行发布：公路无线信标、主干道光信标和 FM 调频广播，每个公路无线信标覆盖半径 70m 的范围，通信速度为 64kbps。每次传输的数据量为 8 000 字节，每 5min 更新一次；
- ❖ 红外光信标采集的交通信息量是车辆检测器的两倍，这些信标布设在城市主干道上，覆盖半径 3.5m 的范围，通信速度达到 1Mbps，每次传输的信息量为 10 000 字节，每 5min 更新一次。不同区域的信标可以提供具有区域特色的延伸服务。FM 调频广播能够在更广的区域内，提供日常的信息服务。每根 NHK 的广播天线可以传播 10～50km。数据传输速度为 16kpbs，每次传输的数据量为 50 000 字节，每 5min 更新一次。

非技术挑战

VICS 项目涉及到诸多部门间的协调和管理。这些部门包括国土交通省、警视厅、私营企业和学术界。厚生劳动省、防卫厅、邮政厅组成一个正式磋商机构，并于 1991 年纳入 VICS 交通委员会。该机构负责 VICS 技术和财政的可行性研究。所达成的协议中要求政府安装所有的信标和广播设备，要求私营企业完成车载单元开发和销售。

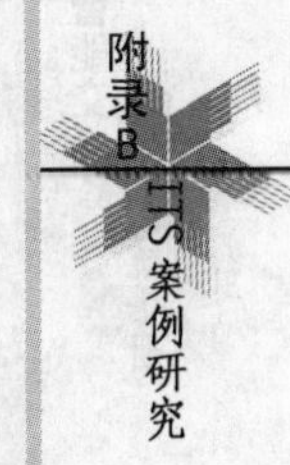

评估

VICS 有世界一流动态交通信息系统的美誉。VICS 车载设备的大量销售证明其受欢迎程度。超过 700 万辆车安装了 VICS 车载设备，占日本车载导航市场的 85%，VICS 已成为了日本车载导航领域的一面旗子。VICS 的系统效益是很难量化的。然而，通过模型进行仿真实验表明，在城市道路上有 20% 的驾驶员使用 VICS 设备，而且交通拥堵和延误减少 10%。

收获

政府负责数据标准化的制定，私营企业负责车载单元开发和销售。职责划分促使了市场的竞争，从而为消费者提供廉价的产品。政府通过大型活动(如名古屋奥运会)推广服务市场。随着 VICS 车载功能不断增强，VICS 系统被公众广泛接受和认可。富有成效的政府和私营企业合作是 VICS 成功的关键。

未来

虽然在开发阶段 VICS 系统采用了当时最先进技术，但是随着 IT 行业的快速发展，VICS 系统中的部分技术将被淘汰。利用双向 5.8GHz 的短程通信来提升服务质量并整合其他服务(如 ETC)来增加 VICS 的系统效益。

■ 更多信息

公路行业发展组织 ITS 手册 2003～2004,2004 公路行业发展组织 VICS 官方网站:

http://www.vics.or.jp/eng/index.html

荷兰

15 超速执法

交通违章执法;噪声和环境污染控制;交通管理;商用车辆管理;危险品运输监控

概述

荷兰 Bureau Verkeerhandhaving Openbaar Ministerie(BVOM,交通执法部门)在城市主干道安装了 speed-over-distance 执法系统。该系统于 2001 年进行了一系列成功的测试后,2004 年系统在 A2 快速路正式运行并在安全等多个领域受益。

Peek Traffic and Prime Vision(荷兰运输研究机构 TNO 的附属机构)和挪威 Q-Free Systems 公司联合安装该系统。系统利用照相机(由人行道感应线圈触发)、自动牌照识别(ANPR)和光学字符识别技术,从 2～3 个观察点对车辆进行识别。通过图像匹配计算出车辆通过固定距离的平均速度。

当检测到违章事件时,系统会自动记录车辆牌照图像和时间、地点等相关数据。随后,后台对记录进行处理分析。SDE 监视长距离路段(最小距离约为 1 500m),鼓励驾驶员在长距离路段上保持限速值。结果表明噪声和环境污染减少、安全性能得到提高。动态限速系统利用均一化算法,在 A1 快速路进行了实验。SDE 与动态限速系统连接,从而平衡拥堵状况的路网交通量,改善道路通行能力。

目标

- ❖ 通过长距离路段的车辆限速执法,减少危险路段的死伤率;
- ❖ 减少因高速行驶产生的噪声污染;
- ❖ 降低车辆高速行驶中的污染排放;
- ❖ 提高交通管理水平。

技术挑战

- ❖ 在任何天气条件,系统执法准确率接近 100%;
- ❖ 确保系统针对不同车型进行相应限速处理。

非技术挑战

与传统的日常执法相比,驾驶员对于本系统的执法公正性更为满意。

评估

鹿特丹 A13 公路测试表明,当 SDE 执法将最高限速值从 100km/h 降到

80km/h 时，交通事故显著减少，公路 200m 范围内居民区噪声降低 3 分贝，平均每辆车减少 15%～25%的氮氧化物排放。

收获

荷兰高速公路网增加了雷达测速器的数量，确保自动执法效率。但雷达测速器存在不足：驾驶员在车内可以直接观察到路段上的测速器；当驾驶员发现测速器时往往会急刹车，这样会引起恶性的交通事故。该系统没有得到公众的认可。因此，1996 年荷兰交通部、KLPD 和荷兰警察局开始寻求新方法改善目前的局面。

项目早期的论证表明：如果没有全体驾驶员认可动态限速执法，那么通过该执法来平衡交通量是非常困难的。

未来

BVOM 规划明确要求：在未来几年里要安装更多的 SDE 系统。随着 SDE 系统标准和接口的开放，"改进工程"将逐步地实施。

同时系统也具备很多延伸服务功能。OCR 系统可以通过牌照自动识别危险品运输车辆并全程监控危险品车辆运输。SDE 系统还连接了 WIM（动态称重，Weigh-In-Motion），对商务车辆进行测重管理。

■ 更多信息

荷兰警察局：www. klpd. nl

Peek Traffic 公司：www. peekglobal. com

欧洲西北部

16 跨欧公路网

交通管理；交通信息；路径导航

概述

CENTRICO（欧洲运输通信合作项目）是由欧盟资助的跨国公路交通管理和信息服务的大型项目。其中每个子项目会牵涉到全部或部分欧盟国家的利益。作为跨欧智能交通系统项目，CENTRICO 完成欧盟 2001～2006 年的运输计划达 12 亿交通量。

CENTRICO 覆盖了比利时、英国（东南部）、法国（北部）、德国（西部）、卢森堡和荷兰 6 个西北欧国家的 16 个城市，将近 1 亿人口。随着高密度路网和高流量跨国交通的形成，路网周边将形成欧洲最高密度的居民区，因此必须对路网每年进行一次交通状况调查。

CENTRICO 区域的主要公路必须按照 TERN（跨欧公路网，Trans-European Road Network）管理机构要求，高效地完成人和物的运输。CENTRICO 的 15 个管理机构负责 TERN 核心线路的运行——为欧洲重要港口、工业基地和经济文化中心服务，并实施特殊的交通管理和信息服务项目，从而改善交通状况。

CENTRICO 早期的成就包括：

- ❖ 比利时、法国、德国和荷兰国家和地方交通信息中心(TIC)之间的联网合作；
- ❖ 通过跨国的多语种 VMS 辅助，在主要道路上实现了先进的路径调整提示系统。

2003 年，CENTRICO 成立了 OTAP(开放式的交通数据访问协议)示范工程。OTAP 的目标是确保出行信息服务提供商有权使用道路管理部门、国家和地方 TIC 数据库的实时交通数据。在 1 年的评审之后，本示范工程将推广到所有的交通信息服务中。在 2003 年世界 ITS 大会上，本示范工程将现有网站的详细资料进行展示。

目标

- ❖ 有效地使用 TERN 基础设施，减少交通拥堵；
- ❖ 增加 TERN 的投资回报；
- ❖ 增强交通安全性，改进 TERN 的交通状况；
- ❖ 提供统一的跨欧交通信息服务。

技术挑战

- ❖ 辖区内数据交互系统的标准化制定；
- ❖ 交通信号联动和路径诱导系统要被欧洲出行者广泛接受；
- ❖ 满足大范围监控和快速检测的需求，所提供的基础数据有利于路网优化、交通拥堵减少和重大交通事件管理。

非技术挑战

- ❖ 4 种语言和 12 个辖区之间的有效协调；
- ❖ 确保参与本项目的政府部门和私营企业对 CENTRICO 目标有着充分的了解，调动各方的积极性。

评估

CENTRICO 的项目评估必须严格按照国家和地方程序进行，评估结果要与项目实施前的情况进行对比。CENTRICO 项目要求专家评估组利用 MIP 程序，建立欧洲项目评估体系。

CENTRICO 的最大成就在于促进了欧盟各国在交通问题上的广泛合作。由于欧盟经济和政策的支持，欧盟各国参与了从协调工作到系统跨国运行等一系列活动。

在相关技术的选择和开发方面，CENTRICO 项目取得了实质性的进展，并推动了欧洲动态交通信号协调和数据交换标准化工作。CENTRICO 项目已成为欧洲 ITS 交通管理和信息服务展示的平台。

收获

TERN 交通运输是一个国际问题，其建设质量将直接影响整个欧洲的贸易和交通状况。系统安全性和运行效率都是长期关注的工作。欧盟促进了国家间的交流，增加了ITS在TERN投资效益。CENTRICO合作打破了体制上的壁垒，为用户提供更优质的服务。同时，CENTRICO打开了信息服务市场，促进道路管理机构与服务提供商之间的合作。

未来

许多基础工作已于2003年底完成，下一阶段工作将加快实施。CENTRICO规划将与其他欧洲项目继续合作，例如2004年开展的爱尔兰和意大利长距离的交通走廊示范工程。

欧盟东扩将扩大TERN使用范围，突显TERN作用。在为西欧路网服务的同时，TERN将会大大改善东欧的交通信息服务。CENTRICO应该充分利用GALILEO的潜在市场。随着GALILEO导航通信系统的开发，CENTRICO将为出行者提供更可靠、更优质的信息服务。

■ **更多信息**

CENTRICO网站：http://www.centrico.tent.com/

挪威

17 特隆赫姆电子车票和支付

电子支付；非接触式电子卡；互用性

概述

1991年特隆赫姆成立了“收费环”，改善市中心交通状况，并为城市交通基础设施改造提供资金支持。这些改造包括公交专用道、自行车专用道和交通环境改善。收费环建立后，收费方案被纳入行业价格体系中。2003年特隆赫姆“收费环”的收费站数量增至23个。

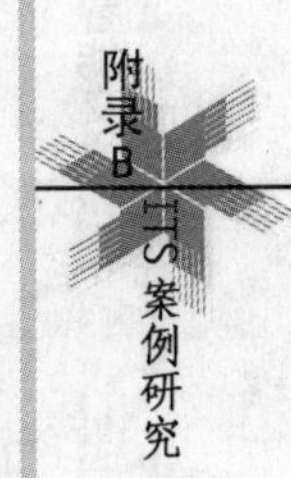

收费站设置和交通管理措施，确保大部分驾驶员由收费站进入市区。在工作日的早高峰时段，收费站对进入市中心的私家车和货车征收通行费。注册用户可获得一个电子标签，驾驶员将其安装在车辆挡风玻璃上。当经过收费站时，车辆无须停车，系统会通过电子标签自动扣除通行费。许多收费站还独立开设了现金支付通道。

该系统是欧洲较早运用DSRC进行车辆和路侧设备间通信的系统。为了建立全挪威收费互通系统，2001年挪威对该系统进行了升级(AUTOPASS)，并作为国家发展战略的一部分。

电子支付系统开发后，公众只需一个交通账户，就可以支付通行费、停车费、公交车票、自行车税和出租车费等。电子卡可以接触式或非接触式使用，也可以作为储蓄卡或季度卡。

装有电子标签的公交车辆，通过收费站时不需要交纳通行费，并具有信号优先权。

目标

通过“收费环”建设,确保足够的税收新建和改善道路、扩充路网的通行能力、缓解城区交通拥堵、交通事故和交通污染问题。收费环的运行年限为15年。政府希望使用年限过后,该收费环能够得到改善。

早期目标包括筹集足够的资金进行交通设施的改善、交通需求管理、出行模式选择影响、进入市区的时间限制等,从而减少市区的交通负担,平衡整个路网交通量。目前将收费资金用于主干道的安全措施、环境改善、行人和自行车专用道、公交专用车道、公交信号优先和新信息服务系统的建设。这些交通基础设施的建设费用,由收费站承担60%,由中央政府承担40%。

技术挑战

❖ 技术的选择(作为世界上第一个全自动系统);

❖ 收费站的设计促进自动执法的实施;

❖ 确保任何气候条件电子标签的识别;

❖ 在开发阶段,与其他欧洲项目建立的合作关系,充分利用欧洲标准来整合系统;

❖ 开发挪威互通收费系统;制定国家标准,明确欧洲CEN标准中的模糊定义;制定设备标准,节省采购和运营成本。

非技术挑战

❖ 项目敢于接受反面意见,从而赢得公众的认可。为公众提供咨询服务:满足不同需求的群体,向所有家庭发送宣传手册,两周一次电视宣传教育和管理者现场讲座等。

❖ 在系统安装前的5个月内,鼓励驾驶员领取电子标签,确保收费站的准时运营。

❖ 电子标签用户享有20%的固定折扣,从而鼓励大家广泛使用;预付用户可以享有更大折扣。

❖ 进行立法,确保税收用于交通状况改善。

评估

效益远远大于成本,每年大量的税收投到交通基础设施建设中。主要交通问题都得到了解决,新道路网即将建成,但市区载重车辆管理仍存在问题。公共交通改善确保半径100km范围内,90%的人口在高峰时段每小时有4辆公交车的服务选择。

在收费时段,进入市区的私家车量减少10%;在非收费时段,增长8%;总体减少4%。其他变化还包括:

❖ 为避免早高峰而改变出行时段;

❖ 公交使用率提高了7%；

❖ 骑车上班人数从13%增至27%；

❖ 由于混合交通设施的拆除，道路事故率降低60%～70%；

❖ 每年 CO_2 排放量减少6 500t。

电子标签使用率较高：在运行初期，72%驾驶员使用电子标签；如今，90%驾驶员使用电子标签(早高峰达到95%)。大多数驾驶员服从收费：只有0.3%驾驶员违反收费规定，其中大多数已达成庭外和解。

综合支付系统能够为出行用户购买多种交通方式的车票；用户可以通过一张电子卡购买多张车票，并享有折扣优惠。系统的缺点是不利于用户查询电子卡的交易情况和剩余金额。

收获

公共咨询和自动支付系统的运行都需要公众的支持：用户能够清晰地看到项目效益，交通拥堵不再是问题。然而，诸多私家车用户很难接受税收只用于行人和自行车出行者。

运行成本只占日常税收的10%，因此在未来15年内，系统可以迅速收回成本。而本系统的运行成本只是人工收费系统的1/3。系统收费税收主要用于系统扩建。

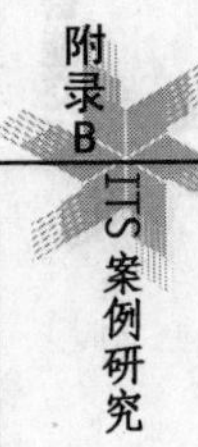

■ **更多信息**

PRELUD网站：http://www.prelude-portal.org/ettc/uploads/hoven_part1.pdf

http://www.prelude-portal.org/ettc/uploads/hoven_part2.pdf

斯洛伐克

18 高速公路信息和管理系统

高速公路信息和管理系统；开放式和互通性技术；多方投资

概述

现代道路建设运用了诸多道路监测和维护技术。然而，这些技术缺少有序的整合，技术很难结合起来解决环境问题。高速公路子系统的整合将为用户提供统一的信息和管理。在Bratislava附近以及Piestany至Ladce高速路段，建立高速公路信息和管理系统(MICroS)，有效地证明了系统整合的必要性。

目标

本项目为监控高速路段提供完整的信息技术方案。它将所有信息子系统整合在一起，这些子系统包括气象、交通流测量、交通数据统计、可变情报板、视频检测、自动事件检测、降雨量检测、安全系统和高速公路子系统等。

技术挑战

❖ 系统各组成部分能够适应极端气候条件(−30～85℃)；

❖ 系统的整合原则需要明确；

❖ 子系统中多余设备将被废弃，而无法被本系统所用。

非技术挑战

❖ 为用户提供一个整合的系统；

❖ 投资方对项目理解不够充分，将会阻碍系统的整合。

评估

Bratislava 系统吸取了 1998 Trencin 系统建设的经验，逐步进行监控路段的延伸，目前系统所监控的路段超过 80km。整个软件系统是开放式设计，利用插件模块进行新技术的更新。多源数据整合必须涉及自动事件检测等智能信息管理系统。

收获

由于投资方对项目理解不够充分将会阻碍系统的整合，系统的整合原则必须明确。对于总系统和各子系统的评估要准确。

未来

系统将会通过插件模块来新增设备和技术。高速公路隧道信息和管理系统将应用这些新技术。

■ **更多信息**

Visicom 有限公司：www. visicom. sk

斯洛伐克 OptoCon 有限公司：www. optocon. sk

斯洛伐克

19 Terra-S 道路数据库

地理信息系统；电子道路数据库

概述

通常政府负责交通基础设施（包括信息化基础设施）的建设。然而，斯洛伐克道路行政部门没有足够的资金开发空间道路数据库，因此先进的 GIS/ITS 产品无法引进。1999 年 Geomatika 公司认识到空间信息市场的商机，启动了 Terra-S 道路数据库项目。该项目由政府和私营企业（Geomatika）提供数据支持，由 Geomatika 负责信息服务提供。

目标

项目的目标是开发全国交通运输路网数据库，数据库包括全国公路和城市道路地理位置和道路走向，并通过相关属性数据描述每条道路的特征。地方政府提供的基础地理信息将作为数据库的核心数据。

技术挑战

❖ 没有国家体系框架和标准——必须依靠欧洲标准。

非技术挑战

❖ 政府对于 ITS 战略和项目支持较少；

❖ 政府没有明确 ITS 的责任，也没有明确支持 ITS 项目；

❖ 缺少正规体制管理。

评估

2002 年 8 月，完成数据库一期建设，包括全国路网和城市道路。数据库正在不断更新之中，这为其他产品的开发提供了有利支持。

收获

明确政府和私营企业合作的原则和限度。

未来

道路地理数据库的应用：交通规划、高速公路维护、经济发展、公共运输安全和紧急事件响应。

制度上为数据库开发提供法律保障。

增强数据处理功能，满足车载导航系统的需求。

■ 更多信息

斯洛伐克 Geomatika 股东：

CONAN s. r. o - www. conan. sk

Pjsoft s. r. o - www. pjsoft. cz

IMD International s. r. o - www. vision-network. net

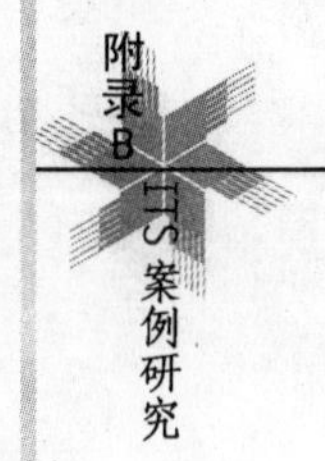

韩国

20 车辆数字牌照自动识别

交通执法、公路安全、车辆犯罪预防

概述

韩国由国家警察厅实现了统一的全国车辆数字牌照自动识别（AVNI）系统，这在全世界也是很少的。韩国 Keon-A 有限公司与韩国国家警察厅合作，用了 12 年时间开发了实时 AVNI 系统。

AVNI 系统通过感应线圈、激光和雷达传感器检测指定范围内的车辆。系统给道路上方的照相机一个脉冲，照相机就会自动拍摄车辆牌照并上传控制器处理。在夜间，照相机会提供光源以确保图像的清晰。牌照自动识别技术所获得的牌照信息与地方数据库中通缉车辆进行匹配。通过高速光纤，将匹配信息在 1 秒内传输给管理部门，管理部门在下游 800m 或 1km 处设置检查点。若通缉车辆强行通过检查点，检查点就会自动发出警报声并上报警察厅。如果检查点毗邻交通信号，那么该处交通信号纳入到本系统中。当系统检测到通缉车辆时，交通信号灯将自动变红，阻止通缉车辆通行，同时设置障碍物阻挡车辆通行。

2003 年底，韩国城际间主要公路都安装了 AVNI 系统(包括直通首都汉城和 Incheon 国际机场公路)。所有系统每年 365 天全天候运行。根据车道数决定每处安装 2～5 个照相机。位于汉城的韩国中央警察总部(CPH)，拥有全部注册车辆数据和地方警察通缉信息的数据库，它通过专线每 5min 对地方数据库进行监控和数据更新。

目标

❖ 监控警察所关注的车辆，如被盗车辆和通缉犯所使用的车辆；

❖ 自动通报警察厅，迅速实施拘捕；

❖ 减少交通违章和交通犯罪；

❖ 计算出行时间。

技术挑战

❖ 确保地方数据库数据与国家 CPH 数据库保持一致；

❖ 确保检测的精确度。

非技术挑战

验证驾驶员和公共接受的数据精度。

评估

系统运行检测表明：拦截通缉车辆的成功率达到 97%。每处 AVNI 系统平均每月可以拦截 100 辆通缉车辆，最多可以达到 500 辆。大多数案件(70%)是未支付交通或法庭罚款，其余的案件包括各类犯罪，如抢劫、毒品交易和车辆偷窃(该系统还成功地追捕了一名牵涉多条人命案的杀手)。该系统成为韩国国家警察厅全自动车辆识别系统的主要组成。

收获

支架上的照相机隐蔽性高。

未来

韩国国家警察厅将在全国范围内推广本系统，并希望能够推广到中国和其他国家。

■ **更多信息**

Keona 网站：www. keona. co. kr

E-mail：marketing@ns. keona. co. kr

西班牙

21 巴塞罗纳进出口控制和道路空间分配

进出口控制；车道管理(潮汐交通)和车道分配

概述

20 世纪 90 年代初期，巴塞罗纳就开展了多种 ITS 服务来管理薄弱区域的交通出行需求。这些管理措施包括：La Ribera 古城区内安装进出口控制系统、潮汐交通系统和交通运输的车道分配。

进出口控制系统辖区内的有车居民可以获得一张电子通行卡作为特许证。当车辆进入该辖区的进口，系统会自动阅读电子卡。如果电子卡是有效的，那么障碍物会自动下降，允许车辆进入该辖区。其他车辆也拥有通行权利，但是受到时间限制。在早、晚高峰 2～3 小时内，车辆的通行是受限的。如果驾驶员没有获得通行许可，就不能通过该辖区。除早、晚高峰以外其他时间段内，运输车辆可以免费通行。本系统利用闭路电视对进出口各点进行监控。视频会议可以确保驾驶员在受限时段获得特殊通行许可机会。

潮汐交通系统主要控制主干道(7 车道)中的 3 个车道，这 3 个车道早、晚的通行方向不同，从而有效地利用道路资源。在每个车道的上方安装信号设施，用来显示各车道的通行方向。城市交通控制中心可以手工或系统自动控制这些信号设施。

每天不同时段，主干道(5 车道)要用于货物装卸、停车和车辆通行，因此将 5 车道中的左侧车道作为专用车道。可变情报板能够显示车道当前使用情况，当左侧车道集中用于货物装卸时，LED 会定时提示。

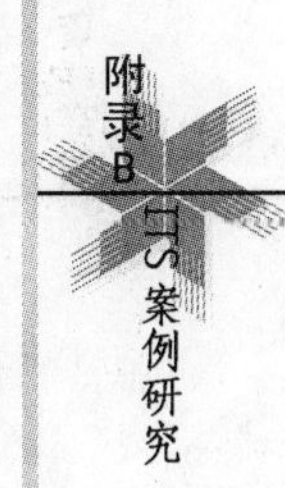

目标

进出口控制系统减少交通对于环境的污染，减少无限制的路边停车，提高居住、工作和旅游环境的质量。

潮汐交通系统使道路资源适应交通需求，改善城际和城市路网间的交通状况。

共用车道减少停车和运输装卸引起的交通中断，改善道路使用状况。

技术挑战

- 进出口控制系统是西班牙第一个电子卡车辆识别系统；
- 严格控制车辆进入辖区，系统限制进口数量，在重要进口设置实时车辆识别装置，确认车辆是否有资格进入辖区；
- 进出口控制方案包括辖区范围与设备成本的权衡，以及实施后对交通状况影响；
- 确保变向车道通行安全。

非技术挑战

公共宣传和咨询是确保当地居民支持本项目的前提。国家和地方政府将关注共用车道规划并使其成功实施。

评估

- 通过障碍物作为物理隔离，降低辖区的执法难度；
- 用户可以免费获得电子卡，因此电子卡系统对公众很具吸引力；
- 私家车在辖区内的交通量减少 78%，车辆在辖区内的出行时间减少 18%；
- 限制车辆进入辖区时间，这意味着居民和游客受到车辆干扰将减少；

❖ 辖区路边停车需求很大。辖区内的停车泊位使用率降低，区外使用率将提高；

❖ 随着共用车道的推广，交通违章数量降低；

❖ 潮汐交通系统没有带来任何安全隐患。在不增加基础设施前提下，改善高峰时段的交通状况。

收获

❖ 作为试点，引进这些创新方案，但需要昂贵成本；

❖ 公众宣传和咨询是本系统成功推广的前提。

未来

共用车道和潮汐交通方案的推广正在酝酿中。在辖区内，路边停车管理和停车执法时间改善都在规划中。

■ 更多信息

欧洲项目概述：http://www.prisma-eu.net/deliverables/ SG5transport.pdf

瑞典

22 智能速度自适应

道路和车辆安全

概述

智能速度自适应(ISA)是一种帮助驾驶员保持正常速度行驶的技术。1999～2002年，几千辆装有ISA车载设备的车辆，在瑞典四个城市里进行了世界上最大ISA实验。当车辆超过限速值时，ISA警报系统会给驾驶员发出警告信号(包括视频和语音警告)。除视频和语音警告以外，ISA系统还会提供路段的限速值。ISA系统将直接影响驾驶员的驾驶行为：如果车辆超过限速值，那么反压装置将作用于加速器上，自动对车辆进行减速，同时显示该路段的限速值。在限速区域内，ISA能对车辆进行定位，还能通过特殊车载设备检测到当地的限速值。在Lund，Lidköping和Borlänge，城市ISA系统使用了数字地图相结合的GPS系统。在Umeå城市ISA系统还使用了异频雷达收发机。

目标

ISA的目标是通过车速的降低，减少道路交通事故，尤其在城区。在未来10年里，瑞典Vision Zero项目希望利用ITS技术减少25%事故死亡人数。

技术挑战

❖ 车载设备的设计要注重实用性和美观性；

❖ 系统的正确性——车载所显示的限速值必须与道路限速标志一致；

❖ 车辆测速器存在误差——很多时候观测值高于实际值；

❖ 限速数据库的开发——覆盖所有道路，并实时更新。

非技术挑战

- 体制和法规框架的建立；
- 收费——驾驶员自愿支付；
- 政府管理部门和汽车企业的合作。

评估

瑞典的实验表明：公众广泛支持 ISA 推广，系统的运行对公众是有益的。参加实验的驾驶员认为：ISA 是限速的最佳帮手，比常规的物理减速设施更有效。优点表现在以下几方面：

- 确保道路安全的同时，没有增加驾驶员的出行时间；
- 如果每位驾驶员都使用 ISA 系统，城市将减少 20%的道路受伤人数；
- ISA 得到了广泛的好评，很多参加实验的驾驶员认为：在城市内应该强制要求车辆安装 ISA 系统；
- ISA 车辆对周边交通改善做出了积极的贡献；
- 系统之间存在细微误差，交叉口延伸段平均速度降低 3～4km/h；
- 系统的改进将更具吸引力；
- 传统信息服务没有影响驾驶员的行车速度。然而，ISA 警报系统对驾驶员行车速度产生了巨大影响；
- 一些参加测试的驾驶员表示自愿购买 ISA 车载设备。若该系统能够免费使用，那么有 2/3 的驾驶员愿意使用 ISA。

收获

瑞典驾驶员愿意通过 ISA 系统（而不是传统物理减速装置），来改变自己的驾驶行为。如果每辆车都安装 ISA 系统，那么交通事故受伤人数将减少 20%～30%。

未来

ISA 系统还没有做好全面推广的准备——需要进行诸多研究，包括驾驶员对于系统使用的满意程度、道路安全和环境影响、车载设备整合以及如何使 ISA 长期大规模运行。需要进一步开发 ISA 系统技术，并建立国家限速数据库；进一步制定体制和法律框架，例如 ISA 系统强制安装还是自愿安装以及由谁来支付运行费用等问题。

将安装 ISA 系统作为行业标准，这样就能赢得公众和汽车企业的支持。然而，驾驶员自愿使用 ISA 系统的先决条件就是 ISA 系统必须具有很强的普及性。未来，自适应巡航控制系统（ACC）将与 ISA 系统结合。

■ 更多信息

瑞典国家道路管理局 ISA 系统主页：http://www.isa.vv.se/index.en.htm

PROSPER 项目（ISA 实施中的技术、法律和政策壁垒）

瑞士

23 长途载重车辆收费

道路电子收费;商用车辆管理;公共交通

概述

2001 年,瑞士运行世界上第一个根据载重车辆出行距离进行电子收费的系统——EFC。对于超过 3.5t 的车辆,根据途径距离与全道路之比进行收费(简称 LSVA)。征收的费用主要依据最大载重量和污染排放量两个指标。通过车载单元 DSRC 和 GPS 技术,对车辆进行 LSVA 收费。车速记录将作为距离测算的依据。2001～2004 年,收费标准定为每吨公里征收 1.42～2.0 生丁(约为 1.8～2.5 美分)。载重车辆收费要与改革后的道路限重值保持一致。

目标

随着瑞士货运量的增加和偏高的 HGV 限重值,引起了很多不满。LSVA 的收费有 3 个目的:

- ❖ 限制载重车辆的交通量;
- ❖ 促进货物公路运输转向铁路运输;
- ❖ 缓解环境压力。

技术挑战

- ❖ 虽然收费标准是相同的,但国内外车辆收费系统不同,各系统对车辆的记录程序也不同。因此,必须开发统一的系统来解决这些问题。本国车辆都安装了与行车记录仪连接的车载单元。车载单元记录的数据决定了收费额。免费提供给车主车载单元,但车主需交纳一定的安装费。
- ❖ 许多国外车辆没有安装车载设备。当车辆进入瑞士后,系统将发给驾驶员一张 ID 卡,驾驶员须确认电子卡读数。当离开瑞士的时候,再确认卡上的读数,就可确定收费额。驾驶员可以通过现金或信用卡的方式进行支付。

非技术挑战

- ❖ 政策挑战超过技术挑战;
- ❖ 公交车辆的收费处理是系统实施中的关键——每天有 2 万辆公交车辆;
- ❖ 制定收费标准——不仅仅要考虑到货运成本,还要有效地减少阿尔卑斯山方向的交通量,尤其是在瑞士提高限重值后。

评估

瑞士实施 HVF 两年后,邻国才开始全面推广 HVF。利用 DSRC 对道路参与者进行收费已成为一项成熟技术。2002 年税收总额达到 8.82 亿瑞士法郎(折合超过 10 亿美元),77%来源于本国车辆。

系统运行一年后,公路货运总公里数出现了巨变——下降了 3%(而前年公路货运总公里增加 6%),但车队运输有所增加。

另一巨变是货运行业精简,有些小企业合并或倒闭。大规模车队运营管理提高了运输效率,避免车辆空驶情况。铁路货运没有显著变化。

收获

- LSVA 收费的实施没有遇到任何阻碍;
- 公路货运增长的趋势被打破,铁路运输投资增多;
- HGV 收费已被公众接受,所得税收投到交通基础设施的建设中——其中超过 2/3 的税收用于公交项目;
- 结合环境污染条例进行收费是 LSVA 受到公众支持的主要原因之一;
- 邀请有全国数据处理经验的机构进行系统管理——瑞士海关负责所有的税收实施。

未来

收费标准将会调整——由于 2005 年限重值升至 40t,瑞士联邦委员会将在考虑技术水平的同时,确立新的税率。货运车辆的污染排放大大减少,环境评估结果明显好于系统实施前。

如果该系统符合欧洲标准,那么瑞上车载设备将被其他国家无线收费系统所使用。

■ 更多信息

瑞士联邦海关 LSVA 网站:http://www. zoll. admin. ch/e/firmen/steuern/lsva/konkret/konkret. php

瑞士联邦空间发展办公室:http://www. are. admin. ch/are/en/verkehr/lsva/index. html

瑞士

24 Mont Blanc 隧道管理系统

隧道安全和交通管理

概述

1999 年 Mont Blanc 隧道(全长 11. 4km)和 2001 年 Gotthard 隧道火灾,引起了政府对公路隧道安全的重视。在建设意法隧道的管理系统时,瑞士高度重视隧道的安全管理。采取方案包括:增强排烟雾能力、增加安全岛数量(增加一倍)、新建疏散通道、运用 VMS 提供信息和增设紧急停车灯等。项目实施的主要体现:清晰的标志标线、车道控制信号、停车路障、热探测器、视频检测和自动事件检测等。2002 年 6 月隧道重新开通,强制所有车辆保持 150m 的车头间距。交通隔离:1 小时通行小型车，1 小时通行货车。中央技术管理系统是整个系统运行的核心——紧急事件情况下帮助管理者辅助决策，包括分析事件(25 000 条信息分析)、确认事件类型和提供一系列建议(包括自动触发联动设施)。

目标

高度重视隧道安全，提高交通管理水平。

技术挑战

❖ 艰苦的工作环境；

❖ 项目再设计、服务和系统的升级；

❖ 严格的安全标准；

❖ 高流量、高比例的载重车辆的过境交通；

❖ 隧道进口的缺少预留。

非技术挑战

❖ 确保公众对隧道运输安全的信心；

❖ ATMB 和 SITMB 两公司组成了新运营公司(GEIE TMB)，负责隧道日常工作：ATMB 公司负责法国段，SITMB 公司负责意大利段；

❖ 补充协议明确系统的设计、协调和管理；

❖ 实施规划、安全检查以及试运行都需要列出详细的时间表。

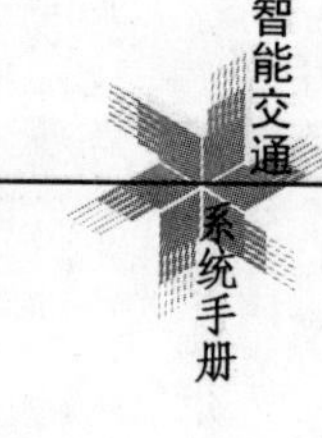

评估

复通前，隧道管理和运营系统要进行 3 个月的试运行。客观的调查表明：如今本隧道已挤入欧洲最安全隧道行列中。

收获

公众对 1999 年灾难性火灾的质疑，促使政府对 Mont Blanc 隧道安全进行重新评估。确保隧道安全运行是新运营体制中最关注的内容。

未来

随着交通量的增长，车辆限重值和环境问题都将给隧道运行带来压力。

■ 更多信息

布兰科高速公路隧道网站：http://www.atmb.net/

芝加哥 2002 年 10 月-布兰科隧道翻新项目的进程-J Y Lapierre 撰写：http://www.atlan-tic.net/AtDocs/hb_arttic_be_31-01-03_10-33-48.pdf

英国

25 自动诱导(1987～1988)

实时动态交通信息

概述

1987～1988 年，英国交通部在城市拥堵区域，开展了主旨为“便利出行”的 Autoguide 项目。基于公众对动态路径诱导的积极评价，政府对该项目进行了大力的支持。交通研究院(TRL)评估表明：该项目每年为 40 万用户服务，直接经济效益达1.25亿美元，出行时间减少 10%，出行距离减少 6%(1988 年)。英国议会对 Autoguide 项目的实施进行了专门立法。

目标

- 向公众和管理者论证 Autoguide 的可行性；
- 积累 Autoguide 技术的应用经验；
- 积累政府和私营企业合作的经验。

技术挑战

- 利用红外信标进行双向通信的(实时)动态路径导航系统，完全符合英德联合起草的标准(LISB/Ali-Scout)。在出行前或途中，车载设备可以提供最优路径的方案选择。
- 在不同等级道路上，系统都能正常运行。项目的试点：主要交叉口布设至少 200 个信标，覆盖范围达到 $60km^2$。试点的路网包括各等级道路——高速和次等级公路的 3 000 个独立路段。
- 系统将行驶车辆作为交通检测器，并要求其上报路段出行时间。
- 通过连接 UTC 系统(部分 SCOOT 系统)的中央计算机，推算最优出行路径。
- 通过语音和车载显示屏为驾驶员提供转向时间和地点。
- 避免误导驾驶员进入错误路段，尤其是重载车辆。地方政府对此特别担心。

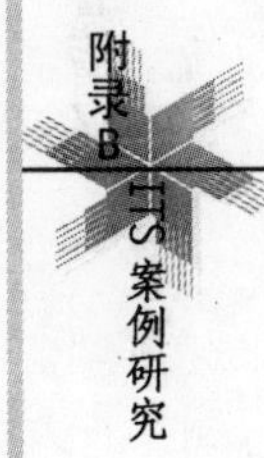

非技术挑战

政策协商——交通部制定未来 3 年 Autoguide 项目的 3 个分阶段政策，1986 年：讨论文件；1988 年试点阶段建议文件 ；1989 年：立法和官方指导方针。

评估

- 英国政府纲要中明确要求：在国会批准商业许可证之前，项目推动者有义务向国会提交试验结果报告并参加讨论。该义务要求项目推动者承担诸多不确定因素下难以接受的条款内容。
- 由 GEC Marconi 领导的国际财团认为，商业方案不能证明私营企业对该市场进行试点投资是有利的。进行了 2 个月后谈判结束。
- 为了与项目推动方达成一致，交通部在很多方面做出了让步。特别是交通部不能长期独家经营该系统。
- 技术方案具有一定的说服力，但是在财政、管理和体制上存在弊端。试点方案并没有被通过，因此双方应从中吸取教训。

收获

- 允许足够的时间进行研发——在项目试点前要进行超过 10 年的研发；

- ❖ 不能低估投资的成本。项目的成本很高，基本上由私营企业承担，而且得不到公共部门的拨款和补贴；
- ❖ 充分考虑到所有风险(技术、市场和管理)。最终分析表明，商业合作商认为本项目风险过大；
- ❖ Autoguide 明确要求使用红外信标技术。

■ **更多信息/参考文献**

Belcher, P. and I. Catling. Electronic route guidance by Autoguide. Traffic Engineering & Control 28(11) November 1987, 586-592.

B. Stoneman The effects of dynamic route guidance in London. TRL Research Report 348. 1992.

Miles J. C. The private sector in Road Transport Telematics Traffic Engineering & Control Vol. 37(12) 678-685, 1996.

英国

26　内陆交通信息服务

先进的交通信息系统；政府和私营企业合作；管理部门间合作

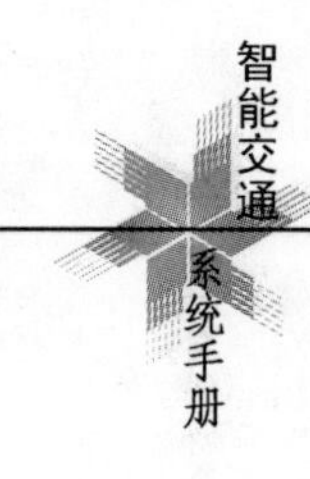

概述

MATTISSE 为英国内陆商业用户和公众提供静态和动态交通出行信息服务。英国内陆地区是一个高人口密度、高公路网密度、高铁路网密度和高公交路网密度的区域。MATTISSE 进行多源数据采集并通过媒体(包括因特网、手机、手持装置、无线广播和实时公交站点信息板)进行信息发布。

作为欧洲项目，MATTISSE 于 1996 年开始实施。2002 年，通过政府和私营企业合作的创新模式，该系统进行了正常运行，涉及了 9 个地方交通管理部门和 2 个私营服务提供商。政府和私营企业合作的优势是：确保稳定的财政来源，确保系统的长期发展，满足地方政府高质量的多模式信息服务需求，保留已有投资设备并将地方政府的运行成本降至零。

政府和私营企业合作是互利的——政府减少了投资风险，但必须提供项目顺利实施的政策保障；私营企业可以开发附加商业价值的服务，并从政府相关政策中受益。合作 3 年后，系统实行自负盈亏。

目标

- ❖ 通过信息服务，鼓励公众远离私家车和换用其他交通方式出行，有利于缓解英国内陆地区的交通拥堵；
- ❖ 作为交通出行信息的“批发商”，该系统应该为商家和公众提供高质量的交通和出行信息；
- ❖ 本项目将为英国内陆地区的繁荣做出贡献。

技术挑战

- 采集的数据来源广泛，包括人工采集和检测设备自动采集、公众和私人采集（包括运输管理者和警察）；
- 信息处理和再包装，为商家和公众提供“友好用户界面”的信息，包括为商业用户提供个性化服务；
- 通过媒体进行信息发布，包括因特网、手机、公共信息屏、公共信息亭和实时公交车站信息板和无线电广播等。

非技术挑战

- 消除地方政府对于ITS和类似MATTISSE系统的怀疑和顾虑；
- 政府和私营企业合作很困难。在激烈竞争后，Marconi 和 Mott McDonald 达成了协议。新商业模式使政府和私营企业合作运行整个系统，并通过政府和私营企业多方组成的委员会，作为中立领导机构对系统进行管理；
- 产生效益的关键问题是系统所提供的交通出行信息能够为用户带来便利。系统允许私营企业合作开发和挖掘潜在的商业市场——私营企业只能通过这些方法来收回投资成本；
- 项目将用户划分为2个市场——商业用户和普通公众。政府和私营企业签署了2～3年的首期合同，税收主要来源于商家对于商业用户提供服务；
- 运行后期，商家将对普通公众提供服务，并验证SMS提供信息服务的可行性。

评估

网站的日浏览量达到4 000次（服务需要再次定位和宣传）。项目实施评估方案正在研究之中。

收获

影响项目成功实施的因素包括：

- 难以估量的“人为因素”，包括各类人群的喜好和政治意向；
- “冠军条约”将推动服务的前进，并确保重要决议的生效；
- 应对技术的更新，采取灵活的开发战略；
- 中央政府拥有交通信息服务框架制定的主导权；
- 对于服务的各个方面（包括目标、义务、风险、数据拥有权和管理等）要有全面的了解和认识。

未来

重新进行服务定位，改善服务质量，包括面向商业用户的增值服务开发。评估项目实施情况的方案将出台。

■ 更多信息

www.mattisse.org.uk

英国

27 Trafficmaster

先进的交通信息系统(欧洲第一个全商业化的ATIS系统);交通监测;私营企业风险

概述

Trafficmaster PLC于1989年成立,是一家提供高质量卫星导航、交通数据和车辆跟踪系统的商业公司。Trafficmaster的主要产品Smartnav是结合卫星导航以及利用历史和预测数据为驾驶员提供最优路径的车载系统。该设备在途中检测路段延误,同时给驾驶员提示帮助。其他产品包括Trafficmaster Monitor(车内全彩色屏:可以在滚动地图上显示拥堵点及其延误信息),RAC Trackstar(基于车辆安全系统的GPS,可以查明被盗车辆的位置、速度和方向),Trafficmaster Clock Alert(与MG Rover公司联合生产,为车辆20英里半径内的驾驶员提供交通拥堵警报),RAC Traffic Alert(与RAC and O2移动通信公司联合生产,乘客可以通过他们的手机,获取来源于Vodafone, Virgin and Orange公司的交通信息)和Trafficmaster.net(网站对公众开放,提供各种信息服务以及全英国交通拥堵报告)。

Trafficmaster的总部在英国,其合资公司包括美国Teletrac Inc、德国Trafficmaster Europe GmbH,其战略联盟包括法国Mediamobile和意大利Targa。

目标

公司原计划包括:(1) 开发英国高速公路和主干道的全商业的实时交通信息服务;(2)拓展实时交通信息服务范围和市场。

后期目标:(1) 拓展市场,提供新车载设备;(2)与本国合作商联合开发欧洲市场。

技术挑战

交通数据的采集、处理和发布:通过分页技术和低功率无线电发射器,提供8 000多英里高速公路的实时交通信息服务。每隔2英里安装速度检测器(在支架或过街天桥上),自动检测地点速度。利用牌照图像识别,检测主干道的出行时间。

显示屏和播音员会发布最优路径、交通速度和拥堵状况的交通信息。Smartnav将历史/预测数据与实时发布信息相结合,进行相关的分析处理。

非技术挑战

政府和私营企业继续保持紧密的合作关系。参与该项目的政府管理部门:交通部、高速公路管理局和交通研究院;私营企业:(非盈利)交通研究院对于该项目进行国民经济评价;大量的汽车制造商建立商业联盟,包括Vauxhall, BMW, Renault, Chrysler & Jeep, Peugeot, Land Rover, Mitsubishi, Mazda, Hyundai,

Citroen 和 MG Rover；移动通信公司包括 Vodafone，O2，Orange，Virgin and Motorola；运行管理公司包括 AA 和 RAC 公司。

评估

Trafficmaster 是一个服务提供商独立提供 ITS 服务产品并推向市场的成功案例。它是欧洲第一个全商业化的 ATIS 系统。2003 年，该项目营业额达到3.06亿英镑，税前利润达到 550 万英镑。目前，顾客对于 Smartnav 的满意度达到 97%。

收获

通过简单技术的开发，提供成熟的信息服务和广泛的选择范围。全天 24 小时的交通检测必须确保检测的可靠性和精确性。

政府政策应保障私营企业对于 ATIS 系统的成功商业化运作。在英国，政策鼓励私营企业投资到 ITS 建设中。1990 年，交通部给 Trafficmaster 许可证，允许其在 MS5 和伦敦其他高速公路上安装检测器。1992 年，在试点成功验收后，Trafficmaster 获得了长达 12 年、覆盖所有英格兰高速公路的运行许可证。1995 年，获得了苏格兰的运行许可证。

作为该公司的主要股东之一，Trafficmaster 上市公司执行总裁从一开始就极力推动该项目。他的积极性使该项目克服了许多技术、财政、体制上困难，并促使该项目成功实施。另外值得关注的是政府和私营公司之间合作更为密切。

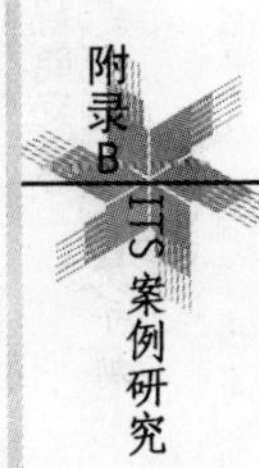

未来

公司希望未来收益能够持续增长。目前与以下汽车制造公司签署了协议，包括 Chrysler & Jeep，Peugeot，Mitsubishi，Mazda，Hyundai，Citroen and MG Rover，这些公司在英国所生产的车辆，必须由 Smartnav 提供配件。进一步的销售合同正在签署之中。

■ 更多信息

www.trafficmaster.co.uk

英国

28 实时公交信息（威尔士格温内思郡）

实时乘客信息系统（RTPI）；乡村 TTI 的应用；多语种应用

概述

威尔士议会资助的 Amserol 项目于 2002 年 12 月启动。该项目通过公交车站沿街显示屏和车内滚动屏，为公众提供实时服务信息。这些服务信息也可以通过因特网获得。

英国 ARTS 项目使 Gwynedd 乡村居民只需拨打咨询电话，就能够在出行前获得实时服务信息。当然，手机用户发送 SMS 请求，就能在出行前和途中接收类似的服务信息。在途经主要集散地的 2 条公交线上进行示范。Amserol 项目旨在改善 Gwynedd 乡村居民的公交出行。

目标

本项目为威尔士提供综合的交互式交通服务,改善公交出行,为乡村交通运输系统规划提供指导。

技术挑战

- ❖ 开发统一的乘客信息服务点(PIP),尤其是在旅游景点;
- ❖ 充分考虑到社会特殊群体;
- ❖ 用两种语言进行信息的显示和发布,确保威尔士本土语言的需求。

非技术挑战

- ❖ 系统应从短数字电话号码服务开始,向公众提供可承受的信息服务;
- ❖ 该项目作为欧洲示范项目很难保证长期的财政支持;
- ❖ 部分公交管理者不愿意在车辆上安装车载设备,即使车载设备完全免费,他们也不愿意。

评估

通过 18 个月的努力,Amserol 于 2002 年 6 月开始运营。技术、语种和美观等问题曾阻碍项目的实施进度。网站的周浏览量达到 400 多次。WAP 系统的投诉很少。SMS 服务器每小时处理 1 000 次服务请求,用户从请求发送到信息接收不超过 45s。电话服务器可以同时处理 30 个坐席。

收获

由于示范工程的特殊性——系统开发人员和政府管理者需要不断学习,因此系统实施的时间要远远超过预计。新型交通服务很难进一步改善,正如信息很难传送到偏远地区用户一样。此外,该地区游客也不愿意关注新系统的先进服务,也不愿意使用该服务。

未来

对系统使用前后公众的反应进行调研,目前还没结束。

■ 更多信息

ARTS 网站:http://www.rural-transport.net/demo.phtml?site=demo&theme=theme_1_9

英国

29 利用出行信息为交通管理服务——威尔士

交通控制中心(TCC);交通出行信息;道路运行提示

概述

威尔士议会管理威尔士高速公路系统,希望将相关技术运用到道路建设中(包括“充分利用”计划),确保现有道路服务水平最大化。目前交通控制中心的职能范围有所扩大，议会在威尔士成立了新国家交通管理中心。“Traffic-Wales”项目将为道路使用者提供路网的“一站式”交通信息和其他信息服务。该项目将有利于目前交通信息、控制和监控系统的整合，并为未来发展提供资金支持，确保威尔士交通信息服务的顺利实施。交通信息服务建立于目前流行的多媒体系统上。

目标

充分地利用网络，为各种交通方式出行者提供更好的交通信息服务。

技术挑战

- ❖ 交通控制中心的原系统和功能将完全移植到现交通控制中心；
- ❖ 对原系统进行升级，尤其是提供网络 CCTV 传输和网络电话系统；
- ❖ 多方制定系统设备和系统标准。

非技术挑战

- ❖ 对于各管理部门的系统和数据进行整合。

评估

议会对新系统进行评估，检验新系统建设后路网是否达到预计目标，评估路网的服务能力，并对政策和未来开支预算进行修正。议会参照国标，对特定路段的运行情况进行考核。

收获

2004 年中，该项目刚开始实施，尚无收获可言。

未来

Traffic-Wales 将拓展统一的交通出行信息服务，这些信息包括：来源于公共交通信息管理机构、公路局、应急服务、威尔士旅游局、城市交通信息控制中心和其他相关管理机构。

■ 更多信息

威尔士议会交通出行信息服务网站：http://www.traffic-Wales.com

网站显示来源于中央数据库的实时数据(RNMD)

英国

30 ITIS 浮动车数据系统

自动数据采集；出行时间检测；个性服务开发

概述

与固定检测器相比，浮动车数据系统(FVD)能够有效廉价地检测出行时间。路网上行驶车辆和中心信息系统的信息交换是浮动车数据系统的基础。装有 GPS 和 GSM 技术车载设备的车辆，定时向中心发送实时定位和速度数据。中心将对采集的数据进行分析，并将最新的交通信息发送给信息服务用户。大规模交通数据采集,有利于提供个性化地方交通信息。浮动车数据采集设备能够采集车辆实时的经度、纬度和速度数据。有些车辆被动发送实时交通数据,有些车辆可以通过接口协议直接发送数据。

2000年2月ITIS Holdings Plc建立了浮动车数据网,包括2万辆采集实时/历史交通状况数据的浮动车。自从系统建立以来,已收集3.8亿个数据,平均每天超过250万个数据。2002年开始浮动车数据商业化的运营,系统向新用户收取服务费,并获得持续增长的收入。浮动车数据可以用来预测出行时间和检测交通拥堵。

目标

满足公众出行的信息需求,尤其是预测道路出行时间。

技术挑战

❖ 降低系统与车辆的通信成本:确保交通数据采集和事件检测质量的前提下,自动控制车辆上传的信息量;

❖ 协调成本与事件检测范围之间的关系。检测范围应充分考虑到成本问题;

❖ 车辆匹配(实际路网与数字地图匹配);出行时间计算/预测的精度。

非技术挑战

❖ 注意:用于商业用途的数据范围,仅包括用户所需部分,而不是全部。

评估

ITIS运行着世界上最大的浮动车系统,包括Eddie Stobart货车、国家邮政快递车和AA巡逻车。系统还为国家交通规划部门、地方政府和商业机构提供历史数据。ITIS是英国唯一的RDS-TMC交通信息提供商。

收获

ITIS管理着从数据采集到提供的整个信息链,从而确保系统的成功实施。

在确保交通数据采集和事件检测质量的前提下,自动控制路网车辆上传的信息量,节省系统的通信成本。浮动车网络中心网关控制系统成本的同时,扩大数据采集范围。

未来

ITIS系统是一个成功的商业范例,更多数据的采集将带来更多的商机。

■ 更多信息

ITIS网站:http://www.itisholdings.com/

英国

31 伦敦拥堵收费

电子支付;道路用户收费;执法;先进的交通管理系统

概述

2003年2月伦敦实施了拥堵收费措施。每周一至周五7:00～18:30,车辆通过 22km² 辖区(半径约为 3km)内要征收 5 英镑(折合约 7.5 美元)。拥堵收费措施对出租车、自驾车和公交车实行不同的收费标准。部分车辆用户享有折扣,例如:当地居民(90%折扣),残疾驾驶员(100%折扣)。

辖区内不设立收费亭和障碍物,也不存在物理车票和通行证。符合折扣要求的驾驶员,将车牌信息注册到数据库中。照相机拍摄车辆进入辖区时的图片,自动牌照识别系统可以通过图片提取牌照号码。图片中牌照信息与数据库一致时,系统将在驾驶员账号上进行记录,并自动删除图片。

如果在收费时段内车辆经过辖区,那么驾驶员必须在第二天午夜前支付拥堵费。驾驶员可以通过电话、SMS 信息网站、指定收费点支付拥堵费。如果驾驶员没有按时交纳费用,那么他将会收到 80 英镑的罚款通告。如果驾驶员在 14 天内交纳该罚金,那么罚金可降至 40 英镑。如果在 28 天内没有交纳,那么罚金将升至 120 英镑。伦敦交通局有权扣留长期欠款的车辆(收到 3 次及以上罚款通告)。

1999 年伦敦政府法令指出,拥堵收费所得税收将用于伦敦未来 10 年的交通改善,例如公交服务改善、提供更多夜间公交服务,整合现有道路网。

目标

首要目标是减少辖区内的拥堵。该措施将税收用于伦敦四项公交优先措施中,并作为伦敦交通战略(2001 年 7 月公布)。

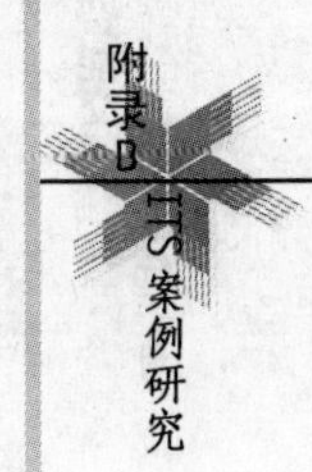

- 减少拥堵;
- 改善公交服务;
- 减少驾驶员出行时间;
- 合理调整货运时空分布,提供可靠、有效和经济的服务。

技术挑战

- 复杂技术的开发和运行,例如 ANPR 系统、电子支付系统等;
- 推出一系列交通管理措施,解决辖区外的“连锁反应”。交通管理措施包括线路改道(尤其是伦敦内环道路)、交通噪声和环境管理、停车管理、标志标线、区域协调和停车装卸执法。

非技术挑战

- 了解驾驶员、企业、管理部门和居民对于该措施的看法(在计划实施前后,要进行调查);
- 消除来自于个人和管理机构的反对意见;
- 在计划实施前,要向相关人员发送宣传资料。伦敦交通局聘请擅长通信和市场营销的海外公司与其合作。运用诸多媒体(电视、广播、因特网、电子邮件、报纸和宣传广告),宣传本计划的主要内容。

评估

计划实施一年后,对拥堵管理的交通运输目标进行验证。

❖ 辖区内的拥堵降低30%；
❖ 驾驶员在辖区内的出行时间减少1/3，出行时间变得更可控可测；
❖ 在收费时段进入辖区的交通量减少18%，过境的交通量减少15%；
❖ 约6.5～7万位私家车用户不在收费时段驾车通行辖区，其中60%转为公交出行，20%～30%绕行，15%～25%改为其他出行方式，包括改变出行时段；
❖ 公交服务增长23%，乘客增长38%(其中50%乘客因拥堵收费而转为公交出行)；
❖ 公交候车时间减少30%，交通延误导致服务中断减少60%；
❖ 辖区公交车辆行驶速度提高6%；
❖ 内环路交通增量要小于预计，表明交通管理完全有效；
❖ 对于企业和经济的影响难以量化，但影响并不大；
❖ 辖区内的交通事故显著减少；
❖ 环境改善，例如尾气污染减少。

收获

作为高风险投资项目，本项目从"冠军条约"中受益并继续开展。该项目的实施是伦敦市长Ken Livingstone就职宣誓的核心内容，他本人对该项目的实施起到关键的作用。

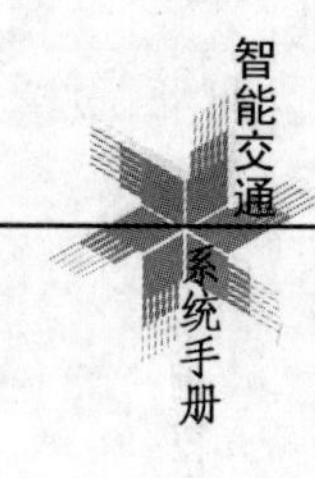

目前项目验证和评估工作是有必要的。伦敦交通局制定了为期5年的评估程序(实施前1年，实施后4年)。评估程序包括100多项指标调查，如交通量，拥堵，公共交通使用率和该项目的经济、社会和环境效益。

根据项目计划，系统对目前运行服务进行改善。项目补充协议要求：在系统运行几个月后，Capita(主要的服务提供商)对信息、管理、数据处理和人员配置进行改善。

未来

英国其他城市，例如爱丁堡、剑桥、南安普敦，正在对伦敦项目进行评估，并推广类似拥堵方案。

虽然拥堵收费方案被广泛认可，但它受到来自政府、商业和汽车公司的诸多质疑，需要进一步修正。建议包括延长驾驶员支付拥堵费的时间，允许驾驶员免费通行辖区若干次，自圣诞节到新年这段时间内停止收费，保障系统新用户注册和拥堵费支付的便捷性。

随着支付执法系统的加强，税收也将增加。

辖区有向西扩的可能。

本项目的经济、社会、商业和交通事故影响需要进一步分析。

项目扩建资金将来源于拥堵收费所得税收。建议将剩余税收用于新伦敦地铁服务、跨泰晤士河项目和道路改善工程。

■ 更多信息

www.cclondon.com

www. tfl. gov. uk

英国

32　交通指南

多模式交通信息(个人和公众运输)

概述

2004 年春门户服务网站(第一版)对外开放,英国政府开展"交通指南"出行信息和车票预定服务。"交通指南"实时信息服务涵盖所有出行方式,如航空、水运、轿车、卡车、摩托车、火车、电车、地铁、巴士、旅游车、出租车、自行车和步行,还包括单一和多种交通方式的出行信息。

出行者还能获得车票预定、换乘方案、区域地图、道路管制和延伸服务等(如服务站、停车场、旅游景点、宾馆和会展服务)。

英国政府 2000 年《Transport 2010》交通规划中,将本项目作为国家规划一部分,涵盖 30 项服务,并于 2005 年提供在线服务。

门户服务网站(第一版)是过去一年工作的集中展示。网站整合了很多单一方式的出行数据,包括公交咨询电话服务。没有一个私营企业能够独立推动多模式信息服务,只有政府能够推动该项目。

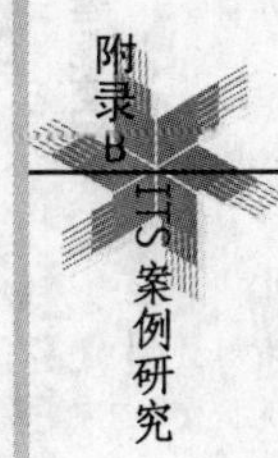

"交通指南"项目数据来源于英国高速公路局的国家交通控制中心(NTCC),NTCC 项目将于 2004 年实施。

NTCC 的主要任务是提供实时交通数据检测、数据融合,并通过警察局、地方高速公路管理处、其他交通管理者和媒体进行信息发布。

目标

- ❖ 在出行前和途中,为出行者提供多式联运信息;
- ❖ 枢纽站向出行者提供车票出售;
- ❖ 开发新通信技术。

技术挑战

- ❖ 开放式门户网站的开发;
- ❖ 全国地名和公交车站地理数据库的开发;
- ❖ 公交换乘和票价转换协议的制定;
- ❖ 平衡两大信息标准,便于市民使用。

非技术挑战

- ❖ 系统跨部门开发——私营企业提供英国的所有交通服务,但 Transport Act 2000 指出:地方交通管理部门有权要求经营者提供信息服务;
- ❖ 确保公众对系统精度、数据质量的认可;
- ❖ 数据完整性和拥有权保护;

❖ 为原系统整合留有余地；

❖ 由诸多私营公交运输企业来确保项目运行费用。

评估

作为 IDC 欧洲信息和通信市场的资深研究分析员，Massimiliano Claps 公布了“交通指南”一期实施情况，并认为“如果终端用户和创新项目管理相结合，那么本项目必将取得成功”。他强调这两年内要尽快满足测试终端的用户需求，将服务全面投放市场。在“交通指南”一期阶段，IDC 认为该项目在管理实践中有着很多创新点。

收获

原议程包括鼓励多模式换乘和减少私车出行。用户调查表明：要使用户转换出行观念，就必须先为他们提供界面友善的出行服务；如果用户仍驾车出行，那么本项目应该为他们提供更多的出行便利。

原方案是新建一个独立完整的数据库。最后采纳的方案是采用中间件连接原系统，这样原系统仍保留数据管理和维护的职能，并给数据库管理部门预留接口，确保其他服务的扩充。

未来

改善措施包括为特殊人群（例如残疾人）提供出行信息、增加国内航空信息、停车场位置和剩余泊位信息等。最终目标是交互式数字电视、手机和商业街和城区信息亭都可以提供各种信息服务。长期运行的资金已有保障。

■ **更多信息**

“交通指南”项目网页：www.dft.gov.uk/stellent/groups/dft_control/documents/contentservertemplate/dft_index.hcst? n=7960&l=1

“交通指南”公共服务网页：www.transportdirect.info

英国

33 高速公路出行信息平台(TIH)

交通管理；交通信息；路径诱导

概述

TIH 有利于信息发布者和接收者进行多模式交通信息交互。目前 TIH 合作尚已覆盖全英国，并有机会向欧洲市场进军（参照 CENTRICO 项目）。目前英国很多交通项目都运用 TIH，例如交通控制中心（TCC）、城市交通管理与控制（UTMC）和“交通指南”（Transport Direct，TD）项目等。

TIH 的运行类似于信息交互电子市场。其核心是利用成熟技术，通过有效常规的方法获取信息。原则上，任何信息服务参与者都可以单向连接到 TIH，而不是双向连接信息源。通常信息发布者和接收者利用附加软件层的现有系统访问

TIH。因特网技术确保成本最小化和软硬件的可靠性。

信息拥有者具有数据访问控制和处理权。利用 TIH 标准和经验，推动本项目实施。TIH 标准描述了信息使用原则，例如任何时候都要保护信息拥有权。

目标

- ❖ 在政府/私营企业通用标准和实践经验基础上，拓展交通信息交互范围；
- ❖ 确保有信息需求的出行者获得交通信息服务；
- ❖ 评估交通信息需求；
- ❖ 鼓励系统整合，反对新建，有效利用已有设备。

技术挑战

- ❖ 提供便利的多源信息访问；
- ❖ 制定适当标准和最佳实施方案；
- ❖ 确定目前实施方案与最佳方案之间的差距。

非技术挑战

- ❖ 如果出行者没有明确出行路线，那么网络和服务提供商很难为其提供实时信息；
- ❖ 如果系统运行不利，那么因特网服务提供商很难再提供技术支持；
- ❖ 小规模用户扩展为拥有 470 个成员的大团体所产生的体制问题。

评估

项目对 TIH 提供方和用户进行评估，例如：英国交通部“交通指南”项目就吸取了 TIH 和英国高速公路管理处新建的交通控制中心的经验。

收获

项目成功的主要因素：

- ❖ 解决信息交互的商业和技术难题；
- ❖ 改进信息交互专业术语的描述；
- ❖ 信息发布者和提供者之间建立服务接口；
- ❖ 确保信息发布者和提供者能在网上轻易查询到对方；
- ❖ 解决需求矛盾，确保 TIH 财团成员受益。

TIH 财团将对社会观念产生重要改变。TIH 财团希望本项目能够进行从技术独立到市场独立的转变。这些改变有利于多式联运信息的交互，也为国外企业参与本项目提供机会。

未来

政府将英国国家交通控制中心的设计、建设和运行 10 年合同授予 TiS 有限公司。该中心将从主要路网上采集高质量数据，并为公众提供信息服务。

2003 年项目启动阶段，TIH 将为道路管理者和因特网服务提供商提供部分服务，至 2004 年将提供全部服务。该合同提供至 2011 年的行政支持，确保了 TIH

财团的长期稳定发展。

欧洲项目 STREETWISE 将完成英格兰控制中心和威尔士、苏格兰、北爱尔兰和爱尔兰共和国之间的数据交互。TIH 将在信息交互过程中起到重要作用。

另一项目是对 LTIS 伦敦出行信息系统)和 QMISS 数据库量化高速公路支持系统)信息进行整合。个人电脑和笔记本电脑只需通过专门接口,就能获取整合的信息。

展望未来,英国政府"交通指南"项目将带来更多的公众出行信息。TIH 信息规则有利于信息的交互。"交通指南"程序中将包括 TIH 工作软件包。

■ **更多信息**

www. tih. org. uk

美国

34 ADVANCE(1991～1995)

动态路径诱导;浮动车

概述

1990 年,伊利诺斯州交通局立志于"Operation Green Light"项目来解决交通拥堵问题。作为动态车载路径诱导系统,1991 年 ADVANCE 项目在芝加哥西北郊开展实验。为了促使世界上第一个大规模动态路径诱导系统在美国全面实施,3 000～5 000辆浮动车在芝加哥参与了实验。实验目的:确定实时诱导信息是否能帮助驾驶员回避拥堵区域,从而提高驾驶员的出行质量。

ADVANCE 项目核心是负责交通数据采集、信息处理和发布的交通信息中心。由于资金限制,1994 年底该项目缩小实验范围,将观察对象缩为 75 辆装有车载设备的车辆。实验时间:1995 年 6～12 月。

目标

改善交通出行,评价 ITS 应用,评价浮动车效益。

技术挑战

❖ 多种技术的运用——GPS、双向无线通信、CD-ROM 地图存储、高级微处理器和先进数据融合算法;

❖ 车辆动态路径诱导的程序开发;

❖ 通过车载电脑和 CD 系统,处理突发故障。

非技术挑战

❖ 由政府、私营企业和学术机构组成的工作组实施 ADVANCE 项目,包括 IDOT、Motorola、FHWA、AAA 和伊利诺斯州运输联盟的多家大学。

评估

❖ 数据表明:通常驾驶员的出行时间减少 4%,但这是小样本量的统计结果,

所得标准差较大。ADVANCE动态交通诱导概念包括检测某些较大延误的路段,并提示驾驶员避开它们;

- ❖ 数千套车载设备安装和维护所需的时间和资金要超过预计;
- ❖ 建立加里-芝加哥-密尔沃基三城间通道的多式联运交通信息中心,缩小项目实验范围:仅80辆车参与实验,减少实验时间和节约270万美元成本;
- ❖ 帮助大家消除彼此间误会、审查项目实施情况和建立管理体制,这些工作所花的时间超过了预计;
- ❖ 针对项目重新定位进行情况总结——加强行业内交流。

收获

- ❖ 当参与本项目时,私营企业必须进行市场预测和调整;
- ❖ 由于数据采集、处理和发布的复杂性,动态路径诱导的实施难度超过了预计;
- ❖ 相关分析和计算机仿真表明:当浮动车数量占整个交通量的10%时,可以确保出行时间计算的可靠性;
- ❖ 高校将在项目研究和评估中起到重要作用;
- ❖ 一个可操作性的实验项目不是同时尝试过多新技术,而是采取一种改进的方法;
- ❖ 尽早认清本项目所涉及的法律问题;
- ❖ 进行项目中期检查和评估;
- ❖ 项目预算要留有余地;
- ❖ 在项目实施前,应该明确项目实施进度,政府和私营企业应充分考虑彼此的实施进度;
- ❖ 通过更多交流,建立彼此信任,消除部门间误解和文化差异;
- ❖ 本项目由参与方自己克服和避免项目实施中的障碍;
- ❖ ADVANCE和Carminat二期项目有很强的相似性,因此两系统应加强彼此交流。

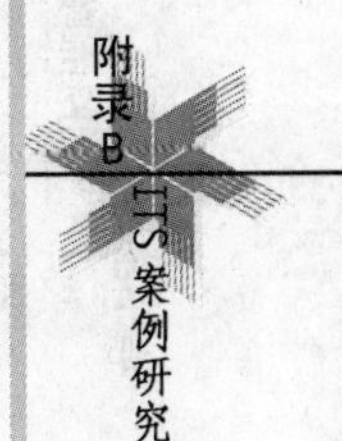

■ 更多信息

1993年7月上报联邦公路局关于ADVANCE项目的案例分析:

http://www.itsdocs.fhwa.dot.gov/jpodocs/repts_te/2KC01!.pdf

美国

35 国土安全

紧急事件管理;公共交通管理;出行信息;商用车辆管理

概述

作为911恐怖事件的反应,2001年美国总统布什建立了国本安全部(DHS)。

美国国会制定民航和运输安全条例，成立美国运输安全管理局(TSA)。

这些积极的措施提升了ITS在大规模紧急事件响应中的地位。美国AASHTO认为：他们完全有能力帮助国家运输部进行高速公路设施弱点评估、安全保护和紧急事件响应规划制定以及军事动员。通过这些努力，弥补高速公路系统的地理特征、交通管理信息系统、商用车辆管理等问题；ITS在数据检测、信息和交通管理中起到了重要作用。

ITS技术可以确保收费通道的安全(纽约高度依赖桥梁和隧道)，预计还将在收费通道新增ITS基础设施：增加视频监测范围；自动车辆定位(AVL)；增加移动通信使用；制定收费通道关闭/开放的多部门指挥控制协议书。在过境口岸，提前通关(基于ITS)的货车具有优先通行权。

在2003年5月，国土安全部进行了TOPOFF2行动，它是美国至今最大的国土安全演习。联邦、州、地方和加拿大都参加这次演习，去应对西雅图和芝加哥两城市模拟发生的大规模杀伤性武器泄漏。

随着TOPOFF2行动结束，2003年9月国土安全部批准新"国家反应计划"，它成为了联邦、州和地方反应计划的指南。该计划构建了国家交通事件管理体系，包括术语标准和专业术语描述。运输弱点评估管理系统(TVAMS)处理弱点评估数据和安全计划数据，确保运输体系安全。2003年底，美国运输安全管理局协助国土政策办公室，对公共运输进行补助：6 500万美元投到地铁建设中；3 000万美元投到公交建设中。

目标

- 调整国家战略，防止恐怖事件，确保美国本土安全；
- 开展相关的ITS技术，应对恐怖事件和其他突发事件，合理使用和保护运输资源；
- 制订国家标准。

技术挑战

- 通过协调，加强各部门间交流；
- 开发紧急事件和出行信息的统一发布系统；
- 监控紧急事件中的运输和其他资产；
- 美国危险品日运输量80万吨，少于2%的集装箱进行过安全检查，这个问题有待解决。

非技术挑战

- 进出美国的旅客和货物都需要进行新安检，尽量减少新安检所产生的不利影响；
- 克服极端环境下管理体制和管理部门间的冲突；
- 提高决策者解决紧急事件和合理分配资源的能力；

❖ 制定重大运输线路的优先指挥和控制程序。

评估

TOPOFF2 行动评估主要针对紧急事件决策和协调程序。国土安全部和机构协调组先后处理了一些复杂自然灾害或未通知的本土紧急事件,例如伊莎贝尔飓风的运输紧急疏散计划。机构协调组将有助于决策者开展应急工作。

TOPOFF2 行动提供了交通战略检验的机会。公众紧急事件信息通过统一的标准进行发布,这也是一项重要工作。信息缺少统一标准,因此外场信息中心(JIC)和遥控管理要利用信息包进行相互通信。国土安全部通过紧急事件协议,努力推动各管理机构间关于紧急事件的协调。

分析表明联邦、州和地方管理机构之间能够明确交通、其他资源上存在的漏洞;但缺少针对紧急事件的有效部署。国土安全部的联邦紧急事件管理处(FEMA)开始制定标准的自动跟踪系统。

收获

❖ 加强各部门间协调;

❖ 明确紧急事件前后 ITS 应用系统的职责(监测和采集应该公用);

❖ 加强紧急事件协调(通过光纤电缆);

❖ 必须对车辆资产进行跟踪;

❖ 数据和反应信息的访问记录需要归档。

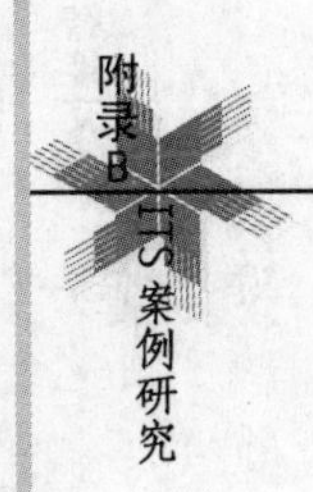

未来

美国运输安全管理局正在新建运输安全协调中心(TSCC)。TSCC 开展协调工作,与刚建成的运输信息共享和分析中心(ISAC)合作。

在国家出入境处,国土安全部对生态特征识别进行了巨额投资,例如数字指纹扫描技术。在 US-VISIT 程序推动下,新出入境程序将于 2004 年 1 月生效,并在 130 个机场和海上客运码头实施。国会批准 2005 年 12 月底,建立所有陆地出入境的自动入境口岸管理系统。

■ **更多信息**

美国国土安全部:www.dhs.gov

美国交通部:www.dot.gov

美国

36 智能公路

跨辖区综合 ITS 技术

概述

1991 年加利福尼亚提出智能公路项目(California Smart Corridor)的想法,并作为跨辖区综合 ITS 技术的示范工程。示范区域是全长 14 英里的圣莫尼卡高速公路，它是北美最拥堵的交通走廊之一。圣莫尼卡高速公路连接了两条州际高速公路和 5 条平行的主干道。多家联邦和州级管理部门都参与到本项目中。

目标

利用跨辖区基础设施进行交通事件检测；为缓解走廊交通拥堵提供辅助决策。

技术挑战

❖ 通过综合工作站连接各独立运行系统；

❖ 从各交通管理部门采集数据，通过这些数据制定走廊交通管理战略；

❖ 确保数据便于访问；

❖ 确保项目战略的顺利实施。

非技术挑战

各管理部门都有各自交通管理的经历，但是协调管理尚无经验。

评估

❖ 州和联邦管理者之间相互协调和交流，明确各自的职责和义务以及该项目收益，各方逐渐达成信任和默契；

❖ 通过 3 年的努力，该项目于 1996 年全部完成，并成为跨辖区交通管理的国家 ITS 示范项目；

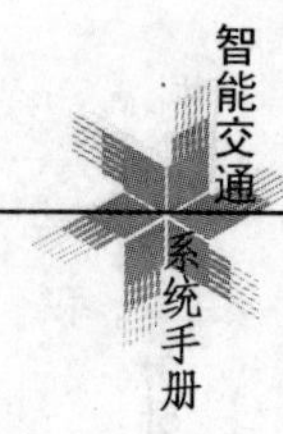

❖ 委员会对 1994 年中 Northridge 地震时的交通进行了有效的管理和协调，通过视频监测、可变情报板和信号调整，对没有瘫痪的平面车道进行了相当于 20 车道额外交通量的处置。

收获

❖ 在证明政府投资完全用于系统开发的同时，我们还应对各指标进行效益定量的效益分析，并将系统作为一个整体进行国民效益评估；

❖ 智能公路(Smart Corridor)概念——各部门间进行交通信息共享以及针对拥堵和紧急事件的联动反应，基本上取得了良好的效果；

❖ 应该充分考虑到：各管理部门对协调存在着排斥，尤其是那些高度自治的管理部门，需要给他们更多时间去达成一致；

❖ 达成共识后，应强调整体效益，而不是过分关注个体效益；

❖ 大力推动各部门间的协调工作，确保每个部门管理权限的维护和重要设施的共享；

❖ 在达成妥协后，数据和职责共享并没有得到充分体现。因此，我们必须明确各部门间所交换的数据内容及其用途。

未来

Caltrans 感到管理模式应升级到国家高度，20 世纪 90 年代末期各地方的专家系统已经失效。

美国

37　511 国家出行信息系统

无缝隙出行信息；互用性

概述

511 出行信息电话服务是全国唯一为出行者发布全美交通信息的 3 位数电话号码。虽然服务范围覆盖全国，但是如何及时有效地为公众提供信息是本项目的最大挑战。如果呼叫用户没有特殊需求的话，本系统将电脑自动接听和应答。基本的出行信息是免费的，包括天气和路况信息、交通最新资料、公交服务的中断、公交线路、票价和排班计划等。511 中的有些服务是收费的，包括旅游信息、大型活动、停车诱导和剩余泊位、出行路径和计划编制等。

呼叫者可以获得比每 30s 一次的交通新闻广播内容更多、更具针对性的信息。511 信息服务取代了美国 30 多个信息服务电话号码。

目标

建立全国 511 出行信息服务，截止 2005 年确保至少一半的美国人能够承受这项服务，并从中受益。

技术挑战

- 重视数据和信息交互的标准化制定，而不是关注电话和声音激活技术；
- 本系统成功运行的关键是电子系统必须确保 511 系统与求助者之间的联络、解答求助者的问题以及将数据整合成有用的信息；
- 技术标准制定有利于各地区间的互用性；
- 制定 511 延伸服务信息的标准，减轻现有 ATIS 标准和中心对中心间通信标准的压力。

非技术挑战

因为呼叫者不可能关心信息所属的辖区，那么本系统就必须重视跨辖区的数据和信息共享。

评估

截止 2002 年底，13 个 511 系统全面运行，为美国 12.5%的人口提供 511 服务。这些服务包括州内和跨州范围的服务。在全国范围内，511 月业务量达到 25～35万人次。

收获

- 对信息服务制作而言，消费者反馈信息是很重要的；
- 市场应增加服务的宣传和使用力度；
- 当系统进行任何修改时，系统都应提供清晰的修改帮助；

❖ 现有系统要便于将来的升级，如实时数据、用户接口的改变等；

❖ 系统实施方应清楚所有运行成本；系统成本中绝大多数用于信息的采集和格式的转换，并不是电话服务的接听；

❖ 本项目必须与地方电信部门达成委托协议，地方电信部门将作为 511 运行系统中的一部分。

❖ 探索和利用目前的承包机制，加快项目建设。

未来

未来 40 个州将得到联邦政府的基金支持，用来资助 511 服务的推广。511 服务将从电话向电信和其他移动平台转移，并提供个性化服务。

■ 更多信息

美国交通部 511 服务网站：www.its.dot.gov/511/511.htm

美国

38　奥兰多电子支付系统

电子支付；双面电子卡；互用性；统一结算；政府—私营企业合作

概述

ORANGES 是多管理机构协调的 ITS 项目，涉及到佛罗里达运输局（LYNX）、奥兰多——奥林奇郡高速公路管理中心和奥兰多城市停车管理处。联邦交通管理局对该项目投资了 530 万美元，作为公交、收费和停车非接触式电子支付系统的运行测试费。

ORANGES 是美国第一个区域支付系统，只需双面电子卡，无需现金就可以进行公交、高速公路收费和停车费用支付。ORANGES 电子卡是集中了多种用途的电子卡。

双面电子卡可以接触式使用：

❖ 利用安全终端对电子卡进行安全冲值。

双面电子卡也可以非接触式使用；

❖ 公交、收费和停车费用通过非接触式方式支付；

❖ 分 7 天和 30 天交通出行支付；

❖ 电子卡异频雷达交易——将电子卡插入异频雷达收发器中，就能从账户上自动扣除支付费用。电子卡 ID 连接 ORANGES 收费账户。当账户上的余额低于预设值时，系统就会提醒消费者进行冲值。

ORANGES 项目与 ITS 美国支付系统工作组紧密合作，并为政府和私营企业合作提供支持，也为支付系统提供技术保障。区域电子支付系统可以为各部门提供决策方案，并强调多模式运输系统。

目标

总体目标是计划、开发和实施多种支付手段，提供奥兰多城区内的电子支付系统。项目的首要目标是开发有需求的消费服务，为消费者提供有价值的新服务，增强公用后台的功能。商业模式和技术应用都是本项目中两个重要问题。其他目标：通过对消费者公交需求分析，提供更好的服务来提高公交服务水平。

技术挑战

- 通过接口管理协议，开发互用性技术；
- 提供开放式终端系统，进行定期的服务部署；
- 接触与非接触双面电子卡和收费支付异频雷达收发机之间的协议；
- 确保所使用的技术能够被管理部门所认可。

非技术挑战

- 制度问题：在文化和资金上，协调好本项目的三个管理部门；
- 确保各部门对该项目的一贯支持；
- 不管消费者以哪种方式出行，都要为消费者提供无缝隙的换乘服务；
- 制定所有部门认可的商业规则、合作协议和消费者保护协议；
- 财政管理：清算、资金转账和预付金的管理；
- 新 ORANGES 品牌的营销和宣传。

评估

开放式平台通过接口管理协议进行运转，确保消费者通过双面电子卡进行电子钱包和账户交易。用户可以通过浏览该项目网站获取多模式的网络报表。项目实施 6 个月以来，停车管理处发行的电子卡有 1/3 在收费路段进行过电子交易。虽然一再提醒消费者，ORANGES 项目只是为期一年的现场运行实验，但还有很多消费者询问 ORANGES 的系统扩充时间。在一年的现场实验结束后，项目将对本实验进行全面的评估。

收获

解决体制问题是 ORANGES 项目顺利实施的关键。在项目实施过程中，还应该考虑项目运行、维护、规划、财政、人力资源和用户服务等问题。区域电子支付系统的实施将涉及几乎所有部门。政府部门的支持和部门间的交流都是很重要的。

从技术角度上讲，多用户交汇的电子卡必须进行功能设计和系统需求描述。所有部门必须遵守项目管理文件。ORANGES 电子收费系统实验室建设，有利于在实验中发现和解决系统存在的缺陷。现场实验前，将对 100 多条商业规则和 100 多条系统需求进行测试。基于为期一年的现场运行实验，联邦运输管理局收获很大。

未来

现场运行测试于 2003 年 8 月开始，按照计划运行一年。在现场运行结束后，政府评估组将组织个人和团体对项目进行评估。

■ 更多信息

ORANGES 网站：http://www.centstobits.com

美国

39 组约城区部门合作

交通管理；事件管理；出行信息

概述

纽约是美国最大的城市，人口达到1 800万，涉及3个独立的州级管理部门：纽约、新泽西和康涅狄格，17个地方运输安全处和160个运行管理室。1986年，纽约/新泽西港口管理局、纽约(州)运输局、新泽西运输局和纽约(城市)运输局四个部门组建了非盈利的合作部门——运输协调委员会(TRANSCOM)。

初期任务是道路管理部门间的工作协调。逻辑上，就是利用简单技术和信息共享手段，对处理重大交通(运输)事件的24/7紧急事件管理室进行升级。该部门利用分布式的网络服务器构建区域管理体系，实施重大ITS项目。

重要组成包括：

❖ 利用多模式平台进行信息共享，在50个高速公路和公交管理中心进行工作站部署；

❖ 部门间的远程视频网络(IRVN)能够调用400摄像机，进行事件视频共享，同时支持部门间的网络会议。

1994年，TRANSCOM实施了由美国联邦筹资的TRANSMIT一期项目。在全长32km的高速公路上，通过车辆自动识别技术监测交通流和检测事件。TRANSMIT利用AVI车辆通过电子收费(ETC)进行匿名检测。每隔2.5km设置读卡器，采集异频雷达ID信息。异频雷达能够成功地被读卡器识别，TRANSMIT通过道路出行时间与历史数据对照，能够检测出交通事件。项目二期将在全长320km的跨辖区高速公路上实施，三期将于2004年在两倍二期长度的公路实施。TRANSMIT将补充TRANSCOM项目中遗漏的管理机构。

在2001年9月11日纽约恐怖袭击中，TRANSCOM在事件联动反应上表现出色。管理机构通过交通疏导，并联合向受灾区域展开援助行动。当美国东北部交通信号和高速公路广播在疏导灾区内出行者的同时，临近的可变情报板全部改为“曼哈顿禁止通行”。

目标

TRANSCOM通过部门间数据共享，为地方运输管理之间提供了有效的合作。

技术挑战

❖ 通过标准制定，确保技术互用性；

❖ 确保系统根据标准的改变而改变；

❖ 充分利用各管理部门中的不同ITS应用技术；

❖ 为管理机构提供事件决策支持。

非技术挑战

❖ 避免任何管理机构中途放弃运输网管理权；

❖ 确保系统成功开发和维护费用；

❖ 所有商业和财政决策必须由管理部门一致通过后，系统才能实施。

评估

TRANSCOM 的成功在于：调整技术标准，不同管理部门可以使用不同的设备增加系统的实用性。资源共享起到了积极的效果。

TRANSCOM 被认为部门间多模式协调的范例，适用于世界任何一个地区，有利于 ITS 部署的最大化。（对于世界范围，由于资源的匮乏，各国很难在先进技术进行大量的投资。因此，TRANSCOM 利用最基本的通信技术完成瞩目的成就。该项目为 ITS 框架提供体制保障。）

收获

TRANSCOM 建立一系列操作界面，便于高速公路和公交管理部门获取信息。通过详细过滤系统（用户可确定过滤程度），解决潜在的信息超载问题。（例如：高速公路管理处通常不需要铁路运行状态图和铁路事件层）。事件规模信息就可以直接通过信息过滤层。

资金支持、政策保障和商业运转都是本项目实施的必要保障。由于通信成本过高，迫使项目对技术进行选择分析。

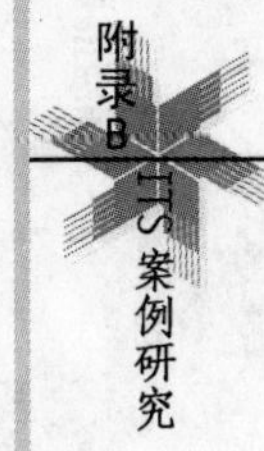

未来

TRANSCOM 开发基于网站的信息发布系统，系统整合全辖区范围内的设备，将工作站和 LAN 进行合理的分配，从而降低成本。TRANSCOM 也涉及到 Trips 123 多模式交通项目。项目还开发了基于网站的路线编制服务，为管理者提供跨辖区的个性化信息服务。

■ 更多信息

Transcom 网站：www. xcm. org

附录 C

国家概况

目 录

阿根廷

最主要的交通问题

首都布宜诺斯艾利斯道路车辆的密度过高。

该区域拥有 1 400 万人口，面积约 40 万公顷，占总国土面积的 1%。在短时间段内，会有将近有 260 万辆车（全国总数的 25%）集中在该城市及其郊区。

布宜诺斯艾利斯市区的日平均出行量约为 2 000 万，其中将近 50%的出行需求由公交系统承担，而超过 40%的出行（800 万次的日出行量）是驾车出行。自 1970 年后（当时出行量仅为现在总量的 18.7%），驾车出行量增长迅速。随着驾车出行量的持续增长，从而有可能代替其他出行方式，并于 2010 年占到日出行量的 50%以上。

70%的货物运输通过公路实现（20 万次日出行量）。

ITS 如何帮助解决交通运输问题

在布宜诺斯艾利斯的城市区域，尤其是在通往城市的各条高速道路上，ITS 技术正在得到长足的发展。大部分 ITS 技术的发展都是出现在由 OCCOVI（国家道路特许监管代理）运营的 1 500km 的高速公路收费路段上。

ITS 技术的具体实现包括：

- ❖ 控制中心（视频大屏幕和电视监视器）；
- ❖ CCTV-22 摄像机；
- ❖ 电子收费系统；
- ❖ 虚拟车辆检测摄像机；
- ❖ 线圈（车辆的前端检测、分类及测速）；
- ❖ 6 个双向的可变信息标记；
- ❖ 交通信号灯可控的交叉路口；
- ❖ 电子限速标记；
- ❖ 红外线尘雾探测器；
- ❖ 电子防雾信号；
- ❖ 气象监测站；
- ❖ SOS 救助站系统；
- ❖ 同步数字层通信系统。

ITS 面临的重大的挑战

运输系统各个模块之间的优化问题。

在不增加传统基础设施的情况下增加系统的容量。

提高交通运输的通畅性和安全性。

未来规划

针对ITS的长远发展，OCCOVI已经在通往城市的各个高速道路上展开了ITS体系构建的计划。该计划从通用性角度出发，并考虑到了所有交通模式之间的交互关系，使得目前的ITS系统同样适用于这一计划。此外，该计划能够将多种新技术进行整合，并用于其他阿根廷城市交通政策的制定。

为了提高道路的安全性、高速公路的容量以及环境承受力，阿根廷ITS已经提出，在新的道路工程预算中应当为ITS技术另外设置5%～10%的投资，尤其是在连接各主要城市的国道、高速公路和城市快速路上。

■ 联系人：Ing. Roberto Ramon Cruz，President，
ITS Argentina. E-mail：rrcruz@mecon. gov. ar

澳大利亚

最主要的交通问题

澳大利亚是一个地广人稀的国家，大部分人口集中在沿海的少数几个城市。在农村地区16%的家庭收入用于旅行开销，其中的绝大部分是驾车出行。

市内的游客行程公里数的80%～90%是通过乘坐汽车实现的，市区外则有22%是通过乘坐飞机实现的。

只有40%的封闭式道路，而其他的开放式道路只能承载很低的交通容量。国家高速公路(80万km道路的2.3%)承载了14.2%的交通量。尽管乡村或地方道路占到了74%的比例，却只承载了6.3%的交通量。

旅客出行需求已经随着GNP增长有所增加。

公路货量的增加已具有了重大意义——1971年至1995年间增长了321%，达到114亿吨·km。

ITS如何帮助解决交通运输问题

- ❖ 澳大利亚ITS的形成使得各个公众和民间组织得以联合；
- ❖ 1999年后出台了一个针对智能交通系统的国家规划—“e-transport”；
- ❖ 可逆航道控制、公共交通优先化和事故处理已经在个别地区有所应用；
- ❖ ITS同样用于交通信息服务，营运车辆管理和强制控制；
- ❖ CEN对电子收费进行了标准化，以便使不同厂商的读卡器与标签之间能够协同工作。

交通管理

- ❖ SCATS系统的主要部分用于城市交通信号的协调(案例研究2)；
- ❖ STREAMS ITS平台用于类似于昆士兰州情况的综合交通管理。该平台提供了多种应用的实现方法，其中包括：公共交通优先化和交通信息服务、机动车道路管理(包括匝道管理)、事故管理(检测、确认、响应策略的生成)以及驾驶员信息服务(事故、拥堵、旅行时间、泊车引导)；

❖ 在墨尔本市，有轨电车通过安装在车上的无线收发器与控制交通信号的交通控制系统相连接；

❖ 已经有一些城市采用"高峰期方案"，用以在桥梁、道路和机动车匝道上改变交通流的引导方案。在阿德莱德市 20km 的机动车道上，交通流的引导方案会有所改变以适应交通高峰期的需求；

❖ 绝大多数的城市机动车道上都配备了车辆事故检测系统。可变的限速标记（墨尔本市和悉尼市）和斜坡测量方案（墨尔本市）用于控制拥挤路况下的车速。

交通信息服务

❖ 针对驾驶员的有限可变信息标志正在增加。"墨尔本出行用时"通过 VMS 向机动车乘客提供根据出行用时优化的可选行车路线；

❖ 个别省已经拥有了旅行者信息服务网站，覆盖的内容包括路网状况、交通状态及车流信息等；

❖ 公交车乘客信息系统已经在一些公交线路上安装用来提示下一次车辆到站时间；

❖ 维多利亚省和昆士兰省同样能够提供有效的商业区空闲泊位信息；

❖ 基于 GPS 接收装置的车内导航系统已经在一些车型中使用。

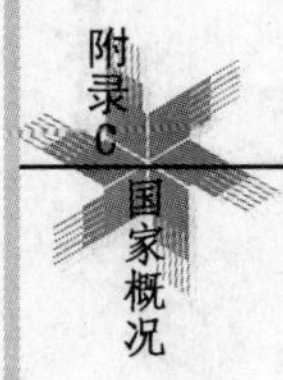

电子支付

❖ 大型的多信道自由流收费系统已经在墨尔本市使用（即不设立收费站—案例研究 1）；

❖ 其他的电子收费系统则在布里斯班市和悉尼市有所使用；

❖ 智能卡正在被考虑应用于电子收费系统；

❖ CEN 协议连同澳大利亚标准定义了详细的参数并已经在各个运营商间达成了初步协议，以便共同确保在澳大利亚任意一个公路运营商提供的标签设备可以在其他公路上使用。

公共运输和营运业务

❖ 致力于道路运输的公共汽车提供了相当于轻型轨道运输水平的服务。ITS 中的一个子部分为此提供了诸如车辆跟踪、乘客安全保障、乘客信息服务、交叉路口的公交优先等功能以及实现违章车辆通行控制的方法；

❖ 很多运营车队采用了计算机半自动调度和车辆定位技术；

❖ 通过端口操作的 2 状态货车电子标签引导方案用于提高效率；

❖ 主要城市的出租车都安装了 GPS 接收器，用以应急或为等待出行的乘客分配车辆。

自动强制管理

❖ 禁止交通信号灯和测速摄像机在澳大利亚被广泛应用；

❖ 在新南威尔士，SAFE-T-CAM 被用于检测重型车辆是否违法，例如测速、货物数量和体积的自动检验；

❖ 车道系统。该系统广泛的整合了多种监控系统，其中包括：CCTV、视频和基于线圈的事件探测、行道控制信号的发送、超载检测，以及基于大气污染检测和火险检测，并通过无线广播传送及可变信息标志实现的驾驶员信息服务；

❖ 道路安全。全自动的事故呼叫系统已在各重大事故多发省被使用。

ITS 面临的重大挑战

地区标准未被 ISO TC204 采纳。

未来规划

目前，一个新的针对智能交通的国家规划已在筹备之中。该规划建议在基于道路的公共运输中，应当广泛的使用乘客信息服务和信号优先体制。

各个主要城市正在推行智能卡票务系统，以便单独的智能卡能够在所有的公交运输形式中使用。

经过实地碰撞试验的自动事故应答系统有望用于实现对事故的快速响应。

■ 联系人：Doug Quail，Roads and Traffic Authority，P. O. Box 1927，Strawberry Hills，NSW 2012，Australia.

E-mail：doug_quail@rta. nsw. gov. au

ITS Australia：www. its-australia. com. au；

E-mail：admin@its-australia. com. au

奥地利

最主要的交通问题

该国家拥有大面积的对环境要求敏感的区域，尤其是西部的阿尔卑斯地区。该地区不适合路网扩充，同时交通污染也是一个严重问题。

欧盟的扩大导致了在该国东部扩建路网的迫切需求，以便于改善通往中欧和西欧国家的路网运营管理。

主要城市内部或周边地区高密度的交通流量。

ITS 如何帮助解决交通运输问题

1997 年的基建资金筹集行动提为奥地利高层路网管理部门的重组提供了基础，使得 ASFINAG(Autobahnen und SchnellstrassenFinaanzierungs Aktiengesellschaft)成为主角。很多 ITS 相关的解决方案已经进入规划，或是已经投入建设。

ITS 面临的重大的挑战

ITS 解决方案将在以下方面起到重要作用：

❖ 事故预防；

❖ 通过交通管理和引导有效利用车辆和基础设施；

- ❖ 促进提高客运与货运的质量；
- ❖ 通过对交通运输各个部分的连接和组织，形成一个综合的多种形式复合的交通系统。
- ❖ 通过控制超额的交通流量实现运输的安全性和环境保护。

未来规划

一个基于里程针对载重超过 3.5t 货车的收费系统已经在 2004 年 1 月被安装使用。该系统是一个完全的电子自由流收费系统。

TMIS(Traffic Management and Information System project) 该系统工程将沿着澳大利亚的高层路网进行一体化建设：

- ❖ 在因斯不鲁克、萨尔茨堡、Bregenz、林茨、克拉根福、格拉茨和维也纳的高车流密度地区，一个动态交通控制系统网络(TCS)预期在 2005 年～2010 年全部建成。其中蒂罗尔将于 2005 年初最先实现 TCS 的运作；
- ❖ 区域性和全国性的数据采集系统将于 2006 年建成。该系统将用于实现数据采集，预处理以及发布交通数据和控制指令。数据的传输将基于一个根据 ASFINAG 网络顺延的高质量的光缆网络；
- ❖ 交通信息及管理中心——位于维也纳南部，将于 2005 年初与蒂罗尔的 TCS 一同建成。该中心将全部的 TCS 和区域数据采集系统连接在一起。根据奥地利内网与外部网络交换信息的重要级别，该中心也可以与其他的欧洲交通中心相连接；
- ❖ 该中心包括以下特点：
  - ➢根据基本及详细的交通信息对 2 000km 的高速公路网进行控制；
  - ➢实现一个基本开放数据的处理模块；
  - ➢实现一个由交通管理、交通控制和交通信息服务构成的系统。该系统具有良好的结构，标准化的体系以及良好的兼容性和稳定性；
  - ➢统一系统各部分的标准和描述；
  - ➢基于光缆并顺延 ASFINAG 网络的连续协同工作网络。

地方交通管理中心的设置正在规划之中，尤其是在集中了大部分包括道路运输和公共运输等运输任务的主要城市。第一个地方交通管理中心将有望设立在维也纳。

如何将信息通信业务用于客运车辆控制的课题正在研究之中。

■ 联系人：Norbert Deweis，Head of the Division Transport Telematics；Susanne Judmayr，Member of Division Transport Telematics，ASFINAG，Postfach 983，Rotenturmstraβe 5-9，1010 Vienna

E-mail：norbert. deweis@asfinag. at；susanne. judmayr@asfinag. at

ITS Austria：www. its－austria. at

比利时

最主要的交通问题

该国国土面积小(30 527km²),人口密度高(每平方千米居住人口 327 人),与法国、荷兰和德国接壤,是国际物资运输的重要通道。

机动车道和其他道路的年增长率分别为 3.3%和 1.9%。

交通拥堵已经成为城市中有待解决的问题,比如在高峰时期、事故发生区、道路作业区和不利气候条件下的交通拥堵。

在布鲁塞尔市和安特卫普省之间的环路和机动车道上,交通拥堵十分严重,并给出行者带来了时间上的损失(据估计平均每年耗损 500 万小时)。

货物运输量的爆炸性增长,例如在佛兰德斯省在 1990~2000 年之间该增长达到了 35%,到 2010 年则有望达到 30%。

交通容量在 1990~2000 年之间增长了 38%。

安特卫普省拥有一个规模巨大的海港(2001 年有 1 亿 3 千万吨的流通货物)。

虽然每条船只的承载能力在提高,但是水路货物运输单位量却在减少。

尽管人们使用公交方式出行(乘火车或公共汽车)的次数有所增加,但还是有大量的人采用开车出行方式(例如在佛兰德斯这一比例为 74%)。

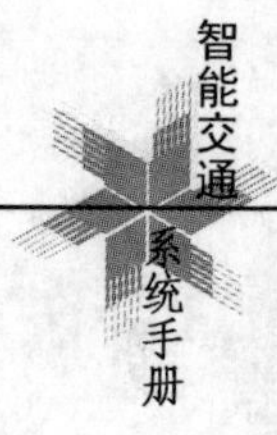

ITS 如何帮助解决交通运输问题

三个联邦州(佛兰德斯,Wallonia 和布鲁塞尔)中的任何一个都拥有自己的 ITS 交通管理和使用政策。

比利时参与了欧盟的远景规划(如 ATT:先进的运输通信,CENTRICO:欧洲核心区域交通通信联合计划,见案例研究 16)。

该行动主要包括发展基础设施或机动车检测系统(例如线圈、摄像机及流动车辆);发展欧洲交通路网控制中心(TCC);实施并协调使用 VMS、匝道控制、事故管理,尤其是在交叉道口路段,以及交通信息系统的交通管理和控制。

布鲁塞尔:

- MORBIRIS 机动车管理中心提供对该区域的交通控制、信息服务和管理。数据被收集并传送到中介使用者(例如无线电站、行政部门和应急服务站);
- SERBRU 系统在路网的主要部分对服务等级进行评估,并根据 VMS 显示出行时间;
- CORBU——协调区域交通信号灯——同时也发送信息给 SERBRU。

佛兰德斯:

- 其政策的主要目标是限制交通需求和运输市场(例如通过土地使用规划增加公共交通运输);
- 在安特卫普,TCC 和 TIC 已经投入建设。他们很快有望在综合道路上对城市交通系统进行管理；

❖ 自动事故检测(AID)系统已经被增强，以便为 VMS 和(即将为)可变限速信号提供支持；

❖ 佛兰德斯交通信息中心(TIC)通过电子邮件和向 RDS 无线电台及车载导航系统发送信息的方式，将旅行预测信息发送给出行者；

❖ De Lijn——地区交通运输公司——在一些城市，乘客建议其通告车辆到达时间；

❖ 红灯和测速摄像机更多的用于机动车道和主干道路，尤其是在事故多发区。

瓦隆：

❖ PEREX 是在瓦龙市机动车路网中心区的一个完整的 TMC。数据交换是通过一个新建的光纤网络。该系统连接到 VMS，自动事故检测系统以及冬季维护服务站等；

❖ 无线电被广泛用于向道路上的出行者提供信息——直接来自 PEREX 的广播信息。

ITS 面临的重大的挑战

同周边国家的合作是在旅行和货运方面与国际接轨的根本方法。

未来规划

在位于安特卫普省，只有穿越斯凯尔特河的 Licf kenshoektunnel 隧道部分是收费的。将来新的道路可能都会收取费用。

从中长期来看，TCC 在佛兰德斯的布鲁塞尔和根特也会被实施。

佛兰德斯已经准备好建设一个基于网络的平台，该平台通过主控一个多态出行规划系统来提供必要的出行预报信息。

在佛兰德斯，De Lijn 正在开发软件，可以将指定的公共交通工具的到达信息发送到乘客的蜂窝电话。

佛兰得斯的道路权威机构(比利时最大得汽车制造商)和 ACUNIA(信息通信技术提供商)正在合作测试在交通工具上提供实时交通信息和智能动态刷新速度的可能性。这将包括在交通工具安全应用和舒适性服务。

■ 联系人：

Flemish Region：Eric Kenis，Ministerie van de Vlaamse Gemeenschap，Graaf de Ferrarisgebouw，Koning Albert II laan 20-1000 Brussels.

E-mail：ericjm. kenis@lin. vlaanderen. be

Wallonia Region：Yvon Loyaerts，Ministère Wallon de l'Equipement et des Transports，Boulevard du Nord，8-5000 Namur.

E-mail：y. loyaerts@met. wallonie. be

Brussels Region：Pierre Schmitz. Ministère de la Région de Bruxelles-Capitale，

Rue du Progrès, 80 bte 1-1035 Brussels.
E-mail: pschmitz@mrbc. irisnet. be

ITS Belgium (Telematics Cluster): www. itsbelgium. be

巴西

最主要的交通问题

巴西人口众多(1.7 亿),但是密度很小(每平方公里 20 人),并且被认为是一个发展中国家。

95%的客运和 60%的货运依靠公路运输(在 200 万公里的高速公路上只有 8%的道路是完好的)。

道路维护情况很差并且不能够定期实现,其中只有 30%的联邦高速路得到了修缮。

道路扩建只有在情况良好时才被考虑。

目前已有 3 200 万的注册车辆,其中 70%是私车。

信号传输差、货运抢劫案中的高死亡率(每年 9 000 人)、市区交通拥堵和违章客运等问题困扰着道路运输。

对于驾驶员和乘客的知识普及和培训的需求十分强烈。

只有 1 万公里的高速公路进行收费——主要都是在最繁忙和运输量最大的路段。

ITS 如何帮助解决交通运输问题

ITS 可以有效的减少道路附加建筑和基础设施的增加。

大部分的 ITS 都在商榷之中,并被考虑在收费道路和巴西各大城市的 SE 和 S 区域中应用(案例研究 4)。

从交通事故的减少和对其的快速处理,以及出行时间的减少等方面已经看到了收益。

收费道路的构成包括:可变信息标记、气象站、呼叫器、紧急营救、闭路电视、摄像机、GPS 和无线通信系统,

在市区还增设了自动速度控制。

ITS 面临的重大的挑战

由于 ITS 包含了尖端技术并需要相当的投资,像巴西这样的发展中国家负担这样的工程是比较困难的。刚刚当选的政府已经开始削减政府开支,这将限制债券的发行。

ITS 的基础结构、标准、道路使用者的培训、协同性和资金筹措等方面依然需要进一步发展。

由于制度的原因,ITS 还没有统一的政策。

未来规划

收费道路运营商已经同意建立运营控制中心(OCC),用以实现 VMS 的保护、营救、安全及启动等功能。

South American Common Market((MERCOSUL/MERCOSUR)可能会帮助地方 ITS 服务延伸到相邻的国家,从而促进标准化进程和国际合作。

将于 2007 年在 Janeiro 举办的 pan-American Games 有可能为大城市 ITS 的发展、示范和实施提供诸多机会。在这种情况下,交通基础设施的改善需求非常迫切。

联邦政府计划在非收费道路上逐步扩大 ITS 的应用。

巴西 ITS 继续增长有着重要意义。它与各个大学联合组建的协会有望在地方性 ITS 的研究上有所发展,同时全美洲和国际 ITS 会议正在筹备之中。

■ 联系人:Chequer Jabour Chequer, DNIT
(National Transportation Infrastructure Department), Rio de Janeiro, RJ, 21240-000, Brazil.
E-mail: ipr@centroin. com. br

加拿大

最主要的交通问题

加拿大的城市和省道路网络达到了 140 万公里,其中 85% 是市内道路或地方道路。高速公路(16 000km,其中 60% 在安大略省和魁北克省内)在路网的比例不到 1%。6% 的道路是连接市区和通往美国的主干线道路。80% 的道路是通往较小城镇和集贸中心的次要道路。

3 150 万加拿大人中超过半数生活在南部地区,靠近美国边界。在魁北克省(拥有人口 730 万),80% 的居民生活在市区,60% 生活在蒙特利尔市和魁北克市。

在 2000 年,共有机动车 1 730 万辆,其中包括 1 000 万辆的轿车、75 万辆的载重货车,以及其他一些轻型起重车和运动赛车。

安全性考虑的增加、环境要求、出行需求的增长、经济增长以及财政制约都意味着交通运输的增长最好能够通过可负担的解决方案得以实现。

同加拿大其他地方一样,魁北克省气候恶劣多变,1~7 月的平均气温为 9°C 到 22°C。1 月份的降水量很大(包括 300cm 的降雪量)。

从 1985 年到 2000 年,魁北克的轿车增长达到 68%,载重车增长达到 35%。目前的总量已经到达 466 万辆,同时法定轴载重量已经由 1970 年的 8t 增长到 10t。

在魁北克,道路事故大于 7 000 起,包括大型野生动物造成的严重甚至是致命的事故。

ITS 如何帮助解决交通运输问题

ITS 已经使得现有道路基础设施具有更高的使用效率。

尽管加拿大 ITS 于 1997 年组建成立，加拿大运输还是在 1999 年建立了 ITS 办公室。

一个加拿大 ITS 体系已经被发展、维护并发挥作用(案例研究 7)。

营运车辆业务和道路气象信息系统的发展需要依靠相应的发展及整合规划。

在安大略省，主要的 ITS 应用包括：

❖ 401 公路和 Queen Elizabeth 公路。多伦多市的 COMPASS 高速公路交通管理系统。(案例研究 5)；

❖ 在多伦多市，407 公路的电子收费道路系统；

❖ NATAP(North American Trade Automation Prototype)自动越界测试方案。

魁北克现有的 ITS 系统有：

❖ 交通控制

➢ 蒙特利尔机动车运输管理中心——优化路网的使用并提高公路安全性。该中心拥有 75 个路网监视摄像机、19 个可变信息标志，以及连接到 756 个线圈的 90 个车辆检测站；

➢ 魁北克市区交通管理中心同样支持对路网的实时交通监测，并且已经用于交通控制和紧急事件快速应答等方面；

❖ 用户信息服务——通过网络站点、电话服务和其他的信息媒体播报路网和交通的阻塞情况；

❖ 电子付费。加提诺的运输公司已经在使用综合的电子付费系统；

❖ 公共交通。已经采取了多种方式试图将 GPS 定位系统用于用户信息服务、车队管理等应用；

❖ 营运车辆

➢ 魁北克和纽约之间的贸易信道正在增加线性排列的检测系统、监视摄像机以及营运车辆自动检测系统的使用；

❖ 安全性——实例包括：

➢ 不同级别的 VMS 将关于路况或拥堵状况以及可选路线播报给驾驶员；

➢ 冬季维护辅助决策系统；

➢ 偏僻地区的动物探测系统；

➢ 使用 VMS 的试验计划。

ITS 面临的重大的挑战

确保股东熟悉系统结构和标准等相关概念，以及在进一步的应用之前，对示范工程的投资收益比率的评估。

未来规划

在蒙特利尔及其周边,为蒙特利尔高速公路交通管理中心配备26个以上的可用VMS,并对其他公路配备扩展系统。在魁北克市的地方交通管理中心,VMS将被用来向道路使用者播报信息。

蒙特利尔及魁北克市地区的运输公司将使用综合的电子付费系统。

在蒙特利尔地区,将对公私合营道路的电子收费进行评估。

■ 联系人:

Canada: Ralph D. Jones, Director Highway Programs, Transport Canada, Ottawa, ON, K1A 0N5, Canada. E-mail: jonesr@tc. gc. ca

Québec: Luc Lefebvre1, Coordinator, Intelligent Transportation Systems, Ministère des Transports du Québec, 35 Rue de Port-Royal Est, 4th floor, Montréal (Québec) H3L 3T1. E-mail: luclefebvre@mtq. gouv. qc. ca

ITS Canada: www. itscanada. ca E-mail: itscanada@itscanada. ca

智利

最主要的交通问题

一些城市地区交通拥堵,尤其是在圣地亚哥市。在和阿根廷接壤的地方,车辆通过会有一些延时。

跨国界的基本交通系统有待完善发展和管理。城市之间的旅客运输服务缺乏,公路上的私有车辆运输是客货运输的主要方式。

ITS如何帮助解决交通运输问题

尽管在智利没有正式的ITS规划,公路管理委员会却拥有相当的来自美洲公司的技术储备,用来实现"可行性研究、智能交通系统、智利基础工程建设"。

Lockheed Martin和由美国投资的Trade and Development Agency (TDA)。此外,在公共事业部的领导下,部分拥有权益的公众或私人参与者的合作将会使智利的ITS有所增长。

ITS技术的引入已经适应了智利的国情。目前为止,已经被使用的ITS种类包括:

❖ 圣地亚哥和瓦尔帕莱索的交通控制执行单元分别控制了1 655和50个交叉路口(运输秘书处:SECTRA);
❖ 电子收费系统(拥有特许的公司);
❖ 自动车辆定位系统,多数是采用GPS(私立公司);
❖ 市内车辆计算网络(公共事业部);
❖ 区域车流量评估(公共事业部);
❖ 动态称重控制系统(公共事业部)(智利优先考虑动态称重相关技术&应用);

- ❖"智能车辆"。例如多用途激光设备(表面光度仪,GPS、录像机等)、碰撞偏移计和由公共事业部下属的国家公路管理实验室研发的面料(摩擦系数);
- ❖在大容量的城市道路上用于显示动态信息的可变信息标志。

ITS带来了以下的效益:

- ❖在一定的范围内简化了道路管理,因此允许国家发展等级公路网络(不到国家路网的3%);
- ❖增加基础设施的使用效率;
- ❖增加监管效率;
- ❖提高交通管理;
- ❖提高运输安全率;
- ❖增加运输公司的经济效益;
- ❖减少出行时间;
- ❖通过使用动态称重控制技术,减少并适当分配国家路网上的货运流量。

ITS面临的重大的挑战

与周边国家的道路整合及标准化,包括阿根廷、玻利维亚、秘鲁、巴西、巴拉圭和乌拉圭。

ITS的整合——市内和城市港口形式。

减少事故。

质量标准。

ITS的技术发展和培训。

未来规划

发展ITS基础设施。

交通管理系统:在市内公路上采用可变信息标志、车流量评估、应急电话服务和事故控制。

电子收费记账系统:收费路段系统(公共事业部):连接到特许运营商的收费系统上,实现收费功能和市内交通信息服务。

康塞普西翁交通控制系统(康塞普西翁政府):负责集中监督并控制152个交叉路口。

针对大交通流量(Banco del Estado/Santiago 公路)的收费系统的现代化:智慧卡——地铁(地下铁路)、地铁公交(地铁和公交车的结合)和地铁地上轨道(地铁和地上轨道的结合)的唯一付费手段。

圣地亚哥交通控制系统(交通控制执行单元)的改进:动态控制的新的路网交通信号灯、CCTV系统的改进、基于视频的自动事故检测系统和车辆探测、可变信息标志系统的改进以及新的业务和服务。

更新市内路网车辆计数系统(公共事业部):扩展到240个车流量监测点。

边界通行监督和控制系统(公共事业部):简便的海关手续和标签技术的使用。

公交监督和控制系统(交通部):控制发车周期,车辆定位。

■ 联系人:

Ernesto Barrera Gajardo, Jefe Departamento Gestion Vial, Morande 59-3° Piso OF. 324, Santiago, Chile.

E-mail: ernesto. barrera@moptt. gov. cl

ITS Chile: www. itschile. cl

中国

最主要的交通问题

轿车数量增长迅速——自 1970 年后,年增长在 12%～14%之间。2001 年的轿车保有量为 990 万辆,比 1980 年增长了 2 733%。

其他车辆(农业用车、)同样有着显著增长——从 1980 年到 2001 年,增长高达 15000%以上。

城市道路建设的增长——目前,总计 176 万公里的道路有 152 000km 是新增道路(其中高速公路占到 25 200km)。

道路正在变得更加拥挤。

持续的经济增长和生活水平的提高意味着更高的出行率。

公众所关心的内容包括交通事故、燃油消费和尾气排放。

从 1962～2001 年,铁路运输线路增加了 103%,公路增加了 260%,空运增加了 4 608%,水运减少了 25%。

道路承担了大部分的客运和货运——2001 年,有 91%的乘客出行和 75%的货运通过道路运输实现。

运输效率低下——无效出行率大于 30%,其中缺少乘客和交通管理。

交通管理和信息系统没有相互连接并共享信息。

ITS 如何帮助解决交通运输问题

中国已经通过公共信息平台建立了国家 ITS 体系,包括 8 大范畴、34 种服务以及 138 种分支服务内容。

电子收费的示范工程已经在北京、上海以及广东和四川省展开。

符合中国标准的具有自主知识产权的组合式 ETC 系统已经被开发出来。

服务于交通管理的交通控制中心已经在北京和其他大城市建成,如上海、广州、大连、济南、厦门和青岛。

四个主要城市已经在小型道路上完成了公交车辆定位系统的试验。

一些城市已经在公交车上配备了集成电路卡(IC 卡)付费系统。

ITS 面临的重大的挑战

四个分立的政府部门负责交通基础设施的不同部分。

在国家ITS基础设施的研发过程中，为了有效地实现ITS，要充分考虑到中国目前的行政管理系统。

完成标准化进程。已经有300个标准被提出，包括了以下内容：

❖ 信息定义及编码；

❖ 专用段程通信；

❖ 数字地图及定位；

❖ 电子收费；

❖ 交通管理和应急管理；

❖ 全面的交通运输和交通管理；

❖ 信息服务；

❖ 智能车路；

❖ 车辆辅助驾驶系统。

未来规划

一系列的ITS工程和示范项目在2001年至2005年开展，包括：

❖ 发展通信基础技术；

❖ 在以下方面开展示范工程；

➢智能城市交通控制和事故管理系统；

➢综合信息服务系统；

➢先进的公交系统；

➢快速路全面管理系统；

➢省内和市区乘客运输。

❖ 收费方面：

➢联网收费；

➢自动车辆辨识；

➢专用段程通信技术；

➢快速路网络收费系统。

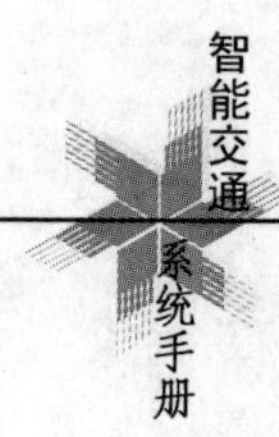

部分北京的ITS将会为2008年奥运会做出贡献：

❖ 智能交通管理系统；

❖ 智能泊车引导系统；

❖ 智能公交调度系统；

❖ 智能交通信息平台。

■ 联系人：

Xiao-jing Wang，National ITS Center，Ministry of Communications，Beijing，China.

E-mail：wxj@itsc. com. cn

ITS China：www. itsc. com. cn

中国一香港

最主要的交通问题

香港道路被列于世界上运输压力最大的道路之中，在 1 928km 的道路上行驶着超过 52 000 辆的车。

高密度的人口以及城市的发展需求和不利的地形，使得该地区面临着提供更大的道路容量以适应交通需求的挑战。

ITS 如何帮助解决交通运输问题

为了使路网容量达到最大并提高道路安全性，政府部门已经在交通管理中使用了多种形式的先进的 ITS 技术。

- 区域交通控制(ATC)系统：这是第一个在香港实现的 ITS，可以追溯到 20 世纪 70 年代。该 ATC 系统集成了辖区内交通信号的控制和执行功能。它使得交叉路口的交通灯能够更好地配合，以使得乘车人和行人更加安全有效的通过。自 70 年代至今，其覆盖范围已经扩展到 1 160 个交叉路口，并有 146 个 CCTV 摄像机用以监视路口交通状况。
- 互联网上的闭路电视图像：CCTV 摄像机被安装在香港的重要区域，以便运输部监视交通状况并对紧急情况采取应对措施。自 1999 年开始，部分重要区域的图像已经通过互联网向公众进行了播报。
- 交通控制和监督系统：所有通向香港国际机场的通道和 Tsing Ma 控制区域都实现了全面的交通控制和监督，包括 CCTV 摄像机、自动车辆探测、航道控制信号及可变信息标志等。
- 自动收费系统：第一个自动收费系统于 1993 年引进并用于隧道。该系统随后被扩展到其他道路隧道和 Tsing Ma 控制区域。目前约有 20 万用户，据估计占到车辆拥有者的 38%。
- Octopus 卡：这是一个由主要的公家运营商带动发展的非接触智能卡系统，于 1997 年 9 月投入使用。该系统已经十分广泛并能够在香港绝大多数的运输服务领域使用，包括铁路、公共汽车、微型公共汽车，长途汽车、货运和停车。此外 Octopus 卡同样可用在非交通领域，如超市、便利店、快餐店和付费电话等。同时，已经有超过 1 000 万张的卡被发售，每天交易量超过 800 万次，每年交易额为 172 亿港币。
- 电子停车计费：1998 年，当时的 1 700 个类似的接受硬币的机械停车计量器被替换为新的电子设备，他们可以使用交通部门发行的任意的智能卡。
- 红灯摄像机和限速摄像机：通过在 1993 年和 1999 年的试验后被引进，并被证实在减少事故方面效果显著。目前有 111 个红灯摄像机投入使用，并且计划在高速路上安装 75 个限速摄像机。

❖ 出行时间指示系统(JTIS):该系统于2003年投入使用。它向乘客发送从九龙到香港经由三条十字架港口隧道的预测出行时间。数字显示屏被安装在通向隧道道路的入口处,以便于驾驶者根据情况选择行车路线。JTIS收集的数据来自安装在通向十字架港口隧道道路上的探测摄像机和公交车内的全球定位系统单元,并以此计算出行时间。

❖ 交通控制中心(TCC):该系统在2003年底全部建成,目前已经投入使用。它集合了交通应急协调中心、新界的ATC系统、高速公路上的交通控制和监督系统以及Tsing Ma控制区的监控系统。在紧急情况和重大事故发生时,该中心负责调度私有隧道/桥梁经营者、警察、其他政府部门和交通运营商。

ITS面临的重大的挑战

通过以下方式协助环境交通工作署(ETWB)的交通部门维持香港的交通:

❖ 对道路交通进行管理并确保道路安全;

❖ 调控公共交通服务;

❖ 驾驶员及车辆的注册;

❖ 为将来的增长和要求规划交通系统的基础结构和服务。通过和私人、院校及专业机构的合作,促使具有附加值的运输服务的实现与发展。

未来规划

电子停车计费:第一代的电子停车计费设备正在被新的支持Octopus卡的设备所取代,并有望在2005年初完成。

交通信息系统(TIS):该系统于2004年末2005年初完成。它通过综合索引将交通和交通信息整合成中央数据库。该系统将完成数据收集、处理、分析以及向提供者和用户发送数据的任务,同时通过互联网公共信息平台面向大众提供服务。有关公交、铁路的服务时刻表、停站位置和路线详情等信息可以通过点击电子地图获得。用户同样可以根据最小开销、最少换乘次数和最短距离来搜索最优的出行路线。

驾驶员同样可以在电子地图上搜索最佳行车路线。作为ITS的一部分,一个智能道路网络(IRN)正在开发之中,它包括交通检测、路口转向运动、停车定位等方面。通过IRN,交通运营者和服务提供者将能够利用从ITS得到的数据,根据市场需求发展其自身的应用和服务业务,例如车队管理、车辆导航以及人性化的信息服务。

多种形式的私人服务:随着第三代移动网络的出现,通用信息数据包和针对单个用户的个性化服务将会在近几年有所发展。香港政府将通过提供基础设施来促使其发展。

■ 联系人:

CHOI Tak-ki, iTransport Division, Transport Department, HKSAR, China.

E-mail：tkchoi@td. gov. hk

ITS Hong Kong：www. its-hk. org

克罗地亚

最主要的交通问题

克罗地亚拥有国土面积 86 359km²，包括 100km 长的亚得里亚海岸线和几百个岛屿，总人口 450 万。该国是连接欧洲西部、西南部和南部、东南部以及亚洲的重要通道。

巴尔干半岛剧变严重限制了交通系统的恢复、现代化和发展，主流观点都把重点放在短期经济复苏上。交通网络中缺少现代化的国道和地区道路。

信息和通信技术的实施还处在研发的早期阶段。从 1993 年至今，车辆的拥有率已经增长了 175%，现在每 1 000 个居民就拥有 332 辆。

公共客运车辆的数量稍有减少。

很多主要的高速公路只是部分完工。（比如，横穿欧洲的从 X- Salzburg 至 Thessaloniki 的通道——完成了 90%；经由欧洲从 Rijecka 到 Kiev 的通道——建好了 20%；由 Trieste 到 Iguomensita 的 Adriatic-Ionian 高速路——建好了 41%；Pan-欧洲走廊 Xa-Graz to Zagreb 的 68% 已经完成；伊斯的利亚半岛上的主要道路有 75%已经完成。其中绝大多数都是收费的。）

一些运输通道仍然还没有足够的服务站为车辆提供维修服务。

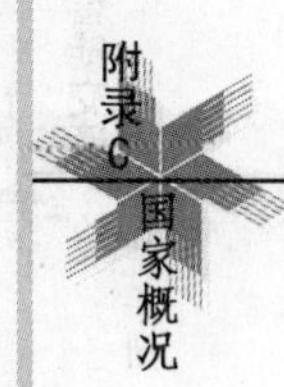

ITS 如何帮助解决交通运输问题

在斯普立特萨格勒的 9km 的高速公路上，有 5 个隧道和 10 个桥梁配备有视频监视和交通管理系统。

Zagreb 至 Rijecka 的高速公路的 Kupjak 到 Rijecka 路段配有天气传感器、监视系统和用于旅行信息服务的 VMS。

在斯普立特，本地的道路系统使用信息通信技术，使得 ITS 能够用于解决城市中公路和水路的联合运输接口问题。

有些地方使用试验性的半自动的收费系统，但是他们之间采用了不同的标准。

ITS 面临的重大的挑战

技术不发达，也没有良好的基础。

互操作性：在客运和货运之间，ITS 只有部分可以相互兼容的标准的应用操作。

未来规划

科技部正在资助“通用 ITS 模型和模型地图”项目。还有一些正在开发中的项目，包括以数字地图和道路数据库，基于停车收费系统的 GMS－SMS 等。

沿着运输通道布设气象站网络。

系统应用于测量交通流量，尤其是在隧道和十字路口。

建立用于远程交通控制和监视的中央系统。

■ 联系人：

Miroslav Keller，B. Eng.，corresponding member of the PIARC C16 Committee，Croatian Roads，Zagreb；

Baldo Bakalic，B. Eng.，Croatian Roads，Split；Ivan Markezic，Assoc. Prof. Dr. Sc.，Faculty of Traffic Sciences，University of Zagreb；Hrvoje Gold，Assoc. Prof. Dr. Sc.，Faculty of Traffic Sciences，University of Zagreb；Zvonimir Radic，Prof. Dr. Sc.，ISOT Zagreb，E-mail zradic@public. srce. hr

捷克

最主要的交通问题

随着 1989 年以来的民主政治和经济改革，中东欧国家的贸易逐渐面向欧洲开放，道路交通也有了很大的发展。

汽车拥有量和交通堵塞程度都已经超过了以前的预测（在布拉格每 1.9 个人拥有一辆汽车）。

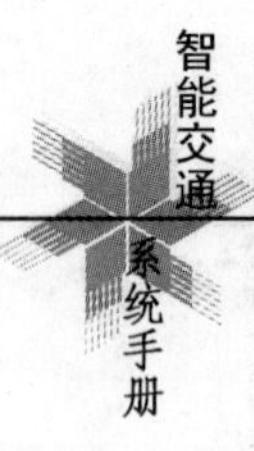

拥有汽车已经被看作是社会地位的象征，公共交通工具的使用将会进一步减少。铁路交通流量的减少有利于公路的交通运输。虽然主要十字路口的交通控制已经被交通响应系统替代，但是由于交通量很大，交通响应系统仅仅被限制在很小的范围内使用。城市的交通控制绝大多数是基于十字路口控制的。交通控制中心都位于大城市中（布拉格，布尔诺，Plzeò，俄斯特拉发，克拉罗维，Králové）。

交通数据和信息的发布还没有用于城市交通的管理。

ITS 如何帮助解决交通运输问题

捷克斯洛伐克共和国（SDT/ATT CR）交通信息通信协会成立于 2000 年 2 月，它是政府（州，地区和市）、大学和研究所以及私营部门（通讯运营商，汽车制造商，ITS 技术提供商，建设和设计公司）的联合体。

它承接了多个项目并且正在规划建设交通信息通讯系统。

ITS 国家框架项目组于 2001 年开始工作，该框架由交通部支持，将覆盖道路、铁路、河流和空运领域。

该项目的目标是根据欧洲 KAREN 项目为国家框架做好准备。ATRACIT 是最复杂的信息通讯工程，它面向布拉格的城市管理。一个庞大而且高效的系统中包括了多个子系统在内，其中包括交通自适应控制 MOTION、堵塞和事故管理、12 个信息显示屏、33 个用于将汽车导航至车库的 VMS 以及双向通道等部分。

投资建设历时五年的研究和开发项目——GALILEO，并对基于卫星的基础应用领域进行了测试。例如安装了卫星导航的流动车辆将会提高城市的交通管理水平。

电子收费项目：第一阶段于 2007 年开始，覆盖 700km 的高速公路。目前已经研发出了完整的DSRC框架，包括详细描述的财务模型GNSS/CN系统，以及用于仿真可选道路的有效工具。

其中的一些道路信息通讯项目包括：

❖ 布拉格先进交通控制（ATRACIT）——基于自适应控制并且会应用在布拉格5区的25个十字路口。它将用于事故援助和堵塞监测。该系统在其所控制的区域范围内以及同其他子系统的交界处将设12个信息显示屏；
❖ 公共交通。在布拉格市郊的露天的十字路口，通过使用摄像来监视公交优先系统（TRAFFICON）。无线公共汽车已经在欧洲项目TRANSETER的框架内成功的进行了测试；
❖ 隧道综合。使用原有的交通控制系统进行风险分析和道路隧道管理；
❖ 高速公路中的ITS：位于捷克同其他国家边界的D5高速公路上，在一个事故多发的路段上配置了警告系统，该系统使用了速度探测，光纤信号和闪烁灯等技术；
❖ RDS-TMC系统已经成功的进行了测试（2003年11月），现在正在进行实际实施前的准备工作。

CAN/ISO标准化，尤其是在无线通讯方面使国家标准和欧洲标准相一致。捷克斯洛伐克共和国从1995年开始就是CEN的成员，并积极参与到TC278的工作中。

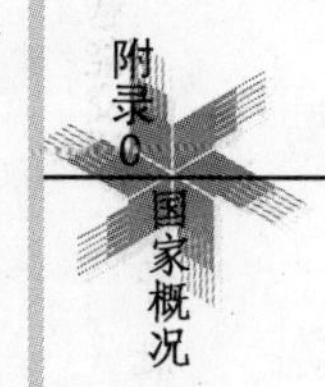

ITS面临的重大的挑战

从捷克斯洛伐克位于中欧和欧盟的战略位置上来看，它有必要进一步加大和其他发展中国家的合作。

未来规划

提高交通的安全性。

在布拉格获得成功的ATRACIT项目要向其他的地区进行推广。

将会实施基于红外线和无线通讯的公共交通系统。

布拉格交通信息中心正在交通部的支持下着手设计国家TIC。

RDS-TMC将会成为国家TIC的一部分。

在布尔诺（第二大城市），正在筹划一种新的公共交通管理和信息系统。它将改善公共交通优先系统，并支持出行前和出行中的旅行信息的发布。

捷克斯洛伐克新建立的13个地区都在努力将公共部门或者私营运营商提供的各种交通模式整合成一个单独的区域系统。

在布尔诺，两个隧道（将来还会再增加两个）将由两个中心来控制。其中将会使用多媒体网关和用来传输数字（TCP/IP），音频（紧急呼叫）和视频信号的微波通讯。用于载重超过12吨的卡车的EFC，在第一阶段将会应用在700公里的道路上，在将来将会推广到其他类别的载货汽车和道路。

高速公路中的ITS：

- ❖ 在 2003 年,布拉格的 D1 公路的出入口区域非常拥堵。针对该情况,一个道路顺序交通控制导航的项目将被实施。它将会由 VMS,信息台,视频监督和 CCTV 相机构成。
- ❖ 2002 年,在 D8 高速公路上定义了一个新的导航项目。它将侧重于实时信息的处理和整个地区交通管理能力的提高。

■ 联系人:

Pavel Pribyl, President of ATT Czech Republic, Prague, E-mail: pribylp@eltodo. cz; Ivan Fencl. ITS Department, Transport Research Centre, Brno, Czech Republic. E-mail: fencl@cdv. cz

Association for Transport Telematics of the Czech Republic: www. sdt. cz

丹麦

最主要的交通问题

丹麦共有 510 万人口,和德国有 50km 长的边界,和瑞典通过桥梁/隧道连接。

客运量中超过 90%是通过道路完成的。和铁路运输及水路运输相比,公路货运的数量在过去的 20 年里有所增长。

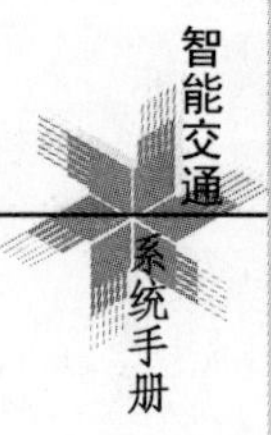

公路的交通流从 1980 到 2001 年已经增长了 75%。与此同时,交通事故和车祸的数量却在大幅度的下降(同期下降了 40%)。

高速公路的数量也在增加(920km,其他道路为 70 900km)。这些道路承担了大量的行车里程数(2001 年的时候是总量的 21%)。

交通问题在丹麦并不是很严重,因此 ITS 的关注点不在于交通控制,而是出行信息服务。

在过去的 5 年中,严重的交通事故也扩展到了大哥本哈根地区以外的高速公路网中。

ITS 如何帮助解决交通运输问题

QUO VADIS 提供关于通过奥而堡海峡或者桥梁的延误信息。这些信息包括可变的速度显示、航线控制信号、视频监督和可移动屏障信息(比如,隧道的一条通道正在修理时,引导车辆通过隧道另外的通道)。

哥本哈根的 TRIM 交通信息系统覆盖了 120km 的高速公路,并将其显示在因特网上。根据上百个志愿交通报告员提供的更多的信息,该系统可以把这些信息通过 RDS 电台、文本和 SMS 服务的方式提供给出行者。

目前正在开发一个可在线提供主要路网某一段出行车次数信息的系统,该系统采用了 licence plates 图像处理技术。

在高速公路的引路开放时,奥尔堡隧道还同时使用了排队警告系统。

主要路网中的自动道路气象站可以为出行者提供 3 小时后的预报,并且可以优化冬季道路的养护方案,包括路面撒盐和清扫积雪。

对那些逃避缴费的驾驶员可以使用自动追缴系统进行费用收缴。该系统还可以用于监视，并且在必要的时候为起诉那些超速的驾驶员提供依据。

还有一些工作是关于公共汽车和火车发车时间以及下一站的动态信息的。

ITS 还用于公共汽车定位以及自动乘客计数。

Great Belt Link 在 1998 年实施道路收费，Øresund Link 也于 2000 年开始实施。

ITS 面临的重大挑战

目前，ITS 的重点更多的是实施，而不是研究和开发。

未来规划

TRIM 系统将会被扩展到覆盖 Malmö 和 Øresund Link(丹麦和瑞典之间)高速公路上。

TRIM Light 将会扩展覆盖高速路网的大部分区域，它可以提供关于出行次数、延误、排队警告、交通监视，同时可以在意外事故发生时作为实现应急服务的一种手段。

作为高速公路系统的扩展，尤其是作为新建道路的补充，ITS 将在道路使用期间被用于保持道路的高度安全性以及良好运转。目前，和主要的公共交通部门的合作开发基于芯片的付费卡项目正在开展中。它采用非接触式卡，可以遍布用于全国的火车和公共汽车上，其价格将会根据公共收费体系制定。

■ 联系人：

Finn Krenk，Senior Advisor. Danish Road Directorate，Niels Juels Gade 13，P. O. Box 1569，DK－1020 Copenhagen K，Denmark.

E-mail：fik@vd. dk

ITS Denmark：www. itsdanmark. dk

芬兰

最主要的交通问题

交通系统被设计用来面对极端天气情况，尤其是在冬天。

堵车情况主要集中在大都市中，尤其是在假期和夏天的周末。

交通流量的 65%由公路路网承担(610km 高速公路和 3 万公里其他的道路)，车辆数量达到 250 万辆。

芬兰 75%的货运由轮船运输完成。通过破冰船的帮助，23 个港口可全年开放。

芬兰总共有 25 个机场，大多数的国际运输都要通过赫尔辛基——万塔国际机场。

ITS 如何帮助解决交通运输问题

芬兰多年前就已经拥有自动气象和路况监视系统。

政府从1990年开始和ITS密切合作。国家ITS项目组TETRA于1998年成立，它的任务是研发ITS相关的基础设施，并根据欧盟(EU)的原则保留了设施必要的互操作性。

从法律和制度上看，FITS项目和ITS服务更为密切，它继续作为项目组被更名为AINO(2004～2007年)。

HEILI的目标是加强旅行乘客运输信息服务和公共交通事故管理系统之间的合作，交通管理则集中用于提高交通控制及相关服务的水平。

用于单独可裁减的个性化服务的常规设施由私营部门提供，信息服务的基础设施则由公共事业部门负责建设。

ITS的成就有：

❖ 国家道路和道路数据库(DIGIROAD)。它包括了55万公里道路的几何构成、自然情况以及和旅行特色相关的信息，同时还有货运站，服务区以及各种公共交通服务设施的相关信息。

❖ 交通和道路天气监视。实时的交通和道路气象监视是所有交通管理服务的基础。

❖ 旅行和交通信息：

➢ 可变消息显示(VMS)给出堵车警告，路面打滑和麋鹿出现的警告信息。

➢ KALKATI是覆盖整个交通系统的国家信息交换系统。

❖ 通过固定和可变信号对交通进行控制：

➢ 300km道路的限速值会根据天气的不同而有所变化。

➢ 600km的道路配有自动限速系统。

❖ 面对公共交通使用者的ITS：

➢ 智能卡已经有多年的使用历史。

➢ 使用查询响应交通服务来提供面向个人服务。

➢ 乘客交通信息项目(HEILI)促进了多模式乘客交通信息服务和事故管理之间的协作。

➢ 赫尔辛基已经拥有一个户对户的旅行计划制定系统。该旅行计划制定系统已在2004年的秋天投入运行。

➢ 一些地区(埃斯泊，坦佩雷，赫尔辛基)在公共汽车站上为乘客提供有关公共汽车运行的实时信息。

❖ 海运中的ITS：

➢ PortNet是一个海运信息系统。它的目标是实现无纸化港口，船只到达或离港时的报告只需要一次就行。基于因特网的系统和其他的系统相互影响，并被广泛应用于芬兰的港口、海关、飞行导航、海运中。

➢ VTMIS(海运交通管理和信息系统)对于繁忙的芬兰湾有着重大的意义。

ITS 面临的重大的挑战

由于人口密度和交通流量非常低，很难刺激私营部门的力量去开发 ITS。

直到最近，ITS 应用的模式才被明确，但不同模式系统之间还无法进行信息交互。

未来规划

把成功的导航方案大规模的推广到旅行时间计算应用中，它使用移动电话——即在某一特定区域蜂窝网络中的通讯数据来实现。

将会为车载显示器和手机提供交通信息服务。开发出更多的用于交通控制的智能自适应信号控制系统，它们都将基于模糊控制、遗传算法和神经网络技术而实现。2006 年，自动限速系统在 800km 的道路上得到应用。

■ 联系人：

Sami Luoma，Finnish Road Administration，Traffic Services，P. O. Box 33，FIN—00521Helsinki，Finland.

E-mail：sami. luoma@tiehallinto. fi；

Juuso Kummala，Finnish Road Administration，Traffic Services，P. O. Box 33，FIN—00521Helsinki，Finland.

E-mail：juuso. kummala@tiehallinto. fi

ITS Finland：www. its—finland. fi/english. htm

法国

最主要的交通问题

法国的路网非常长并且覆盖所有的区域，但是交通运输仅仅集中于主干路和高速公路(每天 3 万辆车行驶在 9 000km 的高速公路上，同时，50. 8 万公里的区域性的次要道路上每天仅有 200 辆车)。

90％的客运和 75％的货运是通过公路来完成的。

虽然堵车情况已经相当普遍，但是在一些城市间的联络线上和季节性的假期中，道路堵塞是非常严重的。

由于新建道路非常困难而且造价昂贵，所以现在的目标是提高现有道路的容量。

ITS 如何帮助解决交通运输问题

法国交通部和其他的一些财团已经设立了 ACTIF 项目，它的目标是为法国 ITS 建立国家框架体系。

该项目基于欧洲的 KAREN 项目，并且和欧洲机构 FRAME 进行了合作。第一阶段于 2001 年完成，2004 年开始其实施阶段(ACTIF+)。

关于交通运营和旅行信息，主体计划 SDER 和 SDIR 是实施的主要手段。

特别需要提到的是，他们已经在大多数的主要道路和城市/郊区的路网上建立了交通管理中心。

当前其他主要的 ITS 项目有:

❖ 交通和旅行信息。公共部门和私营部门都处在大规模且高水平的开发阶段(比如高速公路公司已经实施了一种专用的无线电服务,法国 Ile de 由 WEB 服务提供更多的个性化服务信息)(案例研究 9、11)。自从 1976 年以来,长途驾驶员在假期中可以得到一些有用的信息。出行前和出行中的信息便于出行者重新安排旅行的时间或者路径以避开一些主要的瓶颈区域。

❖ 高速公路和公共交通工具上的电子收费:

➢ 为了符合欧洲标准,电子收费系统的推广一度缓慢,但是现所有的高速公路公司都使用了电子收费系统。15 个城市的公共交通拥有电子收费服务,智能卡(案例研究 10)的发行量有 150 万张。

❖ 交通法的实施。在道路安全方面,由于传统方法的发展非常缓慢,交通法的实施正在兴起。违章的发现率通常很低,同时由于一些领域的司法系统负荷过重,使得罚款不能连续征收。为了发现执行自动强制链的阻碍因素,已经进行了相关领域的测试。系统的实施已经于 2003 年开始,首批的 100 个连接国家处理中心的设备已经投入运行。

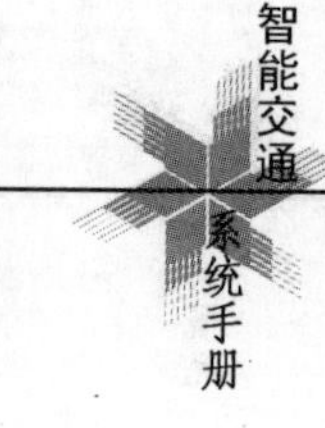

ITS 面临的重大的挑战

交通和旅行信息服务可调整的框架:私营/公有的合作关系正在得到提升,但是由于现在主要道路和高速公路上的信息已经较为完善而且是免费的,因此很难说服用户付费去得到一些额外的信息。

未来规划

用于强制执行国家交通法的自动化系统。到 2005 年该系统拥有 1000 个设备,高速公路电子收费系统扩展到 HGV 和机场停车场。扩展非接触式智能卡(NAVIGO)到巴黎的地铁、地方铁路和区域内所有的公共汽车。现在用户可以在地铁和火车站买到这种卡,在将来还可以通过电话或因特网购买。

■ 联系人:

Martial Chevreuil, Scientific and Technical Director, ISIS, 11 Avenue du Centre 78286GUYANCOURT Cedex France.

E-mail: m. chevreuil@isis. tm. fr

ITS France: www. itsfrance. net

德国

最主要的交通问题

德国共有 67 万公里的道路和 11 800km 的高速公路。高速公路连接人口稠密的地区并承担着每年 30%的车辆行驶里程。

载货汽车和公共汽车每年占到总里程数的13%。

公路承担着大多数的交通运输，每年80%的客运和70%的货运是通过道路来完成的。新的ITS服务着重于个人的信息服务，对于传统的系统来说如同是一个附加物。同样，市场也决定着驾驶成本，价格和资金。

ITS如何帮助解决交通运输问题

联邦政府的交通部主持了以交通信息通讯为主题的经济论坛(EFTT)，这个论坛是公共部门和私有企业一起合作的结果，它的目标是促进先进的ITS系统和服务的开发和实施。

它集中了来自州、城市、工业界(电子和汽车)以及公共交通系统的代表。

大欧洲ITS研究和开发项目以及领域内测试的实行，为大规模国家执行战略提供了很大的帮助。

到2002年底，2.3%的车辆都将安装导航系统，其中一些还可以根据实时的交通信息进行动态更新，其交通信息是从各种交通控制系统上收集得来的。

城市内：

❖ 有交通信号的十字路口中，大约30%是基于交通流量控制的。另外还有信号控制的步行十字路口(也是基于交通流量控制的)；

❖ 在多数的大城市中的动态停车指引系统(包括泊入和驶出)。

城市周边区域(尤其是在高速公路上)：

❖ 高速公路网的三分之一都设有可变的消息显示系统(路线指引，速度控制，堵车，坏天气警告等)和地区性公有和私有的无线电台提供交通信息服务(几乎所有的车辆上都有无线电接收装置)。

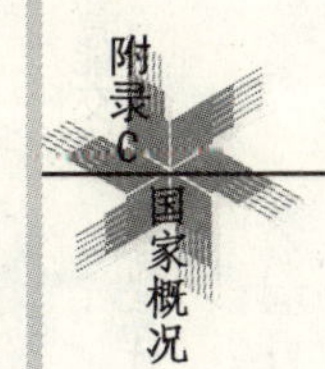

ITS面临的重大的挑战

以前过高地评估了ITS的应用潜力(案例研究12)。

就得到服务的品质相比，由于有些必须付费的系统和服务(导航，单独的交通信息，驾驶辅助)的价格比较昂贵，目前它们还无法被使用者广泛的接受。

可靠的交通事故探测和短期交通预报领域还需要加以完善。

禁止公共筹资已经严重限制了ITS的投资来源，并已经导致在筹资和运营(比如高速公路上的收费上)的部分私有化。

未来规划

EFTT已经设置了以下目标：

❖ 确保可以获得简单、安全以及多用途的设备和服务；

❖ 对标准化的支持；

❖ 增加交通管理中的多态交通数据模型的开发；

❖ 介绍具有竞争力的信息通讯业务服务给使用者。

在公共和私人部门之间进行合作，实现本地交通测量数据（公共部门）和变化的汽车数据（私人部门）之间的交换。

建立并扩大区域性交通控制中心，使其能够为私有供应商提供接口。

将会有更多的类似于柏林和法兰克福（主莱茵河地区）的交通管理中心，它们都将建立在公共部门和私人合作的基础之上。

■ 联系人：

Heinz Zackor, Institute of Traffic Engineering and Transport Management, University of Kassel, 34109 Kassel, Germany.

E-mail：hzackor@uni－kassel. de

希腊

最主要的交通问题

希腊是东地中海地区海运和空中交通的港口。

东欧国家市场经济的开放提升了希腊的国际地位。

城市间主要的交通方式是公路运输（总共 38 451km，其中包括 700km 的高速公路和 9 210km 的主干道）和海运（210 个港口拥有 430 艘用于完成海运服务的船只，251 个乘客渡口和 97 艘客轮，76 艘双体船以及 6 艘特殊货运船只）。

由于山区和希腊半岛上的岛屿过多（爱琴海中有 100 个主要的岛屿，爱奥尼亚海域有 20 个岛屿），空运（40 个民用机场）也是非常重要的。铁路运输主要位于国家的东部地区（铁路网总长 2 500km）。

在 2002 年，总共有 367 万辆汽车，预计到 2010 年汽车数量将增加到 548 万辆。这一增长速度（每年大于 4%）高于欧洲的其他的国家。

除了雅典之外，汽车保有量还没有达到饱和状态。

大多数汽车都使用了很长时间——平均是 10. 25 年，其中 30% 超过了 15 年。

由于来自第二和第三方欧洲社团以及 2004 年雅典奥运会的资金支持，经济正在加速增长（每年 4 至 5 个百分点）。

很多现存的系统（比如交通控制）都已经过时或者已经不存在了（比如没有综合的旅行信息系统）。

ITS 如何帮助解决交通运输问题

交通管理。雅典的交通信号只有一部分和交通控制系统连接。（2004 年）奥运会的时候，它完全实时地对交通控制系统作出响应。

出行信息。一些出行指南正在涉及出行信息领域，它包括一个基于网络的关于雅典主要街道的交通信息系统和一个安装在第二大城市萨洛尼卡的有关出行信息的 VMS系统。

电子付费。第一个完全运行的电子付费系统采用了智能卡技术，并被安装在环绕雅典的 70km 长的高速公路上。

事故探测。IN_RESPINSE 系统提供了一个全自动的事故探测系统,它作为范例被安装在环绕萨洛尼卡的 15km 的道路上。

公共交通。在萨洛尼卡总共 400 辆的公共汽车中,有 80 辆已经拥有了全自动的车辆位置监视系统。

港口运行和管理。在比雷埃夫斯市,NAVIS 软件用于对港口进行全自动的管理和控制。在萨洛尼卡的港口的集装箱码头上,TRD 国际公司已经开发并安装了另外一套全自动的系统。

货运。在城市货运和城市间的货运中,跟踪系统应用的非常有限。其中一个最大的运营商(PROODOS SA)使用了跟踪系统,同时还使用了交付证明(POD)信息服务。

ITS 面临的重大的挑战

希腊还没有设立专门研究 ITS 的组织,它只有一个 ERTICO 的成员席位。ERTICO 是国家研究和技术中心,它将国家交通研究所包括在内。

ITS 的主要组织和研究机构都来自欧共体信息社会创新组织,该组织包括了国家经济部内一个专门负责信息社会的秘书处。

该秘书处在承担国内 ITS 项目开发的同时,也是对欧洲基金的通道。还有一个完全隶属于国际经济部的"信息社会 SA"公司负责对不同的政府部门中的信息社会项目组提供开发信息社会创新项目的技术支持。

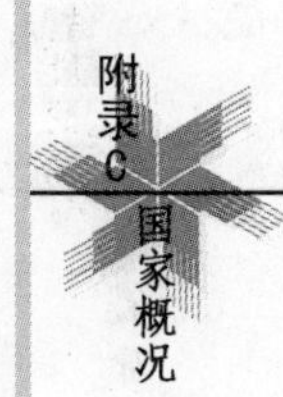

ITS 主要是通过公共部门来筹集资金,它包含的范围经常很广泛,比如欧洲地区发展基金,欧共体的信息社会创新和各种研究项目。

未来规划

在雅典的主要道路上,为奥运会运动员们的出行建立一个完全综合的交通监视和事故响应系统。

在萨洛尼卡,把车辆定位系统推广到所有的公共汽车,并且在车站安装下一辆公共汽车到达时间的实时信息显示装置。

希腊的铁路部门准备在佩特雷—雅典—萨洛尼卡的铁路货运系统上安装一个基于 ITS 的综合的货运管理系统。

在希腊和德国之间的私有运营火车上也是如此。

私人财团将签订和约,计划在希腊北部(Egnatia)共同建设 750km 的高速公路。

■ 联系人:

G. A. Giannopoulos. Professor, Aristotle University of Thessaloniki and Director, Hellenic Institute of Transport, National Centre for Research and Development

E-mail：ggian@certh.gr (or anagi@otenet.gr)

匈牙利

最主要的交通问题

自从1990年中东欧的政治和经济发生变化起，匈牙利已经变成了一个交通枢纽。这使得对交通基础设施的需求有所增长。

7 000km(23%)的国家路网的路网承担着国内60%的交通运输。

路网采用了中心-环状结构，最主要的道路都通往位于匈牙利中部的布达佩斯。未形成网络高速公路(2002年底有581km)无法满足现在的交通流量，更不能满足将来增长后的交通流量。

汽车保有量最近已经有了相当大的增长，每1 000居民有240辆车，其中乘用车的数量增长最快也最多。

汽车保有量有望在2020年的时候达到欧盟的平均水平(100居民中400辆)。在1994至2010年，乘用车的数量将会有50%的增长。

在1993年出台了一项新的安全法令，规定在居住区最高时速限制为50km/h。因此，尽管交通流的数量不断的增长，死亡率却不断地下降。

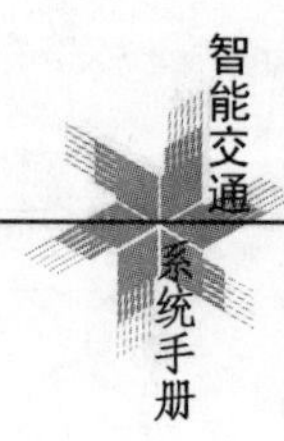

车祸的数量高于欧盟(匈牙利是每10万人中死亡18.5人，而欧盟是每10万人中死亡12.6人)。

在花费和铁路同样的情况下，公路客运的能力在不断的增加。从2000年至2015年，客运总里程有望增长30%～35%人·km。

同样，货运能力也在不断的增加。从2000年至2015年，货运的总里程有望增长25%～30%t·km。

匈牙利1995制定的交通政策已经将目标调整侧重在实现足够的交通机动性。

ITS如何帮助解决交通运输问题

信息系统和交通控制使用多种消息显示：

- ❖ MARABU：1990年初，在环绕布达佩斯的重要的高速公路上研制安装了交通控制和信息系统(MARABU－环绕布达佩斯道路交通管理)。现在这个项目正在顺利地进行，它包括几个子系统，如数据采集系统、MARABU控制中心、大雾和黑冰警告系统、路侧交通信息系统、停车指引系统和区域控制系统。MARABU系统最主要的任务就是不间断的监视交通，提高M0环路的利用率，优化环城高速的分流功能，同时提高道路的安全性。
- ❖ MAESTRO：MAESTRO系统于1999年在东北的M3高速公路上实施。它的首要目标是实现高水平的道路运转能力。其次是要更好的满足交通流量和提高道路的安全性。该系统提供的信息依赖于周围的道路状况，其中的数据采集系统使用了感应线圈和摄像机监视系统。

为了更好的道路运行而设计的 ITS 系统包括：

❖ UTMET 是一个道路气象信息系统，它的目标是通过使用先进的 GSM 技术传输数据，以支持冬天对道路进行养护。该系统于 2000 年投入运行，它包括大约 200 个分布在整个路网上的主数据采集站，以及另外 20 个配合系统工作的外部主站。道路和气象信息系统包括路侧主站（含有太阳能电池或者有线的供电的路侧数据采集系统，天气和交通信息传感器），UTMET 中心（收集和处理数据，数据存储，和主中心的数据交换），维护中心的终端设备，以及用于显示道路信息的显示牌（在以后的阶段中）。

❖ UTFORG——交通数据采集系统。该系统基于上面所提到的道路和气象信息系统、除了使用的同样的基础设施（供电、数据传输）外，还设计实现了交通数据采集的系统。UTFORG 系统将会包括 50 个交通数据采集站，全天 24 小时不间断地提供国道网络中重要路段的交通和速度数据（按车辆种类分类）。同时，系统将会检测路网中堵塞情况，这种实时的数据结果对于 UTINFORM（经济和交通部的交通信息中心）的日常工作是非常有用的。

现在匈牙利个人信息系统可以提供多种服务。多个系统共同工作可以覆盖几乎所有的领域（比如，预出行信息系统，导航系统，流量管理系统）。道路使用者可以在布达佩斯所谓的"触摸信息"终端上得到"出行信息预报"，比如公共交通运输的可行性信息，或者基于静态运输数据的推荐路线信息。匈牙利另外一些重要的系统是出行信息系统（比如，触摸信息，城市浏览/道路指南，PannonWap 导航，基于 WestelWap 的服务等）和流量管理支持系统（Spedin form，Loginform，Navi Street，FlottaNav，等）。

ITS 面临的重大挑战

匈牙利已经具备了交通运输和出行信息系统所需要的主要的技术条件，但是却没有建成综合集成的系统。

另外一个必须要考虑的问题是跨边界运行，其中可能包括运行边界（高速公路运营者之间），跨越不同基础设施之间的边界（高速公路网，城市道路网，公共交通运输网）和实际的国家边界。最后一种边界情况必须考虑和其他欧洲国家进行合作。

为了支持实时数据及其更新，需要有相当多的参与者以多边协议的形式进行合作，其中包括数据库拥有者和不同数据采集系统运营商以及交通控制中心之间的协作。

未来规划

ITS 战略的优先级包括：

高速公路网络上的交通控制和信息系统。这些系统最重要的作用体现在他们对交通安全方面积极的影响。将来，高速公路的运行应该基于交通信息和控制系统，并使用可变的消息显示。统一的技术规范使得在匈牙利整个路网上有可能建立一个通讯系统以便于动态地满足交通需求，并使驾驶员不通过高速公路运营商就能使用统一的方式进行通信。第一个关键步骤是监视高速路网的关键区域，以便提前探测到交通问题并勘测指定区域/网络的必要量度。

需要消除的路网瓶颈包括多个通到匈牙利国土的所谓“赫尔辛基走廊”：

- 奥地利/斯洛伐克至罗马尼亚/南斯拉夫的走廊穿过布达佩斯；
- 斯洛文尼亚至乌克兰的走廊也经过布达佩斯；
- 布达佩斯到克罗地亚的边界。

在将来，消除这些走廊上的瓶颈是极其重要的第一个应用将集中于主要道路和高速公路跨越国界的区域，以及连接多瑙河流域桥梁的道路。

交通控制中心：现在还不是一个全国范围内的交通控制中心。交通控制系统和中心仅仅覆盖了正在开发的高速公路网的部分区域。

然后可以建立一些地区性的交通中心，它们的系统融合将非常重要。这包括建立一个共同的数据库，不同度量之间的转换同时还有集成交通控制战略的应用。

旅行信息系统：有效的旅行信息服务的先决条件是要有一个综合的数据库同时还要提供必需的信息给用户。建立一个独立的信息系统另外一个必要条件是要有一个最新的、格式正确的电子地图。建立这样一个地图正在顺利地进行中。数据对于道路使用者（通过不同的媒体，包括无线电、传真、视频、GSM 短信、网络电话/移动电话），不同的道路运营商和其他的组织（警察等）以及一些其他的外部服务提供商应该都是一样的。使用动态数据代替静态数据是非常重要的；同时多中形态和相互协作也是必须要考虑的。

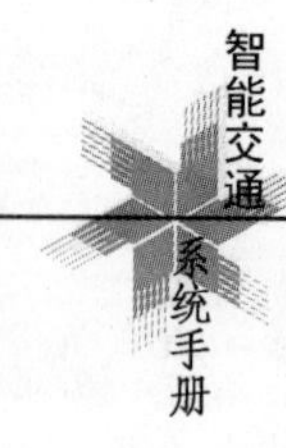

ITS 在对道路有效运营上的应用：

尽管所有的解释都同意道路运营的目标是在最大程度上让使用者满意，但是不同的国家和国际专业组织之间对其定义千差万别。在为道路使用者提供的各种服务中间，匈牙利对交通流和为旅行者提供旅行信息的支持并不像欧洲其他国家一样分布广泛。考虑到欧洲的趋势，有必要回顾一下匈牙利道路运营的最重要的目标以及其相关服务领域，技术合作的可能性以及智能交通的优点——一般来说也是信息通讯业务的优点以便在将来更好的支持道路运营。

系统结构：正在开发一个开放的系统结构，它允许不同的技术/信息通讯系统在空间和时间上一步一步地整合在一起以适用将来的变化同时也可以整合新的系统到已经规划好的结构之中。按距离不同进行收费是在研究的框架下进行的第一个步骤，研究的框架已经为将来的发展给出了指导方针。

与距离相关的道路定价：将来，除了现在的收费系统之外，匈牙利的高速公路网还会使用视频系统，EFC 系统，基于汽车实际旅行距离的系统。对于整个高速公路网来说，执行统一的收费方式是最重要的。技术和非技术的要求必须都要考虑到并且必须定义相关的任务并给予解决。欧洲国家之间的相互协作方面有很高的优先级。

智能卡:为客运交通开发/执行出在不同区域的私有交通运营者之间通用的电子缴费系统,也就是基于电子(智能卡)付费票务系统(通过建立合同的、清楚的和可操作的框架)的推行将会使公共交通更有吸引力。

以后这种收费方式可以通过系统整合(扩展停车场的电子付费,电子收费和其他的服务)的方式得到延伸。

■ 联系人:Dr. Agnes Lindenbach, Associate Professor, Budapest University of Technology and Economics 1111 Budapest, Hungary, Mûegyetem rkp. 3.

E-mail: interut21@tvnetwork. hu

意大利

最主要的交通问题

意大利是一个人口稠密的国家(5 800 万常驻人口,每平方公里 192 人),它有两个山区,位于北面的是欧洲的阿尔卑斯山脉,亚平宁山脉把国家分成东西两部分。共有 3 300 万辆小汽车和 300 万辆卡车。

城市间主要的公路有 47 000km,另外还有 6 500km 的高速公路,其中 86% 是收费的。

ITS 如何帮助解决交通运输问题

意大利的 ITS(意大利 TTS)有两个工作组:

- ❖ 开发出能够精确描述本地公共交通的开放式参考框架;
- ❖ TRADEX——旅行数据交换,负责处理免费的或者可以收费交通信息。

意大利所有的 460 个高速公路的收费关口都使用了无线通过－EFC 不停车系统。超过 400 万用户,到 2003 年中期,系统的通过率为 50%。

高速公路上使用的可变的信息标识。

佛罗伦萨使用了车辆通行控制系统,罗马的无线通过使用同样的标准。汽车制造商们在一些汽车上安装了导航系统,包括通讯和反扒窃设备。

ITS 面临的重大的挑战

自动设备的实施细则仍然处于讨论之中。

未来规划

第三代无线通过正在研制,它将会提供交通和可以帮助驾驶员的信息。

国家和地方警察局希望通过使用摄像机来强制执行限速。车辆通行控制系统有可能推广到其他的城市。

■ 联系人:Maurizio Rotondo, AISCAT, Via Sardegna, 4000187 Rome, Italy

E-mail: maurizio. rotondo@aiscat. it

TTS Italia: www. ttsitalia. it/inglese/tts_cosa. htm

日本

最主要的交通问题

日本是一个很小的岛国且多山，人口主要集中在沿海地区和高原。

随着交通数量的不断增加，道路建设却没有增长，且已经导致了交通堵塞的增加和更多的交通事故（每年死亡10 000人）。

主要高速公路的长度从1999年到2000年增长了3.8%，可是高速公路只占所有道路的0.6%。

现有道路一般来说都比较狭窄和弯曲，这会导致道路的堵塞且使在堵塞地区的道路建设变得困难。

ITS如何帮助解决交通运输问题

在日本，一项ITS的综合计划包含了21种用户服务，分别属于9个ITS的领域，并且给出了20年后的长期预测。随车导航系统已经累计销售出了181万部。

"智能道路"是一个开放和共有的平台（数据存储设备，控制系统和高科技的信息设备），它是构建ITS的基础。

VICS是一种动态交通信息服务。驾驶员购买一个接收单元，它可以提供畅通路段和实时的交通状况信息作为导航单元的一部分。VICS开始于大阪和东京，现在已经推广到几乎整个日本（案例研究14）。

在高速公路上，大约有900个收费口使用5.8GHZ的双向DSRC。个人数字助理（PDA）用来帮助老年人和残疾人以提供更多的道路导航和定位信息。

ITS面临的重大的挑战

全自动高速公路系统（AHS）仍然面临接下来实际操作的检验。

未来规划

政府打算继续投入在ITS，用于ETC的路边设备，道路地理信息系统（GIS）和信息化高速公路（比如，在现有的高速公路上增加光线）的预算和1996年基本持平。

全自动高速公路系统（AHS）的目标是在将来实现全自动驾驶。私有企业相信ITS的多媒体化将会有巨大的市场潜力。

■ 联系人：

Makoto Nakamura，Public Works Research Institute，Ibaragi－ken 305 Japan.
E-mail：nakamura@pwrc.or.jp
ITS Japan：www.its－jp.org/english/

马来西亚

最主要的交通问题

马来西亚包括马来西亚半岛和沙巴州以及在婆罗州北海岸的沙捞越。

全国共 2 337 万人口，其中有 41%是从业人口，这个数量在 2002 年的第三季度有 3.5%的增长。工作机会几乎都位于城市，这使得城市中的交通堵塞现象不断增加。

从 1998 年到 2001 年，注册的车辆增长了 7.8%，同时驾驶员的数量上升了 7.1%。总共有 1 100 万辆机动车，其中 49.6%是电动自行车，40.3%是小汽车。

马来西亚是东南亚自由贸易区(AFTA)的一部分。AFTA 的目标是增进成员之间的经济合作。同马来西亚周边国家(泰国、新加坡、文莱和印尼)之间的陆地交通在这些国家之间的物流过程中扮演着重要的角色。

沙巴至沙捞越之间没有经过文莱的道路正在计划之中，这将会对跨国界的商业活动起到促进作用。

马来西亚的道路总长 74 653km，其中 2%是收费的高速公路(1 250km)。在 2001 年的时候，联邦政府已将马来西亚半岛上道路(16 984km)的保养私有化了。

这和 ITS 应用的互连以及标准化都不一致。

ITS 如何帮助解决交通运输问题

马来西亚已经实现了传统意义上的 ITS，都和收费的高速公路有很关，比如：

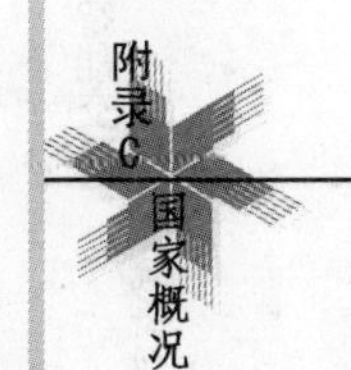

- ❖ 交通管理——交通控制信号。
- ❖ 所有私有化高速公路上的电子收费。至少有一个收费通道是 ETC。
- ❖ 所有的城市收费高速公路都将有 CCTVs，VMS，事故探测系统等。当前，这些设备仅仅分布在吉隆坡和它的卫星城(Klang 流域)。
- ❖ 高速公路，停车场以及公共交通的票据系统已经很普遍了。2003 年中期，在某些地点比如 LRT 和火车站，售票亭和主要的停车场安装读卡器。

综合交通信息系统(ITIS)在 2002 年的第三季度开始实施。由此吉隆坡把交通规划和交通管理系统集成在一起。2005 年，它实现了第一个区域性的 ITS 应用，专注于提供实时的交通报告和管理。交通管理和旅行信息会通过呼叫中心，互联网以及各种媒体和电信服务提供商的数据合作伙伴发布给公众。

ITS 面临的重大的挑战

政府已于 2003 年中旬建立了一个马来西亚 ITS 的总体规划。它的目标是制定一个综合的计划为 ITS 更有效率的应用指明方向和框架。任务包括：

- ❖ 设置基准线并建立起详细的目录；
- ❖ 需求分析；
- ❖ 可行性分析；
- ❖ 系统架构；
- ❖ 定义 ITS 布置程序并维护 ITS 总体规划。

未来规划

被建议并正在建设的综合交通仿真程序命名为先进的公共交通系统，它将包括先进的公共信息系统为乘客提供更好的关于到达和离开的市内公交车的信息。

ITS总体规划的执行。这个项目会确定国家ITS的架构并会在最后推荐短期(2年),中期(5年)以及长期(10年)的实施计划。

■ 联系人：

Ir. Amir bin Md. Kassim，Director，Highway Planning Unit，Ministry of Works Malaysia

Ir. Ismail bin Md. Salleh，Director，Regulatory and Monitoring. Malaysian Highway Authority

墨西哥

最主要的交通问题

墨西哥是一个人口过亿的大国,其中75%的人口居住在城区,人口密度为每平方公里50人。有17 000 000人口居住在墨西哥城的都市区。

道路网铺装率只有32.5%(总长340 457km),其中9.3%的道路(10 348km)是4车道或更多车道的分向式道路。

54%的城际交通量分布在14条主干道上(19 245km)。

主要的问题是城际交通的方便性和城市交通,尤其是对环境、经济和安全的影响。

绝大部分的新道路是收费公路,共有5 850km,其中77%是由政府管理的(CAPUFE)。

收费公路每年增长8%。

ITS如何帮助解决交通运输问题

收费道路网实行电子收费：

❖ 名为IAVE的自动车辆识别(AVI)。并为安装信号接收装置的公交车和货车设置专用车道。

城市自动交通控制：

❖ 在收费站点利用VMS为驾驶员提供一些道路条件和天气信息。在交叉口提供特殊的智能交通系统解决方案,如特殊的货物检测器,货物控制以及AVIU系统。

ITS面临的重大的挑战

大多数人口都面临严重的社会和经济问题,降低了智能交通系统在政府投资方面的优先权。

未来的计划

在第二个特许项目中,联邦政府计划建设3 000km的收费道路。

在主要的收费停车场,将增添包括信用卡智能支付和速度交叉穿越线等现代化元素。

■ 联系人：

Santiago Rico Galindo，Director General Adjunto de Operación，Unidad de Autopistas de Cuota，Secretaría de Comunicaciones y Transportes. México D. F.
E-mail：sricog@sct. gob. mx

荷兰

最主要的交通问题

Randstad 地区繁重的客流运输(这一地区由 4 个相邻的主要城区组成，全国 1 600万人口中的 1 000 万居住于此)。

Randstad 地区和来自其他欧洲中心的繁重的货物运输(道路、轨道和水路)。

多种形式的基础设施(2 000km 的公路主干线、1 000km的铁道主干线和 1 000km 的内陆水运主干线)。每年货物运输的 50%(15 亿吨)是靠道路运输完成的，其余主要是内陆水运和短途海运。80%的客运靠小汽车完成，其余是公共交通。

ITS 如何帮助解决交通运输问题

已开展的几种智能交通系统模式和体系框架：

❖ 智能交通系统相关模式。交通运输系统(像供应链管理或者交通管理)及其管理的区域如果能通过使用信息和通信技术取得效益，那么这样的交通运输系统就能够转化成智能交通系统。

❖ 已经开展的一些 ITS 工作：

➢ KAREN，欧洲道路交通智能交通系统体系框架；

➢ AVB，城际间道路交通管理的智能交通系统体系框架；

➢ STIS，内陆水运交通的智能交通系统体系框架。

物流发展的促进作用：

❖ 高水准的规划、调度和货物调配，比如：城市零售行业配送；

❖ 个体船只的高水平轨迹追踪；

❖ 多式运输

➢ 旅行前不同运输方式的静态交通信息和可能的换乘方式(例：从汽车变为有轨电车，从飞机变成火车)。

➢ 公共运输：静态的出行信息(门对门出行规划)和一些动态的不同公共交通方式间的换乘信息(火车和公共汽车等)。

➢ 货物运输：基于多模式转运信息的多式联运支持。

❖ 道路运输：

➢ 目前，交通管理正从良好的点控制(如道路交叉口控制和匝道控制)发展为区域性网级别的基本控制(在区域网级别确定交通流的优先权)。已取得的成就包括：

➢主干道超速执法(案例研究15)；

➢对不同的交通参与者采用不同类别的交通控制策略(如公共运输和和货物运输)；

➢高质量收集城际交通信息(通过交通信息中心发布城际交通信息案例研究16)；

➢基于静态路线导航和动态车载(城际间)交通信息的动态车辆导航；

➢高水平的事件管理组织和信息服务。

❖ 轨道运输

➢已实现静态行程规划和电子客票。

❖ 内陆水运

➢高质量的船舶和货物位置追踪信息可用于实现高水平的运输、交通、现场管理和危险物品检测。

ITS 面临的重大的挑战

多部门管理而产生的实施过程中的复杂性。(如综合交通管理和信息，自动货物运输)

■ 联系人：

Victor Avontuur, Transport Research Centre, Ministry of Transport, P. O. Box 1031, 3000 BA Rotterdam, The Netherlands.

E-mail: a. v. avontuur@avv. rws. minvenw. nl

Connekt (former ITS Netherlands): www. connekt. nl/

挪威

最主要的交通问题

交通问题常常是与不利的气象条件联系在一起的，而不仅仅是拥堵。然而在主要城市和国家大部分地区的夏季里，拥堵确实是个很突出的问题。

ITS 如何帮助解决交通运输问题

挪威的智能交通系统已经历了很长一段时间的发展。但挪威并没有把智能交通系统作为一个单独的国家计划，而是将它作为国家道路和交通运输计划中必要的组成部分。此项计划阐明了挪威公共道路管理局(NPRA)的责任：

❖ 提供道路交通数据和信息；

❖ 建设智能交通系统基础设施；

❖ 开展国际合作、标准和兼容性等方面的工作；

❖ 协助并参与研发行动。

道路运输、轨道运输、空运和海运部门在智能交通系统方面的合作非常密切，并已经扩展到了北欧区域，有五个北欧国家的相关部级共同参与协调了智能交通系统行动。

尽管不是欧盟成员，挪威也参与了欧盟的框架项目，如：DRIVE，VIKING项目。

ITS 领域的特殊成就：

- 5 个全年 24 小时运营的区域交通中心（TMC 和 TIC）覆盖了整个道路网；
- 由 5 个区域道路办公室负责实施智能交通系统行动，如示范和应用项目，公共道路理事会负责协调；
- 利用电子收费的收益来资助基础设施的改善（案例研究 17）。

数据采集：

- 全国共有 180 多个道路气象站；
- 250 多家先进的交通注册分理站管理着 4 000 个计数站点；
- 大量的利用感应线圈和视频传感器的交通监控站；
- 应用于一些城市隧道里的基于视频图像处理的自动事件检测系统；
- 在全国所有主要隧道和奥斯陆的所有主干道上安装的视频监控系统；
- 官方报道中确保事件信息和驾驶环境信息的质量；
- 大约有 40 万个 Q-Free EFC 标签用于实时采集交通数据。

智能交通系统基础设施建设和信息发布：

- 可从区域交通中心在线更新的信息数据库（EVITA）；
- 可从 EVITA 自动更新信息的因特网服务；
- 奥斯陆与机场之间的实时因特网交通信息服务和旅行时间预测；
- 通过拨打 175 道路交通信息呼叫系统，获得人工或自动语音服务；
- 在电视上不断更新无线电站文字广播服务；
- 与国内广播公司合作建立 RDS－TA（交通公告）系统；
- 名为 ELVEG 的智能交通系统数据库提供了整个挪威的道路网，包括地图、基本道路数据、建筑物和地址的数字道路网。此项服务是以公私合作形式运作的；
- 有 1 000 多个各类信息的可变情报板应用在隧道、山脉交叉处和主干道上。此技术通常是通过 LED 屏或光纤技术显示文字，还有多方向可旋转棱镜；
- 在十字路口和街道交叉处大约有 1 000 个交通信号灯。大多数的信号灯由交通控制系统统一协调。公交信号优先已普遍应用，许多液晶显示信号灯也已投入使用。

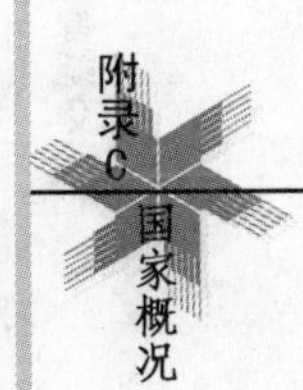

未来规划

目前国家长期智能交通系统项目包括：

AutoPASS：基于欧洲兼容性标准制定的新的国家电子收费系统规范。此系统是基于5.8GHz频段的专用短程通信（DSRC）。几年后，将会有超过百万的车载单元(电子标签)投入使用,覆盖100多条电子收费车道。

DYNAMIC DATA:动态数据。此项目主要是来说明采集管理实时交通和道路气象数据的体系框架、数据库系统和组织形式。它是基于数字到路网ELVEG,连接实时道路和交通信息到ITS系统的基础。在这种方式下,网络和交通数据可以提供给现有的导航和车队管理系统,也可以广泛地服务于信息提供者。

BEDRE BYLDFT:城市空气清洁器。此项目说明了冬季大型城市严重的污染问题,其目的是减轻由道路交通引起的污染,其目标是建立一个可以为交通控制方案提供决策支持的空气污染监控和预报系统。需要在局部地区立即采取方案减少地方上决定的行动,但受限于减少速度限制。待评估的方案包括在收费道路上增加高峰时间收费标准和暂时禁止未安装排气净化器的车辆。

MERKUR:正在开发支持区域交通中心的新系统,这个系统是基于地图信息的系统,用于管理事件报告、紧急电话和其他从中心获得或发布的重大信息。

■ 联系人:

Tore Hoven, Norwegian Public Roads Administration, Regional office Mid—Norway, Molde, Norway. E-mail: tore.hoven@vegvesen.no

ITS Norway: www.its—norway.no/default.asp? V_LANG_ID=1

葡萄牙

最主要的交通问题

汽车保有量和使用量的大量增长(1990至1995年间,从每5个人拥有一辆私家车增长到每3个人拥有一辆私家车)导致了拥堵和停车等附带交通问题,尤其是在里斯本和波尔图两个主要的大城市地区。

ITS如何帮助解决交通运输问题

到目前为止,许多ITS方面的工作还处于研究和试验阶段。在大多数项目中,50%的资金来自于欧盟的交通项目,另外50%来自于公共或私人部门的资助。

其中,一些项目已经实施,其他的也即将步入试验阶段。已存在的项目如下:

- ❖ **SERTO** 基于光纤通信的设置在全国高速公路上的紧急呼叫系统。此系统是国家道路管理局和一家电信运营商协议建立的,要求所有的高速公路上必须每隔2km安装一个紧急电话,并保证每天24小时运行。
- ❖ **VIA VERDE** 绿色通道:作为10个主要国家特许道路经营者之一,BRISA发展了此电子收费系统,并覆盖其所管理的整个道路网。虽然它并不强制车主使用此系统,但是很多人希望使用小型车载设备付费。此系统已取得一定成就,订单在不断增加。
- ❖ 综合交通和信息系统:此项目的第一阶段是1998年在里斯本的主要城区安

装了 24 个可变情报板、47 个 CCTV 和 100 多个交通传感器。此系统覆盖了通往里斯本的 300km 主干道，并使用了光纤通信。

- 2002 年，此系统升级为可以融合来自不同运营商经营的道路网的各种系统采集到的所有信息。基于对道路用户关心的问题和交通需求的良好认知，这些信息将协助国家道路局完成其在公共信息服务和提高道路基础设施管理方面的义务。
- 采集交通信息并在电视台播放基于 CCTV 图像的实时路况简报，并在电台定时播放路况，尤其是在高峰时间。从 2002 年开始，在国家道路管理局网站上（www. iestradas. pt ）播报 CCTV 图像。
- Shadow 收费系统：根据 2002 年政府的决定，一些特许经营者开始在其运营的高速公路上应用此收费系统。这个系统是利用交通传感器、CCTV 和一台主机，依据预先定义的一套有相应收费标准的 8 个类别，进行车辆计数和分类。

未来规划

根据与其他高速公路特许经营者达成的协议，BRISA 运营的电子收费系统将有望应用在所有国家高速公路上。

将来可在移动电话上显示来自道路网的 CCTV 图像，网络和移动电话交通情况视频包传输测试已在进行中。

国家道路管理局计划发布更多的交通流信息，包括系统覆盖道路的平均速度。

Shadow 收费系统采集的信息将提供给交通控制和信息系统。

■ 联系人：

Antonio Lemonde de Macedo，LNEC，Avenida do Brasil，101，1700－066 Lisbon.

E-mail：almacedo@lnec. pt，www. lnec. pt

António Manuel Rodrigues，IEP — Instituto das Estradas de Portugal，2800－225 Almada，Portugal.

E-mail：antonio. rodrigues@iestradas. pt，www. iestradas. pt

罗马尼亚

最主要的交通问题

车辆的快速增长。过去的十年中汽车数量已经翻倍，到 2015 年，还将每年增长 7%。

低质量和不完善的道路网不能应对繁重的交通量。70%的国家道路网已超过其生命周期。正在投入巨额资金用于新建高速公路和更新现有国家和城市公路（主要是基础设施的建设）。

迫切需要使交通网和相关服务符合欧洲标准，为资源整合做准备。

ITS 如何帮助解决交通运输问题

罗马尼亚的交通系统受益于国际发展机构的经济援助，如 EC、EBRD 和世界银行。此外，还有中央及地方行政部门和私人的投资。前者投资主要集中在道路基础设施，而私人投资则资助其自主 ITS 应用。

更新和建设新高速公路的巨大工程正在开展中，到 2015 年将更新国家道路 8 000km和高速公路 1 100km。

特殊优先的项目如下：

- ❖ 城市交通控制；
- ❖ 公共交通管理；
- ❖ 用户信息系统；
- ❖ 基础设施管理；
- ❖ 车队和货运管理；
- ❖ 事件管理。

重要应用包括：

- ❖ 道路气象信息系统：位于布加勒斯特与 Brasov 之间的公路上。这是一个分布式的系统，包括智能道路气象站、数据采集站和一个中心站。它采集道路气象数据后经过加工处理，推测短期(2h)和中期(24h)的道路交通气象预报以发布警示信息。用户可以通过可变情报板和信息亭获取道路气象信息。
- ❖ 使用统一紧急电话号码 112 的事件管理系统：该系统仅覆盖了 Mures 一个地区，正在向全国推广。调度中心接到紧急电话后，调派卫生、消防和警察部门进行救援。车队由专家系统管理，系统可自动选择处于最恰当地点和装备完善的车辆应对紧急状况。
- ❖ 车队管理系统：为卡车、出租车、送货车和公共车辆提供定位跟踪、通信、最佳路线选择和安全服务的系统。
- ❖ 国内货运交通(引航阶段)供求管理(电子商务)：这些系统可在线记录供求信息，以提供路线优化、静态的交通信息服务。

在过去的几年里，国家对研究项目中关于交通领域的研究和示范工程给予了大力支持，而 ITS 项目就占了四分之一。这些国家项目主要集中在城区交通和车队管理上。

ITS 面临的重大的挑战

这与罗马尼亚的具体情况息息相关。罗马尼亚近期刚完成从共产主义社会向市场经济的转变，经济和体制发生了巨大的变化。

此外，由于准备与北约和欧盟国家的系统整合，罗马尼亚尚没有按照国家战略和机遇研究确定智能交通系统实施的项目和进度，而是根据北约和欧盟整合需求来进行。道路网中智能交通系统的实施，将符合欧洲标准，并能够承担日益增长的交通量，确保安全条件，并且增加各种服务间的兼容性。

国家ITS体系和实施计划的不足，导致公私合作刚刚起步。

在新建高速公路的财政计划里不应忽视ITS的基础设施，在修建高速公路阶段需安装相应的ITS基础设施。

未来规划

目前，所有道路网都是国有资产。然而，在最近的道路领域公私合作的立法中，制定了道路所有权和公私合作发展未来道路基础设施的协议框架。

未来主要的焦点将是：

- 明确实际的ITS需求；
- 在地区(东南欧)和整个欧洲范围建立合作伙伴关系；
- 基于地区和国家的智能交通系统体系框架，制定一个中期智能交通系统实施计划；
- 发展国家道路智能交通系统的同时，开展道路更新和高速公路新建工程(同时建设基础设施和信息结构)；
- 成立公私合作组织机构；
- 了解国家道路和城区实施智能交通系统的成本、效益和风险；
- 维系当地与外来公司参与ITS投资的平衡；
- 兼容性和标准化。

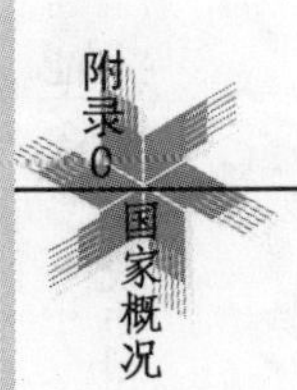

■ 联系人：

Dorin Dumitrescu, ITS Romania, 313, Splaiul Independentei St., Corp JE 008, 060042 Bucharest, Romania.

E-mail: dorin.dumitrescu@rdslink.ro

新加坡

最主要的交通问题

新加坡的国土面积为650km²，共有道路8 240km，其中961km是高使用率的高速公路。对于如此小的面积，道路是高度关注的问题。

尽管汽车保有量相对较低(约有40万辆汽车，每10人一辆)，但有预测表明其将增长。(然而，汽车拥有量水平已被车辆配额方案限制，同时道路网年增长率也被限制在3%左右)

ITS如何帮助解决交通运输问题

交通管理。陆地运输管理局(LTA)负责确保道路和高速公路的交通顺畅，其已引进了以下基于ITS的方法：

- GLIDE和交叉口照相机——此系统允许国家的1 850套交通信号灯配饰自动调整以顺应主要的道路交通状况。因此，道路交叉口通行能力最大化通常是在主干道沿线提供最佳的连续交通流(绿色波)。GLIDE也可以快速检测和更正交通信号错误。许多复杂的交叉口已安装了照相机,同时在控制中心也有训练有素的工作人员随时准备人工调整交通信号,以便需求发生变化时,更好的管理交通状况。

- EMAS——高速公路检测和监控系统,监控中心可全天候监控 150km 高速公路网的交通状况。一有紧急情况,紧急救援卡车将接到警报,并开赴现场处理紧急事件,将道路拥堵程度降到最低。和其他高速公路使用者相关的事件和拥堵信息将会通过广播和信息显示的方式发布在高速公路入口和路段中。
- 陆地运输管理局的网站提供包括交通状况、道路作业和道理收费等道路网信息。
- 电子道路收费——使用需求管理是一项重大的战略。虽然 1975 年已开始实施道路收费,但目前的电子道路收费系统(ERP)直到 1998 年才得以实施。EPR 利用 45 个门架,通过插入每个车辆的车载单元(IU) 的智能卡实施道路收费,并每 3 个月发一次费用单。
- 公路隧道——新加坡主要的高速公路中有一条包含约 2.4km 的公路隧道,正在建设中的全新的高速公路将拥有超过 12km 的公路隧道,短程隧道同样被列入新加坡城市环境规划的范畴。同时,近期更多的关注指向了包括 CCTV、基于视频的事件检测、车道信号控制、运用重复广播和可变情报板的驾驶员信息系统,还有监测空气污染和火灾的系统。
- 用于公共交通的非接触式智能卡收费系统——公交车和 MRT 公交运输系统每天承担着 400 万次的运输量。为了便于人们使用公共交通,所有公交线路都使用统一的名为 EZ-Link 的非接触式智能卡的收费系统。
- 强制系统——包括交通信号控制交叉口处闯红灯抓拍和超速危险路段的超速抓拍。

■ 联系人:

Kian-Keong Chin, Senior Manager, Land Transport Authority, Singapore.
E-mail: kian_keong_chin@lta.gov.sg
ITS Singapore: www.itssingapore.org.sg/

斯洛伐克

最主要的交通问题

缺少资金投资。汽车的保有量和使用量迅猛增长,尤其是主要城市。

公共交通使用率和搭车现象减少,越来越多的人选择了私家车出行的方式。例如,1990～2000 年间,Bratislava 的交通量增长了约 88%,而公共交通的使用量下降了 40%。

ITS 如何帮助解决交通运输问题

智能交通发展在斯洛伐克仍然处于初级阶段。但是2001年其成立了一个专业团队，即斯洛伐克智能交通系统协会，主要致力于推进ITS规划、设计、实施和运营等各项应用，目前共有来自ITS市场中主要的私有部分和学术界的成员45个。

其主要优先政策是：

- ❖ 建立一个能够涵盖所有的交通运输模式和服务的统一的ITS体系框架；
- ❖ 建立一个全国范围的道路网数据库(案例研究19)；
- ❖ 与邻国间的共同行动；
- ❖ 在获取公共支持方面将ITS技术的实施与道路建设分离开；
- ❖ 通过授予许可证的形式，鼓励私人部分参与交通运营和控制。

已启动的一些ITS项目：

- ❖ 高速公路信息和控制系统(MICroS)。这是一个获取、处理、发布和存档所有高速公路网检测数据和信息的综合工具。设备配置包括流量统计工具、气象装置、可变信息板、动态称重、闭路电视、事件检测和紧急救援程序(案例研究19)；
- ❖ 已在几个城市公共汽车上安装了公交乘客信息系统。目前为止，此信息还局限于各线路的信息，并没有换乘网的信息；
- ❖ 布拉迪斯拉发正在安装停车诱导系统；
- ❖ 基于GPS接收器和电子地图的自动车辆定位应用已进入测试阶段。包含了精确的全国公路、道路和街道的空间位置和路线信息及沿途标准标识等道路特征，并且可与其相应的信息相连接的全国范围交通运输网电子数据库是此系统应用的必要条件。在整个斯洛伐克共和国领域内，超过5000人的居住区都有道路和街道网；
- ❖ 电子收费——在主要城市正在实行的智能卡收费系统，即单一卡片应用于城区的公共交通和停车系统；
- ❖ 隧道系统——最近，三条高速公路隧道的修建工作已开始。此项工作集成了大量的ITS应用，包括闭路电视、基于视频和线圈的事件检测、可变信息板车道信号控制、交通灯、超重车辆检测、空气质量和能见度检测设备、火灾检测、SOS安全子系统以及内部广播和移动通信连接。

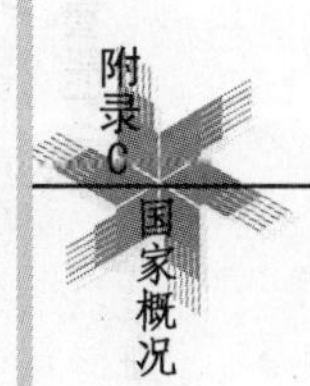

ITS 面临的重大的挑战

在融入欧盟的形势下，各国政府必须改善本国的道路网，并且把斯洛伐克也加入到欧洲运输通道建设中。

相比智能交通系统，更愿意优先发展道路建设，因为道路建设公司对智能交通系统的作用并没有实质的兴趣和深入的了解。

同样,国家行政部门缺乏对智能交通系统的了解和认识。智能交通系统发展战略并未包含在国家交通政策中。

社会公共部门正处于过渡时期。

缺少对 ITS 的资金投入。

不同运输方式间智能交通系统如何协调发展。

没有适当的智能交通系统的制度和立法。

建立恰当的公私合作关系(2002 年,作为公共层面代表的交通部、邮政和通信部与由斯洛伐克智能交通系统协会代表的私人部门开始正式合作)。

需解决不同来源的信息传送,使用不同通信设施和不同信息处理方法等技术问题。

未来规划

为了建立统一标准的体系框架并确定公共和私人部门对智能交通系统的需求,斯洛伐克正在依照 KAREN(欧洲道路网的重要框架)模式搭建框架。已有一个基本框架于 2004 年开始测试。

为进一步研究 ITS 标准,这项工作已经开展。斯洛伐克是 CEN 的新成员,目前已加入 TC 278 标委会。

在城区及各地方区域建立统一的综合公交系统。

一项高速公路电子收费系统研究已于 2003 年完成,并于 2005 年应用于重型货车。

■ 联系人:

Tibor Schlosser, ITS Slovakia Association, Pri sajbach 3, SK — 831 06 Bratislava 35 Slovakia.

E-mail: schlosser@dopravoprojekt.sk.

南非

最主要的交通问题

大城市存在着严重的交通拥堵问题,特别是在开普敦,约翰内斯堡,比勒陀利亚,德班等地。

旅行者的安全保障。由于绑架,超速和其他违法事件,导致公路变得非常危险。

乡村公路和边境公路基本上没有罩面,运营条件很差。

许多交通工具濒临报废,几乎没有路用价值。

金融压力。省级和地方公路的建设和养护主要依靠省和地方政府,由于财力紧张,资金主要用于现有道路的维护和升级而没有建造新的公路。公路主要依靠收费和政府财政修建。BOT 方式已被引入公路建造,1996 年至今已实施了 4 个项目,另有 6 个项目拟建。

ITS 如何帮助解决交通运输问题

智能交通的大规模应用目前没有展开，但是它的潜力已得到了充分的认识。南非智能交通协会(SASITS)已于2001年成立。其主要参与者包括：国家公共部门，如交通部、南非国家道路协会；工业、咨询等不同的组织和团体，如反犯罪商业组织，出租车协会，道路货物运输组织，汽车协会，汽车制造协会。SASITS的目标在于为ITS提供整体的方案，学习其他国家的经验。

在南非实施和未实施的智能交通实例包括：

❖ Ben Schoeman ITS 项目。在本国最繁忙的公路上，采用对 ramp metering 和动态速度控制作为优化交通流的选择，本项目即对这种选择进行评估。本项目还对不同事故探测系统、旅行者信息系统及交通管理中心模式的可行性进行了研究。

❖ 用于监视 traffic emissions 和事故的管理系统，建于 hugenote 隧道。

❖ 城市交通控制系统。采用 SCOOT 和 ATCON 来优化交通流。这个体统已被应用于开普敦、约翰内斯堡、比勒陀利亚、德班、伊丽沙白港口。

❖ 不同的信息标记在约翰内斯堡、德班、midrand 进行了应用。

❖ 在大多数地区早晨和下午的交通高峰期，通过电台播放交通信息。这些信息由交通控制中心和公众提供。

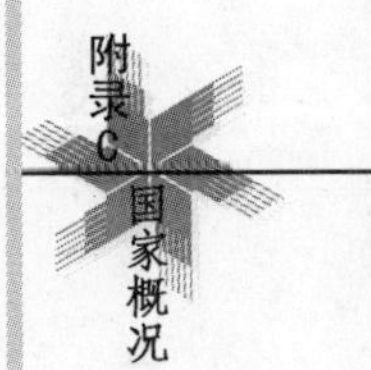

❖ 采用车载 GPS 系统进行车队管理和运载工具犯罪预防。

❖ 在开普敦和约翰内斯堡实施的交通系统中公交优先策略。在伊丽莎白港采用 GPS 和 GIS 来监视公交位置。

❖ 开普敦建立了公共交通呼叫中心。这位游客采用不同的模式的交通旅行方式提供信息。

❖ 在开普敦开展的实时游客信息显示项目，通过机动车内置的 CCTV 来监视游客的安全。

❖ 在开普敦采用公交智能交费和停车智能交费系统。

❖ 在收费公路采用电子收费系统。CEN5.8GHz 的近距离通信标准被用于全国收费公路。

❖ 在约翰内斯堡、开普敦、德班和比勒陀利亚，CCTV 被用于交通事故处理、交通拥挤、犯罪预防。

❖ 在德班安装了游客救助终端。通过这个终端，游客可以通过 CCTV 的摄像机和话筒向城市警察控制中心进行呼救。

ITS 面临的重大的挑战

❖ 公共交通使用者的安全和效率条件；

❖ 收费公路系统的高效收费；

❖ 乘坐者和商业运营者的安全保障；

❖ 促进旅游需求的积极政策；

❖ 交叉补贴；

❖ 通过采用发达国家的技术和国外的有益经验为南非带来廉价、重要的技术进步。

未来规划

延续和扩展现有项目。如：作为 Ben Schoeman ITS 项目的一部分，对旅行者获取信息的不同选择的电台，VMS，SMS 和互联网等方式进行评估。

在约翰内斯堡，德班和 Midrand 扩展 VMS。

采用诸如 CCTV 的检测设备进行事故管理。

■ 联系人：

Alex van Niekerk，South African National Roads Agency Ltd，Private Bag X17，0040 Lynnwood Ridge，South Africa.

E-mail：niekerka@nra. co. za

South African Society for ITS (SATIS)：www. sasits. com

韩国

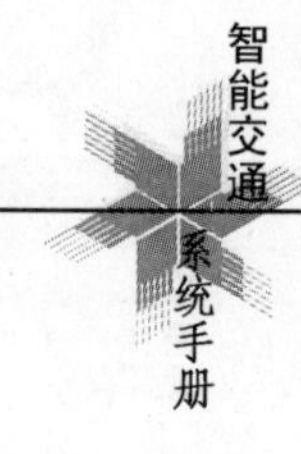

最主要的交通问题

交通工具持有量的快速增长(1991 至 2001 年的年平均增长率为 11.8%)。

严重的城市交通拥挤。估计每年由交通拥挤造成的损失高达 160 亿美元。

高交通事故率。2001 年，8 079 人死于交通事故，相当于每 10 万人中，16.9 人死于交通事故。

ITS 如何帮助解决交通运输问题

目前 ITS 仍处在其发展的初期，但其中重要性日渐显著。ITS 的发展包括以下几个方面：

❖ 建设交通部(MOCT)发展了一项国家智能交通计划，这项计划涵盖了 62 种用户服务及 60 种相关的智能交通子系统。成立了专门的 ITS 部门，负责全国 ITS 项目的计划、融资及整合。

❖ 政府计划每年使用 100～200 万美元用于智能交通的研究和发展并为智能交通基础设施建设提供贷款优惠政策。

❖ ITS Korea 已经建立，旨在促使私营机构参加智能交通项目。

❖ 政府工作的中心在于，根据国家的现状提供廉价的智能交通解决方案。截止到现在，已经实施了三个主要的系统，分别为：自适应信号控制系统、城市 ATIS、事故管理系统。

❖ 20 个标准(包括 4 个数据字典，11 个信息设置以及 5 个开放标准)已被智能交通委员会所采用。

❖ 建立了智能交通论坛以利于利益相关者的讨论协商。这些利益相关者包括信息通讯部(MOCT),国家政策组织(National Police Agency)以及韩国高速公路公司。最近讨论了关于建立智能交通相关交通信息数据库的问题,将由韩国高速公路公司负责实施。

❖ 国家机动车牌照识别系统已经建立(案例研究 20)。

ITS 面临的重大的挑战

引入标准的智能交通评价技术。南韩城市间智能交通实施效率的比较存在困难,因为各城市使用不同的方法收集原始数据,采用不同的方法进行数值模拟和现场调查。

由于缺乏诸如地点车速探测器和空间平均速度探测器这样的高效探测系统,所以对旅行时间难以做出有益的估计。

未来规划

将最近采用的智能交通新标准用于智能交通项目。这将使合理的制度规划成为必须。

一些国际合作活动已经展开,如参加了 ISO TC/204 委员会组织的智能交通标准会议。政府热切希望同那些对智能交通具有较长研究和应用历史的工业发达国家进行双边和多边合作,以达到交流信息、技术和经验的目的。目前关于加快发展和实施智能交通框架的政策建议是非常重要的。

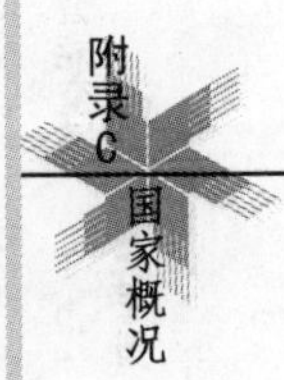

发展公交信息系统(BIS)。

智能交通论坛的讨论重点将放道路数字地图架构的管理与公交信息系统的通信技术上。

■ 联系人:

Dr. Sang Hyup Lee, Director of ITS Division, Transport Policy Office, Ministry of Construction and Transportation.

E-mail: infohi2@moct. go. kr

ITS Korea: www. itskorea. or. kr/eng/index. html

瑞典

最主要的交通问题

道路交通量的快速增长——1997～2010 年私人汽车拥有量将扩大 30%,货运将增长 40%。

冬季恶劣的气候条件导致交通中断和高事故率。

ITS 如何帮助解决交通运输问题

交通信息方案包括:

❖ 道路气象信息系统(RwiS)。瑞典道路气候信息系统是目前全世界类似系统中最全面的一个,它使用了 700 个汽车气象站和 200 个摄像机。当环境恶劣时,它能够实时提供早期预警。这个系统的优势在于它能降低事故率和费用,降低对环境的影响。由于减少了采用化学物质解冻道路,可以降低对交通工具的腐蚀损害。

❖ RDS/TMC。这个系统通过 55 个无线天线和 260 个天线覆盖了 98%的国土范围。TMC 信息能够覆盖整个欧洲高速公路、各国家级高速公路及支线。TMC 服务是免费的而且是全天候的。

❖ 交通信息支持系统(TRISS)。瑞典有 7 个国家交通信息中心。一个地方交通信心中心位于 Gothenburg 市。各交通信息中心使用 TRISS 来进行交通数据管理。信心主要来源于 SOS 求救和警察部门。

❖ 道路服务条件。通过互联网提供,路面信息、气温和实时交通信息。

交通管理方案包括:

❖ 高速公路控制系统(MCS)。位于 E4 路上的 MCS 系统能够对车队发出预警并通过沥青路面上的探测器纪录实际交通速度。当需要绕行或某条道路因为故障车辆或保养需关闭时,可以通过"Traffic Stockholm"控制 above—road 入口。

❖ 交通信号。"Go Green"项目给步行者和骑脚踏车的人更长的通行时间。实施的"Red Check"项目旨在减少红灯交叉,从而减少由于红灯交叉而造成的事故风险。如果车辆高速到达禁行线,传感器能够记录车辆到达禁行线的速度和红灯时长。

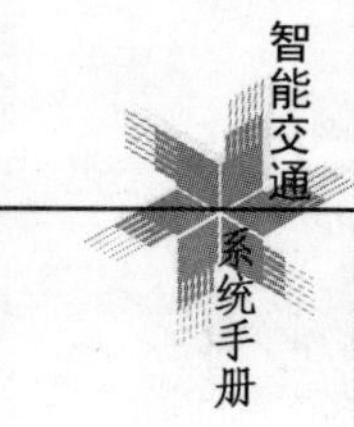

❖ 动态速度极限。瑞典国家道路委员会开展了动态速度极限试验。这个试验将继续开展几年预计到 2007 年结束。这项试验的目的在于增加交通安全,同时使道路使用者取得更好的认同。

智能车辆项目包括:

❖ 智能速度适应系统(ISA)。

ISA 计划 2004~2007 年(案例研究 22):

➢ 2004:所有 SNRA 的车辆安装 ISA 系统;

➢ 2005:25%的交通任务由安装 ISA 系统的车辆完成;

➢ 2005:提高购买需求速度。

➢ 2006:100%的交通任务将由安装 ISA 系统的车辆完成。

❖ 智能车辆安全系统(IVSS)。在这个领域,瑞典处于和各汽车公司、研究机构、学术机构合作的领先地位。IVSS 项目的目的在于支持交通运输和工业政策目标,同时实现参与公司的商业目的。具体说来包括:

➢增强瑞典在汽车工业与交通安全方面的世界领军地位;

➢创立国际引导的长效合作机制,使参与 IVSS 项目的成员受益;

➢发展创新系统,包括交通工具、驾驶员和道路各方面的创新;

➢经过 10 年时间在国家或国际上,使针对车辆和基础设施的交通安全解决方案在商业化方面获得突破。

自动和综合收费系统包括：

- ❖ 目前 SNRA 正积极开展自动和综合收费系统的实施和试验，以下实施和试验值得提及：
  - ➢ Oresund－bridge 项目；(系统已实施)
  - ➢ Svinesund－bridge 项目；(系统已实施)
  - ➢ 欧洲公路 E6 的一部分在开放交通后将安装本系统；
  - ➢ 斯德哥尔摩项目。(2005 年开展实地测试)

SNRA 正参与不同的与标准化相关的欧盟项目。我们希望看到系统得到支持和发展并取得共同使用的成果。

人机交互计划(HMI)包括：

- ❖ 酒精锁死系统。这个系统采用与发动机点火系统相连的一个电子芯片，其目的在于阻止在酒精呼吸试验中酒精含量超过给定标准的人驾驶车辆。导航程序和酒精锁死系统用于检查驾驶员的行为，以便研究系统对累犯的效果。
- ❖ 移动电话调查。SNRA 目前正在调查交通中移动电话使用情况。

ITS 面临的重大的挑战

国家智能交通实施战略需进一步考虑的 5 个问题：

- ❖ 关注道路使用者的需求和认可；
- ❖ 贯彻国家交通政策的目标和规则；
- ❖ 考虑国家经济发展政策；
- ❖ 智能交通的实施应基于科学知识和可靠的经验；
- ❖ 智能交通的参与者间的紧密地合作、明确分工其责任。

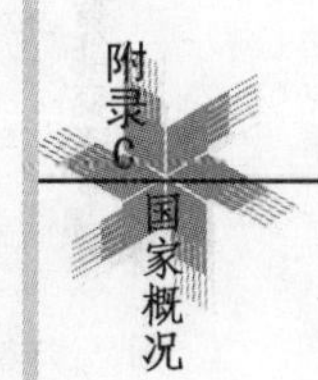

未来规划

瑞典政府已经赋予 SNRA 在计划、发起、实施、评价及宣传交通部门研究发展项目的责任。2003 年用于智能交通的预算为 5 千 2 百万 SEK(约合 7 百万美元)。

SNRA 将激励瑞典智能交通参与欧盟第 6 体系框架项目。

瑞典政府计划建立国家道路数据库(NVDB)，这个数据库同时向公众和商业参与者提供。其应用范围将涵盖社会计划、提高商业和工业效率、提高公共交通、交通安全和突发事件反应能力，提供详尽的旅游信息。

■ 联系人：

Haval Davoody，Swedish National Road Administration，ITS Section，Borlänge，Sweden.

E-mail：haval. davoody@vv. se

ITS Sweden：www. its-sweden. com/main. php? lang＝eng & page＝eng-page-start

瑞士

最主要的交通问题

在多个区域，道路交通达到极限容量。出于经济和环境的原因，不值得扩建国家道路网。

道路货运交通的扩容——自从开辟了圣哥达公路隧道后，南北中轴线 N2 上的重型货运年平均增长率达 10%。

在 1994 年，瑞士选民通过了旨在保护阿尔卑斯地区免受交通的负面环境影响的阿尔卑斯计划，内容包括将货运从陆路转移到铁路以及不增加阿尔卑斯地区的道路网交通容量。

ITS 如何帮助解决交通运输问题

联邦道路权威机构已经起草了一套指南，在国家等级上控制道路交通信息通讯业务的使用。

关键部分是：

❖ 基于国家等级的内部模态数据仓储和 IT 网络工程，建立内部模态交通信息系统（出行前和出行后）来安装高效的内部模态信息和导向工具（如可变情报板（VMS），具有专有交通信息频道（TMC）的数字编码无线数据系统处理系统（RDS），全球系统移动（GSM）电话，摄像机，网络想摄像机，电视等）。例如，大量的实时自动交通数据计数点、气象和路表传感器目前已经在国家范围内予以安装。数据通过私密的交通信息中心和 VIASUISSE 进行采集，通过传统和数字的无线服务，RDS/TMC，GSM 和互联网进行发布。

❖ 安装自动交通控制系统来提高道路安全和效率。例如，在长双向的交通阿尔卑斯公路隧道中实施安全驾驶能力管理来保证稳定的交通流，且隧道中的不间断 HGV 交通流使得 HGV 和 optimises capacity 间的最小安全距离保持在 150m。

❖ 在高出行量的道路上建立 ITS 控制系统（VMS，RDS/TMC）。

❖ 安装系统来为道路使用者改善环保和提高道路交通安全，（如安装紧急呼叫系统），监管车辆携带危险品，提高公路隧道的安全性等（案例研究 24）。

❖ 为金融、法律、组织机构和制度提供基础。

❖ 基于“用户/污染者付费”原则，建立高效的金融系统，考虑公共服务原则，发展涉及到公共和私营部门和服务的解决方案。例如，重型车辆收费（HVF）是一个电子系统，当车辆超过 3.5t 则收取于行驶里程相关的费用（案例研究 23）。对 HVF 的总投资大约有 1 亿 7 千万欧元，包括车上单元（OBUs）的成本。目前有超过 55 000 的 OBUs 在运营。

❖ 建立关于定义、标准、规范、教育、培训等的测度来保障高速引入 ITS（与 EU，CEN/ISO 相协调）及其高效应用。瑞士道路交通专家协会已经建立基于国际 CEN TC278 和 ISO 标准的综合 ITS 标准和规范。

- 努力达到旨在减少城市交通需求的目标，其中包括道路收费的潜在使用。“Mobility Car Sharing”项目在全国的城市中运营。使用 Mobility Car 十分便宜且可以提前通过电话或互联网来预定。

ITS 面临的重大的挑战

协助达到瑞士运输政策目标，命名为：

- 可持续性运输和交通发展；
- 内部模态和多模态运输方法和组合式解决方案；
- 提高重型货物从陆路到铁路运输的转换；
- 运输和交通基础设施最优和高效的内部模态使用；
- 减少环境污染达到可接受的长期标准；
- 瑞士国家道路网的竣工；
- 改善道路交通流和优化道路维护；
- 基于零死亡提高道路安全性，在 2012 年使道路死亡人数减少一半；
- 提供和保证全国所有公共道路的自由通行；
- 与欧盟的运输策略相兼容和协调。

未来规划

瑞士政府已经意识到基于运输管理战略、工具和应用的 ITS 是重要、高效的基石。但是，ITS 应用必须植根于全球组织结构，制度，法律和财政方法以达到成功。

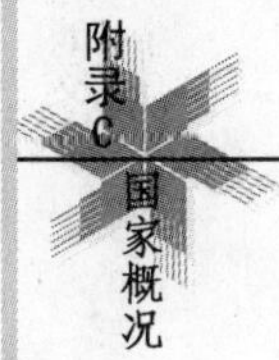

■ 联系人：

Gerhard Petersen，Swiss Federal Roads Authority (FEDRO)，Worblentalstrasse 68，CH－3003 Bern，Switzerland.

E-mail：gerhard. petersen@astra. admin. ch

英国

最主要的交通问题

私人车辆(70%的人口采用私家机动车出行)和货物运输(1 570 吨·千米/年)极大地使用道路网。

许多线路和许多城区严重拥堵，尤其在高峰时间。

高道路事故率——在 2000 年，3 409 人死于英国道路上。

ITS 如何帮助解决交通运输问题

中央战略交通控制中心(TCC)已经在英格兰建成，在苏格兰和威尔士也建成有类似的中心(案例研究 29)。大多数当地的道路权威机构中也有中央控制中心，它们运营和控制本区域内所有的交通信号并且提供中央集中的信息。区域交通控制中心(RTCC)正在建设中(2004)，用来控制英格兰所有的主要中心城市路线并与国家 TCC 和当地城市控制中心相联系。

所有的机动车道路配备有通信系统，提供紧急电话和由 RTCC 传递信息的可变情报板。

与当地中心相联系或独立运营的停车信息系统。

公交运营中心也通常用于主要城市。这些中心通过综合自动车辆位置系统（基于 GPS 和信标）、CCTV 控制以及与驾驶员的语音通信来控制公共运输服务。这些中心通常与相关的公路权威控制中心共享信息且经常驻在同一地点。

英国 90%以上的交通信号是由车辆激发且几乎所有的信号都与中央集群系统相联系来达到协调控制的目的。

CCTV 的大范围应用于城市和城市间的道路网络。

自动危险探测系统与可变限速控制系统一起安装和发展为主动交通管理方案来扩大城市之间的道路网络。

在城市中，城市交通管理和控制（UTMC）工程是一套发展中的综合管理系统，它将交通信号控与公交、有轨电车、应急服务和信息系统相组合形成全面控制方案。

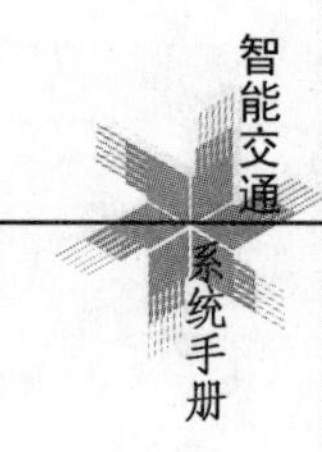

使用 GPS 和其他技术的自动车辆位置系统通常用于车队车辆管理。通过商业上可用的拥堵和路线变更信息转变了货运车辆在英国的运营模式。

智能卡的票务系统正为许多大型市镇和城市引入。

汽车部门已经将信息和安全系统包含进去。在英国，抑制实施和自适应巡航控制可通过某些售出的模式来应用，并且导航系统（许多使用实时信息系统）可通过许多模式予以使用。

包括实时公交站信息的行人信息系统正逐步被大范围的应用（案例研究 28）。

信息服务变得越来越重要，它们由私营部门提供（案例研究 26，27 和 30）。信息可能由道路权威部门运营的中心获取或由私营资源采集。

遵循在互联网上运营原则的出行信息道路已经建成，用来使各种交通信息供应商和用户以各种方式通过单一系统资源获得可用信息（案例研究 33）。信息通常通过私营部门服务公司发布到客户车队控制中心或直接发布到车辆。与此类似，无线广播服务通过私营信息服务提供商提供给广播员。

伦敦和达拉谟已经引入拥堵收费来减少交通，其他许多地方也在积极考虑使用拥堵收费（案例研究 31）。

ITS 面临的重大的挑战

协助政府实现其 10 年交通规划的目标，规划特别集中于减缓道路交通增长率，高效管理道路交通，减少事故率以及鼓励使用公共交通。

未来规划

深入发展对使用私家车的“抑制因素”，例如：

❖ 尽可能扩大使用电子收费技术的收费公路——例如环绕伯明翰，位于内陆的一条新路于2003年开通，其建设投资全部来自道路收费。

❖ 拥堵收费。这于2003年2月始于伦敦，所有费用均离线收取，并通过CCTV和自动车牌识别系统强制执行。近期的立法授权当地权威机构在本地道路上使用拥堵收费。

❖ 工作区停车收费。

出台措施鼓励使用公共交通。例如，中央政府提出“Transport Direct”项目(案例研究32)，它将在全英国范围内传递增强的出行信息服务，包括全面规划出行门户网站。这将覆盖所有交通模式并提供基于时标、可能性和成本的模式对照和路线对照。这项服务也将合并购票设备。

出台措施鼓励将重型货物运输车辆(HGVs)从道路网转到铁路。引入里程收费用于所有HGV的提议最近被予以考虑。

考虑开展关于在车上正确使用自适应智能速度并通过道路上现存的可变速度控制方案来对其整合方面的学习和培训。

■ 联系人

Jennie Martin，ITS United Kingdom，Suite 412，Channelsea House，Canning Road，London E153ND.

E-mail：mailbox@its－focus. org. uk

ITS－UK：www. its－focus. org. uk

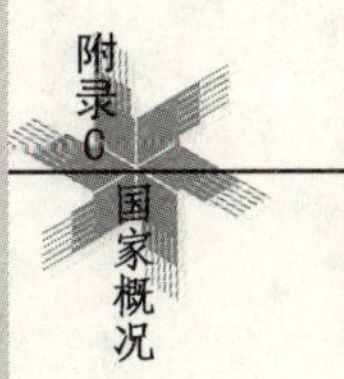

美国

最主要的交通问题

高等级的车辆所有权(2亿3千5百万的车辆保有量，接近每人一辆车)。

未来10年中，由于妇女、年轻人、老人以及低收入群体的移民和出行增长，预计出行需求将显著增加，为国家道路网带来更大压力。

部分由于北美自由贸易协议(NAFTA)以及随之发生的美国、加拿大和墨西哥两两间的贸易增长，致使货物运输也在增长。三个国家之间80%的贸易通过陆路运输模式。

ITS如何帮助解决交通运输问题

国家层面的分析表明，基于ITS的投资方法(“ITS”＋“建设”)能在供给道路容量增长的成本方面比仅通过建设(选择“仅建设”)的方法节省35%，并且仅需要投资额的1/3，正如许多新建公路反映的那样。

政府已经认识到实施国家范围内综合ITS应用的价值。21世纪运输公平的行动(TEA－21)注意到道路基础设施和车辆之间逐渐增长的相互作用。因此，行动聚焦到这两个主要领域，也就是智能基础设施的应用和融合以及智能车辆的检测和评估。

ITS 规划的目标是使国家道路运输系统作为一个多模式和多管辖权的实体来运营，并且改善城市和郊区的所有类型的车辆出行，包括效率、机动性、安全、生产力、可达性、出行者决策、顾客满意度。

近期行动聚焦在：

- ❖ 大城市 ITS 基础设施：先进的交通管理，交通信息，公共交通系统；
- ❖ 营运车辆 ITS 基础设施：车辆安全系统、效率、可调整的过程。初始设备是营运车辆信息系统和网络工程（CVISN），它是一个连接运送者和公驾驶员构的信息系统；
- ❖ 郊区 ITS 基础设施：气象信息、冬季机动性、郊区运输机动性。（案例研究35～39）

ITS 面临的重大的挑战

两个关键的挑战是：

- ❖ 通过私营部门投资来发展一个健康的市场从而促进 ITS 应用；
- ❖ ITS 系统的协同工作能力。

政府正在实施一系列战略来应对主要挑战以达到 ITS 规划的目标。包括：

- ❖ 加速标准的发展；
- ❖ 提供专业技能建设（PCB）培训；
- ❖ 实施基础设施和车辆技术研究；
- ❖ 提供 ITS 应用指南和技术辅助；
- ❖ 提供协助并建立工作组来支持获取与国家 ITS 体系框架和标准的一致性；
- ❖ 展示在模式应用上予以融合的益处；
- ❖ 评估这一规划。

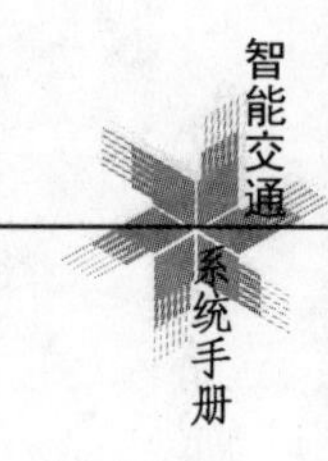

未来规划

在下一个 5～25 年内，支持证实具有潜在应用的先进技术的研究、发展和测试。新领域将包括工作区安全、公共安全、运输安全以及道路气象信息。

车载部分将被合并入智能车辆先导计划（Intelligent Vehicle Initiative），并聚焦于通过驾驶辅助和控制干预系统的方式进行事故预防。同时，整合驾驶辅助和乘车者信息功能以促进信息处理、决策和更高效的车辆运营也非常重要。

USDOT 将继续鼓励和提升公共/私人合作者。

■ 联系人：

Jeffrey A. Lindley, Office of Travel Management, Federal Highway Administration, WashingtonDC, USA.

E-mail：jeffery. lindley@fhwa. dot. gov

ITS America：www. itsa. or

附录 D

ITS 与人的因素

这节附录主要介绍了交通运输和物流的复杂性,并且介绍了如何利用系统工程的方法来处理这种状况以及怎样让用户参与到这个复杂系统设计工作中。项目的管理者和所有项目组成员必须了解整个系统的结构、系统的动态特征和任务以及人的不同行为责任,只有这样,才能得到一个合适的人机交互界面,才能期望得到用户的好评,才能取得潜在市场的成功。

随着社会发展的 ITS

在新的交通运输服务中,高效率和高质量的交通需求是 ITS 发展背后的主要原因。现在解决任何一个运输问题都需要通过实时的信息交换。他们不得不迎合社会发展的需求,比如:货物和乘客运输的供给需求,服务于生产和商业中的物流系统的需求。

当技术系统加入了社会背景,就会变得复杂。我们不得不把这一系统设计成一种经济、高效、安全和环保的方式,而这些目标的实现将会有可能利用一些解决系统复杂性的设计方法。ITS 常常包括几个人为的决策,这些决策过程需要考虑到所有 ITS 依靠的环境信息。整体网络的运转、运输过程和参与者的目标都是不可缺少的。对该系统的复杂性一定要充分的分析、设计和评估,而且要考虑到对交通运输服务解决模式的影响。那些利用基础技术和通信网的社会行为(活动)将会受到大量决策者和使用者的影响,而这些分布在各个不同领域和不同时间范围的决策者和使用者却时常有着对立的目标和行为。因此,分析和描述系统中一个特殊层次的技术和人之间的相互作用就变得非常复杂，以致于不能用人来处理。

交通运输和物流

不同的运输服务有两个主要的目的：乘客和货物的移动以及工业产品和货物分布的供应链。目标就是要么为了迎合一定的乘客移动需求，要么就是在恰当的时间、恰当的地点以合适的数量通过必需的成分来提供特殊的活动。这些活动分别被称为交通运输和物流，“运输斜线”把它们联系起来，如图 D.1 所示。

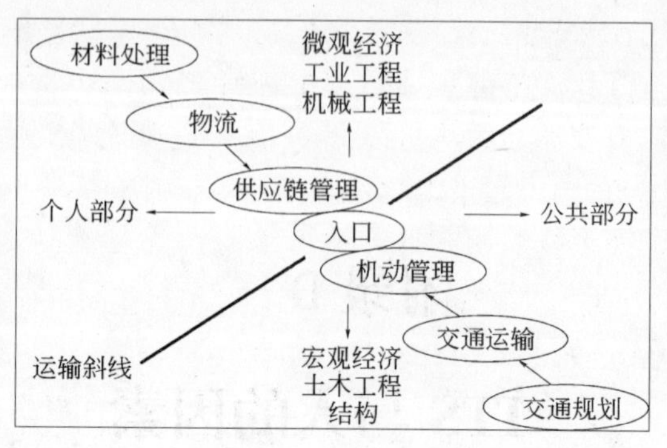

图 D.1　运输斜线——运输和物流之间的连接

ITS 的三个不同组成部分

我们可以将 ITS 分成三个高度关联的部分——网络、过程和参与者。假如将这些部分结合在一起，这将有助于分析、设计和评估 ITS 的解决方案。

网络部分主要包括运输和通信的连接、节点和单元。当将这些连接、节点和单元结合在一起后，将会形成物理网络和结构。在这里技术的运用(尤其是 ICT)很重要，但同时会增加复杂性。可以通过把网络分解成子网或者是子系统来解决这问题。

过程部分主要包括在过程中能够确认的网络部分和不同交通流的之间相互作用或信息。这个动态的特性关系到信息的传输和转换，而且与信息通道有关。控制过程的时间范围和信息交换速度之间的匹配对一个系统指标的合格是很关键的。

最后，参与者部分主要和 ITS 怎样支持决策制定高度相关。通过计算机终端、工作站、控制屏或者其他的车载元件，参与者不得不面对这一过程和网络。界面的设计必须要适应参与者在任务中所使用的过程思维模式。一旦参与者得到的信息过载，或者被他们控制外的其他过程或事件干扰，就需要引进一个恰当的信息过滤。可以建立一套提取分层标准。

一种设计与评估的层次模型

从参与者的角度出发，可以得出一个概念模型和一个分析框架，不同的参与者可以从中区分出来并且可以置于一个五层闭回路的控制系统结构，如图 D2 所示。五个层次分为：(1)运动系统(2)交通系统(3)运输系统(4)出行或货运系统(5)可达性。这五个层次描述了 ITS 应用的五个不同时间范围。每一个层次的决策都是基于相关过程的目标、过程的实际状况，所能考虑到的任何偏差，并且最关键的是采用什么样的控制措施来使得过程目标保持一致。

新的信息和通信技术（等同于ITS）的引入使得在闭环或者反馈结构中利用大量潜在的人为决策变得可能。决策过程的闭环结构（包括反馈，信息和数据的过滤）在图D.2中用info0、info1等模块来简单表示。注意到info3′模块和info3″是为了在运输系统中区分反馈给出行者和乘客的信息。

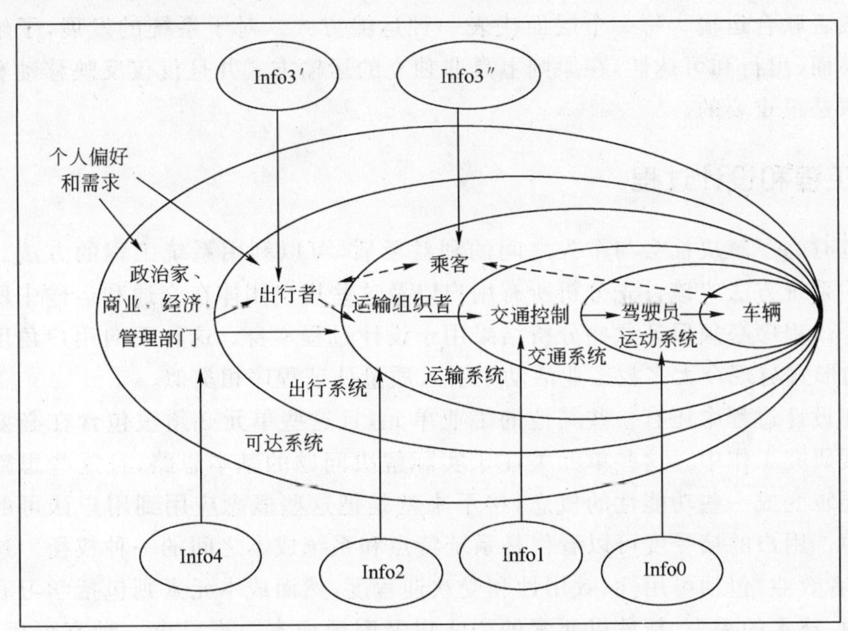

图D.2　公共交通运输中的信息流和决策

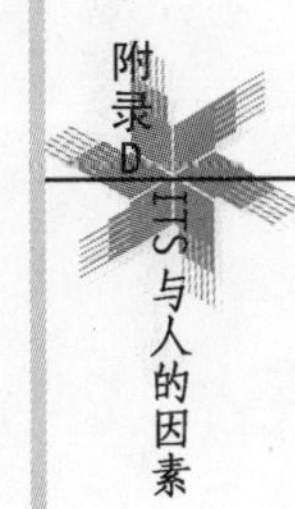

图D.2中所示的信息模块是特殊决策者或参与者可利用的数据库系统的代表性子模块。理想状态是这个数据结构储存了所有过程收集到的全部信息和数据。ITS中的过滤程序能够为参与者筛选出相关过程的信息和数据。由图D2我们可以看出需要考虑的人的因素非常的广泛和复杂，并且还包含很多人类工程学以外的因素，这些因素则仅仅关注个人与周围工作环境之间的相互作用。

在日常生活中，人们在确定特定地点之间的出行需求之后，并成为出行者。他们如果能成功地基于不同的交通方式制定出行计划，这份计划就可为旅行提供无缝的连续的运输服务。这些交通方式的选择要么通过可得到的信息（比如时间表），要么让有经验的人来做，在运输上被称为动态需求。通过调查和研究历年基本数据一般能够得到这些出行需求与出行方式，并且能够得到一个固定的时间表。

旅行规划还包括预测总出行需求与将来能为该需求服务所提供车辆和运输服务的之间的匹配。这种匹配只有在交通过程中没有干扰发生时才能成功，也就是一个没有特征开环控制系统是明显的时候可以匹配。

相似的物流和供应链管理系统能够很容易地区分开来。主要的区别是用货物的移动代替人们的移动,用被动地货物单元代替了主动的顾客。更进一步,参与者在其中有一些不同的名称和角色(货物主、派遣员、发货人)。

从公共运输系统出发,图 D.2 利用一个例子来说明这个基于模型和框架的论证路线。当他们考虑各种各样的交通方式时,个体就是出行者。如果选择了公共交通方式,个体就变成乘客。通过观察三个最低的信息层我们可以引入多种运输方式或者联合运输。每一个层面代表一种运输方式。对于系统的发展,了解两种最高层面(出行和可达性)在原则上是非独立的运输方式并且仅仅反映移动和供给的需求是很重要的。

系统工程和设计过程

有时为了解决社会与个人之间的利益矛盾,可以利用系统工程的方法。一个理想的系统方法应该首先分析所有用户以及这些用户团体在交通和运输中所经历的问题。程序必须保证这些分析结果用于设计过程本身。这种面向用户角度引入ITS 的形式与现今大多数工业活动中引入质量认证程序相类似。

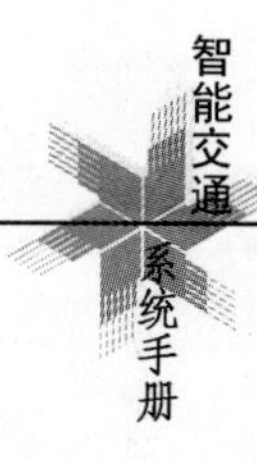

在设计过程中还有一些其他的工业单元,且这些单元必须被包含在必要的人的因素研究工作中。这些单元关注于实际解决问题的基本思路,且这些思路必须首先要转变成一些功能性的概念,接下来就是把这些概念应用到用户认可的解决方案中。用户的接受度可以看作是系统特点和系统成本之间的一种权衡。这些特点(或者效益)包括可用性、效用性和受欢迎程度,然而成本元素则包括学习和使用的努力、技术的丢失、新危机元素的引入以及财政成本。当寻求一种高可用性时,运用人因知识变得非常关键,而且早在 20 世纪 80 年代中期,一些基本原则就已经被引入到实际设计中。

显而易见,在这些单元上附加变量和度量措施的方法是非常困难的,但是利用用户可接受度的原则却不失为一种方法,这种方法可以清晰的突显所有能够、将要以及应该影响到设计过程的分歧单元。简言之,如果效益的级别比成本高(用一个加权的标准/成本公式),人们会接受这样的解决方案,同时也将购买和迫切希望使用它。由于在设计过程中必须充分联系企业和社会的工业和经济现实以及他们对成功的判断。因此,设计过程一定要包含市场参与者,诸如终端用户、顾客和消费者。

另一个要考虑的重要设计方面就是 ITS 中的新产品或者解决方案几乎很少完全用来解决或者是针对新问题和新需求。通常,较好的功能都是以现存解决方案为目标。显然,新老解决方案和产品将会同步共存。社会中新技术大多数是现代化的,它们一般渗透很慢,而且始于那些称得上是“现代”的人。因此,设计必须容许并行运营,而且要运用某种逐步发展的方式。其他需考虑的单元就是交通运输系统的长期目标经常都是社会性的，然而短期的（面向市场）却是个体性的，比如他们试图满足一种直接需求。这种内部冲突一定要提出来，并且要在实施过程的早期阶段解决。

面向用户的必要性

为了保证系统的健康发展，过程的复杂性和动态性使得其本质上需要使用声音设计原则。因此，ITS需要从不同的过程阶段通过合适的传感系统得到信息反馈。这种反馈也将为参与者用于决策的适应性控制算法提供输入，且提升过程的抗干扰能力。

整个系统的层次结构可以更好地揭示存在的需求并且关注不同系统标准间的冲突程度。这主要基于信息反馈回路和在不同决策过程中使用的不同时区。这种知识可以用在健康系统设计的逐步发展中，可以理想化地降低系统对各种无法预测的事件和干扰的敏感度。

当在新兴的网络和过程中的一个或者几个链和节点出现异常时，人们就会出现错误。关于这一主题的详细调查已经列于著作中。在一般的运输服务领域，最关键的状况就是驾驶员—车辆的相互作用，在基本驾驶任务中，诸如错误、滑动（失效）将会对安全产生直接影响。欧盟人与新技术（HINT）项目评估了未来新信息和通信技术的引入对人类的影响。在交通运输和物流中参与者的角色被证明在不断更新和变化，并对其进行了审慎评论。其中一个结论就是通过ITS的方式，系统可利用的功能越多，用户丢失能力的危险性越大，有时甚至会盲目依赖ITS的功能。

面向驾驶员的设计

很显然，人机交互及其引出的人机界面对于正确实现ITS应用中的功能和可接受度将起重要作用。因为所有被识别的外部执行器将接收来自不同支撑系统的信息，所以最终界面设计必须非常小心。在人机界面设计领域[Norman，2002]存在传统的"拇指原则"，并且还有几条适用于"传统的"人的因素和人机工程设备[例如Salvendy 1997]的设计指导方针。

在欧洲PROMETHEUS项目计划中，阐述了用于显示、信息提示、控制和驾驶辅助系统的基本人类工程学设计准则，并且确定了许多适用于HMI系统概念自身的基本指导方针[Kramer和Preston]，这些方针是基于用户、任务、技术和面向过程的，如下所示：

❖ 面向用户

➢ 系统应该适应单个驾驶员的特征和能力。

➢ 系统应该支持并根据驾驶员他（她）当前的承受能力减轻其负担。

➢系统应该避免驾驶员的过载和轻载,使其既不过于活跃也不过于烦躁。

➢驾驶员应该明晰 MMI 的功能。

❖ 面向任务

➢所采用的系统解决方案必须能够适用于驾驶员辅助。

➢应该通过对任务和资源的鉴别而达到任务的有效分配,也就是确定何种任务最适合驾驶员操作,何种任务最适合机器操作。

➢系统应该通过为驾驶员提供执行任务的合适信息,以及通过正确地自动辅助驾驶员所承担任务的方式,来提高系统的总体功能。

❖ 面向技术

➢技术应该被用来改善解决方案,从而满足个体驾驶员的需求。

➢为了维持系统的可信性并保证驾驶员对系统的认可,系统必须满足安全、可靠、有效等特点。

➢系统的改善目标应遵循使得驾驶员操作简单化。

❖ 面向过程

➢人体工程学家和心理学家应该在设计过程之初就被纳入进来。

➢应该使用仿真工具实现快速建模。

➢应使用评价标准来保证设计的连续性和有效性。

➢测试应该应面向驾驶员并且实际可行。(道路不是试验场)

在 PROMETHEUS MMI 的检查表[Franzén et al.,1991]中出现了一个理想化的自上而下的分析方式。方法的基本要素囊括问题和用户、任务和下层任务以及发生的相互作用和用户界面。可以用以下问题来说明这种方法,诸如:“为什么是技术系统?”;“系统面向谁?”;“系统能支持哪个用户任务?”;“相互作用的内容应该是什么?”;“系统什么时候才能启用?”;“怎么样才能从技术层面上实现系统功能?”以及“设备应该置于何处?”。这种方法在欧洲得以长足发展和诠释[Parkes and Franzén,1993]。类似的,一群美国专家在自动驾驶人体工程学方面编制了一个技术发展水平的检查表[Peacock and Karwowski,1993]。

同样的道理仍旧有效,并且在一些区域近期的宣传中予以展示,例如作为 ISO/CEN 标准化工作的一部分,作为在英国执行的安全检查表[Stevens et al,1999],作为欧盟委员会为 HMI 提出的关于车载信息和通信系统的原则文件[Jaaskelainen,1999]以及作为在美国由 AAM 提出的 HMI 原则[Bischoff,2000]。新颖的是,在此已经考虑到了最新技术发展,比如驾车时越来越多地使用到便携(或移动)装置。最后,在欧洲方面正在进行的 CEDR 子群信息通信业务工作(欧盟道路理事商讨会)是为了阐明 CEDR 的当前位置,用于响应关于车内和路侧 ITS 的 HMI 问题,而这一工作可以被看作是表明人的因素领域重要性的证据。

结论

本附录阐述人的因素在交通运输和物流中的应用,仅仅间接的介绍了ITS应用中的HMI部分。随着这个专业领域的成熟和技术的应用,除了作为手册或一些本领域著作的参考以外,而更应该去关注人的因素和人机工程学以及它们在实际设计工作中的应用。因此,关注的焦点应该直接面对需求,但是今天在ITS中的整体发展规划却没有。

不幸的是,现实生活中没有发现理想的人机交互作用和相关界面的设计方法。在实际驾驶员一车辆界面的开发和设计工作中,产生了一套理想的自上而下的系统分析法与一种自下而上的面向技术的相互结合的做法。如果有充足的时间,应该伴随设计有一系列反复的再设计和系统评估的过程。最重要的评价标准依然是用来评价系统的性能和技术可行性。评价用户对产品或所提供系统的满意度,也就是说,对市场上实际潜力的成功评估,仍然没有像期望中那样普及。

参考文献和注释

1. Bischoff, D. ed.) (2002): Statement of Principles, Criteria and Verification Processes, on Driver Interactions with Advanced In-Vehicle Information and Communication Systems, Version 2.0, Alliance of Automotive Manufacturers (AAM), April 2002.
2. Carsten, O. S. Franzen, M. Draskóczy, E. Carver (1999): Monitoring and control of Human Implications of New Technology, Deliverable 11, CEC project HINT (ST-96-AM-1024).
3. Franzén, S. E. R. (1999): Public Transportation in a Systems Perspective. A conceptual model and an analytical framework for design and evaluation, Report 40, School of Technology Management and Economics, Department of Transportation and Logistics, Chalmers University of Technology, Gothenburg, Sweden (Diss.).
4. Franzén, S. (2000): A Systems Approach to Information Services in Public Transportation, Proc. UITP International Conference on"How to make Passenger Information your competitive edge?", Hanover, Germany, 21-23 June, 2000.
5. Franzén, S., J. Waidringer(2001): Complexity of goods and passenger transport services, Proc. 8th ITS World Congress, 30 Sep-4 Oct, 2001. Sydney, Australia.
6. Franzén, S., H. Alm, L. Nilsson (eds.) (1991): MMI Checklist, version 2.1, The PROMETHEUS Thematic working Group 4: Man-Machine Interaction (WG4/MMI), PROMETHEUS Office, Stuttgart.
7. Gould, J. D., C. Lewis (1985): Designing for Usability: Key Principles and What Designers Think, Communication of the ACM, Vol. 28, No 3, March 1985.
8. Jaaskelainen, J. (ed.) (1999): On safe and efficient in-vehicle information and communication systems: A European statement of principles on human machine interface, Recommendation, OJ

25 01 2000 L19, Information Society DG, European Commission, Brussels.

9. Kramer, U. , Preston, N. (eds.)(1987): Man-Machine Interface - 'Black Book', Report to the PROMETHEUS Steering Committee, PRO-CAR 1, PROMETHEUS Office, Stuttgart.

10. Norman, D. (2002): The Design of Everyday Things, Basic, New York. Parkes, A. , S. Franzen (eds.) (1993): Driving Future Vehicles, Taylor& Francis, London.

11. Peacock, B. , W. Karwowski(eds.)(1993): Automotive Ergonomics, Taylor& Francis, London.

12. Reason, J. (1990): Human Error, Cambridge University Press, Cambridge.

13. Sage, A. P. (1992): Systems Engineering, John Wiley& Sons, New York.

14. Salvendy G. (ed.)(1997): Handbook in human Factors and Ergonomics(2nd edition), John Wiley& sons, New York.

15. Shackel, B. , S. Richardson(eds.)(1991): Human Factors for Informatics Usability, Cambridge University Press, Cambridge.

16. Stevens A, D. K. Martell(1993): Development and Evaluation of the Trafficmaster Driver Information System. Proceedings IEEE-IEE Vehicle Navigation & Information Systems Conference. ISBN 0-7803-1235-X. Ottawa, 12-15 October 1993.

17. Stevens, A. , A. Board, P. Allen, A. Quimby(1999): A Safety Checklist for the Assessment of In-Vehicle Information Systems: Scoring Performa, Project Report PA3536-A/99, TRL and DETR, Crowthorne, UK.

18. Sjöstedt, L. (1996): Transportation and Logistics-towards a Unifying Theoretical Base, in the 1996 Activity Report of the School of Technology Management and Economics, Chalmers University of Technology, Gothenburg.

附录 E

运输评价方法在 ITS 中的应用

后续几页表格概括了在交通运输评价领域的一些主要技术，读者可借此对本主题进行深入研究。该表只做粗略指导，而更本质的交通运输建模知识，参见 Hensher 和 Button 的专著。加拿大的维多利亚运输政策研究院提供了一个在线的用于运输项目成本效益分析的指南，它提供了这个领域中研究的详细信息以及把这些信息应用于规划和政策分析的内容，包括效益评价的章节。

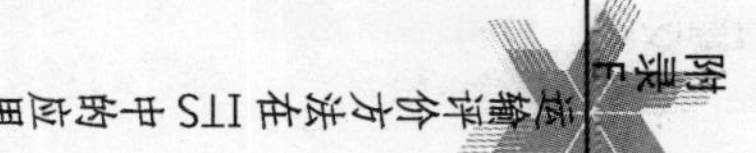

运输评价方法在 ITS 中的应用

评　价	它用来做什么?	如何做?	我何时该用它?	我从哪买它?	它的局限性是什么?
对将要和已经实施阶段都适合的方法					
"内心的感觉"/常识	ITS 因为很"明显",所以常常被简单地使用	有大量可靠的证据表明那是一类特定的值得花钱的投资项目，那么直觉就是做,而不是去做深入的研究。多准则分析可对直觉形成检验，或者帮助对决策者解释这种"常识"	如果道路交叉口拥挤,不用进行大量的交通模型训练来确定交通信号是否改善交通流，而且成本是可预测的,同样也适用于公共交通实时信息服务	找到那些被证实值得投资的系统的可靠信息。信息源包括 IBEC 网和美国运输部 ITS 成本效益在线数据库(附录 G 所列出的网址)	很昂贵的系统常常需要评价,即使仅仅是"关键因素分析"。 新的 ITS 项目应该评价,因为没有证据显示投资的价值。 在不同环境有不同效果的 ITS 也应该单独评价。 以下网站对多准则分析进行了解释：http://www.imf.org/external/np/mdm.gwu.edu/Forman/DBO.pdf
定性分析方法	提高标准,并提供规划和评价 ITS 时的基准	重点在群体、用户组、市民组以及质量周期,参加由独立机构协调的结构化讨论	信息源:投资规划、冲突评价以及考虑所有相关观点的暗示	运输咨询和市场研究公司	必须采取措施,确保包括来自所有适当的相关参与者的提问,并且确保重点群体和小组的成员能够在平等的基础上发挥作用。 这些技术可补充定性调查,但不应用于取代定性分析
出行调查	提供如下统计信息:道路使用者和旅行者的旅行目的以及出行方式	可用一系列方法：交通计数,问卷调查,自动牌照调查;旅行日记等	作为交通模型的输入数据(见下文),以及作为规划 ITS 服务和检验变化的出行数据源	运输咨询和市场研究公司	平庸的调查设计、薄弱的现场技术以及低响应率都影响统计的精确性和调查的可靠性,导致产生错误的调查结果。 质量控制和调查方法的一致性在研究的前后都特别重要

续上表

评　价	它用来做什么？	如何做？	我何时该用它？	我从哪买它？	它的局限性是什么？
对将要和已经实施阶段都适合的方法					
交通建模	显示 ITS 系统对交通的影响	交通模型估计交通网络中的交通流、延误和超时。揭示如果没有进行投资，将发生什么，以及如果投资了，将发生什么	如下场合：目标是改变交通流、交通量和速度等，有关 ITS 的公布数据不足以制定"常识性"投资决策	机构内的建模者或运输顾问	交通模型基于假设，其关于未来交通成长的假设常常受到挑战，模型中的其他假设也一样。另外模型中也用到一些关于人们如何反应、什么激励他们等假设。该项科学还在继续发展，因此交通模型也应当不断更新和经常评估
一般成本建模	大多数交通运输成本效益分析的基础．它揭示人们对 ITS 的响应是什么	非常基础，考虑现在的出行"成本"以及采用新 ITS 的"成本"，并且 在对成本变化的基础上预测行为变化	用于对 ITS 响应假设的不利范围，在这些场合，ITS 应用几乎都是基于"常识"但需要一些计算。它也是任何在用交通模型的关键所在	机构内的经济学家或运输顾问。关于一般的成本模型及其在交通运输领域的应用，见 Button 1982 年的文章和网站 www.Bolton.ac.uk/Campus/builtenv/modecho.html	一般的成本是个相当简单的概念，它相对地受它所描述的内容的限制。 一般成本模型只考虑货币化的成本，但不适用于 ITS 涉及的一些政策。的确，ITS 能够支持的几个政策选择，将增加而不是减小一般的出行成本。ITS 的目的常常是改变旅行时间的变化性而不是总体旅行时间，或增加其他市政设施
效用模型	效用模型极力简化人们对变化所得的描述，他们是一般成本模型的堂兄妹，但其设计却更好地反映用户信息	利用统计分析来测度不同人群从改变中得到的"效用"或"好处"	当用户行为对 ITS 努力实现的结果重要时，例如 ITS 努力鼓励人们改变出行方式，放弃自驾车，改用公共交通工具	专业运输顾问，大学统计学或经济学机构，不是业余爱好者的工作	好的效用模型是非常强大的工具。McFadden 获得诺贝尔奖所做的工作仅仅是运用这种方法建立的政策和商业模型的冰山一角。模型的形式非常简单，但也可变得复杂。由于许多效用模型采用意向数据推理价值，因此也曾经引起对其"真实性"的怀疑，但是这些模型也可以使用历史数据 （参考文献 3.4.5）

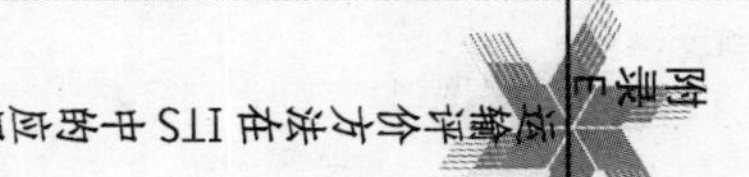

续上表

评　价	它用来做什么？	如何做？	我何时该用它？	我从哪买它？	它的局限性是什么？
对将要和已经实施阶段都适合的方法					
判别分析	建立对一种变化可能响应的一种简单方法。 如上面描述的模型一样，它试图估计当变化发生时不同的人群将做什么	找到各组之间最本质的不同，许多模型运用假设去对人群进行分类，然后分析不同类型人群的反应。判别分析研究这些数据，看哪些人群将根据响应被替代	当需要行为模型、有数据但又不想花太多钱用来训练时有用。它也可用于实用模型数据分类的初步筛选	机构内的运输和统计顾问。是个简单的工具，它比其他方法需要更少的计算，并依赖更少的假设条件	判别分析的美妙之处在于它涵盖经济成本（一般成本模型中的内容），而且它能够用于分析行为变化和对社会及环境的影响。其缺点是不精确。该方法不明白人们的行为为什么会这样做，它仅仅估计人们的行为举止会怎么样。 是 Quarmby 第一次描述判别分析对于更严密的交通模型产生类似结果 （参考文献 6）
成本效益分析	比较实现相同效果的各种选择的成本	为不同投资背景列出输出或结果	如下场合：ITS 产生的收益有时候没有金钱价值或者很难用金钱来描述，比如挽救的生命数量，减轻了受伤者的伤势严重度等。成本效益分析也是评价 ITS 系统的框架，ITS 系统大多数都是“常识”性的并需要结构化的判定，也适用于不需要进行建模的小型 ITS 系统	成本效益分析是内部工具箱的一部分。首选是效用经济学的咨询顾问、运输咨询顾问或环境界咨询顾问	通常使用相似的带假设的交通建模输人，这些假设是关于没有相应措施的结果。当工程目的明确并且 ITS 性能评估没有争议时，该方法是个优秀的方法。 亚洲开发银行用一系列经济学分析指导方针对成本效益分析提供了指导 （参考文献 7）

续上表

评　价	它用来做什么？	如何做？	我何时该用它？	我从哪买它？	它的局限性是什么？
实施前评估					
“后推法”	交通评价往往依赖预测，预测是基于问题的评价方法，而“后推法”是着眼于我们想要结果的评价方法	“后推法”问我们要从路网运营管理中在未来十年或二十年中想得到什么，以及为得到那种结果我们现在必须做什么	当 ITS 是演绎一种设想或实现一种机遇而不是解决问题的时候。 Nijkamp etal[8] 建议 ITS 作为避免“技术推动”的一种手段，在“技术推动”情景中，安装 ITS 仅仅因为它是一种新技术	后推法工作组可以由社会科学家或交通或环境顾问领导。OECD 描述了这个步骤，在机构内部执行不错	“后推法”的优点在于能够用清晰的规划构建未来设想并提供前进的动力；不利之处在于它不能在计划阶段提供足够的信息判断某个特定的投资是否有助于达到目标或物有所值
生活资产品质	生活资产品质是一种非货币化的系统化评价方法	对环境和规划决策开发却很容易延伸到交通运输领域。这种方法起源于这样一种观点：环境、经济和社会提供了一系列的好处，并且改变应该保护和提高这些好处	以下场合：ITS 将给我们带来更多的好处，但对一般的成本模型使用的因素有负面影响。举例来说，ITS 用于重新分配路面空间的场合	环境顾问可能用这种方法，它可在内部完成	一个缓慢的过程，需要广泛的协商以及可能反复修改，而且也不能产生清晰的成本收益分析，但可以依据它做出合理的决定。 关于如何以及何时进行生活资产品质的评估，详见 www. qualityoflifecapital. org. uk
实施后评估					
消费者满意度调查	测量用户是否觉察到给他们带来好处的影响	在 ITS 采取措施的前后，测量人们对其的感受	当 ITS 方案旨在改善用户舒适度或社区的宜人设施时	市场研究公司；社会研究公司；大多数运输顾问	很多调查采用“'Likert 等级法[9]”来询问是否事情是这样，例如，“非常坏—有点坏—同样—有点好—非常好”。这样调查的价值很有限，Likert 自己也提醒说，等级是针对态度而不是完整的措施。这种调查的倾向是得出一些不切实际的乐观评价。 设计能产生有效结果的客户真正满意度调查问卷并不容易（参考文献 10）

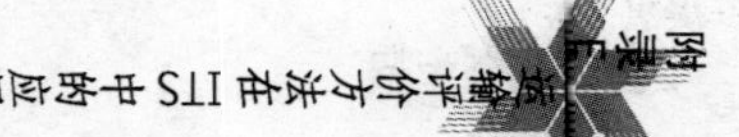

续上表

评　价	它用来做什么？	如何做？	我何时该用它？	我从哪买它？	它的局限性是什么？
			实施后评估		
依条件而定评价/固定的选择/关联分析	测量行为怎样对ITS作出响应。/固定的选择的益处在于不用过去的行为做指导。其他交通模型是“展示的选择”，使用过去对改变的响应来获得将来改变的价值	一个产品或服务不同组成部分的实用性严格评估建立在平衡基础上，这种平衡由一个高度组织化的面谈问答来完成	如下场合：ITS初为人知，或者ITS支持的运输政策新近出现。关于模型的形式、洞察在那里可以用到这些模型以及如何最好的设计它的信息，请浏览网站：www. spss. com/spssbi/conjoint/，以及 Ampt，Swanson and Nelson and Towriss and Carson	运输顾问和一些市场研究公司	风险是回答者不在纸上写出他们实际的选择。回答者也许没看到成堆使用的新ITS系统。研究人员没描述新产品的缺陷，只描述优点。一些回答者也许不能预测他们将来能做什么——在信息和通信技术领域，一些发展已经引导人们居住地远离工作地点，那么在调查中他们将预测什么呢？令人害怕的是关联分析将获得错误的答案，而且答案（它产生的数据和值）的实质与错误是如此的吻合以至导致了错误的投资决定（参考文献11,12,13）
ITS内部评价/ITS影响评估	测量交通/时间等的改变	ITS送出或返回数据。这些数据能够显示目标结果随着时间的变化。以前数据基准线需要与实施以后得到的内部数据进行比较	在技术可行的每个案例使用	把测量结果纳入ITS	ITS本身通常只能测量一些定量的结果，而一些诸如用户信心等的目标虽然可以被含蓄的表达，但是不能被测量；ITS通常也无法测量对公共交通的支持，例外的应用是票务或收费系统

参考文献和注释

1. Hensher D A and E J Button (eds). "Handbook of Transport Modelling". Pergamon 2000.
2. http://www.vtpi.org/tca/.
3. McFadden D. "Disaggregate behavioural travel demands RUM side: a 30-year retrospective". Dept of Economics, University of California, Berkeley, 2000.
4. Ben-Akiva M and S R Lerman. "Discrete Choice Analysis: Theory and Application to Travel Demand". MIT Press, Cambridge, 1997.
5. Fischhoff B, B Goitein & Z Shapira. "The Experienced Utility of Expected Utility Approaches". In feather N T (ed) "Expectations & Actions: Expectary-Value Models in Psychology". Hillsdale, New Jersey, 1982.
6. Quarmby D A. "Choice of Travel Mode for the Journey to Work: Some Findings". Journal of Transport Economics & Policy Vol 1. 1967. For the form of the model, see www2.chass.ncsu.edu/garson/pa765/discrim.htm.
7. Asian Development Bank, www.adb etc.
8. Nijkamp P, G Pepping & D Bannister. "Telematics and Transport Behavior". 1996.
9. OECD. "Project on Environmentally Sustainable Transport". Working Group on National Environmental Policy, working Group on Transport. 2002.
10. Likert R. "A Technique for the Measurement of Attitudes". Archives of Psychology, Vol 22 no 140. 1932.
11. Ampt E, J Swanson & A D Pearman. "Stated Preference: too much Deference". In Ortuzar J de D(Ed) "Stated Preference Modelling Techniques". PTRC 1999.
12. Nelson P S and J G Towriss. "The Monetary Valuation of the Environmental Impacts of Road Transport: a Stated Preference Approach". European Transport Conference, PTRC, 1999.
13. Carson R T. "Contingent Valuation: a User's Guide". Dept of Economics, University of California 1999.

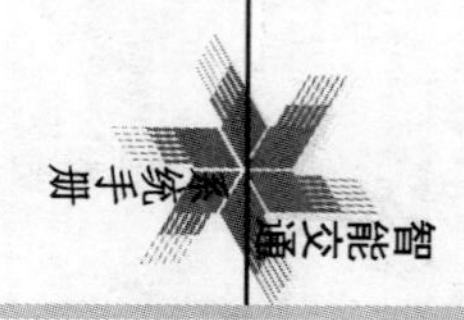

附录 F
ITS 单元成本

本附录中的成本来自于美国运输部 ITS 成本效益数据库，时间截止到 2004 年 3 月。他们在美国范围内，给出了资金成本的数量级和实施不同 ITS 组成涉及到的运营和维护成本。由于在城市和乡村建设的地点不同、地形、工作方便性以及许多其他因素如通信成本，系统整合成本、软件开发成本、物资和人力成本，获得技能、税务规则等的不同，地方的成本可能与这些数字差异较大。

虽然已尽力确保表中给出的数字是可靠的，但建议读者在为他们自己 ITS 项目概算之前，应确保这里给出的信息适用于他们当地情况。运营和维护成本很难归属于某一特定的 ITS 系统，应该认真对待。软件的成本数据是基于现有商业产品的，并没有覆盖成套系统和开发成本。如果需要更详细和更新的信息(包括设备生命周期的估算)请参见美国运输部网站 http://www.benefitcost.its.dot.gov。感谢美国运输部允许 ITS 手册中使用这些数据。

ITS 单元成本

子系统/单元成本元素	资金成本		运营维护成本		备　注
	千元(美元)		千元/年(美元)		
	低	高	低	高	
路侧通信(RS-TC)					
管道设计与安装—走廊或一部分	50	65	0.02	0.02	每英里成本,包括一个建设工程的钻孔、挖坑、管道(3 或 4 英寸;8～10cm)。成本可能是建设工程的一部分,也可能空中安装的一部分
双绞线安装	12	12	0.02	0.02	每英里成本
光缆安装	20	50	0.02	0.02	每英里成本,包括一个建设工程的钻孔、挖坑、管道(3 或 4 英寸;8～10cm)。成本可能是建设工程的一部分,也可能空中安装的一部分
900 兆赫无线扩频	9	9	0.15	0.4	每次接通成本
微波通信	10	20	0.5	1	每次接通成本,成本由塔/天线安装决定
电话箱	4	5.9	0.7	0.7	资金成本包括电话箱和安装。运营维护成本是每单元(每年)用于服务维护合同和年蜂窝通信网服务费
路侧检测(RS-D)					
通道感应线圈监视	3	8	0.5	0.8	两组(4 个线圈),不包括安装
交叉口感应线圈监视	9	16	1	1.6	四方向,两个车道/路径
通道机器视觉传感器	21.7	29	0.2	0.4	一个传感器两个出行方向,不包括安装
交叉口机器视觉传感器	20	25.7	0.2	0.2	四方向交叉口,一个路径一个摄像机,不包括安装

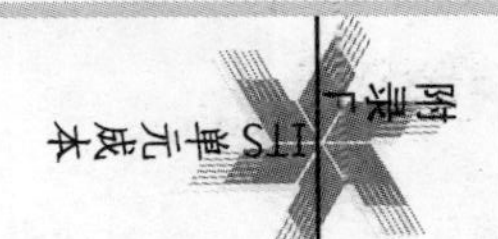

续上表

子系统/单元成本元素	资金成本 千元(美元)		运营维护成本 千元/年(美元)		备注
	低	高	低	高	
通道无源声波传感器	3.7	8	0.2	0.4	一个传感器覆盖5个车道。低成本基本传感器，安装套件，接线盒，和终端橱柜卡 高成本包括基本传感器带有天线、太阳能充电器、电池和电池组、无线基站、可以处理多达8个传感器
交叉口无源声波传感器	5	15	0.2	0.4	四个传感器,四个方向交叉口
通道遥感交通微波传感器	3.3	6	0.1	0.1	一个传感器两个旅行方向,不包括安装
交叉口遥感交通微波传感器	18	18	0.1	0.1	4个传感器、4叉交叉口。包括安装在现有基础设施
主动式红外传感器	6	14			传感器探测两个方向移动,能确定车速、分类、行车位置
被动式红外传感器	0.7	1.2			传感器覆盖一个车道,能确定车辆数量、流量、类别
闭路电视摄像机	7.5	17	1.5	2.4	能摇摄、倾斜、变焦(PT2)的彩色摄像机
闭路电视摄像机塔	2	12			低成本是35英尺(9.3m)的塔,高成本的是90英寸(27,5m)的塔。包括基础、铝杆、管、劳力
行人检测－使用微波	0.6	0.6			
环境监测站[(速度或气象站)全景摄像机环境监测站是更大道路气象信息系统的基础组成部分(见交通控制中心子系统下的道路气象信息系统)]	10	50	1.9	4.1	路径和地表温度传感器,雨量传感器,(类型和概率),风量监测器(强度和方向),大气温湿度传感器,可见度传感器,远程处理单元。 每五年更新费用为64 000,操作管理部分包括调校,设备维修,损坏设备更换
安装	75	136	60	60	35毫米胶片摄像机每年操作管理费用,注意:经销商的合约权限大多包括维护、进行系统的内勤功能

续上表

子系统/单元成本元素	资金成本		运营维护成本		备注
	千元(美元)		千元/年(美元)		
	低	高	低	高	
摄像机机降系统	5	8			通常系统包括 50 英尺(15.2m)的钢柱。机械操作的机降系统可以使用所有类型的柱子(如,钢、混凝土、铝、玻璃纤维),实际上任何能增加的高度和任何智能交通系统柱上设备(如监视摄像机、雷达检测器),包括安装成本
路侧控制(RS-C)					
连接信号系统局域网	40	70	0.4	0.8	连接信号系统的局域网
对信号控制的信号控制器升级	2.5	10	0.2	0.5	每个交叉口
信号控制器	11	17.5	0.2	0.9	包括每个交叉口交通信号控制器和橱柜的安装
交通信号	95	115	2.4	3	为一个信号(四个交叉口)、管道、控制器、检测的安装。低成本对应的感应线圈检测;高成本对应的是非侵入性的检测
匝道控制	30	50	1.5	3.5	每个地点。包括控制、电源等
车道控制软件	25	50	2.5	5	现场的硬件和软件,软件为现成的技术,单元价格不能反映产品开发成本
车道控制闸门	100	150	2	3	每个地点
定时车道信号	6	8	0.6	0.8	每次
道路信息(RS-I)					
路侧信息标志	56	84	2.5	3.8	为 HOV 和 HOT 登陆固定的信息
可变情报板	54	129	2.4	6	较小的低成本的可变情报板(VMS)一般安装在公路主干道上。高速公路上一般安装全屏、显示 3 行文字的、巨大的、高成本的 LED 型可变情报板(VMS)。这里成本包括安装,包括 800m 连接中心的数据传输线

续上表

子系统/单元成本元素	资金成本 千元(美元)		运营维护成本 千元/年(美元)		备注
	低	高	低	高	
可变情报塔架	25	125			悬臂结构的成本低,门架结构的成本较高,它可以跨越3～4个车道,塔架的维修要求尽量少
可变情报门架					悬臂结构的成本低,龙门架结构成本较高,它能够跨越3～4个车道,门架要求尽量少的维护
公路无线广播	16	32	0.6	1	10瓦特HAR,包括处理器、天线、发射机、电池备份、橱柜、货架安装、照明、座椅、连接器、电缆、许可费。超级HAR成本增加9～10K美元(大天线用于增强信号)
公路无线广播标志	5	5	0.3	0.3	带有闪光指示灯、控制器、可变信息的能力的HAR标志
路侧移动信标	5	8	0.5	0.8	双项地点(每个地点)
可变速度显示标志	3.7	5			低端为可变限速显示系统。高端包括速度静态标志、速度探测器(雷达)和显示系统
收费站(TP)					
电子收费读写器	2	5	0.2	0.5	读写器(每车道)
高速摄像机	5	10	0.5	1	成本包括1个摄像机和两个车道
电子收费软件	5	10			包括COTS软件和数据库
电子收费结构	10	15			主要结构
遥感定位(RM)					
闭路电视摄像机	2	1.5	0.1	0.3	
摄像机与现有系统的整合	2	2.5			每站

续上表

子系统/单元成本元素	资金成本		运营维护成本		备　注
	千元(美元)		千元/年(美元)		
	低	高	低	高	
信息亭	9.55	50	1	5	包括用于室内和室外的硬件、圈地、安装、调制解调器服务器和地图软件
信息亭与现有系统的整合	2.2	27.4			软件费用为COTS(低)和开发成本(高)
为交互式信息亭的升级	5	8	0.5	0.8	交互信息显示接口(升级现有接口)
为交互式信息亭软件的升级	10	12			软件为COTS
公共交通状态信息标志	4	8			安装在公共交通终端的LED显示屏,用于提供车辆到达信息。成本有质量、尺寸和控制器能力决定
智能卡售货机	37	40	1.85	2	用智能卡的售票机
智能卡售货机的软件和整合	3	5			软件为COTS
紧急事件响应中心(ER)					
大区域基础设施、通信	4 000	4 000	400	600	用于人口＞750 000。基于购买的建筑。包括基础设施内的通信设备如设备架、复用器、调制解调器等
小区域基础设施、通信	2 800	2 800	400	420	用于人口＜250 000。基于购买的建筑。包括基础设施内的通信设备如设备架、复用器、调制解调器等
紧急事件响应硬件	15	30	0.3	0.6	设施,如设备架、复用器、调制解调器等,包括3个工作站
紧急事件响应软件	70	150	0.5	3.5	包括紧急时间响应计划数据库、车辆跟踪软件、实时交通协调
紧急事件响应劳动力			50	165	两人。所有工资费用包括基本工资、加班费、效益等
紧急事件管理通信软件	5	10	2.5	5	在4个地点间的共享数据库。千元/地点
E-911和Mayday升级	105	180	1.7	2.5	数据通信转换软件,E911接口软件、处理器和3个工作站

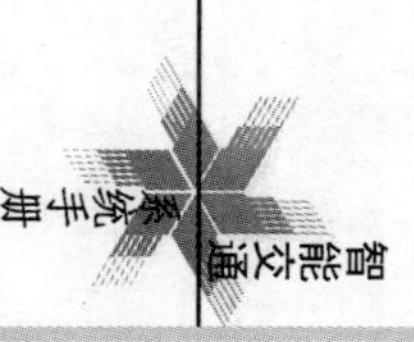

续上表

子系统/单元成本元素	资金成本		运营维护成本		备注
	千元(美元)		千元/年(美元)		
	低	高	低	高	
紧急车辆车载(EV)					
通信接口	0.3	2	0.02	0.02	紧急车辆通信。千元/车
信息服务提供商(ISP)					
大区域交通基础设施、通信	4 000	4 000	400	600	用于人口>750 000。基于购买的建筑。包括基础设施内的通信设备如设备架、复用器、调制解调器等
小区域交通基础设施、通信	2 800	2 800	400	420	用于人口<250 000。基于购买的建筑。包括基础设施内的通信设备如设备架、复用器、调制解调器等
信息服务提供商硬件	40.5	49.5	0.8	1	包括2个服务器和5个工作站
系统整合	90	110			与其他系统整合
信息服务提供商软件	275	550	13.8	27.5	包括数据库软件(COTS)和交通分析软件
地图数据库软件	15	30			软件为COTS
信息服务商提供劳动力			175	250	
调频副载波租金			120	240	每年的工资,加班费,管理费,利润等(美国价格)
交互信息的硬件升级	18.9	23.1	0.4	0.5	包括一个服务器和两个工作站
交互信息的软件升级	250	500	12.5	25	路径规划软件(包括开发成本)
为交互信息增加的劳动力			100	150	两班倒,每个职员5万到7.5万,工资成本包括全部基础工资,加班,管理费用,利润等
路径导航软件升级	250	500	12.5	25	路径选择软件,COTS
地图数据库路径导航升级	100	200			地图数据库软件升级

续上表

子系统/单元成本元素	资金成本		运营维护成本		备注
	千元(美元)		千元/年(美元)		
	低	高	低	高	
紧急路径规划硬件升级	13.5	16.5	0.3	0.4	包括一个服务器
紧急路径规划软件升级	50	100	2.5	5	路径选择软件,COTS
动态合乘硬件升级	5.4	6.6	0.1	0.2	包括两个工作站
动态合乘软件升级	100	200	5	10	软件包括一些开发费用
动态合乘增加的劳动力			100	150	两班倒每个职员5万到7.5万,工资成本包括全部基础工资,加班,管理费用,利润等。(美国价格)
浮动车信息采集软件升级	250	500	12.5	25	软件包括COTS和一些开发费用
交通管理中心(TM)					
大区域的基础及一般性设施	4 000	4 000	400	600	人口大于75万,基于购买建筑,包括设施内部通信设备,如设备架、多路(复用)器、调制解调器等
小区域的基础及一般性设施	2 800	2 800	400	420	人口小于25万,基于购买建筑,包括设施内部通信设备,如设备架、多路(复用)器、调制解调器等
信号控制的硬件	15	30			包括三个工作站
信号控制集成及软件	180	220			软件和集成,安装,一年维护,软件为COTS
信号控制劳动力			486	594	成本包括操作劳动力(2个人50%工作时间,共10万)交通工程(1个人50%工作时间,共10万),升级时间计划(所有10个系统,每系统每月2千),信号维护技工(2个人,7.5万),工资成本包括全部基础工资,加班,管理费用,利润等。(美国价格)
交通监测集成软硬件	135	165	6.8	8.3	处理器和软件

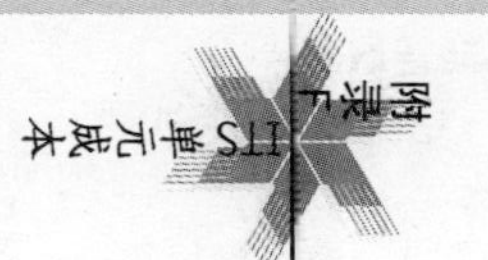

续上表

子系统/单元成本元素	资金成本		运营维护成本		备　注
	千元(美元)		千元/年(美元)		
	低	高	低	高	
交通监测集成	225	275	11.3	13.8	与其他系统的集成
快速路控制硬件	15	30	1	1	包括三个工作站
快速路控制集成及软件	180	220			软件和集成,安装,一年维护,软件为现货技术性供应,单元成本不反映开发费用
快速路控制劳动力			225	275	操作劳动力(2个人50%工作时间,共10万) 维护技工(2个人,7.5万),工资成本全部计算在内,包括基础工资,加班,管理费用,利润等。(美国价格)
车道控制硬件	5.4	6.6	0.3	0.4	包括一个工作站和19个监视器
车道控制集成及软件	225	275	11.3	13.8	控制器软件开发、集成、升级。软件已为本地安装而调整,另外,软件为COTS
车道控制劳动力			90	110	两个操作员各50%,10万
COTS区域控制软件、集成	330	440			软件和集成,安装,一年维护,软件为COTS,与TMC集成
实时交通自适应信号控制系统	120	150	20	20	基于运行于中心计算机的商业应用包,高成本包括用户界面软件包和事故管理
区域控制劳动力			180	220	操作员劳动力(2个人50%工作时间,共10万)交通工程(1个人50%工作时间,共10万),维护合约,工资成本全部计算在内包括基础工资,加班,管理费用,利润等。(美国价格)
事故检测视频监视器墙	40.5	49	2.0	2.5	包括五个19英寸视频监视器,和3×3=9个监视器墙
事故检测硬件	81.7	119	4.0	6.0	包括4个服务器,5个工作站,2个激光打印机

续上表

子系统/单元成本元素	资金成本 千元(美元)		运营维护成本 千元/年(美元)		备　注
	低	高	低	高	
事故检测集成	90	110	4.5	5.5	与其他系统集成
事故检测软件	90	110	4.5	5.5	软件为COTS,包括开发成本
事故检测劳动力			630	770	操作员劳动力(4个人,共10万,1个经理,15万),2个维护技工7万5。(美国价格)
事故响应视频监视	2.7	3.3	0.14	0.17	包括1个19英寸监视器
事故响应硬件	2.7	3.3	0.14	0.17	包括一个工作站
事故响应集成	180	220			与其他系统集成
事故响应软件	13.5	16.5	0.68	0.83	软件为COTS
事故响应劳动力			90	110	事故管理协调员1个,10万。(美国价格)
自动化事故调查系统	15	15			包括工作站,三角架,单极天线,自动集成,辅助绘图软件
交通事故疏散硬件	5	10	0.25	0.5	包括一个工作站
交通事故疏散软件	18	22	0.9	1.1	软件为COTS
交通事故疏散集成	90	110	4.5	5.5	与其他系统集成
交通事故疏散劳动力			90	110	操作员劳动力1个,10万。工资成本全部计算在内包括基础工资,加班,管理费用,利润等。(美国价格)
动态电子付费软件	22.5	27.5	1.13	1.38	包括软件安装和一年维护,软件为COTS
动态电子付费集成	90	110	4.5	5.5	与其他系统集成
浮动车信息收集硬件	5	10	0.5	1	包括一个工作站
浮动车信息收集软件	18	22	1.8	2.2	包括软件安装和一年维护,软件为COTS

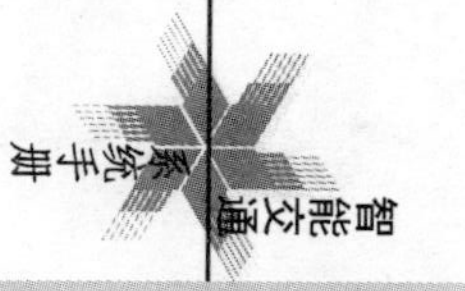

续上表

子系统/单元成本元素	资金成本		运营维护成本		备注
	千元(美元)		千元/年(美元)		
	低	高	低	高	
浮动车信息收集集成	135	165	13.5	16.5	与其他系统集成
浮动车信息收集劳动力			45	55	操作员劳动力1个(每天工作4小时,一年10万)。工资成本全部计算在内包括基础工资,加班,管理费用,利润等。(美国价格)
铁路道口监控软件	18	22	1.8	2.2	包括软件安装和一年维护,软件为COTS
铁路道口监控集成	90	110			与其他系统集成
铁路道口监控劳动力			45	55	操作员劳动力1个(50%,一年10万)。工资成本全部计算在内包括基础工资,加班,管理费用,利润等。(美国价格)
道路气象信息系统(RWIS)	25	25	0.4	2.5	道路气象信息系统包括环境监测站、CPU、带有RWIS软件的工作站,通信设备。所有RWIS的组成部分都包含在交通管理中心里,除了环境监测站的成本。(见上面的路侧检测)每五年更换CPU,成本为4千,运营管理成本包括通信和可选的天气预报和气象服务
公共交通管理中心(TR)					
大区域的基础及一般性设施	4 000	4 000	400	600	人口大于75万,基于购买建筑,包括设施内部通信设备,如设备架、多路(复用)器、调制解调器等。
小区域的基础及一般性设施	2 800	2 800	400	420	人口小于25万,基于购买建筑,包括设施内部通信设备,如设备架、多路(复用)器、调制解调器等
公共交通中心软硬件、集成	830	1 750	6	12	包括三个用来追踪车辆和排班的工作站,数据库和信息储存,时刻表,调校软件,实时出行信息软件和集成,软件为COTS
公共交通中心附属建筑空间			6	9	智能交通系统技术所需的附属空间,每平方英尺12～18元,500平方英尺($46.5m^2$)

续上表

子系统/单元成本元素	资金成本		运营维护成本		备注
	千元(美元)		千元/年(美元)		
	低	高	低	高	
公共交通中心劳动力			50	250	三个职员劳动力,7.5万,工资成本全部计算在内包括基础工资,加班,管理费用,利润等。(美国价格)
自动排班升级和集成	245	540	0.4	0.8	处理器、软件升级,安装和1年维护,软件为COTS,与其他系统如电子付费的集成是支出主要部分
电子付费远期升级	40	60	0.8	1.2	软件为COTS,自动乘客技术处理软件附加成本为2.5万。具体是几十万成本由系统决定
车辆定位界面	10	15			车辆定位界面
车辆定位设备	275	275	16.5	16.5	
安保系统视频监视	15	20	0.75	1	每位置5个
安保系统硬件和集成	305	590	1.1	1.9	包括1服务器3工作站,主要成本是与其他系统集成
安保系统劳动力			202	247	三个职员劳动力,每个7.5万,工资成本全部计算在内包括基础工资,加班,管理费用,利润等。(美国价格)
收费管理(TA)					
收费管理软硬件	50	95	5	9.5	个人电脑,2个工作站,打印机,调制解调器,数据库协调软件,软件为COTS
运营车辆检查站(CC)					
检查站结构	50	75			路侧结构—主线/W车道指示信号
信号板	10	15	1	1.5	路侧信号板

续上表

子系统/单元成本元素	资金成本		运营维护成本		备　注
	千元(美元)		千元/年(美元)		
	低	高	低	高	
信号指示器	5	10	0.3	0.5	信号指示器系统
路侧信标	5	8	0.5	0.8	用于电子滚屏的路侧信标(未包括在路侧子系统中)信标修理和替换
路侧信标的线路	10	20			从信标到路侧的专用线路通讯(1英里向上流)(1.6km)
检测站软件,集成	180	215	0.1	0.1	工作站,软件和集成
安全及适当性电子记录(SAFER)数据信箱	7.5	9.2			带打印机及无线网调制解调器的便携式计算式,该调制解调器可在现场或检测站下载、记录及上传托运者的安全数据库记录
检测系统	50	75	2.5	3.8	营运车辆通讯设施(基于无线的单元)及接口
安全检测的软件更新	40	80	0.8	1.6	安全数据库添加,结果写进车辆标签处理器,软件是COTS
手持安全设施	3	5	0.3	0.5	用于营运车辆检测,该设备或者测量数据本身,或者从车上读数据,每个地方有3个
用于引用和事故记录的软件更新	20	40	1	2	该软件用于把引用和事故信息添加到营运车辆
动态称重设施	14	21	1.4	2.1	包括WIM固定载荷单元和到路侧设施的界面,软件是COTS
动态称重设施的线路	1	2	0.1	0.2	线路通讯(本地线)

附录 G

参考文献

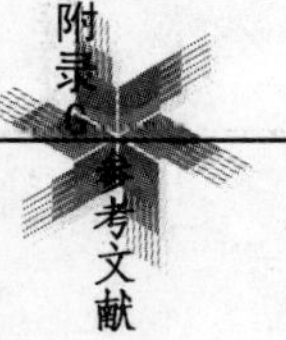

这部分参考文献是每一章后面的注解和参考文献的补充，除了有用的参考文章外，还提供了 CD-ROM、专业杂志和因特网址等细节。

A. ITS 介绍

A1. Catling I, R. Harris and J. C. Miles, "ITS in Europe". Chapter in Walker, J. editor) Advances in Mobile Information Systems, Artech House, Boston and London, 1999.

A2. Chen, K., "Radical Approaches to IVHS Goals," Proceedings of the (First) IVHS AMERICA Annual Meeting, ITS America, Washington DC, 1992.

A3. Chen, K., "Comparison of Concepts for Urban Mobility," Proceedings of the First World Engineers' Convention, World Federation of Engineering Organisations, Paris, 2000.

A4. Chen K. and J. C. Miles (editors) for PIARC Committee on Intelligent Transport. "ITS Handbook 2000: Recommendations from the World Road Association (PIARC)", Artech House, London UK and Boston USA, 1999.

A5. Chen K. and Costantino J., "ITS in the US," in Walker J. editor) Advances in Mobile Information Systems, Artech House, Boston and London, 1998.

A6. Ducatel K. and Hepworth M., "Transport in the Information Age; Wheels and Wires", Belhaven Press, London UK. 1992.

A7. Engineering Council (UK),"A Vision for Transport 2020",The Institution of Civil Engineers,London,UK,1997.

A8. ITS Europe (ERTICO) Public Authorities Platform. "ITS Highlights,First Edition",ERTICO Brussels,Belgium,2003.

A9. European Commission, Transport White Paper Com(2001)370 final Annex IV,'Technological Developments and Intelligent Transport Systems'. European Transport Policy for 2010: Time to Decide. EC Publications Office, Luxembourg,September 2001.

A10. Garrison,W. and Ward,J. ,"ITS-Tomorrow's Transportation:Changing Cities, Economies and Lives", Artech House, Boston USA and London UK, 2000.

A11. Harris,R. ,(contributing editor),"Traffic and Traveller Information Services in Europe: Country Digests". European Commission DG INFSO; (ATLANTIC/eEurope 2002),FaberMaunsell,London,UK,2003.

A12. Hengeveld, W. , Somerville, F. , Underwood, G. and Underwood, J. ,"Information Technology on the Move",Wiley Publishers,Chichester,UK,1994.

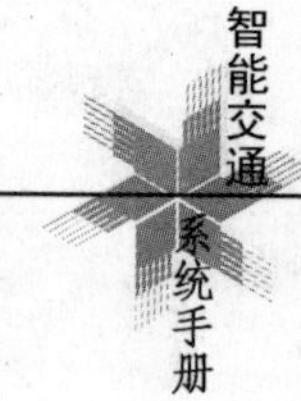

A13. Japan Institute of Urban Traffic Research,"ITS Developed by Japanese Police", Japan Traffic Management Technology Association. Tokyo, Japan, 1998.

A14. ITS City Pioneers Consortium. "Intelligent City Transport (Vol. 1～3)". ITS Europe (ERTICO),Brussels,Belgium,1998.

A15. ITS America,"Ten-Year National Program Plan and Research Agenda for Intelligent Transportation Systems in the United States," ITS America, Washington DC,2001.

A16. Lowrie,P. R. ,"SCATS: The History of ITS Development," Proceedings of the 8th World ITS Congress,Sept 30-Oct 4,2001,Sydney,Australia,2001.

A17. Mossé,O (editor),ITS Intelligent Transport Systems and Services,ERTICO (ITS Europe) Brussels,Belgium,2002.

A18. Shibata J. and French R. L. ,"A Comparison of Intelligent Transportation Systems: Progress around the World through 1996," ITS America,Washington DC,1997.

A19. Sussman,J. ,"Introduction to Transportation Systems",Artech House,Boston USA and London UK,2000.

A20. Sussman,J. M. ,(ed.),"What Have We Learned About Intelligent Transportation Systems?" USDOT ITS Joint Program Office, Washington D. C.

USA, December 2000.

A21. US Department of Transportation ITS Joint Program Office. "ITS/Operations Resource Guide", US DOT, Washington D. C., 2003.

A22. US Department of Transportation ITS Joint Program Office. "Intelligent Transportation Systems Awareness" (CD Rom), US DOT, Washington D. C., USA, 1999.

A23. Whelan, R., "Smart Highways, Smart Cars", Artech House, Boston USA and London UK, 1995.

B. ITS 技术

B1. Akinci, B. et al., "Exploiting Motor Vehicle Information and Communications Technology for Transportation Engineering," Journal of Transportation Engineering, Vol. 129, No. 5, pp. 469-474, September 1, 2003.

B2. Bishop, R (editor), International Task Force on Vehicle-Highway Automation, Proceedings of 6th Annual Meeting, Chicago, USA (CD Rom), ITS America, Washington D. C. USA. October2002.

B3. Catling I. (editor), "Advanced Technology for Road Transport; IVHS and ATT", Artech House, Boston USA and London UK, 1994.

B4. Dailey, J., Daniel, Elliot, Scott D., "ITS-Wireless Communications for Intelligent Transportation Systems", Artech House, Boston USA and London UK, 1995.

B5. Drane, C. and Rizos, C., "ITS- Positioning Systems in Intelligent Transportation Systems", Artech House, Boston USA and London UK, 1998.

B6. Dreher, R., Harte, L., Kellogg, S. and Schaffnit, T. "The Comprehensive Guide to Wireless Technologies", APDG Publishing, Fuquay-Varina, NC, USA, 1998.

B7. El-Rabbany A., "Introduction to GPS: The Global Positioning System", Artech House, Boston USA and London UK. 2001.

B8. ERTICO (ITS Europe) Proceedings of ITS In Europe Conference, Budapest, May 2004 (CDROM). ERTICO, Brussels, Belgium, 2004.

B9. Foy D., "Automotive Telematics", Red Hat Publishing, London, UK, 2002.

B10. Hendry, M., "Smart Card Security and Applications", Second Edition, Artech House, Boston USA and London UK. 2001.

B11. Harashima F., Parent M. and Vlacic L., "Intelligent Vehicle Technologies", Butterworth-Heinemann, London, UK, June 2001.

B12. Institution of Electrical Engineers (UK). Proceedings of 12th International Conference on Road Transport Information and Control. IEE, London, UK. April 2004.

B13. Jacob, B., Jehaes S. and O'Brien, E., "COST 323: WIM-Load (1993-1998) Weigh-in-Motion of Road Vehicles", Laboratoire Centraldes Ponts et Chaussees, Paris, France, 2002.

B14. Japan National Police Agency, "ITS Developed by Japanese Police", Japan Traffic Management Technology Association, Tokyo, Japan, 1998.

B15. Kachroo P. and Ozbay K., "Incident Management in Intelligent Transportation Systems", Artech House Boston USA and London UK, 1999.

B16. Kaplan, E. D., (Ed.), "Understanding GPS: Principles and Applications", Artech House, Boston USA and London UK, 1996.

B17. Klein L. A., "Sensor Technologies and Data Requirements for ITS", Alexander Communications Group 2001.

B18. Linnartz, J-P., "Narrowband Land-mobile Radio Networks", Artech House, Boston USA and London UK, 1993.

B19. McQueen, B., Schuman, R and Chen, K., "Advanced Traveler Information Services" (ATIS), Artech House, Boston USA and London UK, 2002.

B20. Miles J. C. et al. "Access control in city centres: objectives, methods and examples". Traffic Engineering and Control, Vol 39 (12), December 1998.

B21. Moore, B., "Forty Years of Highway Telecommunications", Traffic Engineering and Control, Vol. 44, No 1, January 2003.

B22. Mortimer, K., "Technology Readiness-Managing the Future, Traffic Engineering and Control, Vol. 44, No. 10, pp. 368-369, London, UK, November 2003.

B23. Nwagboso, C., (ed.), "Advanced Vehicle and Infrastructure Systems-Computer Application, Control and Automation", Wiley and Sons, London, 1997.

B24. Nwagboso, C., "Road Vehicle Automation II: Towards Systems Integration", Wiley and Sons, London, 1997.

B25. Robertson D. I. and Bretherton R. D., "Optimising Networks of Traffic Signals in Real Time-the SCOOT Method". IEEE Transactions on Vehicular Technology, Vol. 40, No. 1, Special issue on Intelligent Vehicle-Highway Systems, Piscataway NJ, 1991.

B26. Schaffnit, T., "Intelligent Transportation Systems-Vehicular Communications Options (1999-01-2884)", in "Intelligent Transportation Systems

(ITS): Research and Applications (SP-1467)", SAE International, Warrendale, PA, USA, 1999.

B27. Universal Traffic Management Society of Japan (UTMS Japan), "Toward a safe, Comfortable and Environment-Friendly Motorized Society", UTMS Tokyo, Japan.

B28. US Department of Transportation ITS Joint Program Office. "Intelligent Transportation Systems and Winter Operations in Japan". US DOT, Washington D. C. USA. September 2003.

B29. US Department of Transportation ITS Joint Program Office. "Intelligent Vehicle Initiative. Annual Report". US DOT Washington D. C., USA, May 2003.

B30. Walker J. (editor.), "Advances in Mobile Information Systems", Artech House, Boston USA and London UK. 1999.

B31. Zhao Y., "Vehicle Location and Navigation Systems", Artech House, Boston USA and London UK, 1997.

B32. Zoreda and Oton, "Smart Cards", Artech House, Boston USA and London UK, 1994.

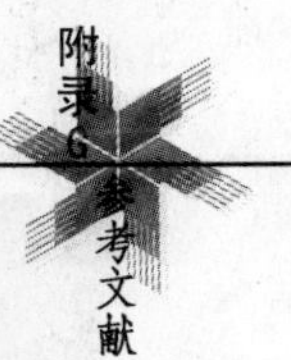

C. ITS 体系框架和标准

C1. ASTM E2213-03, "Standard Specification for Telecommunications and Information Exchange Between Roadside and Vehicle Systems-5 GHz Band Dedicated Short Range Communications (DSRC) Medium Access Control (MAC) and Physical Layer (PHY) Specifications," ASTM International, West Conshohocken, PA, USA, 2003.

C2. Bossom, R. and Jesty, P. "ITS Architectures-Their Role in Planning ITS Deployments". Traffic Engineering and Control, Vol. 44, No. 9, pp 318-320, London, UK, October 2003.

C3. EC FRAME Project Consortium. "Planning a Modern Transport System; A Guide to Intelligent Transport System Architecture". ERTICO, Brussels, Belgium, 2004.

C4. EC KAREN Project Consortium. "European ITS Framework Architecture" (CD Rom), Issue 1.0. European Commission DG INFSO, Brussels, Belgium, August 2000.

C5. EC Telematics Applications Programme, "Risk Analysis of ITS Deployment, Transport Telematics System Architecture; Constraint Analysis, Mitigation

Strategies and Recommendations"(CD-Rom), European Commission DG INFSO, Brussels, Belgium, May 1999.

C6. International Standards Organization. "Transport Information and Control Systems -Reference Model Architecture(s) for TICS Sector- Part 1: Fundamental TICS Services". ISO/TC204/WG1/N310R, 1997.

C7. International Standards Organization (ISO), "Transport Information and Control Systems -TICS Reference Architecture-Part 2: Core TICS Reference Architecture" ISO/TC204/WG1/N310R, 1998.

C8. McQueen B. and J. McQueen, "A Practical Guide to the Development of Regional ITS Architecture", Artech House, Boston USA and London UK, 1999.

C9. Miles J. C. "System Architecture and Standardisation in Road Transport Telematics". Traffic Engineering and Control, Vol. 38, No. 2, February 1997.

C10. US Department of Transportation ITS Joint Program Office. "ITS Standards Program Resource CD1" (CD ROM) US DOT Washington D. C. USA. May 2002.

C11. US Department of Transportation ITS Joint Program Office. "The National ITS Architecture" Version 5. 0 (CD-ROM) US DOT, Washington D. C. USA. June 2003.

C12. VERTIS (ITS Japan) "System Architecture for ITS in Japan", (CD Rom), VERTIS, Tokyo, Japan. November 1999.

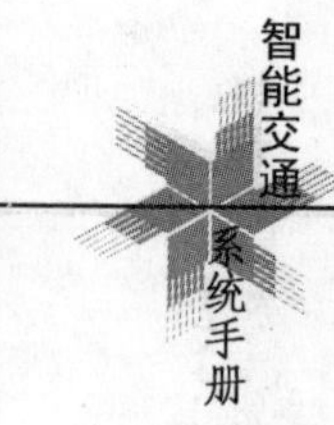

D. ITS 项目和部署

D1. Austin J., Hopkin J. and Wolfram, M. "Good Practice in Traffic and Travel Information Implementation". European Commission DG INFSO. ATLANTIC/eEurope 2002), Faber-Maunsell, London, UK, 2003.

D2. Austin J., Kenyon S. and Lyons G., "Public Transport Information Web Sites-How To Get It Right", The Institute of Logistics and Transport, Corby, UK, June 2001.

D3. Austin J., Duff A., Harman R. and Lyons G., "Traveller Information Systems Research: A Review and Recommendations for Transport Direct", Department of Transport, Local Government and the Regions, London, UK, August 2001 (Department for Transport Website http://www.dft.gov.uk)

D4. Bastarache, J., "Defeating Terrorism with ITS", ITS International, Vol. 8, No. 1, pp 37-9, UK, January/February 2002

D5. Broome J., "Procurement Routes for Partnering; A Practical Guide", Thomas

Telford Ltd. ,London,October 2002.

D6. Brown J. S. and Duguid P. ,"The Social Life of Information",Harvard Business School Press,Boston,USA,2000

D7. Camus J. and Fortin M. ,Road Transport Informatics,Institutional and Legal Issues,European Conference of Ministers of Transport and ERTICO,ECMT,Paris,1995.

D8. Chowdhury,M. A. ,and Sadek,A. ,"Intelligent Transportation Systems:Planning,Design,Deployment and Operations",Artech House,Boston USA and London UK,2003.

D9. Federal Department of the Environment,Transport,Energy and Communications(DETEC),"Fair and Efficient; The Distance- Related Heavy Vehicle Fee (HVF) in Switzerland",Federal Office for Spatial Development (ARE),DETEC,Switzerland,2000.

D10. Gardner M. and Skelton N. ,"Implications for Policing; Intelligent Transport Systems (ITS)"UK Home Office Police Scientific Development Branch,Publication No 25/03,London,UK. 2004.

D11. Inman V. W. ,"TravTek Global Evaluation and Executive Summary," report to U. S. Department of Transportation,Washington DC,1996.

D12. ITS America,"Shared Resource Projects:An Action Guide for Telecommunications Infrastructure in Transportation Right-of-Way," ITS America,Washington DC,1997.

D13. Khattak,A. J. et al. ,"Willingness to pay for travel information," Transportation Research,Part C,Vol. 11,pp. 137-159,2003.

D14. Luk,J. Y. K. and Yang,C. ,Impact of ITS Measures on Public Transport:a Case Study. Journal of Advanced Transportation 35(3),pp.

D15. Leviäkangas,P. and Lähesmaa,J. "Profitability Evaluation of Intelligent Transport System Investments," Journal of Transportation Engineering,pp. 276-286,May/ June 2002.

D16. Mouskos,K. C. ,E. Niver,L. J. Pignataro,S. Lee,N. Antoniou,and L. Papadopoulos. ,"Evaluation of the TRANSMIT System,Final Report" submitted by the Institute for Transportation,New Jersey Institute of Technology,USA,June 1998.

D17. Miles J.C. ,"The Private Sector in Road Transport Telematics," Traffic Enginering and Control,Vol. 37,No. 12,December 1996.

D18. Miles J.C. and Perrett K. ,"Evaluation and Assessment in Road Transport

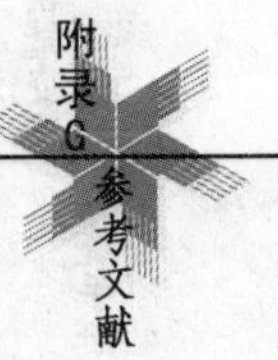

Telematics,"Traffic Engineering and Control, Vol. 38, No. 3, London, March 1997.

D19. Nielson N. ,"Economic Evaluation of Road Investment Proposals: Valuation of Benefits of Roadside ITS Initiatives", Austroads, Sydney, February 2003.

D20. Ozbay K. and Kachroo P. ,"Incident Management in Intelligent Transportation Systems", Alexander Communications Group, New York, 1999.

D21. Perrett K. E. and Stevens A. ,"Review of the Potential Benefits of Road Transport Telematics", TRL Report 220, Crowthorne Berkshire, 1996.

D22. Petersen, G. ,"FEDRO: Intermodal Routing for HGV With Focus to the Alpine Region of Switzerland", FEDRO, Switzerland, 2001.

D23. PIARC Committee on Network Operations. "Road Network Operations Handbook", World Road Association (PIARC), Paris, 2003.

D24. PIARC Committee on Urban Areas and Integrated Urban Transport. "Evaluation of Transport Performance Measures for Cities". World Road Association (PIARC), Paris, 2004.

D25. Rupprecht S. and Wolfram M. "Practitioners Handbook for Traffic and Travel Information Service Implementation in European Cities and Regions". European Commission DG INFSO. (ATLANTIC/eEurope 2002) FaberMaunsell London, UK, 2003.

D26. Turner, S et al. "ITS Benefits: Review of Evaluation Methods and Reported Benefits". FHWA Report 1790-1, US DOT, Washington D. C. USA. October 1998

D27. Transport Canada. "Benefit-Cost Assessment of ITS Implementation in Canada". Ottawa, Transport Canada, 1997.

D28. US Department of Transportation, "ITS Evaluation Guidelines-ITS Evaluation Resource Guide". US DOT Washington D. C. USA. 1999.

D29. US Department of Transportation, "TEA-21 ITS Evaluation Guidelines," Federal Register, Volume 64, Number 181, Page 50854-50861, September 20, 1999.

D30. US Department of Transportation ITS Joint Program Office, "Intelligent Transportation Systems Benefits and Costs", US DOT, Washington D. C. USA. May 2003. (Updated annually)

D31. US Department of Transportation ITS Joint Program Office, "Smart Moves; A Decision-Maker's Guide to the Intelligent Transportation Infrastructure", Public Technology US DOT, Washington D. C. USA. 1996.

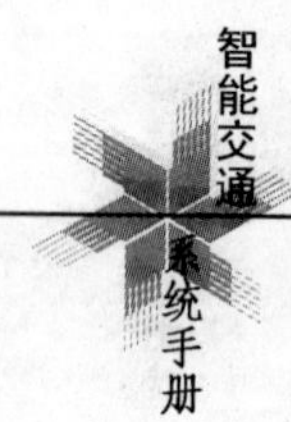

D32. US Department of Transportation ITS Joint Program Office, "Successful Approaches to Deploying a Metropolitan Transportation System", Final Report (CD Rom), US DOT, Washington D. C. March 1999.

D33. Zhong-Ren, Peng et al. "A Framework for the Evaluation of the Benefits of Intelligent Transportation Systems". Research Report for The Wisconsin Department of Transportation, USA November 2000.

D34. Zimmerman C. , et al. "Sharing Data for Public Information; Practices and Policies of Public Agencies", Final Report, US Department of Transportation, Washington D. C. USA, January 2002.

E. 转型国家

E1. Chen K. and Hyun Y. S. , "Intelligent Vehicle- Highway Systems (IVHS) for Newly Industrialized Countries (NICs)", Proceedings of the 6th International Pacific Conference on Automotive Engineering, Vol. 2, SAE, Warrendale PA, 1991.

E2. Chen, K. and Reed, T. B. , "Intelligent Vehicle- Highway Systems: Implications for the Asian Region," Proceedings of the CITY TRANS Asia '93 Conference, MP Asia Ptc Ltd, Singapore, 1993.

E3. Johnson C. and Chen K. , "ITS Deployment around the World: Lessons Learned", ITS Quarterly, Vol. 6, No. 1, Spring 1998, ITS America, Washington DC, 1998.

E4. Odier L. et al for PIARC C3 Committee. "The Transfer and Adaptability of Technical Information to Developing Countries", report presented to the 18th World Road Congress in Brussels, World Road Association (PIARC), Paris, 1987.

E5. Schwartz, E. R. , "Wireless Communication in Developing Countries-Cellular and Satellite Systems", Artech House, Boston USA and London UK, 1996.

E6. Subramaniam S. and Galup F. , "ITS in Developing Countries", Proceedings of the 1st Latin American Regional Conference on ITS, International Road Federation and ITS America, Washington, DC, 1998.

E7. Toshiyuki Yokota, Richard J. Weiland et al. World Bank Technical Notes, Washington D. C. USA, July 2004. www. worldbank. org/transport/r&h_over. htm No. 1: ITS for Developing Countries

No. 2: Developing a Framework for the Introduction of ITS

No. 3: Two-Stage Selection Model for ITS Applications

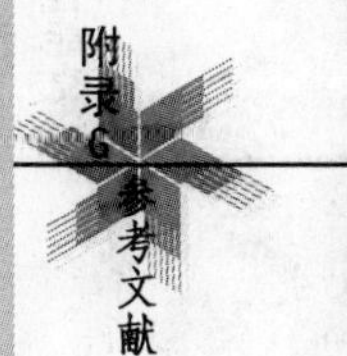

No. 4: Innovative Approaches to the Application of ITS in Developing Countries

No. 5: ITS Standards for Developing Countries

No. 6: ITS System Architectures for Developing Countries

F. 会议年报和主要的期刊

F1. Automotive Telematics Bulletin: (www.aboutpublishinggroup.com/automotive/reports/atb.htm)

F2. Auto Technology: (www.auto-technology.com) [FISITA journal]

F3. Focus: Accelerating Infrastructure Innovations (US Department of Transport (USDOT) Federal Highway Administration (FHWA)) (www.tfhrc.gov/focus/focus.htm)

F4. Inside ITS (www.insideits.com)

F5. Institution of Transportation Engineers (ITE) Journal (www.ite.org/itejournal)

F6. The Intelligent Highway: (www.intelligenthighway.com)

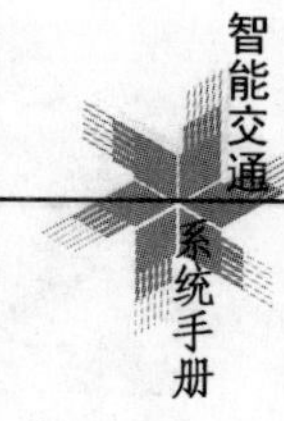

F7. its@ERTICO: (www.ertico.com/newsroom/newslett.htm)

F8. ITS America Annual Meeting (CD-ROM) ITS America, Washington D. C. USA. (www.itsa.org)

F9. ITS America News: (www.itsa.org/newsletter.html/)

F10. ITS India News (www.itsindia.org)

F11. ITS International: (www.itsinternational.com)

F12. ITS in Europe Conference Proceedings. (CDROM) ERTICO, Brussels, Belgium. (www.itsineurope.com)

F13. ITS World Congress Proceedings. (Annually on CD-ROM) ERTICO, Brussels, Belgium; ITS America, Washington D. C., USA; and VERTIS, Tokyo Japan. (www.itsworldcongress.org)

F14. Journal of Intelligent Transportation System, quarterly academic journal published since 1999(articles in Chinese with English abstracts), Tsinghua University, Beijing, China (Editor-in-Chief: Professor SHI Qixin. dcisqx@mail.tsinghua.edu.cn)

F15. Public Roads (US DOT) Federal Highway Administration (FHWA)(www.tfhrc.gov/pubrds/pubrds.htm)

F16. Public Transport International (International Union of Public Transport, UITP)(www.uitp-pti.com)

F17. Research and Technology Transporter (US Department of Transport (US-DOT) Federal Highway Administration (FHWA)):(www. tfhrc. gov/trnsptr/rtt. htm)

F18. Routes/Roads (World Road Association):(www. piarc. org/en/publications/routes-roads/;www. piarc. org/fr/publications/routes/)

F19. Telematics Update:(www. telematicsupdate. com)

F20. TOLLROADSnews. com:(www. TOLLROADSnews. com)

F21. Traffic Engineering and Control:(www. tecmagazine. com)

F22. Traffic Technology International:(www. ukintpress. com)

F23. Transportation Management + Engineering (www. tmemag. com/tme)

F24. Transport/Environnement/Circulation (l'Association pour le Developpement des Techniques de Transport,d'Environnment et de la Circulation (ATEC), France)(www. atec-tec. net/fr/tec_accueil_f7. asp)

F25. Transportation Research E-Newsletter (US Transportation Research Board) (www. trb. org/news)

F26. TRB Annual Meeting Proceedings (CD-ROM). US Transportation Research Board. Washington D. C. USA (www4. nationalacademies. org/trb/annual. nsf)

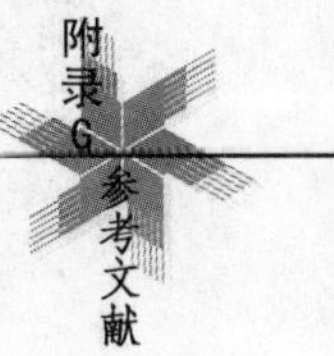

互联网、网址

ACTIF-France(Architecture Cadre pour les Transports Intelligents)
(French national system architecture.)www. its-actif. org/

AHSRA-Japan
(Research and development of advanced cruise-assist highway systems.) www. ahsra. or. jp/

AIPCR/PIARC
(World Road Association) www. piarc. org/

ARTIST-Italy
(Italian national system architecture.) www. its-artist. rupa. it/

California PATH Database
(Bibliographic search. Caltrans PATH Database provides access to the largest and most comprehensive collection of bibliographic information on ITS.)
www4. nationalacademies. org/trb/tris. nsf/web/path

CEN-European Committee for Standardisation (CEN promotes voluntary technical harmonization of standards in Europe in conjunction with worldwide bodies and its partners in Europe.)
www. cenorm. be/cenorm/index. htm

CVISN-US
(Vehicle information systems and networks to improve the safety and efficiency of operations for commercial vehicles (trucks and buses).) cvisn. fmcsa. dot. gov/

ERTICO-ITS Europe
(An international public/private partnership for Intelligent Transport Systems in Europe. Provides links to many European ITS organizations and to "City Pioneers" consortium.) www. ertico. com/

European Commission
(European Commission ITS pages. Policies, initiatives and projects.)
europa. eu. int/comm/transport/themes/network/en glish/its/html/

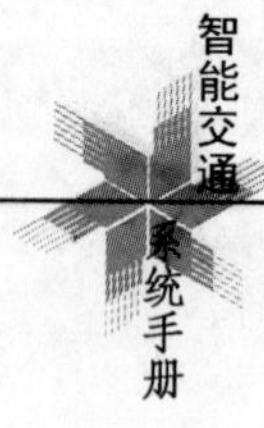

FRAME Project
(European system architecture.) www. frame-online. net/

GALILEO-Europe
(European satellite radio navigation system.) europa. eu. int/comm/dgs/energy_transport/galileo/index_en. htm

HIDO-Japan (Highway Industry Development Organization)
(Comprehensive links to a wide spectrum of ITS activities, documents and projects.)
www. hido. or. jp/ITSHP_e/

IBEC
(International Benefits Evaluation and Costs working group) www. ibec-its. orgs

Inform Norden
(Public transport in Scandinavia) www. informnorden. org

ISO-International Standards Organization
(A network of the national standards institutes of 148 countries, on the basis of

one member per country. Source for more than 14,000 International Standards for business,government and society.) www.iso.org/iso/en/ISOOnline.openerpage

Iteris-US
(United States national ITS Architecture.) www.iteris.com/itsarch/index.htm

ITS America
(A not-for-profit,organization,established in 1991 to coordinate the development and deployment of ITS in the United States.) www.itsa.org/

ITS America State Chapters
(Individual State Chapter organizations.) www.itsa.org/subject.nsf/vLookup-AboutITSA/State+Chapter+Links! OpenDocument

ITS Assist (DfT UK)
(Advice for Local Highway Authorities on deployment of ITS) www.its-assist.org.uk

ITS China
(National Center of ITS Engineering and Technology (in Chinese).)
http://www.itsc.com.cn/default.asp

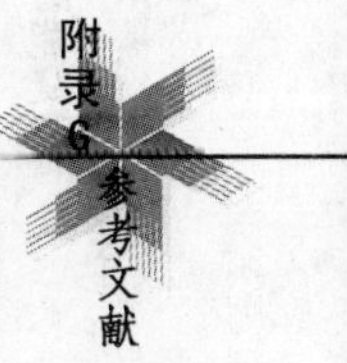

ITS UK
(United Kingdom.) www.its-focus.org.uk/

Japan Automobile Research Institute
(Vehicle related ITS pages.) www.jari.or.jp/en/index.html

Japanese Ministry of Land Infrastructure and Transport
(ITS pages,projects and initiatives. Extensive links to other sites.) www.mlit.go.jp/road/ITS/index.html

Mitretek Systems-USA
(Transit ITS Impacts Matrix-tool for transit planners.) web.mitretek.org/its/aptsmatrix.nsf

NAWGITS-USA (National Associations Working Group for ITS)
(Comprehensive links to a wide spectrum of ITS activities,documents and projects.)
www.nawgits.com/its_res1.html

NTCIP-USA

(National Transportation Communications for ITS Protocol.) www.ntcip.org/

ORSE-Japan (Organization for Road System Enhancement)

(Plan to link all the toll roads in Japan with a common system that offers standards for the security data and processed data for identification enabling privacy protection and fail-safe toll collection.)

www.orse.or.jp/

PATH (Partners for Advanced Transit and Highways) University of California, Berkeley. (Research into the application of advanced technology to increase highway capacity and safety, and to reduce traffic congestion, air pollution, and energy consumption.) www.path.berkeley.edu/

PBS&J-USA

(ITS Orange Books on Predictive Travel Time, Smart Highways, etc.)

http://www.pbsj.com/itsorangebook

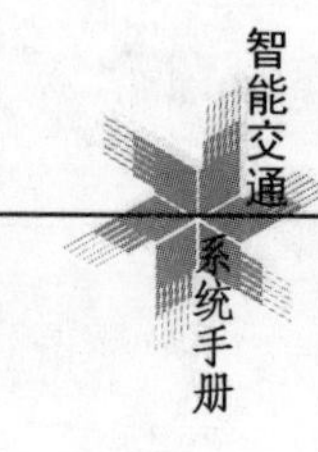

PBS&J-USA

(ITS Vision 2013 Paper Series.) http://www.pbsj.com/its2013/index.asp

RTIG Implementation Group (Real-time Implementation Group)

(Public transport information) www.rtigimplementers.org.uk

TEN-T-Europe (Trans European Network for Transport)

(Euro-Regional ITS projects.) www.ten-t.com/

The Civil Engineering Research Institute (CERI) of the Hokkaido Development Bureau (HDB) (ITS feasibility, research and development in a cold snowy region (Hokkaido).) www2.ceri.go.jp/eng/its-win/index.htm

US DOT

(National ITS Architecture & Standards Conformity Resource Guide-US.)

www.its.dot.gov/aconform/aconform.htm

US DOT ITS Benefits and Costs

(ITS benefits and costs database-USA.) www.benefitcost.its.dot.gov/

US DOT ITS electronic document library

(Comprehensive electronic library.) www.its.dot.gov/welcome.htm

US DOT National ITS Site
(National ITS site. ITS pages, documents, projects and initiatives. Extensive links to other sites.)
www.its.dot.gov/

US DOT Rural ITS
(Rural ITS Toolbox.) www.itsdocs.fhwa.dot.gov//JPODOCS/REPTS_TE/13477.html

US DOT Standards
(ITS Standards.) www.standards.its.dot.gov/standards.htm

UTMC (DfT-UK)
(Urban Traffic Management and Control-research and development on advanced UTC systems)
www.utmc.gov.uk/

VERTIS (ITS-Japan)
(Research, development and deployment of a wide range of ITS activities. Systems architecture.)
www.its-jp.org/

VICS-Japan
(Vehicle Information and Communication system.) www.vics.or.jp/

VIKING-Northern Europe
(Project coordinating the implementation of ITS in north Europe-Scandinavia & north Germany.)
www.viking.ten-t.com/VikingExtern/Index.htm

Vision 2030 Consortium (UK)
(Future Visions for Highway Network Management.) www.transportvisions.org

VITAL-University of California, Santa Barbara
(Vehicle Intelligence & Transportation Analysis Laboratory. Study of geographic information technologies as they relate to transportation.) bbq.ncgia.ucsb.edu/vital/

附录H

智能交通系统手册中用到的缩写词

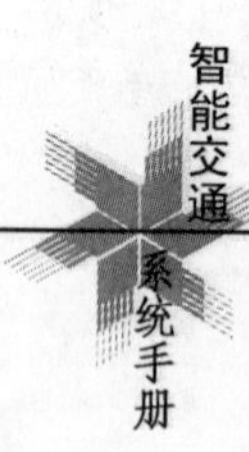

1G 第一代(移动电话通信)
2G 第二代(移动电话通信)
2.5G 第2.5代(移动电话通信)
3G 第三代(移动电话通信)
4G 第四代(移动电话通信)
AAM 汽车制造商联盟
ABS 防抱死制动系统
ACC 自适应导航控制
AFC 自动售检票系统
AHS 自动公路系统
AID 事故自动监测
ALERT 欧洲交通信息广播频道系统数据译码协议
AM 调幅广播
ANPR 自动车牌识别(见 AVNI)
AOA 到达角度
APTS 先进的公共交通系统
AASHTO 美国州际公路和运输官方联盟
ATC 区域交通控制
ATIS 先进的出行者信息系统
ATCS 先进的交通控制中心
ATM 异步传输模式
ATMS 先进的交通管理系统
ATT 先进的交通通信技术(欧洲)
AVC 自动车辆分类
AVCS 先进的车辆控制系统
AVI 自动车辆识别
AVL 自动车辆定位
AVNI 自动车牌识别(见 ANPR)
B2B 商对商电子商务
B2C 商对客电子商务
BOT 建设-经营-转让
BOOT 建设-拥有-经营-转让(见 DBFO)
BRT 快速公交
CAD 计算机辅助调度

CBD　中心商业区

CCTV　闭路电视

CD　光盘

CDMA　码分多址

CD-ROM　只读光盘

CEDR　欧洲理事会道路委员会

CEN　欧洲标准委员会

CENELEC　欧洲电子标准委员会

CMS　可变情报板(见 VMS)

CN　蜂窝网络

CO_2　二氧化碳

COBRA　公共对象请求代理结构

CONVERGE　欧洲智能交通系统评估指南

COTS　商业现成(软件)

CTA　芝加哥运输局

C-TPAT　海关—商贸反恐联盟(美国)

CVHS　合作车辆公路系统

CVISN　商业车辆信息系统与网络(美国)

CVO　商用车辆运营

DAB　数字音频广播

DARPA　国防部先进研究项目局(美国)

DATEX　数据交换协议

DBFO　设计-兴建-注资-经营(见 BOOT)

DOT,DoT,DfT　运输局

DMS　动态情报板

DRIVE　欧洲有关 ATT 的研究计划(1990s)

DSRC　专用短程通信

DVD　数字化视频光盘

EC　欧共体

EFC　电子收费

EMS　紧急事件管理系统

EP　电子支付

EPS　电子支付系统

ERTICO　欧洲道路交通通信技术实用化促进组织(欧洲 ITS 协会)

ETC　电子收费

EU　欧盟

FCC　(美国)通信委员会

FHWA　(美国)联邦公路管理局

FM　调频

FRAME　欧洲 ITS 框架结构

FTA　(美国)联邦公共交通管理局

FVD　浮动车数据

GALILEO　欧洲卫星导航系统

GHz　千兆赫

GIS　地理信息系统

GLONASS　俄罗斯全球导航卫星系统

GNP　国民生产总值

GNSS　全球导航卫星系统

GNSS－CN　全球导航卫星系统—蜂窝网络

GPRS　通用分组无线业务

GPS　全球定位系统(美国全球导航卫星系统)

GSM　全球移动通信系统

HAZMAT　有害物质

HAR　公路路况广播

HGV　载重车辆

HMI　人机界面

HOV　高乘载率车辆

IC　集成电路

ICC　智能巡航控制系统

ICT　资讯和通信技术

IDAS　(美国)ITS分析系统

IEE　(英国)电机工程师协会

IEEE　(美国)电气和电子工程师协会

IIMS　综合事件管理系统

IMF　国际货币基金组织

INTI　综合运输信息网络

IR　红外线

ISA　智能速度适应

ISO　国际标准化组织

ISP　信息服务提供商(另见VASP)

ISTEA　综合地面运输效率方案(美国)

IT　信息技术

ITS　智能交通系统

ITSDR　智能交通系统数据登记薄

IVHS　智能车—路系统

IV　智能车

IVI　智能车辆计划(美国)

IVSS　智能车辆安全系统

IVU　车载单元

JICS　联合信息中心

KAREN　欧洲路网运营管理体系结构

LAN　局域网

LED　发光二级管

LRT　轻轨交通

LRUC　货车道路使用者收费(欧洲)

MATTISSE　中部旅行者资讯系统(英国)

Mbps　兆字节每秒

MDT　移动数据终端

MHz　兆赫

MLFF　多车道自由流

MMI　人机交互(又见人机界面)

MOU　谅解备忘录

Mph　时速

NAFTA　北美自由贸易协定

NCHRP　全国公路合作研究计划(美国)

NIS　新独立国家(前苏联)

NO_x　氮氧化物

NTCIP　针对ITS通信协议的国内交通通信(美国)

NTHSA　全国公路交通安全部(美国)

O&M　操作维修

OBU　车载信息装置

OCC　运行控制中心

OEM　原始设备制造商

OSCAR　ITS建筑规划开发工具(法国)

OSI　开放式系统集成

PA　公开演讲

PAN　个人区域网络

PC　个人计算机

PCMCIA　个人计算机存储卡国际协会

PCS　个人通信系统

PDA　掌上电脑

PIARC　国际道路会议常设协会(世界道路协会)

PPP　公共/私营伙伴

PROMETHEUS　欧洲车载ITS研究计划(20世纪90年代)

PTT　行程时间预测

R&D;RTD　研究与发展;科研与技术开发(欧洲)

RDS　无线电数据系统(欧洲)

RDS-TMC　无线电数据系统-交通信息频道

RF　射频

RTA　道路和交通管理局

RTPI　实时乘客信息

RTTI　实时交通及出行资讯(欧洲)

SAE　汽车工程师协会(美国)

SatNav　卫星导航

SCATS　悉尼并行环境自适应交通系统

SCOOT　绿信比-信号周期-绿时差优化技术

SIRIUS　使用可变情报板的高速公路信息系统(法国)

SMS　短信系统

TCC　交通控制中心

TCP/IP　传输控制协议/互联网协议

TDMA　时分多址

TELAID　有特殊需求驾驶员的设计准则(欧洲项目)

TEMPO　泛欧 ITS 项目(欧洲项目)

TERN　泛欧道路网络

TfL　伦敦运输(英国)

TIC　出行者信息中心

TICS　交通信息和控制系统

TIH　高速公路出行信息平台(英国)

TIS　出行者信息系统

TMC　交通信息频道(欧洲);又称交通管理中心(美国项目)

TOA　到达时间

TRANSCOM　运输业务协调委员会(美国)

TTI　交通和出行信息(欧洲)

TURIN 5Ts　都灵的交通运输通信技术

UK　英国

UN　联合国

US,USA　美国

USDOD　美国国防部

USDOT　美国运输部

UTC　城市交通控制

UTMS　城市交通管理系统(日本)

VASP　增值服务提供商(又见 ISP)

VICS　道路交通信息通信系统(日本)

VID　视频图像探测器

VMS　可变情报板(又见 CMS)

WAP　无线应用协议(GSM 系统)

Wi-Fi　基于 IEEE 802.11b 标准的无线局域网

WIM　动态称重

WWW　万维网 World Wide Web

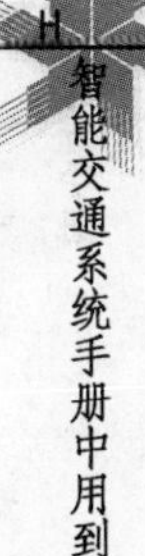

附录 J

智能交通系统中的术语

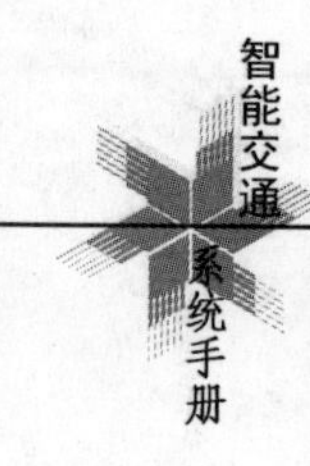

以下与ITS相关的定义清单按照英文字母顺序排列，它们与北欧道路协会(NVF)提出并被世界道路协会(PIARC)所采用的一系列道路运输信息术语相互引用。在本附录中，与NVF定义相关的部分用斜体字表示。在PIARC的网站(http://www.piarc.org)上有完整的NVF术语清单，仅限会员使用。NVF道路运输信息中的条目用一个四位数来索引，分为以下几个主题：

1000 系列　基本概念和条款

2000 系列　交通监测和控制

3000 系列　交通和出行信息

4000 系列　预约和收费

5000 系列　货物及车队管理

6000 系列　公共运输管理

7000 系列　驾驶辅助与车辆控制

自适应巡航控制——一种对现有巡航控制系统的改进，通过控制发动机/动力传动系统和制动器来使目标车跟随前车并保持适当距离。

7035　自适应巡航控制；智能巡航控制(ICC)；纵向控制

利用车载装置(7002)实现基于前车状态的动态车速与距离控制。

7036　联合自适应巡航系统

利用车载装置(7002)与其他车辆的信息传输实现整个车队的动态速度和距离控制。

自动公路系统(AHS)——一种融合了装有特殊装备的车辆和道路设施在全自动横向和纵向控制下运行的系统。

1059　自动公路

能够使适当配置的车辆自动驾驶(无驾驶员驾驶)的公路或路段。

2022　速度控制;外部车速控制

通过外部措施来控制驾驶。

7032　自动车道保持

通过关注道路的标志和边线,动态控制车辆的横向移动。

7040　自动车速管理;智能车速管理

利用外部或者自动措施来警告驾驶员关注车速、控制超速、自动限制车速等的各种概念。

自动车辆识别(AVI)——利用全自动方式(例如:应用无线发射应答器和询问器)来识别车辆的方法。以一种数据结构表格提供明确识别。

1138　车辆识别

确定一个车辆的明确身份。

1139　相对车辆识别;非明确车辆识别。

车辆某些非专有特征的识别。

1140　车辆确认

基于车辆识别(1138)和相关车辆识别(1139),沿道路不同位置的车辆识别。

1075　电子车牌;电子牌照

一种能从移动车辆外部获取得车辆的电子特征。

自动车辆定位(AVL)——利用像 GPS 接收器的设备,自动确定或跟踪地面车辆的地理位置。

1127　定位;位置判断

判断某物的地理位置。

5016　车辆跟踪

系统的监控(1129)和记录当前车辆的位置与状态。

防撞——为防止潜在的碰撞而采取的横向或纵向的车辆自动控制。

7025　防撞

基于对在车辆预测轨迹上潜在障碍的探测而对车辆运动采取的自动控制。

商用车辆管理程序——一种允许货车和公共汽车公司用电子付费支付车辆注册和其他运输税费与牌照费,电子化记录在每个州的行驶里程、燃料购买、行程和车辆状态数据,从而最终无缝地实现跨国界的服务。

5024　车辆运营;商业车辆运营

包括关于车辆出行的所有活动,比如:记录和监测车辆、驾驶员、货物/乘客的状态，实际路线的选择，接收更改命令以及支付酬金等。

航位推算——通过测算车辆从已知出发点离开所行驶的距离和位置来计算当前车辆所在位置的技术。

7066　航位推算

基于从最后已知位置行驶的路线和距离推算航位的车载监控(1127)。

专用短程通信(DSRC)——在各种环境中，运用无线电技术在路边单元和移动无线单元之间，移动单元和移动单元之间，以及便携式单元和移动单元之间短距离的传输数据信息，完成对交通流、交通安全和其他智能交通服务的改善。本系统还可以传输相关设备的状态和结构信息。

响应需求的公共运输；呼叫乘车；呼叫公交；面向需求的服务(6027)——满足出行者个人需求(起讫点、出行时间等)的公共运输服务供给一般都利用中心调遣系统来实现。

差分全球定位系统(DGPS)——一种利用固定参考点的信号来提高全球定位系统精度的方法。

车辆调度员——按照个体运输的需求，进行具体分配同时控制运输资源的人员。

驾驶员监测——观察驾驶员的状况以及其控制车辆的方式，并评估其违背驾驶员正常操作的可能。

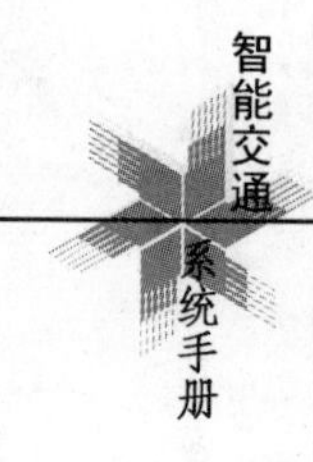

7011　驾驶员监测

通过车载装置(7002)，例如绘制驾驶员轮廓图等手段，观察并评估(1073)驾驶员的生理状态及其控制车辆的方式。

动态路径诱导——基于当前状况，利用实时交通信息来绘制最佳路线的导航系统。

7059　路径诱导

根据选择的标准，跟随其到达目的地的车载路线信息。

7060　静态路径诱导

基于沿线道路和设施长期特征的路径导航。

3051　动态停车诱导

基于当前或预测停车空间的可用性，引导驾驶员到达可用的停车设施。

电子通关——允许运营车辆在一般速度行驶状态下不停车接受对其注册情况、重量及安全状况等检查的通关手续。

2004　自动通行控制；电子通关

通过自动鉴别和控制通行权来控制人或车辆进入限制区域。

电子收费(EFC)——基于智能卡或电子标签等电子手段进行收费。

4014　电子收费(ETC)

通过电子手段进行收费(4012)。

6022 电子票

一种发放和交付的行为，包括付费方式(4018)以及相关的电子付费媒介(4019)和相关费用(4009)的收取。

4095 一体化收费

基于相关发行商(4063)和服务商之间的协议，多种服务使用同样的付费方式(4018)。

1013 道路收费

为使用道路所付的费用，即征税计划、拥堵费、封锁费、过路费、过桥费和隧道费等。

紧急事件通告和个人安全——能自动向恰当的响应机构发送有关车辆地点以及事故性质信息的先进技术。

7058 自动事件呼叫

通过自动车载装置(7002)或者自动事故探测(7058)系统来向基础设施管理者发出呼叫，以报告紧急事件的状况。

应急车辆管理——为应急车辆像消防车、警车和救护车等提供的管理服务，包括车队管理、路线诱导以及交通信号优先技术。

2007 应急车辆调度

为应急车辆安排行程。

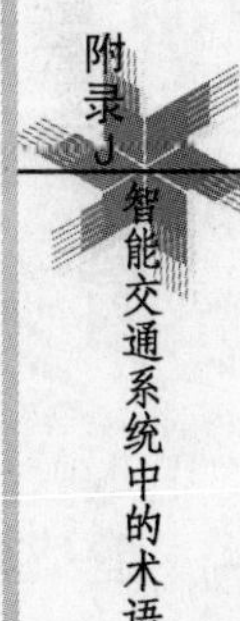

货物及车队管理——管理与商业车辆运营有关的行为，包括与物流有关的行为和货物的管理。货物及车队管理包括管理出租车、应急车辆、邮车和货车等。

5003 货物管理

伴随相关信息和交易流程，从供货商到接货方一系列有关物流链的活动。

5011 车队管理

对车队的运营包括驾驶员在内进行规划、监测、控制以及评估。

地理信息系统(GIS)——用来获取、储存、接受、分析以及报告地理信息和统计信息的计算机控制的数据管理系统。

全球定位系统(GPS)——美国政府所有的系统，由可向地面接收器发送数据的24颗地球轨道卫星所组成。全球定位系统可以提供非常精确的地面位置的经度和纬度。然而，由于美国战略防御的原因，在为普通用户提供的代码中故意加入误差(称为选择性使用)。

图像处理——基于计算机的图像分析。

1077 数字牌照读取；汽车牌照读取

利用光学字符识别(1076)等技术读取汽车牌照。

1076 光学字符识别

利用计算机软件分析图片等自动识别特征。

事件探测——探测和识别道路上异常的交通状态，包括可能的事故。

2017　事件探测

探测交通事件(1019)。

1019　事件;交通事件

负面影响交通流的异常和意外状态(包括事故)。

事件处理——探测和识别交通事故，并采取恰当的响应措施和交通处理手段直到恢复正常的交通状态。

2016　事件管理

探测和识别交通事件，并采取恰当的响应措施和交通处理手段直到恢复正常的交通状态。

信息基础设施——数据库、数据采集设备、通讯系统和用来提供信息支持链的数据处理过程。

1054　信息体系框架

对共享数据概念结构和数据含义的描述，并为信息交换提供基础。

1056　数字通讯体系框架

在所定义的环境中，为子功能共同提供通讯系统的一系列协议的一种描述。

基础设施维修管理——一种管理服务，其中涵盖了ITS在管理方面与对道路、通讯和计算机等基础设施维护方面的应用。

2046　道路管理

检测道路及其周边环境(比如:路面、积雪、冰、风、雾)，并在不利或危险环境下进行必要的警告和维修。

互操作性——ITS所具有的一种功能，可以为其他系统提供服务和接收其他系统的服务，并且可以利用这些服务使系统共同运转得更有效。

车载标志——在车内显示的路边标志信息。这些信息可以通过路边信标短距离传输得到，也可以通过车载数据存储器得到。尤其是在夜间或恶劣天气环境行车时，可以利用这些车载标志来提高驾驶员的效力。

7067　车载标志

通过例如抬头显示或者仪表板显示等在车内表达道路标志信息。

信息亭——设置在步行道的信息站或带键盘的广告柱。智能交通出行者信息亭能向用户提供多种智能交通服务，其中包括动态交通和运输信息、出行方向、智能卡发放、出行预定和信息黄页。

服务水平——驾驶员和乘客描述交通状况和他们感受的定性度量。

1115　服务水平;交通流特性

基于像速度、出行时间、机动自由度、交通干扰、舒适和方便程度等服务特性，描述交通流运行状况的定性度量。

逻辑体系框架——基于信息、控制或功能来描述系统本质和这些方面相互关系的模型。逻辑体系框架独立于任何硬件或软件方法。

1055 功能体系框架；逻辑体系框架

对系统子功能的逻辑结构和它们之间信息交换的描述。

地图匹配——增强和纠正车载航位推测的技术。计算机软件通过车载数字地图跟踪车辆前进，并且在航位推测估计的当前位置与地图上的最近点之间进行匹配，以抵消传感器的累积误差。

7065 地图匹配

通过观察资料和数字地图之间的匹配来提高定位的精度。

救援系统——在碰撞、居民医疗或安全需要、车辆故障或危险材料意外泄露发生时，能够快速通知警察、紧急医疗服务、消防、拖车或路边维修服务的系统。

7058 紧急事件自动呼叫

由车载装置(7002)或事件自动检测(2017)系统向基层工作者发出警报，报告紧急事件的状况。

车载装置(OBE)——安装在车内的ITS装置。其他常用的术语有车载单元(OBU)和车内装置(IVE)。

7002 车载装置(OBE)；车载单元(OBU)；车内装置；车内单元

车内或附联在车上的装置。

车载安全监测——感知车辆、货物和驾驶员在高速行驶时安全状态的管理系统。

7000系列 驾驶员辅助和车辆控制

车载驾驶员辅助是为了提高导航、操纵和对车辆的控制。

物理体系框架——为获得相关性能(并不是配置或系统设计本身)，硬件和软件模块的物理构造及其相互联系。以系统观点描述物理结构的物理体系框架并不是对任何特殊位置或装置(基础设施)的配置都有效。

1057 物理体系框架

通常针对不同技术解决方案的自由度描述系统所有物理部分，其中包括子系统的划分。

车辆编队——在紧密联系的车辆跟随纵向控制下一组车辆的运行。其中紧密联系是通过车辆组员之间关于车辆移动和潜在异常状况的信息通信而实现的。

2063 车辆编队

车辆在出行中自愿或本能的组成车队。

公共运输管理：运输管理(6001)——公共运输管理包括：路线、时刻表、价格表、支付系统、终点站、场站和乘客信息等的规划。

参考模型——对一个体系框架的简单陈述或描述，尤其是为了特意简化对系统组成部分之间相互关系的分析。

1053　参考模型

通过子功能的划分来描述系统中所有的结构，并且阐述系统目标及系统基本分布的模型。

路径诱导和导航——给用户按部就班的提供所要到达终点方向的服务。

7059　路径诱导

根据选择标准，引导车辆跟随其到达目的地的车载信息。

1128　导航

定位(1127)并确定能够跟随到达已知目的地的方向。

智能卡——一种在像信用卡大小塑料卡片中埋入存储和处理信息的集成电路的电子信息携带系统。

4008　电子钱包

一种能够储存、存款、支付和保护其电子资金价值的IC卡(集成电路卡)或类似装置。

系统体系框架——ITS的部署框架。一种对主要原理或目的以及它们之间的相互联系所做的高层次描述。围绕其提供的框架，可以定义界面、规范和细节系统的设计。一个体系结构既不是一种产品的设计，也不是物理部署的详细说明。

1049　系统体系框架

一系列描述整个系统中各个实体之间相互关系的概念和法则。

1051　系统说明

系统(1046)的详细功能和技术描述。

交通控制——运用软硬件和实际人员来管理交通。ITS将附加的计算机能力和先进的感知技术引入到了这个传统的交通运输工程领域。

2002　交通控制

通过路标、标志、信号以及其他法律手段来控制交通流(1101)。

2038　城市交通控制

城市区域的网络交通控制(2035)。

2039　网络信号控制；区域交通信号控制；城市交通控制(2)(英国)

按照一定的标准，通过控制路网中由信号控制的交叉口来使路网的性能达到最优。

2029　匝道控制；匝道调节；高速公路入口控制

在匝道上通过实施信号控制的手段控制车辆进入主路，以确保下游交通流(1101)的流畅。

交通信息——通过“群体”方式(如可变信息板)或者个体车载终端，为驾驶员提供动态交通和与交通有关的信息。与出行信息相比，交通信息通常具有时间短、地理范围大和在路途中为驾驶员提供的特点。

3005　交通信息

当前或预测的交通状况信息。

交通管理——结合交通标志和信号的半自动控制、需求管理技术的应用以及交通信息和简询，在规定的管理区域(包括城市内和城市间)内获得最佳交通流量的管理措施。

1007　交通管理

通过需求管理(1010)、交通信息(3005)、交通控制(2002)和其他方法来对交通流量(1101)(人、车和货物)进行管理，以确保运输系统有效、通畅、安全以及合乎环境要求。

交通监测——通过闭路电视(CCTV)或者其他自动手段观察路网上的交通状况。

2001　交通监测；交通监视

关于当前交通状况的数据收集和状况评估(1073)。

2060　探测车数据收集

使用特别装备的车辆来收集数据，例如行驶时间(1085)，车速(1091)以及像冲突、天气等周围环境的状况。

2061　浮动车数据收集

使用随交通流一同行驶并积极适应交通车速(1091)的车辆来收集数据。

无线发射应答器——一种安装在被检物体上的电子发射机/应答器，当接受到适当信号时就会以无线电信号方式发射信息到读取器上，通常指标签。

交通信息学；交通的远程信息处理——在车或基础设施上，利用信息和无线通讯技术为运输(1002)提供服务的一组技术。

出行信息——在出行前提供信息以便制定出行计划和出行预约，并提供必需的中途服务。除了有更长的时间和地理范围外，出行信息不同于交通信息之处还在于它有多种多样的来源，包括公共运输运营者，铁路运营者，旅游公司以及黄页等。

3001　交通和出行信息

提供与交通和出行相关的信息以便制定出行计划(3045)和出行。

可变情报板(VMS)——通过可变的文字信息或图形符号等标志进行交通控制并向驾驶员和出行者提供信息。

2008　可变情报板(VMS)；动态情报板

一种可以显示预先确定的或者可自由设计信息的标志。

2010　可变情报板；动态情报板

一种可以显示许多预先确定信息的标志。

2012　可变方向标志

指示可供选择的路线的标志，它可以显示变化的方向。

视觉增强——通过非合作式自主方法来提高驾驶场景的能见度，在低于正常能见度的情况下为驾驶员提供直接视觉信息。(7021)

车辆动态称重(WIM)——一项不用载重车辆在称重站停车就可称重的技术。

2058 车辆动态称重

测量运动车辆的轴重。

黄页——用于向公众提供的一系列设施或服务(例如旅馆，修车厂)集合的术语。

3017 服务信息；黄页信息

服务机构信息，如修车厂、加油站、商店、银行、邮局和医院。

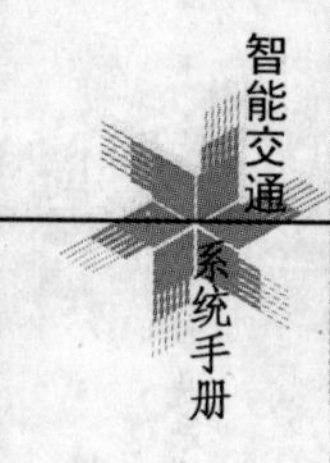

中国ITS实施案例

（注：本书所提供案例均来自科技部"十五"国家科技攻关计划"ITS关键技术开发和示范工程"重大项目支持课题，由全国ITS协调指导小组办公室提供）

北京

(1)先进的交通管理系统

目标

利用信息技术，以智能化指挥控制管理平台为基础，建成集高新技术应用为一体的智能化道路交通管理体系，基本实现交通指挥现代化、管理数字化、信息网络化、办公自动化，使首都道路交通管理达到世界先进水平。改善北京现有路网运行状况，提高道路的有效利用率和道路通行能力，减少道路的交通拥挤程度、交通事故的频率发生以及因交通拥挤，事故等造成的出行时间延长、降低油耗、减少废气排放等，并实现交通管理的智能化和高效率。

实施内容

2002年至2005年10月，北京市公安局公安交通管理局投资4.5亿元人民币，开展了"北京市智能交通管理系统示范工程"的建设工作，示范工程在原有交通指挥控制管理平台的基础上，改造了北京二环内交通信号控制系统和快速路控制系统；扩展并完善北京市道路交通流实时动态信息系统，实现了快速路网系统大范围的视频监视和交通信息采集以及城市主干道和其他重要路口的实时路面交通信息采集；建立了较为完善的交通信息对外发布平台，平台可支持交通诱导显示屏、停车诱导系统、交通信息服务网站、手机短信、声讯信息及车载导航等交通信息服务。并在考虑北京市已有的交通信号控制系统、电视监控系统、警车卫星定位系统、交通流信息采集分析和处理系统、交通诱导系统等 11 个系统的基础之上,以建立交通数据管理中心,建立指挥调度集成平台、建立执法平台和交通信息发布平台为重点,构建北京市智能交通综合集成系统,实现北京市交通的智能化管理。

效果

北京市智能交通管理系统示范工程实施后,在近年来交通管理警力减少、车辆流动增加,管理任务日益繁重的不利形势下,智能交通通过提高科技管理水平,实现了交通秩序逐步改善,不但没有出现 20 世纪末预测可能发生的严重交通拥堵、交通瘫痪状态,反而出现了部分地区交通拥堵有所缓解的良好态势。

如北京市二环路内 300 个路口改造后,路口排队长度和旅行时间大大缩短、路段停车次数减少。与固定配时协调控制相比,平均停车次数减少了 12.42%,平均旅行时间缩短了 13.38%,平均旅行速度提高了 19.75%,路口排队长度减少了 15.30%。

交通信息对外发布系统与媒体合作,利用室外显示系统、交通信息发布平台、交通广播路况信息发布等方式,为交通参与者提供了社会化交通信息服务。

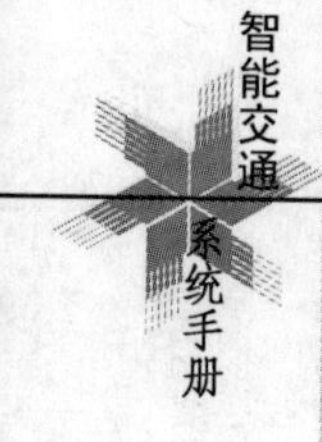

(2)停车诱导系统

目标

改善北京市特别是西单地区的交通状况,减少或杜绝乱停乱放、占用非停车用地现象,发布停车场、库及其停车位信息,引导驾驶员可靠、高效地找到合适的停车位,缩短停车时间,同时对不熟悉该地区的驾驶员提供导向服务。

实施内容

2002 年至 2005 年,北京市公安局公安交通管理局在北京西单、王府井等四个区域建成了具有 8000 多个停车位的停车诱导系统,并在交管局建设了停车诱导信息管理平台。系统在建设过程中探索了智能交通管理与政府、市场运作相结合的投资、融资、建设理念与模式,为我国智能化交通系统建设探索了可借鉴的经验与模式。

效果

示范工程建成后,取得了良好的经济和社会效益,类比国外实施停车诱导系统的效果,仅西单地区停车诱导系统建成投入使用后,该地区无效交通流减少12%~15%,尾气排放量约可减少 30%以上,地下停车场的周转次数提高 1~2 次,平均经济收益增长 15%左右。

(3)公共汽车枢纽站运营调度管理与乘客信息服务系统

目标

利用智能交通技术建立公共汽车枢纽站运营调度管理与乘客信息服务系统技术体系,实现公共汽车枢纽站人流、车流的安全、有序、高效地流动,加速车辆周转,完善信息服务，方便乘客换乘。为北京市东直门、西直门等区域枢纽站建设做好技术储备，为城市智能化的公共汽车枢纽建设打下良好基础，为奥运服务。

实施内容

北京市公共汽车枢纽站运营调度管理与乘客信息服务系统由北京市公共交通总公司承担实施，实施年限从2002年至2005年，系统投资约1 000万元人民币，已在北京市动物园地区建立了枢纽站调度中心，8个分调度台，建成了运营调度管理系统、线路运营调度系统、公交枢纽站乘客信息服务系统，实现了不少于18条公交线路，600辆车的调度能力。

效果

系统实施后，在缩短乘客等候车时间、减少人车交叉混行、改善乘客换车/候车条件、缩短换乘距离等方面取得了显著的社会效益。与此同时，按枢纽站最大承接、管理15条线路计，平均每条线路占地1 000m^2，系统实施后土地利用率提高近40%，发车能力提高超过10%，工作人员也得到精简。

天津

(4)公用交通信息平台系统建设

目标

整合天津市相关的交通信息资源，对多元异构的信息进行有效集成、数据融合和综合管理，实现部门间信息资源的共享，为各子系统整合协同以及高效运行提供支持，为相关部门的科学决策提供依据，并以公用交通信息平台为依托，面向社会公众开展综合性的交通信息服务。

实施内容

2002年至2005年，天津市公安交通管理局投资8000多万元人民币，先后开发建设了“1个智能交通管理中心，2个智能交通管理中心平台(包括计算机平台和软件集成平台)、以及包括交通信号控制集成子系统、平台管理控制系统、基础信息采集、处理、查询、统计及分析系统、交通诱导发布系统、智能交通通信指挥调度等系统在内的公用交通信息平台基础。完成了各子系统的接口和连接建设，建成了面向广大用户的综合性Internet/WAP智能交通信息服务网站，建立了交通直播间、声讯/短信服务中心、室外诱导发布服务等多种服务手段，为个体/群体出行前后提供全方位的交通信息服务。

效果

公用信息平台系统，从建设之初，就注重系统的实用性，交通短信平台、智能交通网站等受到了广大交通参与者的欢迎，智能交通网站实现每日定时向公众发布最新的交通路况信息，与网通、移动等公司合作的交通业务也受到了广大交通参与者的认可，探索了公用交通信息平台运营的新模式，取得了较好的社会和经济效益。

上海

(5)城市快速路智能交通管理系统

目标

开发适合上海大都市型的快速道路交通管理系统，建成分布式智能交通信息中心和应用系统，建立覆盖城市快速道路和高速公路的先进交通管理系统，系统具有完整的数据采集、监视、数据分析、判别和决策功能。

实施内容

2002 年至 2004 年，由同济大学和上海市市政工程管理局、上海市公路管理处承担建设的快速道路交通管理系统示范工程总投资 2845 万元人民币，示范工程实施于延安高架道路和相关的越江桥隧、高速公路路段，包含 3 个互通式立交、26 个上下匝道、2 座大桥、1 条隧道和外环线，日服务交通量超过 50 万车次。通过两年多的工程建设，示范工程完成了外场数据采集子系统、诱导控制子系统、通讯子系统、视频监视子系统和监控中心的建设，并接入了外环线、越江桥隧的视频信息，实现了与交通信息共享平台的互联和数据交换。目前系统通过及时的交通信息发布，已经成功地实现了对示范道路交通的控制和诱导。道路上布设的 12 块可变信息板负责将监控中心传输过来的各种道路信息动态地显示出来，在可变情报板位置的设置上，工程实施单位非常注重人性化的设计，在最合适的位置上给驾驶员提供及时、有效的交通信息，诱导车辆在道路上畅通行驶。

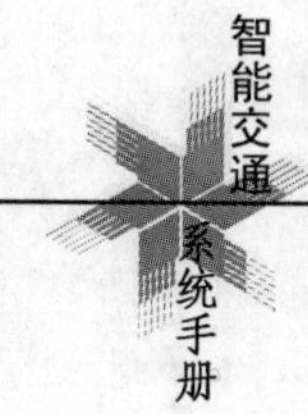

效果

2003 年 10 月，延安高架道路 ITS 示范工程投入试运行，延安高架的畅通时段的增幅平均达 20%，行车速度提高达 15%。实现了实时交通数据采集、数据分析、视频监视、状态判别、辅助决策、信息共享等完整的 ATMS 功能，对改善延安高架道路的交通运行状况起到了明显的效果。2004 年 3 月，延安高架道路 ITS 示范工程正式投入运行，系统应用后良好的效果得到了社会各方的肯定，上海市政府已将其作为“排堵保畅”的重要技术手段，在整个高架道路系统中推广应用。

广州

(6)共用信息平台

目标

在广州市建成具体的智能交通共用信息平台，该平台承载广州市的 ITS 规划、管理控制和业务发展等功能，科学合理地指导智能交通及其子系统的建设，最终形成交通的信息化、智能化。

实施内容

广州市共用信息平台示范工程由广州市公共交通数据管理中心（原广州市交通信息中心）承担，项目总投资 1.02 亿元人民币。实施年限 2002 年至 2004 年。

示范工程在广州市环市区铺设了全长48公里的交通光纤通信网络，用于传输ITS数字、语音、图像等信息，形成了ITS专用的交通通信网络；设立交通信息特服号码(96900)，建立了广州市交通信息服务中心，实现了24小时的人工信息服务；建设了共用信息平台的初步框架，接入包括联网售票系统、出租车综合管理系统、羊城通系统、96900呼叫中心系统、公交线网规划系统以及地磁数据系统等6个系统的数据，平台能够通过网站、手机短信以及PDA彩信等方式为百姓提供多种交通信息服务。

效果

广州市共用信息平台目前已经取得良好的社会和经济效益，以开通的96900服务为例，目前96900服务具有查询、报失、投诉等功能，打通了市民和用户对交通运输服务的监督通道，有助于提高交通运输服务质量和服务效率。同时，96900也是广州市交通委员会服务的一面窗口，用户可以通过该窗口获得问路、公交线路查询、查询车辆、电召车辆等服务。96900服务开通两年多来，每天的电话来话量已经超过5000个，为市民和旅游者解决诸多的出行难题，大大提高了96900服务窗口的知名度。

共用信息平台还可以通过广播、车载终端等提供城市路况信息服务，可以为驾驶员选择优化的出行线路，绕开拥堵，提高道路的通行效率等具有显著作用。

(7)高等级公路综合管理系统

目标

在现有高等级公路设施的基础上，发展和完善以电子、计算机和通信为核心的综合管理系统，建立其体系框架，充分利用现有的公路数据库，以各子系统信息整合为切入点，实现现有业务系统的信息共享，分析信息及其交换的标准需求，重点解决紧急事件管理、高等级公路公众信息服务等应用关键技术，依托示范工程的资源和力量，进行示范工程的设计、开发和建设，为提高高等级公路的综合管理水平提供技术基础。

实施内容

高等级公路综合管理系统由交通部公路科学研究所(国家ITS工程技术研究中心)承担，廊坊市公路管理处、华北高速公路股份有限公司、北京首都公路发展集团有限公司参与实施，项目总投资2 675万元人民币，2002年至2005年10月完成。其中区域国省道网示范工程项目依托于廊坊市，重点构建了“廊坊市公路ITS”网络，开发完成了廊坊公路综合管理软件，实现了共享数据管理、紧急事件处置预案管理和公众信息服务、日常养护管理、文档管理、系统管理等功能；京津塘高速公路综合管理系统示范工程依托于高速路监控系统改造，建设完成了《京津塘高速公路综合管理系统》，具有各业务系统的数据采集、分析处理以及对外发布等功能。实现了高速公路综合管理系统的业务管理应用、辅助决策应用以及外部用户的信息发布服务应用；北京首发高速公路综合管理系统示范工程，完成了包括二维GIS、三维可视GIS和业务信息窗口三大部分的三维可视化综合管理平台的开发，将原来分散的规划建设、运营管理、路政路产管理、路面管理、桥梁管理、公众服务等各种业务的数据集中在一个统一的平台上进行有效的组织及管理，提高了高速公路管理工作的效率和数据共享的水平，使高速公路管养过程系统化、科学化、信息化，节约管理费用，促进有限资源的合理配置。

效果

高等级公路综合管理系统的各示范工程在实施后均取得了良好的经济和社会效益。区域国省道网综合管理系统示范工程实施后，加快了信息传递速度，如紧急事件信息平均反馈延迟由原来的12小时缩短到40分钟，路况基础数据的平均传递时间由原来的24小时缩短到2小时。

"京津塘高速公路综合管理系统示范工程"则从业务管理的需求出发，运用科技手段，将相关业务管理系统集成，实现信息共享及业务管理流程的一体化，减少费用支出，以服务社会和道路使用者为目的，为高速公路管理者提供了一套能够支持高速公路管理与服务的智能系统。

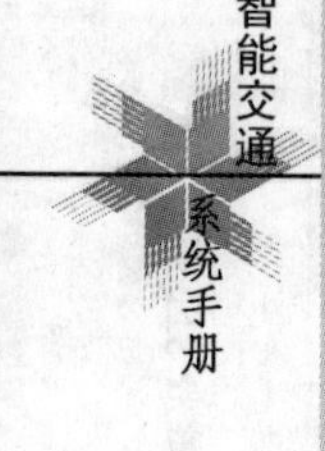

北京首发高速公路综合管理系统示范工程实施后，通过及时发布出行信息，为社会公众提供了及时有效地出行综合信息服务，使出行者在出发前或到达目的地前能够做出正确选择，提高了高速公路网的服务能力和水平。

(8)智能车路系统

目标

跟踪国际智能公路技术研究前沿，探索智能公路的工作机理，研究开发磁性标记诱导、车路通信、GPS/GIS等智能公路的关键技术及设备，实现偏离车道报警、车道自动保持以及车路信息交互等基本功能。

实施内容

国家ITS工程技术研究中心从1999年开始就从跟踪并赶超世界前沿的战略角度出发，自筹资金进行智能公路工作原理和相关技术的研究探索。2002年至2004年，在科技部国家攻关项目支持下，研制开发了基于磁诱导技术的自动驾驶试验系统，包括车载的传感器、控制器、伺服执行装置以及试验道路等；以磁诱导技术为基础，研究了针对低能见度环境条件的驾驶员视野拓展技术，并以新疆塔城地区的扫雪车为平台，研制开发了辅助驾驶系统，包括车载传感器总称、控制器、人机界面(HMI)以及示范路段等；依托交通部公路交通试验场国家智能运输系统工程实验室的开发建设，基于信息融合与系统集成的理念和方法，搭建了国内首条智能公路系统的试验系统及平台。

效果

以磁性标记诱导技术为基础的扫雪车辅助驾驶系统已成功的应用在新疆多风

雪地区的冬季道路除雪养护作业中，大大提高了扫雪机械的安全性和作业效率，充分体现了高新技术服务于生产实践的宗旨，同时工程实践应用也反过来促进科学技术的进一步发展。

(9)跨省市联网不停车收费系统

目标

依托条件成熟的国道主干线，依靠“跨省市国道主干线电子(收费)支付研究与应用”项目的研究成果，重点实现京沈高速公路联网收费系统的建设，解决跨省高速公路的联网收费技术和管理难题，实现高速公路管理网络化、信息化。

实施内容

以山海关为界，全线分为关内和关外两个区域联网收费。保留京沈高速公路起点(北京白鹿)和终点(沈阳北李官)主线收费站，合建山海关主线收费站。在现有收费系统之上设置区域联网收费结算中心，采用跨平台技术，实现京沈高速公路收费系统跨省市的软、硬件联网，并在此平台基础上使用电子支付(ETC)手段。

效果

示范工程实现了“全线联网、分区结算”功能，解决了以往收费站点过密，驾驶员不断停车交费的问题，实现了高速公路的真正畅通无阻，在我国目前的管理体制下，联网收费示范工程的成功实施，表明我国已成功地依靠科学技术解决了跨省高速公路的联网收费技术和管理难题，实现了高速公路从省内联网管理向跨省联网管理的转变，对跨区域高速公路联网收费和实现高速公路管理网络化、信息化，具有极为重要的指导意义和现实意义。